3단법령시리즈 125

국가유공자 등 예우 및 지원에 관한 법률

(약칭 : 국가유공자법)

법률·시행령·시행규칙 3단 수록

별표, 별지 서식 포함

KDS 한국데이터시스템

머리말

'3단법령시리즈'는 방대한 법전을 보지 않고 해당되는 법률만 바로 참고해서 볼 수 있도록 구성 하였습니다. 공공기관이나 관련 종사자들이 쉽고 간편하게 해당 법률을 참조 할 수 있도록 하였습니다.

특히 해당 법률은 물론 관련 시행령, 시행규칙을 한눈에 볼 수 있도록 '3단'으로 실어 서로 참고할 수 있게 하였습니다.

별표와 별지 서식을 수록하여 편리함을 더하였습니다.
표지에 발행일을 표기하여 해당 도서의 개정 일자로 최신 법령의 유무를 쉽게 확인 할 수 있도록 하였습니다.

'3단 법령'과 별표, 별지 서식 수록으로 편리함을 더하였으나, 그만큼 분량이 늘어난 점은 불편할 수도 있어 간단 법률의 경우 시중에 나와 있는 것이 있으니 참조하기를 바랍니다.
시행령, 시행규칙이 없는 일부 법률은 '3단 법령'의 구성요건이 되지 않아 이번 시리즈에 포함하지 않았습니다. 차후 상황에 따라 수록 여부를 재검토 하겠습니다.

오랜 기간 준비한 '3단법령시리즈'가 법을 찾고, 이용하는데 조금이나마 편리하게 사용되기를 기원합니다.
법률이라는 것이 크든 작든 항상 변하기 마련인데, 종이 인쇄의 시간적 한계로 가장 최신의 법률은 법률의 기본 출처인 [법제처 국가법령정보센터]에서 확인이 가능하니 법률의 실제 적용 시 확인이 필요한 점 유의하기를 바랍니다.

편집부

목차

국가유공자 등 예우 및 지원에 관한 법률 3단비교표 (법률-시행령-시행규칙) / 5

국가유공자 등 예우 및 지원에 관한 법률 시행령 별표, 별지 서식 / 250

국가유공자 등 예우 및 지원에 관한 법률 시행규칙 별표 / 272

국가유공자 등 예우 및 지원에 관한 법률 시행규칙 별지 서식 / 305

별표와 별지 서식에서 **누락된 번호**는 **개정되면서 삭제**된 결번입니다.

* 수록 법률은 법제처 국가법령정보센터에서 확인 가능합니다.

* 발행일 기준 시행 법률이므로 최신 법령은 위 센터에서 볼 수 있습니다.

* 본 책자에 수록된 법률의 문구에 대하여 법적인 효력은 없으며,
실제 적용 법률은 위 센터에서 최신의 법률로 확인하시기 바랍니다.

* 해당 법령과 함께 시행령, 시행규칙을 3단으로 수록하였습니다.

* 일부 법령은 시행령, 시행규칙이 없는 경우도 있습니다.

3단비교표 (법률-시행령-시행규칙)

「국가유공자 등 예우 및 지원에 관한 법률」

국가유공자 등 예우 및 지원에 관한 법률 [법률 제21065호, 2025. 10. 1., 타법개정]	국가유공자 등 예우 및 지원에 관한 법률 시행령 [대통령령 제36036호, 2026. 1. 6., 일부개정]	국가유공자 등 예우 및 지원에 관한 법률 시행규칙 [국가보훈부령 제63호, 2025. 12. 16., 일부개정]
제1장 총칙 제1조(목적) 이 법은 국가를 위하여 희생하거나 공헌한 국가유공자, 그 유족 또는 가족을 합당하게 예우(禮遇)하고 지원함으로써 이들의 생활안정과 복지향상을 도모하고 국민의 애국정신을 기르는 데에 이바지함을 목적으로 한다.〈개정 2011. 9. 15.〉	제1장 총칙 제1절 통칙 제1조(목적) 이 영은 「국가유공자 등 예우 및 지원에 관한 법률」에서 위임된 사항과 그 시행에 필요한 사항을 규정함을 목적으로 한다.	제1조(목적) 이 규칙은 「국가유공자 등 예우 및 지원에 관한 법률」 및 같은 법 시행령에서 위임된 사항과 그 시행에 필요한 사항을 규정함을 목적으로 한다.
제2조(예우의 기본이념) 대한민국의 오늘은 온 국민의 애국정신을 바탕으로 전몰군경(戰歿軍警)과 전상군경(戰傷軍警)을 비롯한 국가유공자의 희생과 공헌 위에 이룩된 것이므로 이러한 희생과 공헌이 우리와 우리의 자손들에게 숭고한 애국정신의 귀감(龜鑑)으로서 항구적으로 존중되고, 그 희생과 공헌의 정도에	제2조(정부의 시책) 정부는 「국가유공자 등 예우 및 지원에 관한 법률」(이하 "법"이라 한다) 제2조 및 제3조에 따른 예우의 기본이념 구현과 애국정신의 계승·발전을 위하여 제2장 이하의 보훈급여금, 교육지원, 취업지원 및 의료지원 등의 각종 보상을 하고, 그 외에 다음 각 호의 시책을 마련하여야 한다.〈개정	제2조(특별공로자 등의 추천) 「국가유공자 등 예우 및 지원에 관한 법률 시행령」(이하 "영"이라 한다) 제6조제1항에 따라 중앙행정기관(외국은 제외한다)의 장 등이 국가사회발전 특별공로순직자(이하 "특별공로순직자"라 한다), 국가사회발전 특별공로상이자(이하 "특별공로상이자"라 한다) 또는 국가사회발전 특별

상응하여 국가유공자와 그 유족의 영예(榮譽)로운 생활이 유지·보장되도록 실질적인 보상이 이루어져야 한다.

2024. 8. 6.〉

1. 보훈의 달 설정: 매년 6월을 "보훈의 달"로 정하여 국가유공자의 희생과 공헌이 항구적으로 존중되도록 호국의식의 선양(宣揚)을 위한 각종 행사 및 사업을 한다.

2. 의전상의 예우: 정부, 지방자치단체, 그 밖의 공공단체 및 각급 학교 등은 국경일·기념일 등에 중요한 행사를 할 경우 호국영령에 대한 묵념을 국민의례로 하여야 하며, 초청된 국가유공자에게 그 희생과 공헌에 상응하는 의전상의 예우를 하여야 한다.

3. 국가유공자 증서 수여: 국가유공자의 희생과 공헌을 빛내고 애국정신의 귀감으로서 항구적으로 기리기 위하여 대통령이 수여하는 국가유공자 증서를 별지 서식에 따라 발급할 수 있다.

4. 보훈문화상 시상: 정부는 애국정신의 계승·구현에 이바지한 공적이 현저한 개인이나 단체에 보훈문화상을 시상할 수 있다.

5. 사망 시의 예우: 국가유공자가 사망한 경우 영구용(靈柩用) 태극기와 다음 각 목의 구분에 따른 비용을 지원할 수 있다. 다만,

공로자(이하 "특별공로자"라 한다)로 국무회의에서 의결할 대상자를 추천하려면 별지 제1호서식의 특별공로자 등 추천서에 다음 각 호의 서류를 첨부하여 국가보훈부장관에게 보내야 한다.〈개정 2020. 6. 23., 2023. 6. 5.〉

1. 공적서(功績書) 1통

2. 공적을 입증할 수 있는 서류 1통

[전문개정 2009. 8. 25.]

	국립묘지에 안장되는 국가유공자의 경우에는 다음 각 목의 비용을 지원하지 않는다. 가. 묘에 안장하는 경우: 묘비제작비 또는 묘지의 사용료 · 관리비 나. 묘 외의 안장시설에 안장하는 경우: 해당 안장시설의 사용료 및 관리비 6. 국가유공자공훈록의 발간: 국가유공자의 공훈을 기리고 후세에 전승시키기 위하여 그 업적을 발굴 · 수집하여 국가유공자공훈록을 발간한다. 7. 애국정신의 계승: 정부, 지방자치단체, 그 밖의 공공단체 및 각급 학교 등은 국가유공자의 애국활동을 교육 · 홍보하여 애국정신이 계승 · 구현되도록 하여야 한다. [전문개정 2009. 8. 13.]	
제3조(정부의 시책) 국가와 지방자치단체는 국가유공자의 애국정신을 기리고 이를 계승 · 발전시키며, 제2조의 기본이념을 구현하기 위한 시책을 마련한다.	제3조(국가유공자 요건의 기준과 범위) ① 법 제4조제2항에 따른 국가유공자 요건에 관한 기준과 범위는 다음 각 호와 같다.〈개정 2020. 6. 9.〉 1. 법 제4조제1항제3호에 해당하는 사람: 별표 1 제1호의 1-1부터 1-8까지의 어느 하나에 해당하는 사망자	제3조(등록신청) ① 국가유공자, 그 유족 또는 가족이 영 제8조제1항에 따라 등록신청을 할 경우에는 별지 제2호서식의 등록신청서(전자문서로 된 신청서를 포함한다. 이하 같다)에 다음 각 호의 구분에 따른 서류(전자문서를 포함한다)를 첨부하여 신청인의 주소지를 관할하는 지방보훈청장 또는 보훈지청장(주소

2. 법 제4조제1항제4호에 해당하는 사람: 별표 1 제1호의 1-1부터 1-8까지의 어느 하나에 해당하는 상이자

3. 법 제4조제1항제5호 및 제14호에 해당하는 사람: 별표 1 제2호의 2-1부터 2-8까지의 어느 하나에 해당하는 사망자

4. 법 제4조제1항제6호 및 제15호에 해당하는 사람: 별표 1 제2호의 2-1부터 2-8까지의 어느 하나에 해당하는 상이자

② 별표 1 제2호의 2-8의 각 목의 어느 하나에 해당하는 질병으로 판단하기 위해서는 다음 각 호의 기록 및 사항 등을 종합적으로 고려해야 한다.〈개정 2021. 1. 5., 2023. 5. 23.〉

1. 「의료법」 제17조 · 제21조 또는 제22조에 따른 진단서 · 검안서(사망사실을 의학적으로 확인한 문서) · 증명서 · 임상소견서 · 진료기록부 또는 간호기록부, 그 밖에 의료 관련 법령에 따른 진료 관련 기록으로서 국가보훈부령으로 정하는 것

2. 근무 환경, 근무 기간, 직무의 성질, 직무수행 당시의 상황

지가 제주특별자치도인 경우에는 제주특별자치도지사를 말하며, 이하 "관할 청장 또는 지청장"이라 한다)에게 제출해야 한다. 이 경우 신청인은 필요하다고 인정하면 다음 각 호의 서류 외에 사망하였거나 상이를 입게 된 경위에 대하여 진술한 문서를 별도로 제출할 수 있다.〈개정 2012. 6. 29., 2016. 6. 29., 2020. 1. 21., 2020. 9. 25., 2023. 1. 5.〉

1. 공통제출서류

가. 가족관계기록사항에 관한 증명서 1통

나. 제적등본(가족관계기록사항에 관한 증명서를 통하여 국가유공자와의 관계를 확인할 수 없는 경우만 제출한다) 1통

다. 사진(3.5센티미터×4.5센티미터) 1장

2. 개별제출서류

가. 4 · 19혁명부상자 및 4 · 19혁명사망자의 유족: 4 · 19혁명 당시 혁명참가자가 소속하였던 단체나 학교의 장이 발행한 4 · 19혁명참가확인서와 4 · 19혁명으로 인하여 사망하였거나 상이를 입었음을 증명할 수 있는 서류 각 1통

나. 사실혼 관계에 있는 사람: 사실혼 관

3. 해당 사망자 또는 질병에 걸린 사람이 기존에 질병을 가지고 있었는지 여부

[전문개정 2012. 6. 27.]

계를 증명할 수 있는 서류 1통

다. 국가유공자를 주로 부양하거나 양육한 사실이 있는 사람: 국가유공자를 주로 부양하거나 양육한 사실을 증명할 수 있는 서류 1통

라. 같은 순위 유족 간의 협의에 따라 보상금 수급자나 선순위 유족으로 지정된 사람: 별지 제12호서식의 보상금 수급자 지정서 또는 별지 제13호서식의 선순위 유족 지정협의서 1통

마. 군인, 경찰·소방 공무원 등으로서 전역하거나 퇴직한 사람: 전역일자 또는 퇴직일자를 확인할 수 있는 서류 1통

바. 군인, 경찰·소방 공무원 등으로서 6개월 이내에 전역이나 퇴직하려는 사람: 전역예정일자 또는 퇴직예정일자를 확인할 수 있는 서류 1통

사. 자녀 간의 협의에 따라 6·25전몰군경자녀수당 수급자로 지정된 사람: 별지 제13호의5서식의 6·25전몰군경자녀수당 수급자 지정서 1통

② 제1항에 따른 신청을 받은 관할 청장 또는 지청장은 「전자정부법」 제36조제1항에

		따른 행정정보의 공동이용을 통하여 다음 각 호의 행정정보를 확인해야 한다. 다만, 신청인이 확인에 동의하지 않는 경우에는 그 서류(제2호의 경우에는 무공훈장증·보국훈장증 또는 건국포장증 사본)를 첨부하도록 해야 한다.〈개정 2010. 6. 10., 2012. 6. 29., 2013. 3. 23., 2014. 12. 5., 2017. 7. 26., 2020. 9. 25.〉 1. 주민등록표 등본 2. 무공수훈자, 보국수훈자 및 4·19혁명 공로자의 경우에는 행정안전부장관이 발행하는 상훈수여 증명서 3. 병적증명서(군인으로 전역한 경우만 해당한다) [전문개정 2009. 8. 25.]
	제3조의2(보국수훈자) ① 법 제4조제1항제8호나목 본문에서 "대통령령으로 정하는 사유"란 다음 각 호의 어느 하나에 해당하는 사유를 말한다. 1. 테러 방지 및 진압 활동 2. 대침투 방어활동 3. 국가안전저해 소요진압활동	제3조의2(진료기록) 영 제3조제2항제1호에서 "의료 관련 법령에 따른 진료 관련 기록으로서 국가보훈부령으로 정하는 것"이란 「의료법 시행규칙」 제15조제1항에 따른 환자 명부, 처방전, 수술기록, 검사소견기록 또는 방사선 사진 및 그 소견서를 말한다.〈개정 2012. 6. 29., 2023. 6. 5.〉

	4. 주요인사 경호활동 5. 재난구조 · 복구활동 6. 그 밖에 제1호부터 제5호까지에 준하는 사유 ② 제1항제6호에 해당하는지를 판단할 때에는 해당 업무에 종사한 기간, 직군 · 직렬, 국가의 수호 · 안전 보장에 이바지한 정도 및 보국훈장을 받게 된 구체적인 사유 등을 종합적으로 고려하여야 한다. [본조신설 2011. 6. 30.]	
		제3조의3(직무수행 또는 교육훈련 관련 질병) 영 제3조제2항에 따라 영 별표 1 제2호의 2-8의 각 목의 어느 하나의 질병에 해당하는지를 판단할 때에 해당 질병이 직무수행 또는 교육훈련 중 발생한 사실이 확인되거나 그 질병으로 진료 받은 기록이 확인되더라도 그 질병으로 인한 후유장애나 합병증이 나타나지 않는 것으로 의학적으로 판단되거나 인정되는 경우에는 공무상 질병이나 상이로 인정하지 아니할 수 있다.
제4조(적용 대상 국가유공자) ① 다음 각 호의 어느 하나에 해당하는 국가유공자, 그 유	제4조(4 · 19혁명 사망자 및 부상자) ① 법 제4조제1항제11호에서 "4 · 19혁명사망자"란	제4조(신상 변동신고 등) ① 「국가유공자 등 예우 및 지원에 관한 법률」(이하 "법"이라 한

족 또는 가족(다른 법률에서 이 법에 규정된 예우 등을 받도록 규정된 사람을 포함한다)은 이 법에 따른 예우를 받는다.〈개정 2015. 12. 22., 2020. 3. 24., 2023. 3. 4.〉

1. 순국선열: 「독립유공자예우에 관한 법률」 제4조제1호에 따른 순국선열

2. 애국지사: 「독립유공자예우에 관한 법률」 제4조제2호에 따른 애국지사

3. 전몰군경(戰歿軍警): 군인이나 경찰공무원으로서 전투 또는 이에 준하는 직무수행 중 사망한 사람(군무원으로서 1959년 12월 31일 이전에 전투 또는 이에 준하는 직무수행 중 사망한 사람을 포함한다)

4. 전상군경(戰傷軍警): 군인이나 경찰공무원으로서 전투 또는 이에 준하는 직무수행 중 상이를 입고 전역(퇴역·면역 또는 상근예비역 소집해제를 포함한다. 이하 같다)하거나 퇴직(면직을 포함한다. 이하 같다)한 사람(군무원으로서 1959년 12월 31일 이전에 전투 또는 이에 준하는 직무수행 중 상이를 입고 퇴직한 사람을 포함한다) 또는 6개월 이내에 전역이나 퇴직하는 사람으로서 그 상이정도

민주회복을 위한 순수한 동기에서 1960년 4월 19일을 전후한 혁명에 참가하여 이를 진압하는 자의 총탄이나 폭행에 의하여 사망하였거나 그 총탄이나 폭행에 의한 부상으로 인하여 사망한 자와 4.19혁명에 참가한 혐의로 이를 진압하는 자의 고문에 의하여 사망하였거나 그 고문에 의한 부상으로 인하여 사망한 자를 말한다.〈개정 2012. 6. 27.〉

② 법 제4조제1항제12호에서 "4·19혁명부상자"란 민주회복을 위한 순수한 동기에서 1960년 4월 19일을 전후한 혁명에 참가하여 이를 진압하는 자의 총탄이나 폭행에 의하여 부상을 입었거나 4.19혁명에 참가한 혐의로 이를 진압하는 자의 고문에 의하여 부상을 입은 자로서 법 제6조의4 및 이 영 제14조제1항에 따른 상이등급(이하 "상이등급"이라 한다)에 해당하는 자를 말한다.〈개정 2012. 6. 27., 2016. 11. 29.〉

[전문개정 2009. 8. 13.]

다) 제6조의2제1항제9호에서 "그 밖에 국가보훈부령으로 정하는 신상(身上) 변동이 있는 경우"란 다음 각 호의 어느 하나에 해당하는 경우를 말한다.〈개정 2012. 6. 29., 2023. 1. 5., 2023. 6. 5.〉

1. 보상금을 지급받고 있는 자의 사망 등으로 인하여 다음 순위자가 보상금을 지급받으려는 경우

1의2. 6·25전몰군경자녀수당을 지급받고 있는 사람의 사망 등으로 그 수당 수급자의 변동이 있는 경우

2. 국가유공자의 군기록 등에 변동이 있는 경우

3. 국가유공자를 주로 부양·양육한 사람으로 인하여 보상금 수급자나 선순위 유족의 변동이 있거나 6·25전몰군경자녀수당 수급자의 변동이 있는 경우

4. 같은 순위 유족 간의 협의에 따라 보상금 수급자나 선순위 유족의 변동이 있는 경우

5. 자녀 간의 협의에 따라 6·25전몰군경자녀수당 수급자의 변동이 있는 경우

가 국가보훈부장관이 실시하는 신체검사에서 제6조의4에 따른 상이등급(이하 "상이등급"이라 한다)으로 판정된 사람

5. 순직군경(殉職軍警): 군인이나 경찰·소방 공무원으로서 국가의 수호·안전보장 또는 국민의 생명·재산 보호와 직접적인 관련이 있는 직무수행이나 교육훈련 중 사망한 사람(질병으로 사망한 사람을 포함한다)

6. 공상군경(公傷軍警): 군인이나 경찰·소방 공무원으로서 국가의 수호·안전보장 또는 국민의 생명·재산 보호와 직접적인 관련이 있는 직무수행이나 교육훈련 중 상이(질병을 포함한다)를 입고 전역하거나 퇴직한 사람 또는 6개월 이내에 전역이나 퇴직하는 사람으로서 그 상이정도가 국가보훈부장관이 실시하는 신체검사에서 상이등급으로 판정된 사람

7. 무공수훈자(武功受勳者): 무공훈장(武功勳章)을 받은 사람. 다만, 「국가공무원법」 제2조 및 「지방공무원법」 제2조에 따른 공무원과 국가나 지방자치단체에서 일상적으로 공무에 종사하는 대통령령으로 정하는 직원이 무공훈장을 받은 경우에는 전역하거나 퇴직

② 국가유공자, 그 유족 또는 가족은 법 제6조의2제1항 각 호의 어느 하나에 해당하는 신상의 변동이 있으면 별지 제7호서식의 신상변동신고서(전자문서로 된 신고서를 포함한다)에 다음 각 호의 구분에 따른 서류(전자문서를 포함한다)를 첨부하여 관할 청장 또는 지청장에게 제출하여야 한다. 다만, 국가유공자, 그 유족 또는 가족의 주소가 변동(국내에서 주소가 변동된 경우만 해당한다)된 경우에는 신상변동신고서를 제출하지 않고 전화 또는 구두로 신상 변동신고를 할 수 있다.〈개정 2012. 6. 29., 2016. 6. 29., 2020. 1. 21., 2023. 1. 5., 2024. 8. 14.〉

1. 사망한 경우: 사망을 증명할 수 있는 서류 1통

2. 국적을 상실한 경우: 제적등본 등 외국국적 취득을 증명할 수 있는 서류 또는 가족관계기록사항에 관한 증명서 1통

3. 국가유공자의 유족 또는 가족에 해당되거나 해당되지 아니하게 된 경우: 제적등본 등 그 사실을 증명할 수 있는 서류 또는 가족관계기록사항에 관한 증명서(주민등록표 등

한 사람만 해당한다.

8. 보국수훈자(保國受勳者): 다음 각 목의 어느 하나에 해당하는 사람

가. 군인으로서 보국훈장을 받고 전역한 사람

나. 군인 외의 사람으로서 간첩체포, 무기개발 및 그 밖에 대통령령으로 정하는 사유(이하 "간첩체포등의 사유"라 한다)로 보국훈장을 받은 사람. 다만, 「국가공무원법」 제2조 및 「지방공무원법」 제2조에 따른 공무원(군인은 제외한다)과 국가나 지방자치단체에서 일상적으로 공무에 종사하는 대통령령으로 정하는 직원이 간첩체포등의 사유로 보국훈장을 받은 경우에는 퇴직한 사람만 해당한다.

9. 6·25참전 재일학도의용군인(在日學徒義勇軍人)(이하 "재일학도의용군인"이라 한다): 대한민국 국민으로서 일본에 거주하던 사람으로서 1950년 6월 25일부터 1953년 7월 27일까지의 사이에 국군이나 유엔군에 지원 입대하여 6·25전쟁에 참전하고 제대한 사람(파면된 사람이나 형을 선고받고 제대된 사람은 제외한다)

본을 통하여 확인할 수 없는 경우만 해당한다) 1통

4. 삭제〈2012. 6. 29.〉

5. 법 제78조제2항에 해당하게 된 경우: 판결문 등본 1통

6. 법 제79조제1항제1호부터 제4호까지의 어느 하나 또는 같은 조 제2항에 해당하게 된 경우: 판결문 등본 1통

7. 1년 이상 계속하여 행방불명이거나 그 사유가 소멸된 경우: 그 사실을 증명할 수 있는 서류(주민등록표 등본을 통하여 확인할 수 없는 경우만 해당한다) 1통

8. 성명·주소(국내에서 주소가 변동된 경우는 제외한다)나 생년월일의 변동이 있는 경우: 제적등본 등 그 사실을 증명할 수 있는 서류 또는 가족관계기록사항에 관한 증명서(주민등록표 등본을 통하여 확인할 수 없는 경우만 해당한다) 1통

9. 다음 각 목의 경우: 사진(3.5센티미터×4.5센티미터) 1장

가. 보상금을 지급받고 있는 사람의 사망 등으로 인하여 다음 순위자가 보상금을 지급

10. 참전유공자: 「참전유공자 예우 및 단체설립에 관한 법률」 제2조제2호에 해당하는 사람 중 다음 각 목의 어느 하나에 해당하는 사람

가. 「참전유공자 예우 및 단체설립에 관한 법률」 제5조에 따라 등록된 사람

나. 「고엽제후유의증 등 환자지원 및 단체설립에 관한 법률」 제4조 또는 제7조에 따라 등록된 사람

11. 4·19혁명사망자: 1960년 4월 19일을 전후한 혁명에 참가하여 사망한 사람

12. 4·19혁명부상자: 1960년 4월 19일을 전후한 혁명에 참가하여 상이를 입은 사람으로서 그 상이정도가 국가보훈부장관이 실시하는 신체검사에서 상이등급으로 판정된 사람

13. 4·19혁명공로자: 1960년 4월 19일을 전후한 혁명에 참가한 사람 중 제11호와 제12호에 해당하지 아니하는 사람으로서 건국포장(建國褒章)을 받은 사람

14. 순직공무원: 「국가공무원법」 제2조 및 「지방공무원법」 제2조에 따른 공무원(군인과 경찰·소방 공무원은 제외한다)과 국가나 지방자치단체에서 일상적으로 공무에 종사하

받으려는 경우

나. 6·25전몰군경자녀수당을 지급받고 있는 사람의 사망 등으로 그 수당 수급자의 변동이 있는 경우

10. 국가유공자의 군기록 등에 변동이 있는 경우: 이를 증명할 수 있는 서류 1통

11. 국가유공자를 주로 부양하거나 양육한 사람으로 인하여 보상금 수급자나 선순위 유족의 변동이 있거나 6·25전몰군경자녀수당 수급자의 변동이 있는 경우: 국가유공자를 주로 부양하거나 양육한 사실을 증명할 수 있는 서류 1통

12. 같은 순위 유족 간의 협의에 따라 보상금 수급자나 선순위 유족을 지정한 경우: 별지 제12호서식의 보상금 수급자 지정서 1통 또는 별지 제13호서식의 선순위 유족 지정협의서 1통

13. 자녀 간의 협의에 따라 6·25전몰군경자녀수당 수급자를 지정한 경우: 별지 제13호의5서식의 6·25전몰군경자녀수당 수급자 지정서 1통

③ 제2항에 따른 신고를 받은 관할 청장

는 대통령령으로 정하는 직원으로서 국민의 생명·재산 보호와 직접적인 관련이 있는 직무수행이나 교육훈련 중 사망한 사람(질병으로 사망한 사람을 포함한다)

15. 공상공무원: 「국가공무원법」 제2조 및 「지방공무원법」 제2조에 따른 공무원(군인과 경찰·소방 공무원은 제외한다)과 국가나 지방자치단체에서 일상적으로 공무에 종사하는 대통령령으로 정하는 직원으로서 국민의 생명·재산 보호와 직접적인 관련이 있는 직무수행이나 교육훈련 중 상이(질병을 포함한다)를 입고 퇴직하거나 6개월 이내에 퇴직하는 사람으로서 그 상이정도가 국가보훈부장관이 실시하는 신체검사에서 상이등급으로 판정된 사람

16. 국가사회발전 특별공로순직자(이하 “특별공로순직자”라 한다): 국가사회발전에 현저한 공이 있는 사람 중 그 공로와 관련되어 순직한 사람으로서 국무회의에서 이 법의 적용 대상자로 의결된 사람

17. 국가사회발전 특별공로상이자(이하 “특별공로상이자”라 한다): 국가사회발전에

또는 지청장은 다음 각 호의 어느 하나에 해당하는 경우 「전자정부법」 제36조제1항에 따른 행정정보의 공동이용을 통하여 신고인의 주민등록표 등본을 확인하여야 한다. 다만, 신고인이 확인에 동의하지 아니하는 경우에는 주민등록표 등본을 첨부하도록 하여야 한다.〈개정 2012. 6. 29., 2024. 8. 14.〉

1. 국가유공자의 유족 또는 가족에 해당되거나 해당되지 아니하게 된 경우

2. 1년 이상 계속하여 행방불명이거나 그 사유가 소멸된 경우

3. 성명 또는 생년월일의 변동이 있는 경우

[전문개정 2009. 8. 25.]

[제목개정 2012. 6. 29.]

현저한 공이 있는 사람 중 그 공로와 관련되어 상이를 입은 사람으로서 그 상이정도가 국가보훈부장관이 실시하는 신체검사에서 상이등급으로 판정되어 국무회의에서 이 법의 적용 대상자로 의결된 사람

18. 국가사회발전 특별공로자(이하 "특별공로자"라 한다): 국가사회발전에 현저한 공이 있는 사람 중 제16호와 제17호에 해당하지 아니하는 사람으로서 국무회의에서 이 법의 적용 대상자로 의결된 사람

② 제1항제3호부터 제6호까지, 제14호 및 제15호에 따른 국가유공자의 요건에 해당되는지에 대한 구체적인 기준과 범위는 다음 각 호의 사항 등을 종합적으로 고려하여 대통령령으로 정한다.

1. 전투 또는 이에 준하는 직무수행의 범위

2. 직무수행이나 교육훈련과 국가의 수호·안전보장 또는 국민의 생명·재산 보호와의 관련 정도

3. 사망하거나 상이(질병을 포함한다)를 입게 된 경위 및 본인 과실의 유무와 정도

③ 제1항에도 불구하고 제1항제1호 및 제2

호에 따른 순국선열·애국지사의 예우에 관하여는 「독립유공자예우에 관한 법률」에서 정한다.

④ 제1항에도 불구하고 제1항제10호가목에 해당하는 사람의 예우에 관하여는 「참전유공자 예우 및 단체설립에 관한 법률」에서 정한다.〈개정 2015. 12. 22.〉

⑤ 제1항에도 불구하고 제1항제10호나목에 해당하는 사람의 지원에 관하여는 「고엽제후유의증 등 환자지원 및 단체설립에 관한 법률」에서 정한다.〈개정 2015. 12. 22.〉

⑥ 제1항제3호부터 제6호까지, 제14호 또는 제15호에 따른 요건에 해당되는 사람이 다음 각 호의 어느 하나에 해당되는 원인으로 사망하거나 상이(질병을 포함한다)를 입으면 제1항 및 제6조에 따라 등록되는 국가유공자, 그 유족 또는 가족에서 제외한다.

1. 불가피한 사유 없이 본인의 고의 또는 중대한 과실로 인한 것이거나 관련 법령 또는 소속 상관의 명령을 현저히 위반하여 발생한 경우

2. 공무를 이탈한 상태에서의 사고나 재해로 인한 경우

3. 장난·싸움 등 직무수행으로 볼 수 없는 사적(私的)인 행위가 원인이 된 경우 [전문개정 2011. 9. 15.]		
제5조(유족 또는 가족의 범위) ① 이 법에 따라 보상을 받는 국가유공자의 유족이나 가족의 범위는 다음 각 호와 같다.〈개정 2008. 3. 28., 2011. 9. 15.〉 1. 배우자 2. 자녀 3. 부모 4. 성년인 직계비속(直系卑屬)이 없는 조부모 5. 60세 미만의 직계존속(直系尊屬)과 성년인 형제자매가 없는 미성년 제매(弟妹) ② 제1항제1호의 배우자의 경우, 사실혼 관계에 있는 사람을 포함한다. 다만, 배우자 및 사실혼 관계에 있는 사람이 국가유공자와 혼인 또는 사실혼 후 그 국가유공자가 아닌 다른 사람과 사실혼 관계에 있거나 있었던 경우는 제외한다.〈신설 2011. 9. 15.〉 ③ 제1항제2호의 자녀의 경우, 양자(養子)는 국가유공자가 직계비속이 없어 입양한 사	제5조(국가 등에서 일상적으로 공무에 종사하는 직원) 법 제4조제1항제7호 단서, 같은 항 제8호나목 단서, 같은 항 제14호·제15호, 제79조제1항제4호 및 법률 제10471호 국가유공자 등 예우 및 지원에 관한 법률 일부개정법률 부칙 제3조에서 "국가나 지방자치단체에서 일상적으로 공무에 종사하는 대통령령으로 정하는 직원"이란 「공무원연금법 시행령」 제2조의 적용을 받는 자를 말한다.〈개정 2011. 6. 30., 2012. 6. 27.〉	제5조 삭제〈2012. 6. 29.〉

람 1명만을 자녀로 본다.〈개정 2008. 3. 28., 2011. 9. 15.〉

④ 제1항제3호의 부모의 경우, 생부 또는 생도 외에 국가유공자를 양육하거나 부양한 사실이 있는 부 또는 모의 배우자가 있는 때에는 국가유공자를 주로 양육하거나 부양한 사람 1명을 부 또는 모로 본다.〈개정 2008. 3. 28., 2011. 9. 15.〉

⑤ 제1항제4호의 조부모의 경우, 성년인 직계비속이 대통령령으로 정하는 생활능력이 없는 정도의 장애인이거나 다음 각 호의 어느 하나에 해당하는 사람으로서 의무복무 중인 경우에는 성년인 직계비속이 없는 것으로 본다.〈개정 2011. 9. 15., 2013. 6. 4., 2015. 7. 24., 2016. 5. 29., 2019. 12. 31.〉

1. 「병역법」 제16조 또는 제20조에 따라 입영된 현역병(본인이 지원하지 아니하고 임용된 부사관을 포함한다)

2. 「병역법」 제22조에 따라 소집된 상근예비역

3. 「병역법」 제25조에 따라 전환복무된 의무경찰 및 의무소방원

4. 「병역법」 제2조에 따른 사회복무요원 및 대체복무요원으로 소집된 사람 ⑥ 제1항제5호의 미성년 제매의 경우, 60세 미만의 직계존속과 성년인 형제자매가 있더라도 대통령령으로 정하는 생활능력이 없는 정도의 장애인이거나 제5항 각 호의 어느 하나에 해당하는 사람으로서 의무복무 중인 경우에는 60세 미만의 직계존속과 성년인 형제자매가 없는 것으로 본다.〈개정 2008. 3. 28., 2011. 9. 15.〉 ⑦ 삭제〈1994. 12. 31.〉 ⑧ 삭제〈2000. 12. 30.〉 [제목개정 2008. 3. 28., 2011. 9. 15.]		
제6조(등록 및 결정) ① 국가유공자, 그 유족 또는 가족이 되려는 사람(이하 이 조에서 "신청 대상자"라 한다)은 대통령령으로 정하는 바에 따라 국가보훈부장관에게 등록을 신청하여야 한다. 다만, 신청 대상자가 다음 각 호의 어느 하나에 해당하는 경우에는 대통령령으로 정하는 바에 따라 국가보훈부 소속 공무원이 신청 대상자의 동의를 받아 등록을 신청할 수 있고, 그 동의를 받은 경우에는 신청	제6조(특별공로자 등의 추천) ① 법 제4조제1항제16호부터 제18호까지의 규정에 따라 국무회의에서 국가사회발전 특별공로순직자(이하 "특별공로순직자"라 한다), 국가사회발전 특별공로상이자(이하 "특별공로상이자"라 한다) 또는 국가사회발전 특별공로자(이하 "특별공로자"라 한다)로 의결할 대상자는 그 소관에 따라 중앙행정기관(외국은 제외한다)의 장, 대통령 및 국무총리직속기관의 장, 국	제6조 삭제〈2012. 6. 29.〉

대상자가 등록을 신청한 것으로 본다.〈개정 2011. 9. 15., 2013. 5. 22., 2023. 3. 4.〉

1. 「국가보훈 기본법」 제23조제1항제3호의2에 따라 발굴된 희생·공헌자의 경우

2. 전투 또는 이에 준하는 직무수행 중 상이를 입거나 사망한 경우

3. 그 밖에 대통령령으로 정하는 사유로 직접 등록을 신청할 수 없는 경우

② 「보훈보상대상자 지원에 관한 법률」 제4조제1항에 따라 등록을 신청하는 사람에 대하여는 그 등록신청을 한 날에 제1항에 따른 등록을 신청한 것으로 본다.〈신설 2011. 9. 15.〉

③ 국가보훈부장관은 제1항에 따른 등록신청을 받으면 대통령령으로 정하는 바에 따라 제4조 또는 제5조에 따른 요건을 확인한 후 국가유공자, 그 유족 또는 가족에 해당하는지를 결정한다. 이 경우 제4조제1항제3호부터 제6호까지, 제8호, 제14호 및 제15호의 국가유공자(이하 "전몰군경등"이라 한다)가 되기 위하여 등록을 신청하는 경우에는 그 소속하였던 기관의 장에게 그 요건과 관련된 회사무총장 또는 법원행정처장이 추천서에 국가보훈부령으로 정하는 서류를 첨부하여 국가보훈부장관을 거쳐 추천한다.〈개정 2012. 6. 27., 2023. 5. 23.〉

② 제1항에 따라 특별공로순직자, 특별공로상이자 또는 특별공로자를 추천하는 경우 추천대상자는 다음 각 호의 어느 하나에 해당하는 자이어야 한다.

1. 대한민국의 건국과 그 기틀을 공고히 하는 데 이바지하여 국가발전에 뚜렷한 공로가 있는 자

2. 국권(國權)의 신장과 우방(友邦)과의 친선에 이바지하여 국가발전에 뚜렷한 공로가 있는 자

3. 국가의 민주발전과 사회정의의 구현에 이바지하여 국가발전에 뚜렷한 공로가 있는 자

4. 그 밖의 사유로 국가와 사회발전에 헌신적으로 이바지하여 국가발전에 뚜렷한 공로가 있는 자

[전문개정 2009. 8. 13.]

사실의 확인을 요청하여야 하며, 그 소속하였던 기관의 장은 관련 사실을 조사한 후 대통령령으로 정하는 바에 따라 그 요건과 관련된 사실을 확인하여 국가보훈부장관에게 통보하여야 한다.〈개정 2009. 2. 6., 2011. 9. 15., 2023. 3. 4.〉

④ 국가보훈부장관은 제3항 전단에 따라 국가유공자, 그 유족 또는 가족에 해당하는 사람으로 결정할 때에는 제74조의5에 따른 보훈심사위원회(이하 "보훈심사위원회"라 한다)의 심의·의결을 거쳐야 한다. 다만, 국가유공자, 그 유족 또는 가족의 요건이 객관적인 사실에 의하여 확인된 경우로서 대통령령으로 정하는 경우에는 보훈심사위원회의 심의·의결을 거치지 아니할 수 있다.〈개정 2011. 9. 15., 2023. 3. 4.〉

⑤ 국가보훈부장관은 제4조제1항 각 호(제1호, 제2호 및 제10호는 제외한다)의 어느 하나에 해당하는 적용 대상 국가유공자임에도 불구하고 신청 대상자가 없어 등록신청을 할 수 없는 사람에 대해서는 보훈심사위원회의 심의·의결을 거쳐 국가유공자로 기록

하고 예우 및 관리를 할 수 있다.〈신설 2016. 5. 29., 2023. 3. 4.〉

⑥ 제1항부터 제4항까지의 규정은 다른 법률에서 이 법의 예우 등을 받도록 규정된 사람에 대하여도 적용한다.〈개정 2011. 9. 15., 2016. 5. 29.〉

[전문개정 2008. 3. 28.]

제6조의2(국가유공자 등의 변동신고 등) ① 제6조제1항에 따른 등록신청 대상자는 국가유공자, 그 유족 또는 가족이 다음 각 호의 어느 하나에 해당하면 국가보훈부령으로 정하는 바에 따라 지체 없이 국가보훈부장관에게 신고하여야 한다.〈개정 2011. 9. 15., 2023. 3. 4.〉

1. 사망한 경우
2. 국적을 상실한 경우
3. 제5조에 따른 유족 또는 가족에 해당하지 아니하게 된 경우
4. 제5조에 따른 유족 또는 가족에 해당하게 된 경우
5. 제78조제2항에 해당하는 사람이 된 경우
6. 제79조제1항제1호부터 제4호까지 또

는 같은 조 제2항의 어느 하나에 해당하는 사람이 된 경우

7. 1년 이상 계속하여 행방불명이거나 그 행방불명 사유가 소멸된 경우

8. 성명, 주소 또는 생년월일이 변동된 경우

9. 그 밖에 국가보훈부령으로 정하는 신상(身上) 변동이 있는 경우

② 국가보훈부장관은 제1항에 따른 신고를 받으면 유족의 순위변경, 등록결정의 취소, 추가등록결정 등의 조치 사항을 그 신고인에게 통보하여야 한다.〈개정 2023. 3. 4.〉

[전문개정 2008. 3. 28.]

제6조의3(신체검사) ① 국가보훈부장관은 제4조제1항제4호 · 제6호 · 제12호 · 제15호 및 제17호에 따라 이 법의 적용 대상자로 될 상이를 입은 사람의 판정과 그가 입은 상이정도 또는 상이처의 변경 등으로 인한 상이등급을 판정하기 위하여 신체검사를 실시한다. 이 경우 대통령령으로 정하는 사유가 있는 사람의 상이등급 판정을 위한 신체검사는 서면심사(書面審査)로 할 수 있다.〈개정 2011. 9. 15., 2023. 3. 4.〉

② 제1항에 따라 실시하는 신체검사는 다음 각 호의 구분에 따른다.〈개정 2011. 9. 15., 2023. 3. 4.〉

1. 신규신체검사: 제6조제1항에 따라 등록을 신청한 사람에 대하여 보훈심사위원회가 심의·의결한 경우에 실시하는 신체검사

2. 재심신체검사: 신규신체검사의 판정에 이의가 있는 사람에 대하여 실시하는 신체검사

3. 재확인신체검사: 신규신체검사나 재심신체검사에서 상이등급의 판정을 받지 못한 사람에 대하여 실시하는 신체검사

4. 재판정(再判定)신체검사: 신규신체검사, 재심신체검사 또는 재확인신체검사에서 상이등급의 판정을 받아 이 법의 적용 대상이 된 사람 중 본인의 신청 또는 국가보훈부장관의 직권에 의하여 상이등급을 재판정할 필요가 있다고 인정되는 사람에 대하여 실시하는 신체검사

③ 제2항에 따른 신체검사에서 다음 각 호의 어느 하나에 해당하는 경우에는 그 등록신청이나 신체검사신청은 기각된 것으로 본다.〈개정 2011. 9. 15.〉

1. 신규신체검사·재심신체검사 또는 재확인신체검사에서 상이등급의 판정을 받지 못한 경우

2. 재심신체검사나 재판정신체검사의 결과 상이등급의 변동이 없는 경우

3. 대통령령으로 정하는 특별한 사유 없이 본인이 신청한 신체검사를 받지 아니하는 경우

④ 국가보훈부장관은 다음 각 호의 어느 하나에 해당하는 경우 직권으로 재판정신체검사를 실시할 수 있다.〈신설 2011. 9. 15., 2023. 3. 4.〉

1. 상이(질병을 포함한다)의 특성상 일정한 기간이 지난 후 상이등급을 재판정할 필요가 있다고 인정되는 경우

2. 그 밖에 상이등급을 재판정할 필요가 있다고 국가보훈부장관이 인정하는 경우

⑤ 제4항제1호에 따라 직권으로 실시하는 재판정신체검사는 1회에 한하여 실시하되 상이(질병을 포함한다)가 호전되거나 악화된 정도 등을 고려하여 이를 달리할 수 있다.〈신설 2011. 9. 15.〉

⑥ 직권에 의한 재판정신체검사의 실시를 통보받은 사람은 대통령령으로 정하는 특별한 사유가 없으면 이를 받아야 한다.〈개정 2011. 9. 15.〉

⑦ 재판정신체검사에서 상이등급 재판정의 효력은 본인이 신청하거나 국가보훈부장관이 직권에 의하여 재판정신체검사를 받도록 통지한 날이 속하는 달부터 발생한다. 다만, 상이등급이 하락(下落)한 경우에는 다음 각 호의 구분에 따른다.〈개정 2011. 9. 15., 2023. 3. 4.〉

1. 본인의 신청에 의한 재판정신체검사의 경우: 상이등급의 판정을 받은 날이 속하는 달의 다음 달

2. 직권에 의한 재판정신체검사의 경우: 재판정신체검사를 받도록 통지한 날이 속하는 달의 다음 달

⑧ 제1항에 따른 신체검사 대상자가 「의료법」 제3조의4에 따른 상급종합병원이나 그 밖에 대통령령으로 정하는 병원급 이상의 의료기관이 국가보훈부령으로 정하는 바에 따라 발급하는 국가보훈 장해진단서를 제출한

경우에는 제2항의 신체검사(제4항에 따라 직권으로 실시하는 재판정신체검사는 제외한다)를 실시한 것으로 본다.〈신설 2022. 12. 16., 2023. 3. 4.〉 ⑨ 제1항부터 제7항까지에서 규정한 사항 외에 신체검사 실시일, 직권에 의한 재판정신체검사 대상자의 선정기준 등 신체검사에 필요한 사항은 대통령령으로 정한다.〈개정 2011. 9. 15., 2022. 12. 16.〉 [전문개정 2008. 3. 28.]		
제6조의4(상이등급의 구분과 판정) ① 제6조의3제1항에 따른 신체검사 대상자의 상이등급은 그 상이정도에 따라 1급ㆍ2급ㆍ3급ㆍ4급ㆍ5급ㆍ6급 및 7급으로 구분하여 판정한다. 이 경우 보훈심사위원회의 심의ㆍ의결을 거쳐야 한다.〈개정 2011. 9. 15.〉 ② 제1항에 따른 상이등급의 기준은 상이부위 및 양태, 사회생활의 제약을 받는 정도 등을 종합적으로 고려하여 정한다.〈신설 2011. 9. 15.〉 ③ 제1항에 따른 상이등급의 구분과 판정 등에 필요한 사항은 대통령령으로 정한다.〈개		

정 2011. 9. 15.〉

[전문개정 2008. 3. 28.]

[제목개정 2022. 12. 16.]

제6조의5(상이의 추가인정) ① 국가보훈부장관은 국가유공자가 상이의 추가인정을 신청하면 보훈심사위원회의 심의·의결을 거쳐 그 인정 여부를 결정한다.〈개정 2011. 9. 15., 2023. 3. 4.〉

② 제1항에 따라 상이를 추가로 인정받은 사람은 그 추가인정을 신청한 날에 재판정신체검사를 신청한 것으로 본다.〈개정 2011. 9. 15.〉

[전문개정 2008. 3. 28.]

제6조의6(상이등급 판정 등에 대한 특례) ① 다음 각 호의 어느 하나에 해당하는 사람에 대한 상이정도는 제6조의4에 따른 상이등급과 「보훈보상대상자 지원에 관한 법률」 제6조에 따른 상이등급을 종합하여 판정한다.

1. 전상군경 또는 공상군경으로서 「보훈보상대상자 지원에 관한 법률」에 따른 재해부상군경에 해당하는 사람

2. 공상공무원으로서 「보훈보상대상자 지

원에 관한 법률」에 따른 재해부상공무원에 해당하는 사람 ② 제1항 각 호의 어느 하나에 해당하는 사람에 대한 보상의 금액, 보상기준 등에 관하여 필요한 사항은 대통령령으로 정한다. [본조신설 2011. 9. 15.]		
제6조의7(6·25 전사자의 유족이 없는 경우에 대한 등록 및 결정의 특례) 국가보훈부장관은 「6·25 전사자유해의 발굴 등에 관한 법률」에 따라 국방부장관이 전사자유해로 인정한 경우로서 그 전사자의 유족(제5조에 따른 유족을 말한다)이 없는 경우에는 제6조에 따른 절차를 거치지 아니하고 그 전사자를 국가유공자로 결정한다.〈개정 2023. 3. 4.〉		
제7조(보상 원칙) ① 국가유공자, 그 유족 또는 가족에게는 국가유공자의 희생과 공헌의 정도에 따라 보상하되, 그 생활수준과 연령 등을 고려하여 보상의 정도를 달리할 수 있다.〈개정 2011. 9. 15.〉 ② 삭제〈2011. 9. 15.〉 [전문개정 2008. 3. 28.]	제7조(생활능력이 없는 정도의 장애인) 법 제5조제5항 및 제6항에서 "대통령령으로 정하는 생활능력이 없는 정도의 장애인"이란 별표 2의 장애인장애구분표에 해당하는 심신장애가 있는 자를 말한다.	제7조(신규신체검사 등의 신청 등) ① 신규신체검사 또는 재확인신체검사를 받으려는 사람(법 제6조의3제8항에 따라 신규신체검사 또는 재확인신체검사를 대신하여 국가보훈장해진단서를 제출하려는 사람을 포함한다)은 영 제10조 또는 영 제16조에 따라 별지 제2호서식의 등록신청서를 관할 청장 또는 지청장에게 제출해야 한다.〈개정 2012. 6. 29.,

2023. 6. 16.〉

② 재심신체검사 또는 재판정신체검사를 받으려는 사람(법 제6조의3제8항에 따라 재심신체검사 또는 재판정신체검사를 대신하여 국가보훈 장해진단서를 제출하려는 사람을 포함한다)은 영 제15조 또는 영 제17조에 따라 별지 제8호서식의 재심 또는 재판정신체검사신청서(전자문서로 된 신청서를 포함한다)를 관할 청장 또는 지청장에게 제출해야 한다.〈개정 2012. 6. 29., 2023. 6. 16.〉

③ 제1항 또는 제2항에 따른 국가보훈 장해진단서는 별지 제9호서식에 따른다.〈신설 2023. 6. 16.〉

④ 제1항 또는 제2항에 따라 신체검사를 대신하여 국가보훈 장해진단서(1개월 이내에 발급된 것으로 한정한다)를 제출하는 경우에는 다음 각 호의 서류를 첨부해야 한다.〈신설 2023. 6. 16.〉

1. 소견서(국가보훈부장관이 정하는 바에 따라 장해상태를 구체적으로 적은 것을 말한다)

2. 「의료법 시행규칙」 제15조제1항에 따른 진료기록부

		3. 그 밖에 방사선 사진 등 국가보훈 장해진단서에 기록된 장해상태를 확인할 수 있는 서류나 국가보훈부장관이 질병별로 정하여 고시하는 서류 [전문개정 2009. 8. 25.] [제목개정 2023. 6. 16.]
제7조의2(상이등급에 따라 등록된 국가유공자 등에 대한 보상 특례) 법률 제6011호 국가유공자등예우및지원에관한법률중개정법률 제6조의4의 개정규정에 따른 상이등급에 따라 등록된 전상군경, 공상군경, 4·19혁명부상자, 공상공무원, 특별공로상이자, 6·18자유상이자 및 전투종사군무원 등과 그 유족 또는 가족에 대하여는 대통령령으로 정하는 바에 따라 해당 상이등급에 따라 제11조에 따른 보훈급여금(이하 "보훈급여금"이라 한다)을 지급한다.		
제7조의3(외국국적동포 등에 대한 보상 특례) 제9조제3항 후단에도 불구하고 「재외동포의 출입국과 법적 지위에 관한 법률」 제16조에 따라 보훈급여금을 받는 외국국적동포인 국가유공자가 대한민국 국적을 상실한 상태로		

사망한 경우에도 대한민국 국적을 보유하고 있거나 회복한 그 유족에 대하여 보훈급여금을 지급한다.〈개정 2020. 3. 24.〉		
제8조 삭제〈2011. 9. 15.〉	제8조(등록신청) ① 법 제6조제1항에 따라 국가유공자, 그 유족 또는 가족이 되려는 경우에는 그 중 다음 각 호의 순위에 따른 선순위자(선순위자인 유족이 부득이한 사유로 등록신청을 할 수 없는 경우에는 그 밖에 법 제5조제1항 각 호에 따른 유족을 말한다)가 등록신청서에 국가보훈부령으로 정하는 서류를 첨부하여 국가보훈부장관에게 신청하여야 한다. 다만, 법 제6조제1항 단서에 따라 국가보훈부 소속 공무원이 국가유공자, 그 유족 또는 가족이 되려는 사람의 등록을 신청하려는 경우에는 등록신청서에 다음 각 호의 순위에 따른 선순위자(선순위자인 유족이 부득이한 사유로 기명날인 또는 서명할 수 없는 경우에는 그 밖에 법 제5조제1항 각 호에 따른 유족을 말한다)의 기명날인 또는 서명을 받은 동의서(등록신청서에 동의 사실이 포함된 경우에는 해당 등록신청서를 말한다)와 국가보훈부령으로 정하는 서류를 첨부하여 국	제8조(신체상이의 판정방법 등) ① 영 제14조제2항에 따라 신체상이의 판정은 신체의 상이부위를 해부학적으로 구분한 후 그 부위를 생리학적으로 구분한 부위(이하 “상이계열”이라 한다)별로 한다.〈개정 2012. 6. 29.〉 ② 제1항에 따른 신체의 상이부위의 구분과 상이계열은 별표 2와 같다. ③ 상이등급은 수술 등 치료를 마치거나 진료를 받은 후 그 상이가 고정된 상태에서 판정한다. 다만, 상이가 고정되지 않은 경우에는 다음 각 호의 구분에 따라 판정한다.〈개정 2020. 1. 31., 2020. 6. 23.〉 1. 6개월 이내에 상이가 고정될 수 있음이 의학적으로 인정되는 경우에는 그 상이가 고정된 때에 판정한다. 다만, 6개월 이내에 상이가 고정되지 않은 경우에는 6개월이 되는 날에 장차 고정될 것으로 인정되는 상이에 대하여 판정한다. 2. 6개월 이내에 상이가 고정될 수 없음

가보훈부장관에게 제출하여야 한다.〈개정 2012. 6. 27., 2013. 6. 28., 2018. 12. 31., 2023. 5. 23.〉

1. 국가유공자 또는 법 제13조에 따른 선순위자인 유족

2. 제1호에 해당되지 아니하는 유족은 법 제5조제1항 각 호의 순위에 따른 선순위자로 하되, 같은 순위인 경우에는 법 제13조에 따른 순위에 따른다.

② 법 제6조제1항제3호에서 "대통령령으로 정하는 사유"란 고령, 부상, 질병, 신체적·정신적 장애 또는 그 밖의 부득이한 사유를 말한다.〈신설 2013. 6. 28.〉

③ 법 제6조제4항 단서에서 "대통령령으로 정하는 경우"란 다음 각 호의 어느 하나에 해당하는 경우를 말한다.〈개정 2011. 6. 30., 2012. 6. 27., 2013. 6. 28., 2014. 11. 11., 2022. 1. 13.〉

1. 「상훈법」에 따른 무공훈장(武功勳章)·보국훈장(保國勳章)(법 제4조제1항제8호가목의 사람만 해당한다) 또는 건국포장(建國褒章)을 수여받은 사실이 훈장증·포장증 또는 수

이 의학적으로 인정되는 경우에는 수술 등 치료를 마친 날 또는 진료를 받은 날부터 6개월 이내에 장차 고정될 것으로 인정되는 상이에 대하여 판정한다.

④ 제1항에 따른 신체상이의 판정을 하는 때에는 영 제17조제5항에 따른 직권에 의한 재판정신체검사 대상자에 해당하는지를 함께 결정하여야 한다.〈신설 2012. 6. 29.〉

[전문개정 2009. 8. 25.]

	여증명 서류에 의하여 확인된 경우 2. 가족관계기록사항에 관한 증명서나 제적등본 등 공적인 기록에 의하여 국가유공자와 그의 유족 또는 가족의 신분요건이 확인된 경우 3. 「재외동포의 출입국과 법적지위에 관한 법률」 제16조에 따라 대한민국 국적회복 이전까지 보훈급여금을 받은 사실이 확인된 경우 4. 군인이 「군인사법」 제54조의2제1항제1호의 전사자 또는 같은 항 제2호가목의 순직Ⅰ형에 해당하는 사실이 공적인 증명 서류나 자료로 확인된 경우 5. 경찰공무원 또는 소방공무원이 「공무원 재해보상법」에 따른 위험직무순직공무원에 해당하는 사실이 공적인 증명 서류나 자료로 확인된 경우 [전문개정 2009. 8. 13.]	
		제8조의2(운동기능장애 측정) ① 운동기능장애를 측정하기 위한 신체 각 관절에 대한 비장애인의 표준운동각도 및 운동가능영역은 별표 3과 같다.〈개정 2016. 6. 29.〉

② 운동기능장애의 정도는 미국의학협회(AMA: American Medical Association)식 측정 방법에 따라 측정한 해당 신체검사 대상자의 신체 각 관절에 대한 운동가능영역과 별표 3의 운동가능영역을 비교하여 산출한다.〈개정 2021. 9. 27.〉

[전문개정 2009. 8. 25.]

제8조의3(신체부위별 상이등급의 결정) 영 제14조제2항에 따라 신체부위별 상이에 대한 상이등급의 결정은 별표 4의 기준에 따른다.

제8조의4(상이처 종합판정 기준) 영 별표 3 제9호에 따른 신체상이가 둘 이상인 사람에 대한 상이처의 종합판정 기준은 별표 5와 같다.

제8조의5(신체검사 의사 소견서) 「한국보훈복지의료공단법」 제7조에 따른 보훈병원(이하 "보훈병원"이라 한다)의 원장(이하 "보훈병원장"이라 한다)은 영 제19조제1항에 따라 신체검사를 실시한 때에는 별지 제10호서식의 신체검사 의사 소견서를 작성하여 법 제74조의5에 따른 보훈심사위원회(이하 "보훈심사위원회"라 한다)에 통보해야 한다.〈개정 2023. 6. 16.〉

	제8조의6(국가유공자 부모 보상금 분할 지급 신청) ① 영 제24조의3제1항에 따라 보상금을 분할하여 지급받으려는 사람은 별지 제12호의2서식의 보상금 등 분할 지급 신청서를 관할 청장 또는 지청장에게 제출해야 한다. 〈개정 2023. 9. 5.〉 ② 제1항에 따른 신청서를 받은 관할 청장 또는 지청장은 「전자정부법」 제36조제1항에 따른 행정정보의 공동이용을 통하여 신청인의 입금계좌 확인정보(통장 사본)를 확인해야 한다. 다만, 신청인이 확인에 동의하지 않는 경우에는 해당 서류를 제출하도록 해야 한다.〈신설 2023. 9. 5.〉 [본조신설 2020. 1. 21.] [종전 제8조의6은 제8조의7로 이동 〈2020. 1. 21.〉]
	제8조의7(생활조정수당 지급 신청) ① 영 제25조의2제1항에 따라 생활조정수당을 받으려는 사람(이하 "생활조정수당수급희망자"라 한다)은 별지 제13호의2서식의 생활조정수당 지급 신청서에 다음 각 호의 서류를 첨부하여 관할 청장 또는 지청장에게 제출해야 한

다.〈개정 2023. 9. 5., 2025. 4. 18.〉

1. 본인 및 그 가구원(법 제14조의2제2항 각 호 외의 부분에 따른 가구원을 말한다. 이하 같다)에 대한 별지 제13호의3서식의 소득·재산 신고서 1부

2. 본인 및 그 가구원에 대한 별지 제13호의4서식의 금융정보 등 제공 동의서 1부

3. 가족관계증명서에 대한 상세증명서(이미 보관 중인 자료를 통하여 가족관계를 확인할 수 없는 경우만 해당한다) 1부

② 제1항에 따른 신청을 받은 관할 청장 또는 지청장은 「전자정부법」 제36조제1항에 따른 행정정보의 공동이용을 통하여 생활조정수당수급희망자 및 그 가구원의 주민등록표 등본 등 별표 5의2의 서류를 확인해야 한다. 다만, 생활조정수당수급희망자 또는 그 가구원이 확인에 동의하지 않는 경우에는 그 서류를 제출하도록 해야 한다.〈개정 2023. 9. 5., 2025. 4. 18.〉

③ 제1항에 따른 신청을 받은 관할 청장 또는 지청장은 생활조정수당 지급 신청서를 받은 날부터 30일 이내에 생활조정수당수급

	희망자에게 생활조정수당 지급 여부에 관한 사항을 통지하여야 한다. 다만, 소득·재산 등의 조사에 장기간이 걸리는 등 불가피한 경우에는 30일의 범위에서 그 기간을 연장할 수 있다. [본조신설 2012. 6. 29.] [제8조의6에서 이동 〈2020. 1. 21.〉]
	제8조의8(6·25전몰군경자녀수당 분할 지급 신청) ① 영 제27조의3제5항에 따라 6·25전몰군경자녀수당을 균등하게 분할하여 지급받으려는 사람은 별지 제13호의6서식의 6·25전몰군경자녀수당 분할 지급 신청서를 관할 청장 또는 지청장에게 제출해야 한다. ② 제1항에 따른 신청서를 받은 관할 청장 또는 지청장은 「전자정부법」 제36조제1항에 따른 행정정보의 공동이용을 통하여 신청인의 입금계좌 확인정보를 확인해야 한다. 다만, 신청인이 이에 동의하지 않는 경우에는 그 서류를 첨부하도록 해야 한다. [본조신설 2023. 1. 5.]
	제8조의9(6·25전몰군경자녀수당 추가지원금 신청) ① 영 제27조의3제7항 및 별표 5의5

제4호에 따른 6 · 25전몰군경자녀수당 추가지원금을 지급받으려는 사람(이하 “추가지원금수급희망자”라 한다)은 별지 제13호의7서식의 6 · 25전몰군경자녀스당 추가지원금 지급신청서를 관할 청장 또는 지청장에게 제출해야 한다. 다만, 추가지원금수급희망자가 제8조의7제1항에 따라 생활조정수당 지급 신청을 한 경우에는 6 · 25전몰군경자녀수당 추가지원금 지급을 신청한 것으로 본다.〈개정 2025. 12. 16.〉

② 제1항에 따른 신청서를 받은 관할 청장 또는 지청장은 「전자정부법」 제36조제1항에 따른 행정정보의 공동이용을 통하여 다음 각 호의 서류를 확인해야 한다. 다만, 신청인이 확인에 동의하지 않는 경우에는 해당 서류를 제출하도록 해야 한다.

1. 국민기초생활수급자증명서
2. 자활근로자확인서
3. 장애인연금(경증)장애수당장애아동수당수급자확인서
4. 차상위계층확인서
5. 차상위본인부담경감대상자증명서

③ 국가보훈부장관은 제1항 본문에도 불구하고 추가지원금수급희망자가 다음 각 호의 요건을 모두 갖춘 경우에는 담당 공무원이 추가지원금수급희망자를 대신하여 6 · 25전몰군경자녀수당 추가지원금 지급 신청을 하게 할 수 있다.〈신설 2025. 12. 16.〉

1. 「국민기초생활 보장법」 제2조제10호에 따른 차상위계층에 해당하는 사람이거나 같은 법 제7조제1항제1호부터 제4호까지의 급여 중 하나 이상의 급여를 받고 있을 것

2. 다음 각 목의 어느 하나에 해당하는 사유로 직접 6 · 25전몰군경자녀수당 추가지원금 지급 신청을 하기 어려울 것

가. 거동이 불편한 경우

나. 질병 또는 부상 등으로 입원 또는 장기 요양 중인 경우

다. 65세 이상이거나 19세 미만인 경우

3. 담당 공무원의 대리 신청에 동의할 것

④ 제3항제3호에 따른 담당 공무원의 대리 신청에 대한 동의는 담당 공무원이 다음 각 호의 어느 하나에 해당하는 방법으로 받을 수 있다.〈신설 2025. 12. 16.〉

		1. 담당 공무원의 대리 신청에 동의한다는 내용이 적힌 서면을 우편, 팩스 또는 전자우편 등을 통하여 추가지원금수급희망자에게 알리고, 그 사람이 서명하거나 날인한 동의서를 받는 방법 2. 전화를 통하여 담당 공무원의 대리 신청과 관련한 동의 내용을 추가지원금수급희망자에게 알리고, 담당 공무원의 대리 신청에 대한 추가지원금수급희망자의 동의의 의사를 확인한 후 그 사실을 문서에 기재하거나 녹음 등을 통해 기록하는 방법 [본조신설 2023. 9. 5.]
제9조(보상받을 권리의 발생시기 및 소멸시기 등) ① 이 법에 따라 보상을 받을 권리는 제6조제1항에 따른 등록신청을 한 날이 속하는 달부터 발생한다. 다만, 제4조제1항제4호·제6호 또는 제15호에 해당하는 사람으로서 전역·퇴직 전 제6조제1항에 따라 등록을 신청하는 경우에는 전역일·퇴직일 다음 날이 속하는 달부터 해당 보상을 받을 권리가 발생한다.〈개정 2011. 9. 15., 2020. 3. 24.〉 ② 제1항에도 불구하고 제14조의2제1항	제9조(국가유공자 요건 관련 사실 확인의 통보 등) ① 법 제6조제3항 후단에서 "소속하였던 기관의 장"은 다음 각 호의 구분에 따른다.〈개정 2012. 6. 27., 2013. 3. 23., 2013. 12. 4., 2014. 11. 19., 2015. 11. 20., 2017. 7. 26., 2018. 9. 18., 2020. 6. 30.〉 1. 국회의원의 경우: 국회사무총장 2. 경찰공무원 및 의무경찰의 경우: 경찰청장 또는 해양경찰청장 3. 군인의 경우: 국방부장관	제9조(사망일시금 지급 신청) ① 영 제28조제2항에 따라 사망일시금을 지급받으려는 사람은 별지 제14호서식의 사망일시금 지급 신청서(전자문서로 된 신청서를 포함한다)에 다음 각 호의 서류(전자문서를 포함한다)를 첨부하여 관할 청장 또는 지청장에게 제출해야 한다.〈개정 2023. 9. 5.〉 1. 사망을 증명할 수 있는 서류(제4조제2항에 따른 신상 변동신고 시 제출하지 않은 경우만 해당한다) 1통

·제3항, 제22조제4항 및 제63조의2제2항에 따라 생활조정수당 지급, 교육지원 및 보조금 지급을 신청하는 경우에는 그 신청한 날이 속하는 달부터 해당 보상을 받을 권리가 발생한다. 다만, 제4조제1항제4호·제6호 또는 제15호에 해당하는 사람으로서 전역·퇴직 전 제14조의2제1항·제3항, 제22조제4항 및 제63조의2제2항에 따라 생활조정수당 지급, 교육지원 및 보조금 지급을 신청하는 경우에는 전역일·퇴직일 다음 날이 속하는 달부터 해당 보상을 받을 권리가 발생한다.〈신설 2020. 3. 24., 2024. 2. 13.〉

③ 국가유공자, 그 유족 또는 가족이 제6조의2제1항제1호부터 제3호까지, 제79조제1항 및 제2항의 어느 하나에 해당하게 되면 그 해당되는 사유가 발생한 날이 속하는 달의 다음 달부터 이 법에 따라 보상을 받을 권리가 소멸된다. 이 경우 국가유공자 본인이 제6조의2제1항제2호 또는 제79조제1항에 해당하게 되는 경우에는 그 가족이 보상을 받을 권리도 함께 소멸된다.〈개정 2011. 9. 15., 2020. 3. 24.〉

3의2. 소방공무원 및 의무소방원의 경우: 소방청장

4. 제1호부터 제3호까지 및 제3호의2의 공무원 외의 공무원의 경우에는 다음 각 목의 구분에 따른다.

가. 「공무원 재해보상법 시행령」 제28조 또는 제41조에 따른 공무상 요양 승인신청 또는 장해급여 청구를 한 공무원의 경우: 인사혁신처장

나. 「공무원 재해보상법 시행령」 제28조 또는 제41조에 따른 공무상 요양 승인신청 또는 장해급여 청구를 하지 아니한 공무원(「공무원 재해보상법」의 적용대상이 아닌 공무원을 포함한다)의 경우: 해당 공무원이 사망하였거나 상이(질병을 포함한다)를 입은 당시에 재직하였던 기관의 장

5. 사회복무요원의 경우: 병무청장

6. 대체복무요원의 경우: 법무부장관

② 제1항에 따른 기관의 장(이하 "소속기관장"이라 한다)은 법 제4조제1항제3호부터 제6호까지, 제14호 및 제15호의 요건에 해당하는지에 대하여 해당 상이자, 그 가족 또는

2. 사망자와 생활을 같이 하고 있었음을 증명할 수 있는 서류(신청인이 법 제17조제1항 후단 및 같은 조 제2항에 따른 친족 중 상속인이 될 사람인 경우로서 주민등록표 등본을 통하여 그 사실을 확인할 수 없는 경우만 해당한다) 1통

3. 장례를 행한 사람임을 확인할 수 있는 서류(법 제17조제3항에 따른 장제를 행하는 사람만 해당한다) 1통

② 제1항에 따른 신청을 받은 관할 청장 또는 지청장은 「전자정부법」 제36조제1항에 따른 행정정보의 공동이용을 통하여 주민등록표 등본(신청인이 법 제17조제1항 후단 및 같은 조 제2항에 따른 친족 중 상속인이 될 사람인 경우만 해당한다)과 신청인의 입금계좌 확인정보(통장 사본)를 확인해야 한다. 다만, 신청인이 확인에 동의하지 않는 경우에는 해당 서류를 제출하도록 해야 한다.〈개정 2023. 9. 5.〉

[전문개정 2009. 8. 25.]

④ 국가유공자, 그 유족 또는 가족이 다음 각 호의 어느 하나에 해당하면 이 법에 따라 보상을 받을 권리가 발생하였던 날로 소급하여 그 권리가 소멸된다. 이 경우 국가유공자 본인이 보상을 받을 권리가 소멸된 경우에는 그의 유족 또는 가족이 보상을 받을 권리도 함께 소멸된다.〈개정 2011. 9. 15., 2020. 3. 24.〉

1. 거짓이나 그 밖의 부정한 방법으로 등록결정을 받은 사실이 밝혀진 경우

2. 제6조제3항 후단에 따라 소속하였던 기관의 장이 통보한 국가유공자 등의 요건 관련 사실에 중대한 흠결(欠缺)이 있어 국가유공자 등의 등록요건에 해당되지 아니하는 것으로 밝혀진 경우

⑤ 국가보훈부장관은 제4항 각 호의 어느 하나에 해당하는지를 판정할 때에는 그와 관련된 사실을 조사·확인하여 보훈심사위원회의 심의·의결을 거쳐야 한다.〈개정 2020. 3. 24., 2023. 3. 4.〉

⑥ 제6조제3항 후단에 따른 소속하였던 기관의 장은 제4항 각 호의 어느 하나에 해당하는지를 판정할 때에는 사망자의 유족으로부터 확인 신청이 있거나 국가보훈부장관으로부터 확인 요청을 받으면 그 요건과 관련된 사실을 확인하여 지체 없이 국가보훈부장관에게 통보하여야 한다.〈개정 2012. 6. 27., 2023. 5. 23.〉

③ 행정안전부장관은 국가보훈부장관으로부터 무공수훈자와 보국수훈자의 서훈사실에 대한 확인 요청을 받으면 지체 없이 「상훈법 시행령」 제32조에 따른 서훈기록부 사본 등을 첨부하여 국가보훈부장관에게 통보하여야 한다.〈개정 2011. 6. 30., 2012. 6. 27., 2013. 3. 23., 2014. 11. 19., 2017. 7. 26., 2023. 5. 23.〉

④ 소속기관장은 제2항에 따라 국가보훈부장관에게 통보할 때에는 국가보훈부령으로 정하는 국가유공자 요건 관련 사실 확인서에 진단서, 병상기록, 그 밖에 국가유공자 요건과 관련된 사실을 증명할 수 있는 서류(제1항제4호가목에 해당하는 공무원의 경우에는 「공무원 재해보상법 시행령」 제28조에 따른 경위조사서, 공무상 요양 승인결정서 사본, 같은 영 제41조에 따른 장해경위 조사서 또

당하는 사실을 알게 되면 지체 없이 그 내용을 국가보훈부장관에게 통보하여야 한다.〈개정 2011. 9. 15., 2020. 3. 24., 2023. 3. 4.〉 [전문개정 2008. 3. 28.]	는 같은 영 제50조에 따른 사망경위조사서를 포함한다)를 첨부하여야 한다.〈개정 2012. 6. 27., 2018. 9. 18., 2023. 5. 23.〉 ⑤ 소속기관장은 제2항에 따른 통보를 하였을 때에는 지체 없이 국가유공자, 그 유족 또는 가족으로 등록하려는 사람에게 등록신청과 심사에 대한 절차를 알려야 한다.〈개정 2012. 6. 27.〉 ⑥ 국가보훈부장관은 소속기관장으로부터 제2항에 따른 통보를 받으면 지체 없이 법 제74조의5에 따른 보훈심사위원회(이하 "보훈심사위원회"라 한다)의 심의에 회부하여야 한다.〈개정 2012. 6. 27., 2023. 5. 23.〉 [전문개정 2009. 8. 13.] [제목개정 2012. 6. 27.]	
		제9조의2(미지급 보훈급여금 지급신청) ① 영 제30조에 따라 미지급 보훈급여금의 지급을 받으려는 사람은 별지 제14호서식의 미지급 보훈급여금 지급 신청서(전자문서로 된 신청서를 포함한다)에 다음 각 호의 구분에 따른 서류(전자문서를 포함한다)를 첨부하여 관할 청장 또는 지청장에게 제출해야 한다.〈개

정 2023. 9. 5.〉

1. 보훈급여금을 받을 사람이 사망한 경우

가. 사망을 증명할 수 있는 서류(제4조제2항에 따른 신상 변동신고 시 제출하지 않은 경우만 해당한다) 1통

나. 사망자와 생활을 같이 하고 있었음을 증명할 수 있는 서류(신청인이 법 제17조제1항 후단 및 같은 조 제2항에 따른 친족 중 상속인이 될 사람인 경우로서 주민등록표 등본을 통하여 그 사실을 확인할 수 없는 경우만 해당한다) 1통

2. 보훈급여금을 받을 사람이 1년 이상 계속하여 행방불명인 경우: 그 사실을 증명할 수 있는 서류(제4조제2항에 따른 신상 변동신고 시 제출하지 않은 경우로서 주민등록표 등본을 통하여 그 사실을 확인할 수 없는 경우만 해당한다) 1통

② 제1항에 따른 신청을 받은 관할 청장 또는 지청장은 「전자정부법」 제36조제1항에 따른 행정정보의 공동이용을 통하여 주민등록표 등본(신청인이 법 제17조제1항 후단 및 같은 조 제2항에 따른 친족 중 상속인이 될

		사람인 경우만 해당한다)과 신청인의 입금계좌 확인정보(통장 사본)를 확인해야 한다. 다만, 신청인이 확인에 동의하지 않는 경우에는 해당 서류를 제출하도록 해야 한다.〈개정 2023. 9. 5.〉 [전문개정 2009. 8. 25.]
제10조(품위유지 의무) 국가유공자, 그 유족 또는 가족은 국가유공자의 품위를 손상하는 행위를 하여서는 아니 된다.	제10조(국가유공자의 요건 심사 및 결정) ① 보훈심사위원회는 제8조제1항에 따른 등록신청과 제9조제6항에 따른 회부가 있으면 국가유공자의 요건에 해당하는지에 대하여 심의·의결하여야 한다.〈개정 2012. 6. 27.〉 ② 보훈심사위원회는 제1항의 결과를 지체 없이 국가보훈부장관에게 통보하여야 한다.〈개정 2012. 6. 27., 2023. 5. 23.〉 ③ 국가보훈부장관은 제2항에 따른 통보를 받으면 법의 적용대상 여부를 결정한 후 그 사유를 분명히 밝혀 신청인과 소속기관장에게 통보하여야 한다. 다만, 법 제4조제1항제4호·제6호 또는 제15호에 따른 상이를 입은 자의 요건을 갖춘 자로 보훈심사위원회에서 심의·의결된 자에 대해서는 이 영에 규정된 신체검사 및 상이등급의 판정 후 법의	제10조(보훈급여금 등의 입금계좌 지정 등) ① 법 제11조에 따른 보훈급여금 또는 영 제32조의2제1항 각 호의 어느 하나에 해당하는 지원금 등(이하 "보훈급여금등"이라 한다)을 지급받을 사람이 예금계좌를 지정하거나 현금 지급을 신청하려면 별지 제15호서식의 예금계좌 지정 등 신청서(전자문서로 된 신청서를 포함한다)를 관할 청장 또는 지청장에게 제출해야 한다.〈개정 2012. 6. 29., 2016. 6. 29., 2023. 9. 5.〉 ② 제1항에 따라 보훈급여금등을 지급받고 있는 사람이 그 보훈급여금등의 지급 방법 또는 예금계좌를 변경하여 지급받으려면 별지 제16호서식의 예금계좌 등 변경 신청서(전자문서로 된 신청서를 포함한다)를 관할 청장 또는 지청장에게 제출해야 한다.〈개정

	적용대상 여부를 결정하여야 한다.〈개정 2012. 6. 27., 2023. 5. 23.〉 [전문개정 2009. 8. 13.] [제목개정 2012. 6. 27.]	2016. 6. 29., 2023. 9. 5.〉 ③ 제1항 및 제2항에 따른 신청을 받은 관할 청장 또는 지청장은 「전자정부법」 제36조제1항에 따른 행정정보의 공동이용을 통하여 신청인의 입금계좌 확인정보(통장 사본)를 확인해야 한다. 다만, 신청인이 확인에 동의하지 않는 경우에는 해당 서류를 제출하도록 해야 한다.〈신설 2023. 9. 5.〉 [전문개정 2009. 8. 25.]
제2장 보훈급여금 제11조(보훈급여금의 종류) ① 보훈급여금(報勳給與金)은 보상금(報償金), 수당 및 사망일시금(死亡一時金)으로 구분한다. ② 제1항에 따른 수당은 다음 각 호와 같다.〈개정 2011. 9. 15., 2018. 1. 16.〉 1. 생활조정수당 2. 간호수당 3. 무공영예수당 4. 6·25전몰군경자녀수당 5. 부양가족수당 6. 중상이(重傷痍)부가수당	제11조 삭제〈2012. 6. 27.〉	제11조(대리수령인의 지정) 영 제33조에 따라 대리수령인의 지정을 받으려는 자는 별지 제17호서식의 대리수령인 지정 승인 신청서(전자문서로 된 신청서를 포함한다)에 다음 각 호의 구분에 따른 서류(전자문서를 포함한다)를 첨부하여 관할 청장 또는 지청장에게 제출해야 한다.〈개정 2023. 9. 5.〉 1. 보훈급여금을 받을 사람이 해외에 거주하는 경우: 재외공관장의 확인서 또는 해외거주사실을 증명할 수 있는 서류 1부 2. 보훈급여금을 받을 사람이 질병이나 그 밖의 부득이한 사유가 있는 경우: 의사의 진단서나 그 밖에 부득이한 사유를 증명할

7. 4·19혁명공로수당
8. 그 밖에 대통령령으로 정하는 수당
[전문개정 2008. 3. 28.]

수 있는 서류(대리수령인이 보훈급여금을 받는 사람의 배우자·자녀 또는 부모인 경우나 며느리 또는 손자녀로서 보훈급여금을 받는 사람과 동거하고 있는 사람인 경우에는 제출하지 않을 수 있다) 1부

[전문개정 2009. 8. 25.]

제11조의2(교육지원 신청) ① 영 제34조의2 제3항에 따라 교육지원을 신청하려는 사람(이하 "교육지원희망자"라 한다)은 별지 제17호의2서식의 교육지원 신청서에 다음 각 호의 서류를 첨부하여 관할 청장 또는 지청장에게 제출해야 한다.〈개정 2023. 9. 5., 2025. 4. 18.〉

1. 본인 및 그 가구원에 대한 별지 제13호의3서식의 소득·재산 신고서 1부
2. 본인 및 그 가구원에 대한 별지 제13호의4서식의 금융정보 등 제공 동의서 1부
3. 가족관계증명서에 대한 상세증명서(이미 보관 중인 자료를 통하여 가족관계를 확인할 수 없는 경우만 해당한다) 1부

② 제1항에 따른 신청을 받은 관할 청장 또는 지청장은 「전자정부법」 제36조제1항에 따른 행정정보의 공동이용을 통하여 교육지원

		희망자 및 그 가구원의 주민등록표 등본 등 별표 5의2의 서류를 확인해야 한다. 다만, 교육지원희망자 또는 그 가구원이 확인에 동의하지 않는 경우에는 그 서류를 제출하도록 해야 한다.〈개정 2023. 9. 5., 2025. 4. 18.〉 ③ 제1항에 따른 신청을 받은 관할 청장 또는 지청장은 교육지원 신청서를 받은 날부터 30일 이내에 신청인에게 교육지원 여부에 관한 사항을 통지하여야 한다. 다만, 소득·재산 등의 조사에 장기간이 걸리는 등 불가피한 경우에는 30일의 범위에서 그 기간을 연장할 수 있다. [전문개정 2012. 6. 29.]
		제11조의3(일반직공무원 및 일반군무원의 특별채용 예외사유) 영 제51조제6항제4호에서 "시험실시기관이 따로 있어 국가기관등이 직접 채용시험을 실시할 수 없는 경우 등 국가보훈부령으로 정하는 특별한 사유"란 다음 각 호의 어느 하나에 해당하는 경우를 말한다. 〈개정 2014. 4. 29., 2021. 4. 7., 2023. 6. 5., 2025. 9. 19.〉 1. 시험실시기관이 따로 있어 영 제50조

제2항에 따른 국가기관등이 같은 항에 따른 일반직공무원 및 일반군무원에 대한 채용시험을 직접 실시할 수 없는 경우

2. 제1호에 따른 국가기관등이 채용하려는 분야에서 3년 이상의 근무 경력이 있는 자를 제1호에 따른 일반직공무원 및 일반군무원으로 채용하는 경우

[전문개정 2009. 8. 25.]

[제목개정 2025. 9. 19.]

제11조의4(심리재활서비스의 지원 신청) 법 제44조의2제1항 및 영 제67조의2제2항에 따라 국가보훈부장관이 지원하는 심리재활서비스를 지원받으려는 사람은 별지 제41호의2서식의 심리재활서비스 지원 신청서에 지원 신청 내용 및 신청 사유 등을 적어 국가보훈부장관에게 제출해야 한다.〈개정 2023. 6. 5.〉

제11조의5(대부 신청) 영 제69조제1항에 따라 대부 신청을 하려는 사람은 별지 제43호서식의 대부 신청서에 다음 각 호의 서류를 첨부하여 관할 청장 또는 지청장에게 제출해야 한다.〈개정 2023. 9. 5., 2025. 4. 18.〉

1. 무주택증명서류(주택대부를 신청하는

		경우만 해당한다) 1부 2. 가족관계증명서에 대한 상세증명서(이미 보관 중인 자료를 통하여 가족관계를 확인할 수 없는 경우만 해당한다) 1부 [본조신설 2022. 5. 11.]
제12조(보상금) ① 다음 각 호에 해당하는 사람에게는 보상금을 지급한다. 다만, 이 법 또는 다른 법률에 따라 보상금지급대상에서 제외되는 사람은 그러하지 아니하다.〈개정 2011. 9. 15., 2012. 2. 17., 2018. 1. 16.〉 1. 전상군경, 공상군경, 4·19혁명부상자 및 특별공로상이자 2. 재일학도의용군인 및 그가 사망한 경우 그 유족 중 선순위자 1명 3. 전몰군경, 순직군경, 4·19혁명사망자 및 특별공로순직자의 유족 중 선순위자 1명 4. 제1호에 해당하는 사람 중 대통령령으로 정하는 상이등급 이상으로 판정된 사람이 사망한 경우 그 유족 중 선순위자 1명 ② 제1항제2호부터 제4호까지에 해당하는 유족 중 자녀는 25세 미만인 자녀로 한정하	제12조 삭제〈2012. 6. 27.〉	제12조(대부금 지급 신청) ① 영 제69조제3항에 따라 대부금 지급 신청을 하려는 사람은 별지 제44호서식의 대부금 지급 신청서에 대부 종류별로 다음 각 호의 구분에 따른 서류를 첨부하여 관할 청장 또는 지청장에게 제출해야 한다.〈개정 2012. 6. 29., 2022. 5. 11., 2023. 6. 5., 2023. 9. 5.〉 1. 농토구입대부: 매매계약서 사본 1부 2. 주택구입대부: 매매계약서 사본 1부 3. 대지구입대부 : 매매계약서 사본 1부 3의2. 주택신축대부: 건축신고필증 사본 1부 4. 주택개량대부: 대수선허가서 또는 건축신고필증 사본 1부 5. 주택임차대부: 임대차계약서 사본 1부 6. 사업대부 가. 사업계획서 1부 나. 사업운영을 증명할 수 있는 서류(사업

되, 그 자녀가 대통령령으로 정하는 생활능력이 없는 정도의 장애가 있으면 25세가 된 이후에도 25세 미만인 자녀의 예에 따라 지급한다. 대통령령으로 정하는 생활능력이 없는 정도의 장애가 있는 미성년 제매가 성년이 된 경우에도 또한 같다.〈개정 2011. 9. 15., 2022. 1. 4.〉

③ 제1항제1호에 해당하는 사람의 보상금은 상이등급별로 구분하여 지급한다.〈개정 2011. 9. 15., 2012. 2. 17., 2018. 1. 16.〉

④ 보상금의 지급수준은 「통계법」 제3조제2호에 따라 국가데이터처장이 지정하여 고시(告示)하는 통계 중 가계조사통계의 전국가구(全國家口) 가계소비지출액 등을 고려하여 국가유공자의 희생과 공헌의 정도에 상응하게 결정하여야 한다.〈개정 2025. 10. 1.〉

⑤ 보상금은 월액(月額)으로 하고, 그 지급액, 지급방법, 그 밖에 지급에 필요한 사항은 대통령령으로 정한다.

[전문개정 2008. 3. 28.]

자등록증을 통하여 확인할 수 없는 경우로서 해당 서류를 제출할 수 있는 경우만 해당한다) 1부

다. 담보물의 종류에 따라 국가보훈부장관이 정하는 구비서류

② 제1항에 따른 신청을 받은 관할 청장 또는 지청장은 「전자정부법」 제36조제1항에 따른 행정정보의 공동이용을 통하여 다음 각 호의 구분에 따라 그 내용을 확인해야 한다. 다만, 신청인이 건축허가서, 토지이용계획확인서 또는 사업자등록증의 확인에 동의하지 않는 경우에는 해당 서류를 직접 제출하도록 해야 한다.〈개정 2010. 6. 10., 2012. 6. 29., 2022. 5. 11.〉

1. 농토구입대부: 토지등기사항증명서 및 지적도

2. 주택구입대부 또는 주택신축대부

가. 토지등기사항증명서

나. 건물등기사항증명서 및 건축물대장(주택구입대부의 경우만 해당한다)

다. 건축허가서(주택신축대부의 경우만 해당한다)

		라. 토지이용계획확인서(공동주택의 경우는 제외한다) 3. 대지구입대부: 토지등기사항증명서 및 토지이용계획확인서 4. 주택개량대부: 건물등기사항증명서 또는 건축물대장 및 건축허가서 5. 주택임차대부: 건물등기사항증명서 6. 사업대부: 사업자등록증(사업자등록을 한 경우만 해당한다) [전문개정 2009. 8. 25.]
제12조의2 삭제〈2022. 1. 4.〉		
제13조(보상금 지급순위) ① 보상금을 받을 유족의 순위는 제5조제1항 각 호의 순위로 한다. ② 제1항에 따라 보상금을 받을 유족 중 같은 순위자가 2명 이상이면 다음 각 호의 순서에 따라 보상금을 지급한다.〈개정 2019. 11. 26.〉 1. 같은 순위 유족 간 협의에 의하여 같은 순위 유족 중 1명을 보상금을 받을 사람으로 지정한 경우에는 그 사람에게 보상금을 지급한다. 이 경우 유족 간 협의의 방법 및	제2절 신체검사 및 상이등급의 판정 제13조(서면심사에 의한 상이등급의 판정) ① 법 제6조의3제1항 후단에서 "대통령령으로 정하는 사유"란 다음 각 호의 어느 하나에 해당하는 경우를 말한다.〈개정 2023. 5. 23., 2023. 6. 13.〉 1. 법 제4조제1항제4호·제6호·제12호·제15호 및 제17호에 따라 적용 대상자로 될 상이를 입은 사람으로서 법 제6조제1항 및 제2항에 따라 국가유공자 등록을 신청하	제13조(대부금 상환기간의 연장 신청) 영 제71조제1항에 따라 대부금의 상환기간을 연장받으려는 사람은 별지 제45호서식의 대부금 상환기간 연장 신청서에 그 연장 사유를 증명할 수 있는 서류를 첨부하여 국가보훈부장관에게 제출해야 한다.〈개정 2023. 6. 5., 2023. 9. 5.〉

효력 등에 관하여 필요한 사항은 대통령령으로 정한다.

2. 제1호에 해당하는 사람이 없는 경우에는 국가유공자를 주로 부양하거나 양육한 사람에게 보상금을 지급한다.

3. 제1호 및 제2호에 해당하는 사람이 없는 경우에는 나이가 많은 사람에게 보상금을 지급하되, 같은 순위자가 국가유공자의 부모인 대에는 제12조제1항에도 불구하고 보상금을 균등하게 분할하여 지급한다. 이 경우 보상금의 분할 지급방법 등에 필요한 사항은 대통령령으로 정한다.

③ 보상금을 받을 유족이 다음 각 호의 어느 하나에 해당하면 그 다음 순위의 유족에게 대통령령으로 정하는 바에 따라 보상금을 지급한다.

1. 사망한 경우

2. 제5조제1항 각 호의 어느 하나에 해당하지 아니하게 된 경우

3. 1년 이상 계속하여 행방불명인 경우

④ 제2항제3호에 따라 분할하여 보상금을 지급받는 사람이 제3항 각 호의 어느 하나에

기 전에 사망하여 법 제6조의3제2항제1호에 따른 신규신체검사를 받지 못한 경우

2. 다음 각 목의 어느 하나에 해당하는 사람으로서 본인의 귀책사유 없이 해당 신체검사를 받지 못하고 사망한 경우

가. 법 제4조제1항제4호·제6호·제12호·제15호 및 제17호에 따라 적용 대상자로 될 상이를 입은 사람으로서 법 제6조제1항 및 제2항에 따라 국가유공자 등록을 신청한 사람

나. 제15조에 따른 재심신체검사를 신청한 사람

다. 제17조에 따른 재판정신체검사를 신청한 사람(법 제6조의5제2항에 따라 재판정신체검사를 신청한 것으로 보는 사람을 포함한다)

3. 법 제6조의3제2항제1호부터 제3호까지의 규정에 따른 신체검사에서 상이등급의 판정을 받지 못하고 사망한 후 상이등급 결정 기준 관련 법령의 변경이나 병상일지 등 새로운 자료의 확인을 통해 상이등급 판정을 받을 수 있는 상당한 사유가 있다고 국가보훈부장관이 인정하는 경우

4. 삭제〈2023. 6. 13.〉

해당하는 경우에는 남아 있는 부 또는 모에게 보상금 전액을 지급한다.〈신설 2019. 11. 26.〉

[전문개정 2008. 3. 28.]

[헌법불합치, 2024헌가12, 2025. 4. 10. 국가유공자 등 예우 및 지원에 관한 법률(2019. 11. 26. 법률 제16659호로 개정된 것) 제13조 제2항 제3호 전문 전단 중 '자녀 중 나이가 많은 사람을 선순위자로 정하는 부분'은 헌법에 합치되지 아니한다. 위 법률조항은 2026. 12. 31.을 시한으로 개정될 때까지 계속 적용된다.]

5. 상이등급의 판정에 대한 행정심판의 재결 또는 법원의 확정판결에 따라 상이등급을 조정할 필요가 있는 경우

6. 다음 각 목의 어느 하나에 해당하는 경우로서 「한국보훈복지의료공단법」 제7조에 따른 보훈병원(이하 "보훈병원"이라 한다)의 장이 서면(법 제6조의3제8항에 따른 국가보훈 장해진단서는 제외한다)으로 심사할 필요가 있다고 인정하는 경우

가. 「감염병의 예방 및 관리에 관한 법률」 제2조제2호에 따른 제1급감염병으로 「재난 및 안전관리 기본법」 제38조제2항 본문에 따른 심각 단계의 위기경보가 발령된 경우

나. 중증 암환자, 중증 뇌혈관질환자, 중증 심장질환자, 중증 화상환자, 중증 외상환자 등 신체검사 장소까지 이동하는 것이 어려운 환자인 경우

② 법 제6조의3제8항에서 "대통령령으로 정하는 병원급 이상의 의료기관"이란 다음 각 호의 의료기관을 말한다.〈신설 2023. 6. 13.〉

1. 「경찰청과 그 소속기관 직제」 제2조제2항에 따른 경찰병원

2. 「국군의무사령부령」 제6조제2항에 따라 국군의무사령부 소속으로 설치된 병원 중 국군수도병원

3. 다음 각 목의 의료기관 중에서 국가보훈부장관이 정하여 고시하는 병원급 이상의 의료기관

가. 「공공보건의료에 관한 법률」 제2조제3호에 따른 공공보건의료기관

나. 「의료법」 제3조제2항제3호 각 목에 따른 병원

[전문개정 2020. 12. 1.]

제14조(생활조정수당) ① 다음 각 호에 해당하는 사람에게는 대통령령으로 정하는 바에 따라 생활수준을 고려하여 생활조정수당을 지급할 수 있다.

1. 국가유공자

2. 국가유공자의 유족 중 보상금을 받는 사람

3. 국가유공자의 유족 중 보상금을 받는 사람이 없는 경우에는 제5조제1항 각 호의 순위에 따른 선순위자 1명

② 제1항제3호를 적용할 때 유족 중 같은

제14조(상이등급의 구분 등) ① 법 제6조의4제3항에 따라 상이등급 구분 중 1급과 6급은 1항부터 3항까지로 세분한다.〈개정 2012. 6. 27.〉

② 신체상이의 판정 방법 및 운동기능장애 측정 방법 등에 관한 사항은 국가보훈부령으로 정한다.〈개정 2012. 6. 27., 2023. 5. 23.〉

③ 신체상이의 정도에 따르는 상이등급의 구분은 별표 3과 같다.

④ 별표 3에 따른 상이등급 구분표의 신

제14조(담보재산의 대체 신청) ① 영 제78조제1항에 따라 담보재산을 대체하려는 자는 별지 제48호서식의 담보재산 대체 신청서(전자문서로 된 신청서를 포함한다)를 관할 청장 또는 지청장에게 제출하고, 부동산 외의 담보로 대체하려는 자는 별지 제49호서식의 담보 대체 신청서(전자문서로 된 신청서를 포함한다)에 다음 각 호의 서류 중 관계 서류(전자문서를 포함한다)를 첨부하여 제출하여야 한다.

1. 담보제공증서 또는 군인연금담보제공증서 1통

순위가 2명 이상이면 제13조제2항을 준용한다. ③ 생활조정수당은 월액(月額)으로 하며, 그 지급액, 지급방법, 그 밖에 지급에 필요한 사항은 대통령령으로 정한다. [전문개정 2011. 9. 15.]	체상이정도에 규정되지 아니한 신체상이가 있는 경우에는 그 상이정도에 따라 같은 표의 신체상이 정도에 준하여 상이등급을 판정한다. [전문개정 2009. 8. 13.]	2. 연대보증인 재산사항을 증명할 수 있는 서류(제1호의 서류를 제출하는 경우에는 첨부하지 아니한다) 1통 ② 제1항에 따른 신청을 받은 관할 청장 또는 지청장은 「전자정부법」 제36조제1항에 따른 행정정보의 공동이용을 통하여 다음 각 호의 서류의 내용을 확인하여야 한다.〈개정 2010. 6. 10., 2012. 6. 29.〉 1. 담보재산으로 대체될 재산에 관한 토지등기사항증명서 2. 담보재산으로 대체될 재산에 관한 건물등기사항증명서 및 건축물대장 3. 지적도(농토를 대체하는 경우만 해당한다) 4. 토지이용계획확인서(주택과 대지를 대체하는 경우에만 확인한다) [전문개정 2009. 8. 25.]
제14조의2(생활조정수당 지급 신청) ① 제14조에 따라 생활조정수당을 받으려는 사람(이하 "생활조정수당수급희망자"라 한다)은 국가보훈부장관에게 생활조정수당 지급을 신청하여야 한다. 이 경우 국가보훈부장관은 제14조의3에 따른 조사 결과에 따라 생활조정		

수당을 지급할지를 결정하여야 한다.〈개정 2023. 3. 4.〉

② 생활조정수당수급희망자가 제1항에 따라 신청을 할 경우 본인과 그 가구원(생활조정수당수급희망자와 생계 또는 주거를 같이 하는 사람으로서 대통령령으로 정하는 사람을 말한다. 이하 같다)은 다음 각 호의 자료 또는 정보 제공에 동의한다는 서면을 제출하여야 한다.〈개정 2015. 12. 22., 2025. 1. 21.〉

1. 「금융실명거래 및 비밀보장에 관한 법률」 제2조제2호 및 제3호에 따른 금융자산 및 금융거래의 내용에 대한 자료 또는 정보 중 예금의 평균잔액과 그 밖에 대통령령으로 정하는 자료 또는 정보(이하 "금융정보"라 한다)

2. 「신용정보의 이용 및 보호에 관한 법률」 제2조제1호에 따른 신용정보 중 채무액과 그 밖에 대통령령으로 정하는 자료 또는 정보(이하 "신용정보"라 한다)

3. 「보험업법」 제4조제1항 각 호에 따른 보험에 가입하여 납부한 보험료와 그 밖에 대통령령으로 정하는 자료 또는 정보(이하 "보험정보"라 한다)

③ 국가보훈부장관은 제1항에도 불구하고 생활조정수당수급희망자가 다음 각 호의 요건을 모두 갖춘 경우에는 담당 공무원이 생활조정수당수급희망자를 대신하여 생활조정수당 지급 신청을 하게 할 수 있다. 이 경우 제2항에 따른 서면 제출은 생략한다.〈신설 2024. 2. 13., 2025. 1. 21.〉 1. 「국민기초생활 보장법」 제7조제1항제1호부터 제4호까지의 급여 중 하나 이상의 급여를 받고 있을 것 2. 거동 불편 등 대통령령으로 정하는 사유로 직접 생활조정수당 지급 신청을 하기 어려울 것 3. 담당 공무원의 대리 신청에 동의할 것 ④ 제1항 및 제3항에 따른 생활조정수당 지급의 신청방법ㆍ절차 및 제2항에 따른 동의의 방법ㆍ절차 등에 관하여 필요한 사항은 대통령령으로 정한다.〈개정 2024. 2. 13.〉 [본조신설 2011. 9. 15.]		
제14조의3(조사ㆍ질문 등) ① 국가보훈부장관은 생활조정수당 수급권의 발생 또는 상실을 확인하기 위하여 생활조정수당수급희망자		

및 생활조정수당수급자(제14조제1항 각 호의 어느 하나에 해당하는 사람으로서 생활조정수당을 받고 있는 사람을 말한다. 이하 같다)와 그 가구원에 대하여 필요한 서류나 그 밖에 소득·재산 등에 관한 자료의 제출을 요구할 수 있으며, 소속 공무원으로 하여금 생활조정수당수급희망자 및 생활조정수당수급자와 그 가구원의 주거, 그 밖에 필요한 장소에 출입하여 서류 등을 조사하게 하거나 관계인에게 필요한 질문을 하게 할 수 있다.〈개정 2023. 3. 4., 2025. 1. 21.〉

② 삭제〈2017. 10. 31.〉

③ 제1항에 따라 출입·조사·질문을 하는 사람은 그 권한을 표시하는 증표를 지니고 이를 관계인에게 내보여야 한다.

④ 국가보훈부장관은 생활조정수당수급희망자 및 생활조정수당수급자와 그 가구원이 제1항에 따른 서류 또는 자료의 제출을 거부하거나 조사·질문을 거부·방해 또는 기피하는 경우에는 생활조정수당 지급 신청을 각하하거나 생활조정수당 지급을 중지할 수 있다.〈개정 2023. 3. 4., 2025. 1. 21.〉

⑤ 제1항에 따른 조사·질문의 범위·시기 및 내용에 관하여 필요한 사항은 대통령령으로 정한다.

[본조신설 2011. 9. 15.]

제14조의4(금융정보등의 제공) ① 국가보훈부장관은 「금융실명거래 및 비밀보장에 관한 법률」 제4조제1항 및 「신용정보의 이용 및 보호에 관한 법률」 제32조제1항에도 불구하고 생활조정수당수급희망자와 그 가구원이 제14조의2제2항에 따라 제출한 동의 서면을 전자적 형태로 바꾼 문서에 의하여 금융회사등(「금융실명거래 및 비밀보장에 관한 법률」 제2조제1호에 따른 금융회사등 및 「신용정보의 이용 및 보호에 관한 법률」 제25조에 따른 신용정보집중기관을 말한다. 이하 같다)의 장에게 금융정보·신용정보 또는 보험정보(이하 "금융정보등"이라 한다)의 제공을 요청할 수 있다.〈개정 2023. 3. 4., 2025. 1. 21.〉

② 국가보훈부장관은 생활조정수당수급자와 그 가구원의 수급권 심사를 위하여 필요하다고 인정하는 경우 「금융실명거래 및 비밀보장에 관한 법률」 제4조제1항과 「신용정

보의 이용 및 보호에 관한 법률」 제32조제1항에도 불구하고 대통령령으로 정하는 기준에 따라 인적사항을 기재한 문서 또는 정보통신망으로 금융회사 등의 장에게 금융정보등을 제공하도록 요청할 수 있다.〈개정 2023. 3. 4., 2025. 1. 21.〉

③ 제1항 및 제2항에 따라 금융정보등의 제공을 요청받은 금융회사 등의 장은 「금융실명거래 및 비밀보장에 관한 법률」 제4조제1항과 「신용정보의 이용 및 보호에 관한 법률」 제32조제1항에도 불구하고 이를 국가보훈부장관에게 제공하여야 한다.〈개정 2023. 3. 4.〉

④ 제3항에 따라 금융정보등을 제공하는 금융회사 등의 장은 금융정보등의 제공 사실을 명의인에게 통보하여야 한다. 다만, 명의인의 동의가 있는 경우에는「금융실명거래 및 비밀보장에 관한 법률」 제4조의2제1항에도 불구하고 통보하지 아니할 수 있다.

⑤ 제1항부터 제3항까지의 규정에 따른 금융정보등의 제공 요청 및 제공은 「정보통신망 이용촉진 및 정보보호 등에 관한 법률」

제2조제1항제1호에 따른 정보통신망(이하 "정보통신망"이라 한다)을 이용하여야 한다. 다만, 정보통신망의 손상 등 불가피한 경우에는 그러하지 아니하다.〈개정 2015. 12. 22.〉

⑥ 제1항 및 제2항에 따른 업무에 종사하고 있거나 종사하였던 사람은 업무를 수행하면서 취득한 금융정보등을 이 법에서 정한 목적 외의 다른 용도로 사용하거나 다른 사람 또는 기관에 제공하거나 누설하여서는 아니 된다.

⑦ 제1항부터 제3항까지 및 제5항에 따른 금융정보등의 제공 요청 및 제공 등에 필요한 사항은 대통령령으로 정한다.

[본조신설 2011. 9. 15.]

제14조의5(생활조정수당 신청의 촉진) ① 국가보훈부장관은 제14조제1항에 해당하는 사람 중 대통령령으로 정하는 사람에 대하여 제14조에 따른 생활조정수당의 수급 요건 및 제14조의2에 따른 생활조정수당 지급 신청의 방법 등을 매년 1회 이상 정기적으로 안내·홍보하여야 한다.〈개정 2023. 3. 4.〉

② 국가보훈부장관은 제1항에 따른 사람

이 「국민기초생활 보장법」에 따른 수급자에 해당하는 경우 그 사람에게 제14조의2에 따라 생활조정수당 지급을 신청하도록 안내하여야 하며 필요한 편의를 제공할 수 있다.〈개정 2023. 3. 4.〉 ③ 제1항 및 제2항에 따른 안내의 방법·시기 등에 필요한 사항은 대통령령으로 정한다. [본조신설 2018. 12. 31.]		
제15조(간호수당) ① 전상군경, 공상군경, 4·19혁명부상자, 공상공무원 및 특별공로상이자로서 상이정도가 심하여 다른 사람의 보호 없이는 활동이 어려운 사람에게는 간호수당을 지급한다.〈개정 2011. 9. 15.〉 ② 간호수당은 월액으로 하며, 그 지급기준, 지급액, 지급방법, 그 밖에 지급에 필요한 사항은 대통령령으로 정한다.〈개정 2011. 9. 15.〉 [전문개정 2008. 3. 28.]	제15조(재심신체검사) ① 신규신체검사의 판정에 이의가 있는 자는 재심신체검사 신청서에 그 사유를 작성하여 신체검사결과 통지서를 받은 날부터 60일 이내에 국가보훈부장관에게 재심신체검사를 신청할 수 있다.〈개정 2012. 6. 27., 2023. 5. 23.〉 ② 국가보훈부장관은 제1항에 따른 신청이 이유 있다고 인정할 때에는 다시 신체검사를 하여야 한다.〈개정 2012. 6. 27., 2023. 5. 23.〉 [전문개정 2009. 8. 13.]	제15조 삭제〈2009. 8. 25.〉
제15조의2(부양가족수당) ① 다음 각 호의 어느 하나에 해당하는 사람으로서 부양가족이 있는 경우에는 그 수에 따라 부양가족수		

당을 지급한다.

1. 전상군경, 공상군경, 4·19혁명부상자 및 특별공로상이자 중 대통령령으로 정하는 상이등급 이상으로 판정된 사람 및 재일학도의용군인

2. 전몰군경·순직군경·4·19혁명사망자 및 특별공로순직자의 배우자 및 제1호에 해당하는 사람이 사망한 경우 그 배우자

3. 전몰군경·순직군경·4·19혁명사망자 및 특별공로순직자의 자녀와 제1호에 해당하는 사람이 사망한 경우 그 자녀. 다만, 보상금을 받는 자녀에 한정한다.

② 제1항에 따른 부양가족의 범위는 다음 각 호의 구분에 따른다.

1. 제1항제1호에 해당하는 사람의 경우: 국가유공자의 배우자 및 미성년 자녀

2. 제1항제2호 및 제3호에 해당하는 사람의 경우: 국가유공자의 미성년 자녀

③ 제2항에도 불구하고 국가유공자의 미성년 자녀가 대통령령으로 정하는 생활능력이 없는 정도의 장애가 있으면 그가 성년이 된 경우에도 부양가족의 범위에 포함한다.

④ 부양가족수당은 월액으로 하며, 그 지급액, 지급방법, 그 밖에 지급에 필요한 사항은 대통령령으로 정한다. [본조신설 2011. 9. 15.]		
제16조(중상이부가수당) ① 전상군경, 공상군경, 4·19혁명부상자 및 특별공로상이자 중 대통령령으로 정하는 상이등급 이상으로 판정된 사람에게는 중상이부가수당을 지급한다. ② 중상이부가수당은 월액으로 하며, 그 지급액, 지급방법, 그 밖에 지급에 필요한 사항은 대통령령으로 정한다. [본조신설 2011. 9. 15.]	제16조(재확인신체검사) ① 신규신체검사나 재심신체검사에서 상이등급의 판정을 받지 못한 사람은 그 판정이 있은 날부터 2년이 지나거나, 상이처의 재발이나 악화 등으로 상이등급의 판정을 받을 수 있는 상당한 사유가 있는 경우에는 국가보훈부장관에게 법 제6조제1항에 따라 등록을 신청할 때 재확인신체검사를 신청할 수 있다.〈개정 2012. 6. 27., 2023. 5. 23.〉 ② 제1항에 따른 신청이 있는 경우에는 제10조제1항에 따른 절차를 생략할 수 있다. ③ 국가보훈부장관은 제1항에 따른 신청이 이유 있다고 인정할 때에는 다시 신체검사를 하여야 한다.〈개정 2012. 6. 27., 2023. 5. 23.〉 ④ 제3항에 따른 재확인신체검사에서 상이등급의 판정을 받지 못한 사람은 그 판정이 있은 날부터 2년이 지나거나, 상이처의	제16조(채무승계 신고) 영 제83조에 따라 채무를 승계하려는 자는 별지 제52호서식의 채무승계 신고서(전자문서로 된 신고서를 포함한다)에 다음 각 호의 서류(전자문서를 포함한다)를 첨부하여 관할 청장 또는 지청장에게 제출하여야 한다. 1. 채무승인서 1통 2. 대표자 선임장 1통(채무를 승계한 자가 2명 이상인 경우만 해당한다) [전문개정 2009. 8. 25.]

	재발이나 악화 등으로 상이등급의 판정을 받을 수 있는 상당한 사유가 있는 경우에는 다시 재확인신체검사를 신청할 수 있다.〈개정 2012. 6. 27.〉 ⑤ 제4항에 따른 재확인신체검사의 대해서는 제1항부터 제3항까지의 규정을 준용한다. [전문개정 2009. 8. 13.]	
제16조의2(무공영예수당) ① 60세 이상 무공수훈자에게는 무공의 영예를 기리기 위하여 무공영예수당을 지급한다. 이 경우 60세 이상인 무공수훈자가 제4조제1항제4호ㆍ제6호ㆍ제9호, 제73조 및 제74조(상이를 입은 사람만 해당한다)의 어느 하나에 해당하여 제12조에 따른 보상금의 지급대상, 「보훈보상대상자 지원에 관한 법률」 제2조제1항제2호에 해당하여 같은 법 제11조에 따른 보상금의 지급대상 또는 「참전유공자 예우 및 단체설립에 관한 법률」 제6조제1항에 따른 참전명예수당의 지급대상에 해당하는 경우에는 본인의 선택에 따라 무공영예수당과 보상금ㆍ참전명예수당 중 어느 하나를 지급한다.〈개정 2011. 9. 15., 2015. 12. 22.〉		제16조의2(요양지원 보조금 지급 신청) ① 영 제84조의3제2항에 따라 요양지원에 대한 보조금을 신청하려는 사람(이하 이 조에서 "보조금수급희망자"라 한다)은 별지 제53호서식의 요양지원 보조금 지급 신청서에 다음 각 호의 서류를 첨부하여 관할 청장 또는 지청장에게 제출해야 한다.〈개정 2023. 9. 5., 2025. 4. 18.〉 1. 「노인장기요양보험법」 제17조제1항에 따른 장기요양인정서 사본 1부 2. 「노인장기요양보험법」 제17조제3항에 따른 개인별장기요양이용계획서 사본 1부 3. 신청인 명의 통장 사본 1부 4. 「의료급여법」 제8조제1항 본문에 따른 의료급여증 사본 1부

② 무공영예수당은 「상훈법」에 따른 무공훈장의 등급별로 구분하여 지급하되, 2개 이상의 무공훈장을 받은 사람에 대하여는 그중 가장 높은 등급에 해당하는 1개의 무공훈장을 기준으로 한다.〈신설 2012. 5. 23.〉

③ 무공영예수당은 월액으로 하며, 그 지급액, 지급방법, 그 밖에 지급에 필요한 사항은 대통령령으로 정한다.〈개정 2012. 5. 23.〉

[전문개정 2008. 3. 28.]

5. 가족관계증명서에 대한 상세증명서(이미 보관 중인 자료를 통하여 가족관계를 확인할 수 없는 경우만 해당한다) 1부

6. 본인 및 그 가구원에 대한 별지 제13호의3서식의 소득·재산 신고서 1부

7. 본인 및 그 가구원에 대한 별지 제13호의4서식의 금융정보 등 제공 동의서 1부

② 제1항에 따른 신청을 받은 관할 청장 또는 지청장은 「전자정부법」 제36조제1항에 따른 행정정보의 공동이용을 통하여 보조금수급희망자 및 그 가구원의 주민등록표 등본 등 별표 5의2의 서류를 확인해야 한다. 다만, 보조금수급희망자 또는 그 가구원이 확인에 동의하지 않는 경우에는 그 서류를 제출하도록 해야 한다.〈개정 2023. 9. 5., 2025. 4. 18.〉

③ 제1항에 따른 신청을 받은 관할 청장 또는 지청장은 요양지원 보조금 지급 신청서를 받은 날부터 30일 이내에 신청인에게 요양지원 보조금 지급 여부에 관한 사항을 통지하여야 한다. 다만, 소득·재산 등의 조사에 장기간이 걸리는 등 불가피한 경우에는 30일의 범위에서 그 기간을 연장할 수 있다.

[본조신설 2012. 6. 29.]

제16조의3(6 · 25전몰군경자녀수당) ① 1953년 7월 27일 이전 및 「참전유공자 예우 및 단체설립에 관한 법률」 별표에 따른 전투기간 중에 전사하거나 순직한 전몰군경 또는 순직군경의 자녀에게 6 · 25전몰군경자녀수당을 지급하되, 자녀가 2명 이상이면 다음 각 호의 순서에 따라 지급한다. 다만, 유족 중 한 사람이 보상금을 지급받고 있는 전몰군경이나 순직군경의 자녀에게는 지급하지 아니한다.〈개정 2011. 9. 15., 2015. 12. 22., 2015. 12. 29., 2022. 12. 16.〉

1. 자녀 간 협의에 의하여 자녀 중 1명을 6 · 25전몰군경자녀수당을 받을 사람으로 지정한 경우에는 그 사람에게 6 · 25전몰군경자녀수당을 지급한다. 이 경우 자녀 간 협의의 방법 및 효력 등에 관하여 필요한 사항은 대통령령으로 정한다.

2. 제1호에 해당하는 사람이 없는 경우에는 전사하거나 순직한 전몰군경 또는 순직군경을 주로 부양한 자녀에게 6 · 25전몰군경자녀수당을 지급한다.

제16조의3(주택의 우선 공급 신청) ① 법 제68조제3항 및 영 제87조에 따라 주택의 우선 공급을 받으려는 사람(이하 "주택공급희망자"라 한다)은 별지 제53호의2서식의 주택 우선 공급 신청서에 다음 각 호의 서류를 첨부하여 관할 청장 또는 지청장에게 제출해야 한다.〈개정 2018. 12. 13., 2023. 9. 5., 2025. 4. 18.〉

1. 무주택증명서류(건물등기사항증명서, 건축물대장 등으로 주책 소유 여부를 확인할 수 없는 경우만 해당한다) 1부

2. 본인 및 그 가구원에 대한 별지 제13호의3서식의 소득 · 재산 신고서 1부

3. 본인 및 그 가구원에 대한 별지 제13호의4서식의 금융정보 등 제공 동의서 1부

4. 가족관계증명서에 대한 상세증명서(이미 보관중인 자료를 통하여 가족관계를 확인할 수 없는 경우만 해당한다) 1부

② 제1항에 따른 신청을 받은 관할 청장 또는 지청장은 「전자정부법」 제36조제1항에 따른 행정정보의 공동이용을 통하여 주택공

3. 제1호 및 제2호에 해당하는 사람이 없는 경우에는 6·25전몰군경자녀수당을 자녀에게 균등하게 분할하여 지급한다. 이 경우 수당의 분할 지급방법 등에 필요한 사항은 대통령령으로 정한다.

② 제1항제3호에 따라 분할하여 6·25전몰군경자녀수당을 지급받는 사람이 제13조제3항 각 호의 어느 하나에 해당하는 경우에는 그 사람이 지급받던 수당에 해당하는 금액을 남아 있는 자녀에게 균등하게 분할하여 지급한다.〈신설 2022. 12. 16.〉

③ 6·25전몰군경자녀수당은 월액으로 하며, 그 지급액, 지급방법, 그 밖에 지급에 필요한 사항은 대통령령으로 정한다.〈개정 2022. 12. 16.〉

[전문개정 2008. 3. 28.]

[2022.12.16. 법률 제19092호에 의하여 2021.3.25 헌법재판소에서 헌법불합치 결정된 이 조 제1항을 개정함.]

제16조의4(4·19혁명공로수당) ① 4·19혁명공로자에게는 4·19민주이념을 기리기 위하여 4·19혁명공로수당을 지급한다.

급 희망자 및 그 가구원의 주민등록표 등본 등 별표 5의2의 서류를 확인해야 한다. 다만, 주택공급 희망자 또는 그 가구원이 확인에 동의하지 않는 경우에는 해당 서류를 제출하도록 해야 한다.〈개정 2023. 9. 5., 2025. 4. 18.〉

③ 관할 청장 또는 지청장은 제1항에 따른 신청서를 받은 날부터 30일 이내에 신청인에게 주택의 우선 공급 대상자 여부를 통지하여야 한다. 다만, 소득·재산 등의 조사에 시간이 걸리는 등 불가피한 경우에는 30일의 범위에서 그 기간을 연장할 수 있다.

[본조신설 2016. 6. 29.]

[종전 제16조의3은 제16조의4로 이동〈2016. 6. 29.〉]

제16조의4(사실규명 요구 관련 조사·확인) 법 제74조의9제3항에 따라 사실규명을 요구받은 기관의 장은 별지 제54호서식의 사실규

② 4·19혁명공로수당은 월액으로 하며, 그 지급액, 지급방법, 그 밖에 지급에 필요한 사항은 대통령령으로 정한다. [본조신설 2018. 1. 16.]		명 관련 조사·확인서에 관련 조사·확인 자료를 첨부하여 보훈심사위원회에 제출하여야 한다.
		제16조의5(이의신청) 법 제74조의18제1항에 따라 이의신청을 하려는 사람은 별지 제54호의2서식의 이의신청서에 주장하는 사실을 증명할 수 있는 서류를 첨부하여 관할 청장 또는 지청장에게 제출해야 한다.〈개정 2023. 6. 16.〉
		제16조의6(환수금 분할납부 신청) 영 제95조제5항 전단에 따라 환수금 분할납부 신청을 하려는 사람은 별지 제55호서식의 환수금 분할납부 신청서를 관할 청장 또는 지청장에게 제출해야 한다.
제17조(사망일시금) ① 보상금을 받고 있는 국가유공자가 사망한 경우에는 그 유족에게 제13조의 보상금 지급순위에 따라 사망일시금을 지급한다. 이 경우 유족이 없으면 사망 당시 생활을 같이 하고 있던 친족 중 상속인이 될 자의 신청에 따라 그 상속인에게 지급한다.	제17조(재판정신체검사) ① 다음 각 호의 어느 하나에 해당하는 사람은 국가보훈부장관에게 재판정신체검사를 신청할 수 있다.〈개정 2012. 6. 27., 2023. 5. 23.〉 1. 최종 상이등급의 판정을 받은 날부터 2년이 지난 사람 2. 삭제〈2012. 6. 27.〉	제17조(국가보훈등록증 등의 발급·재발급 등) ① 영 제101조제1항에 따른 국가보훈등록증 및 모바일 국가보훈등록증은 각각 별표 6 및 별표 7과 같다. ② 영 제101조제1항 또는 제2항에 따라 국가보훈등록증을 발급 또는 재발급 받으려는 사람은 별지 제55호의2서식의 국가보훈등

② 보상금을 받고 있는 국가유공자의 유족이 사망한 경우에 지급하는 사망일시금은 그 보상금을 받을 수 있는 다른 유족이 없는 경우에만 지급하되, 사망 당시 생활을 같이 하고 있던 친족 중 상속인이 될 자의 신청에 따라 그 상속인에게 지급한다.

③ 제1항과 제2항의 경우 상속인이 될 자도 없는 경우에는 장제(葬祭)를 행하는 자에게 사망일시금을 지급할 수 있다.

④ 사망일시금의 지급액과 그 밖에 지급에 필요한 사항은 대통령령으로 정한다.

[전문개정 2008. 3. 28.]

3. 상이처의 재발이나 악화 등으로 상이등급의 변동이 있을 수 있는 상당한 사유가 있는 자

② 국가보훈부장관은 제1항에 따른 신청이 이유 있다고 인정할 때에는 다시 신체검사를 해야 한다.〈개정 2012. 6. 27., 2018. 11. 20., 2020. 1. 7., 2023. 5. 23.〉

③ 법 제6조의3제3항제3호 및 같은 조 제6항에서 "대통령령으로 정하는 특별한 사유"란 각각 다음 각 호의 어느 하나에 해당하는 경우를 말한다.〈개정 2012. 6. 27.〉

1. 천재지변, 그 밖에 이에 준하는 자연적 재해가 발생한 경우
2. 수술 등으로 인한 입원·진료로 이동이 어려운 경우
3. 그 밖에 신체검사를 받기 어려운 불가피한 사유가 발생하였다고 인정되는 경우

④ 국가보훈부장관은 제3항제2호 또는 제3호에 해당하는지를 확인하기 곤란한 경우 신체검사를 받아야 하는 사람에게 그 사유서를 제출하게 할 수 있다.〈개정 2012. 6. 27., 2023. 5. 23.〉

록증 발급·재발급 신청서에 다음 각 호의 서류를 첨부하여 관할 청장 또는 지청장에게 제출해야 한다. 이 경우 신청인은 본인을 확인할 수 있는 주민등록증, 운전면허증 또는 여권 등의 신분증을 제시해야 한다.

1. 신청인의 사진(신청일부터 6개월 내에 모자를 벗은 상태에서 배경 없이 촬영된 상반신 컬러사진으로 규격은 가로 3.5센티미터, 세로 4.5센티미터로 한다) 1장
2. 국가보훈등록증(재발급의 경우만 해당하며, 잃어버린 경우는 제외한다)

③ 영 제101조제2항제3호에서 "성명, 생년월일 등 국가보훈등록증의 기재사항 중 국가보훈부령으로 정하는 사항"이란 성명, 주민등록번호, 대상 구분, 보훈번호, 주소 또는 경합 등록사항을 말한다.

④ 관할 청장 또는 지청장은 국가보훈등록증을 발급 또는 재발급하는 경우에는 별지 제55호의3서식의 국가보훈등록증 발급대장에 발급 또는 재발급 사실을 기록하고 관리해야 한다.

⑤ 국가보훈등록증을 발급 받은 사람은

⑤ 법 제6조의3제4항제1호에 따라 직권에 의한 재판정신체검사를 받아야 하는 상이(질병을 포함한다. 이하 이 조에서 같다) 및 시기는 별표 3의2와 같다.〈개정 2012. 6. 27.〉

⑥ 국가보훈부장관은 상이등급을 받은 신체상이가 둘 이상인 사람의 경우 별표 3의2에 따른 상이로 판정받은 상이등급이 변경되더라도 그 외의 상이 때문에 최종 상이등급이 변경되지 아니하는 경우에는 제5항에도 불구하고 직권에 의한 재판정신체검사 대상에서 제외할 수 있다.〈신설 2012. 6. 27., 2023. 5. 23.〉

⑦ 국가보훈부장관은 제3항에 따른 특별한 사유 없이 직권에 의한 재판정신체검사를 받지 아니한 사람에게는 재판정신체검사를 받도록 2회 이상 알려야 한다.〈신설 2012. 6. 27., 2023. 5. 23.〉

[전문개정 2009. 8. 13.]

[제목개정 2012. 6. 27.]

본인 명의의 이동통신단말장치에 모바일 국가보훈등록증을 발급 또는 재발급 받을 수 있다. 이 경우 국가보훈등록증에 있는 집적회로(IC: Integrated Circuit) 칩과 본인 명의의 이동통신단말장치를 이용하여 제2항 각 호 외의 부분 후단에 자른 본인 확인을 할 수 있다.

⑥ 영 제101조제4항 각 호의 어느 하나에 해당하는 사람임을 확인하는 서류는 각각 별지 제55호의4서식부터 별지 제55호의7서식까지에 따른다.

[전문개정 2023. 6. 5.]

제17조의2(보훈급여금의 지급) ① 보훈급여금은 보훈급여금을 받을 사람이 지정하는 예금계좌[「우체국예금·보험에 관한 법률」에 따

제17조의2(부정행위의 신고 등) ① 영 제101조의2제1항에 따라 부정행위자를 신고하려는 사람은 별지 제56호서식의 부정행위 신

른 체신관서(이하 "체신관서"라 한다) 또는 「은행법」에 따른 은행(이하 "은행"이라 한다)의 계좌를 말한다. 이하 같다]에 입금하는 방법으로 지급한다. 다만, 정보통신망의 손상 등 대통령령으로 정하는 부득이한 사유가 있는 경우에는 해당 보훈급여금을 받을 사람의 신청에 따라 현금으로 지급할 수 있다. ② 제1항 본문에 따라 보훈급여금을 지급하는 경우 보훈급여금을 받을 사람이 본인 명의로 보훈급여금만 입금될 수 있는 예금계좌를 개설하여 지정한 경우에는 해당 예금계좌로 보훈급여금을 입금하여야 한다. [본조신설 2015. 12. 22.]		고서에 부정행위를 증명할 수 있는 자료를 첨부하여 관할 청장 또는 지청장에게 제출하여야 한다. ② 영 제101조의2제3항에 따라 포상금을 지급받으려는 사람은 별지 제57호서식의 포상금 지급 신청서에 다음 각 호의 서류를 첨부하여 관할 청장 또는 지청장에게 제출하여야 한다. 1. 계좌번호가 표시된 통장 사본 1통 2. 하나의 부정행위에 대하여 2명 이상이 공동으로 신고한 경우에는 포상금 배분에 관한 합의서 1통(배분금액에 관하여 합의한 경우만 해당한다) ③ 제1항 및 제2항에서 규정한 사항 외에 포상금 지급 등에 필요한 세부적인 사항은 국가보훈부장관이 정한다.〈개정 2023. 6. 5.〉 [본조신설 2012. 6. 29.]
제18조(미지급 보훈급여금의 지급) 보상금과 수당을 받을 자가 제13조제3항제1호 또는 제3호의 어느 하나에 해당하면 그 지급이 확정된 보상금과 수당은 제17조제1항 또는 제2항에 따른 사망일시금 지급의 예에 따라 지	제18조(신체검사일) 신체검사는 월 1회 이상 국가보훈부장관이 보훈병원의 장과 협의하여 정하는 날에 한다.〈개정 2012. 6. 27., 2020. 12. 1., 2023. 5. 23.〉	제18조(서식) 법 및 영 시행을 위하여 필요한 서식 중 제2조, 제3조, 제3조의2, 제3조의3, 제4조, 제7조, 제8조, 제8조의2부터 제8조의7까지, 제9조, 제9조의2, 제10조, 제11조, 제11조의2부터 제11조의5까지, 제12조부터 제

급한다.		14조까지, 제16조, 제16조의2부터 제16조의 5까지, 제17조 및 제17조의2에서 규정되지 않은 서식은 다음 각 호의 서식에 따른다.〈개정 2014. 4. 29., 2020. 1. 21., 2020. 6. 23., 2022. 5. 11., 2025. 9. 19.〉 1. 영 제9조제4항에 따른 요건 관련 사실 확인서: 별지 제3호서식부터 별지 제6호서식까지 2. 법 제6조의5에 따른 전상·공상 추가 인정 신청서: 별지 제11호서식 3. 영 제42조제4항의 교육지원 대상자 증명서: 별지 제18호서식 4. 영 제42조제5항에 따른 대학수업료등 면제대상자 증명서: 별지 제19호서식 5. 영 제42조제6항에 따른 대학수업료등 보조금 지급 신청서: 별지 제20호서식 6. 영 제42조제6항에 따른 국가유공자 자녀 등 성적통지서: 별지 제21호서식 7. 영 제42조의2제1항에 따른 수업료등 지급 신청서: 별지 제22호서식 8. 영 제42조의3제5항에 따른 외국교육기관 수업료등 보조금 지급 신청서: 별지 제

22호의2서식

9. 영 제44조에 따른 취학사항 변동 통지서: 별지 제23호서식

10. 영 제49조에 따른 취업지원 대상자증명서: 별지 제25호서식

11. 영 제49조의2제1호에 따른 일반직공무원 및 일반군무원 특별채용 대상자 추천 신청서: 별지 제26호서식

12. 영 제49조의2제2호에 따른 취업희망 신청서: 별지 제27호서식

13. 영 제51조제2항에 따른 일반직공무원 및 일반군무원 특별채용대상자 추천서: 별지 제28호서식

14. 영 제51조제4항에 따른 일반직공무원 및 일반군무원 특별채용 통보서: 별지 제29호서식

15. 영 제52조에 따른 일반직공무원 및 일반군무원 채용실태 통보서: 별지 제30호서식

16. 영 제54조제1항에 따른 업체(사립학교)등 신고서: 별지 제31호서식

17. 영 제54조제2항에 따른 업체(사립학교)등 실태조사서: 별지 제32호서식

18. 영 제55조제1항에 따른 보훈특별고용 대상자 추천서: 별지 제33호서식

19. 영 제55조제2항에 따른 취업지원 대상자 선정결과 통보서: 별지 제34호서식

20. 영 제55조제3항에 따른 보훈특별고용통지서: 별지 제35호서식

21. 영 제55조제6항에 따른 취업통지서: 별지 제36호서식

22. 법 제36조제2항에 따른 차별대우 시정요구서: 별지 제37호서식

23. 영 제61조에 따른 차별대우 시정조치결과 통보서: 별지 제38호서식

24. 법 제37조제1호에 따른 취업자 통보서: 별지 제39호서식

25. 법 제37조제2호에 따른 퇴직(해임·해고)자 통보서: 별지 제40호서식

26. 영 제61조의3제2항에 따른 우선직업능력개발훈련 대상자 추천서: 별지 제41호서식

26의2. 삭제〈2020. 6. 23.〉

27. 법 제56조제1항에 따른 지급보증서: 별지 제42호서식

28. 삭제〈2022. 5. 11.〉

		29. 영 제75조제2항에 따른 보조금 지급 신청서: 별지 제46호서식 30. 영 제80조제1항에 따른 채무인수승인 신청서: 별지 제50호서식 31. 영 제80조제2항에 따른 채무인수승인 통지서: 별지 제51호서식 [전문개정 2012. 6. 29.]
제19조(권리의 보호) ① 보훈급여금을 받을 권리는 양도하거나 압류할 수 없으며, 담보로 제공할 수 없다. ② 제1항에도 불구하고 제46조, 「독립유공자예우에 관한 법률」 제18조, 「보훈보상대상자 지원에 관한 법률」 제55조, 「5·18민주유공자예우 및 단체설립에 관한 법률」 제39조 또는 「특수임무유공자 예우 및 단체설립에 관한 법률」 제38조에 따라 대부를 받으려는 경우에는 보훈급여금을 담보로 제공할 수 있다.〈개정 2015. 12. 22., 2021. 1. 5.〉 ③ 제17조의2제2항에 따라 입금된 월 보훈급여금 중 「국민기초생활 보장법」 제2조제11호에 따른 기준 중위소득과 보훈급여금 등을 고려하여 대통령령으로 정하는 액수 이하	제19조(상이등급의 판정절차 등) ① 법 제6조의4에 따라 상이등급은 보훈병원의 장이 위촉한 해당 분야 전문의 등 의사가 신체검사를 실시하고 보훈심사위원회의 심의·의결을 거쳐 판정한다. 이 경우 상이등급 판정 기준은 보훈심사위원회 심의·의결 당시의 별표 3에 따른다.〈개정 2020. 1. 7.〉 ② 제1항에 따라 신체검사를 실시한 의사에게는 예산의 범위에서 수당을 지급할 수 있다. ③ 제1항·제2항 및 제13조부터 제18조까지에서 규정한 사항 외에 신체검사의 운영 등에 필요한 사항은 국가보훈부장관이 정한다.〈개정 2023. 5. 23.〉 [전문개정 2012. 6. 27.]	제19조(규제의 재검토) 국가보훈부장관은 제4조에 따른 신상 변동신고 등에 대하여 2014년 7월 1일을 기준으로 3년마다(매 3년이 되는 해의 기준일과 같은 날 전까지를 말한다) 그 타당성을 검토하여 개선 등의 조치를 하여야 한다.〈개정 2023. 6. 5.〉

의 금액에 관한 채권은 압류할 수 없다.〈신설 2015. 12. 22.〉 ④ 제1항 및 제3항에도 불구하고 제75조에 따라 보훈급여금 등을 환수하는 경우에는 보훈급여금을 압류할 수 있다.〈개정 2015. 12. 22.〉 [전문개정 2011. 9. 15.]		
	제19조의2(상이등급 판정 등에 대한 특례 등) 법 제6조의6제1항 각 호의 어느 하나에 해당하는 사람에 대해서는 각각의 상이처를 별표 3 제9호에 따라 종합판정하여 전상군경, 공상군경 또는 공상공무원으로 결정하고, 제2장부터 제7장까지의 규정에 따른 보상 및 지원을 한다.	
제20조(보훈급여금의 지급정지) 보훈급여금을 받고 있거나 받을 사람이 「한국보훈복지의료공단법」 제2조에 따른 한국보훈복지의료공단(이하 "공단"이라 한다)에서 운영하는 양로시설이나 양육시설에서 국가의 부담으로 지원을 받고 있으면 그 지원을 받게 된 날이 속하는 달의 다음 달부터 그 지원을 받지 아니하게 된 날이 속하는 달까지는 보상금 중 대	제2장 보훈급여금 제20조(유족보상금 지급대상인 전상군경 등의 상이등급) 법 제12조제1항제4호에서 "대통령령으로 정하는 상이등급"이란 상이등급 6급을 말한다.	

통령령으로 정하는 금액과 수당(무공영예수당은 제외한다)은 지급하지 아니한다.〈개정 2011. 9. 15.〉	
제3장 교육지원 제21조(교육지원) 국가는 국가유공자와 그 유족 또는 가족이 제22조의2 각 호의 어느 하나에 해당하는 학교 등(이하 "교육기관"이라 한다)에서 필요한 교육을 받음으로써 건전한 사회인으로 자립할 수 있도록 교육지원을 실시한다.	제21조(생활능력이 없는 정도의 심신장애) 법 제12조제2항 및 제15조의2제3항에서 "대통령령으로 정하는 생활능력이 없는 정도의 장애"란 별표 2의 장애인장애구분표에 해당하는 심신장애를 말한다.〈개정 2012. 6. 27.〉
	제21조의2 삭제〈2006. 12. 21.〉
제22조(교육지원 대상자 등) ① 교육지원을 받을 수 있는 사람(이하 "교육지원 대상자"라 한다)은 다음 각 호와 같다. 1. 전상군경, 공상군경, 무공수훈자, 보국수훈자, 재일학도의용군인, 4·19혁명부상자, 4·19혁명공로자, 공상공무원, 특별공로상이자 및 특별공로자 2. 전몰군경, 순직군경, 4·19혁명사망자, 순직공무원 및 특별공로순직자의 배우자 3. 제1호에 해당하는 사람의 자녀	제22조(보상금) 법 제12조제1항 및 제2항에 따른 국가유공자와 그 유족에게는 별표 4의 지급 구분에 따라 보상금을 지급한다.〈개정 2012. 6. 27.〉

4. 전몰군경, 순직군경, 4·19혁명사망자, 순직공무원, 특별공로순직자의 자녀, 미성년 제매 및 제1호에 해당하는 사람이 사망한 경우의 그 미성년 제매

② 제1항제3호 및 제4호에 해당하는 사람에 대한 교육지원은 그 사람이 30세 이전에 교육기관에 취학(입학·재입학·편입학 또는 전입학하는 경우를 포함한다. 이하 같다)하는 경우에만 실시한다.

③ 교육지원 대상자 중 다음 각 호의 어느 하나에 해당하는 사람에게는 대통령령으로 정하는 바에 따라 생활수준을 고려하여 교육지원을 실시할 수 있다.

1. 무공수훈자, 보국수훈자, 4·19혁명공로자 및 특별공로자

2. 제1호에 해당하는 사람의 자녀

3. 전상군경, 공상군경, 4·19혁명부상자, 공상공무원 및 특별공로상이자 중 대통령령으로 정하는 상이등급 미만으로 판정된 사람의 자녀

④ 제3항 각 호에 해당하는 사람이 교육지원을 받으려는 경우에는 국가보훈부장관에

게 교육지원을 신청하여야 한다. 이 경우 신청인의 생활수준 파악을 위한 절차 등에 관하여는 제14조의2(제3항은 제외한다)부터 제14조의4까지의 규정을 준용한다.〈개정 2023. 3. 4., 2024. 2. 13.〉

[전문개정 2011. 9. 15.]

제22조의2(교육기관) 교육지원 대상자에게 교육지원을 실시하는 교육기관은 다음 각 호와 같다.

1. 「초·중등교육법」 제2조에 따른 중학교, 고등학교 및 그 밖에 이에 준하는 학교. 다만, 같은 법 제60조의2에 따른 외국인학교는 제외한다.

2. 「고등교육법」 제2조에 따른 대학(산업대학·교육대학·전문대학·원격대학 및 기술대학을 포함한다. 이하 "대학"이라 한다) 및 그 밖에 이에 준하는 학교. 다만, 같은 법 제29조의2의 대학원과 같은 법 제30조의 대학원대학은 제외한다.

3. 「평생교육법」에 따라 학력이 인정되는 평생교육시설

4. 「학점인정 등에 관한 법률」에 따라 평

가인정을 받은 학습과정을 운영하는 교육훈련기관 [본조신설 2011. 9. 15.]		
제23조(취학시킬 의무) ① 제22조의2제1호에 해당하는 교육기관은 학년별로 그 학생정원의 3퍼센트의 범위에서 대통령령으로 정하는 바에 따라 교육지원 대상자를 취학시켜야 한다.〈개정 2011. 9. 15.〉 ② 교육부장관은 교육지원 대상자의 지역별 분포 상태를 고려하여 필요하다고 인정하면 대통령령으로 정하는 바에 따라 지역별로 제1항에 따른 취학비율을 6퍼센트까지 확대할 수 있다.〈개정 2013. 3. 23.〉 [전문개정 2008. 3. 28.]	제23조(수당) ① 법 제11조제2항제8호에서 "대통령령으로 정하는 수당"이란 다음 각 호의 수당을 말한다.〈개정 2012. 6. 27., 2018. 3. 27.〉 1. 고령수당 2. 2명 이상 사망수당 3. 전상수당 ② 국가보훈부장관은 법 제12조제1항 및 제2항에 따른 보상금 지급대상자에게 별표 4의2의 지급 구분에 따라 제1항 각 호의 수당을 지급한다. 다만, 법 제13조제2항제3호에 따라 보상금을 균등하게 분할하여 지급받는 국가유공자의 부모가 별표 4의2의 지급 대상에 각각 해당하는 경우에는 그 수당을 균등하게 분할하여 지급한다.〈개정 2012. 6. 27., 2019. 12. 24., 2023. 5. 23.〉 ③ 다음 각 호의 수당 지급대상자에게는 제1항제1호의 고령수당을 지급하지 않는다.〈개정 2022. 1. 13.〉	

	1. 법 제11조제2항제5호의 부양가족수당 2. 제1항제2호의 2명 이상 사망수당 3. 「보훈보상대상자 지원에 관한 법률 시행령」 제9조제2호의 2명 이상 사망수당 ④ 국가보훈부장관은 제3항에도 불구하고 법 제11조제2항제5호의 부양가족수당이 제1항제1호의 고령수당보다 적은 경우에는 그 차액만큼 고령수당을 지급해야 한다.〈신설 2022. 1. 13., 2023. 5. 23.〉 [전문개정 2009. 8. 13.]	
제24조(입학절차) 제22조의2제1호에 해당하는 교육기관에 취학할 교육지원 대상자에 대한 입학고사, 입학결정, 그 밖에 입학에 필요한 사항은 대통령령으로 정한다.〈개정 2011. 9. 15.〉	제24조(협의에 의한 보상금 수급자의 지정 방법 및 효력) ① 법 제13조제2항제1호에 따라 유족 간의 협의에 의하여 보상금을 지급받으려는 사람은 같은 순위인 유족 모두의 협의를 거쳐 국가보훈부령으로 정하는 보상금수급자 지정서에 같은 순위 유족 모두의 인감증명서(같은 순위 유족이 미성년자인 경우에는 그 법정대리인의 인감증명서를 말한다)를 첨부하여 국가보훈부장관에게 제출해야 한다. 다만, 외국에 거주 중인 같은 순위 유족이 있는 등 보상금수급자 지정서를 제출할 수 없는 부득이한 사정이 있는 경우에는 보	

	상금수급자로 지정한 사실을 나타내는 「공증인법」에 따른 공정증서를 제출하는 것으로 보상금수급자 지정서의 제출을 갈음할 수 있다.〈개정 2012. 6. 27., 2019. 12. 24., 2023. 5. 23.〉 ② 법 제13조제2항제1호에 따른 협의의 효력은 협의 당사자 일방의 의사에 의하여 변경되지 않는다. 다만, 국가유공자의 부모가 협의에 의하여 부모 중 1명을 보상금을 받을 사람으로 정했더라도 부모 중 1명이 법 제13조제2항제3호에 따른 보상금 분할 지급을 신청한 경우에는 그 보상금 수급자 지정 협의의 효력은 상실된다.〈신설 2019. 12. 24.〉 [전문개정 2009. 8. 13.] [제목개정 2019. 12. 24.] [제24조의2에서 이동, 종전 제24조는 제24조의2로 이동 〈2019. 12. 24.〉]	
	제24조의2(국가유공자를 주로 부양 또는 양육한 사람에 대한 보상금 지급) ① 법 제13조제2항제2호에 따라 국가유공자를 주로 부양하거나 양육한 사람으로서 보상금을 지급받으려는 사람은 그 사실을 증명할 수 있는	

서류를 국가보훈부장관에게 제출해야 한다. 〈개정 2012. 6. 27., 2019. 12. 24., 2023. 5. 23.〉

② 제1항에 따라 국가유공자를 주로 부양하거나 양육한 사실을 증명할 때 같은 순위 유족 간에 다툼이 있는 경우에는 보훈심사위원회의 심의·의결을 거쳐 보상금을 지급받을 사람을 결정한다.〈개정 2012. 6. 27.〉

[전문개정 2009. 8. 13.]

[제목개정 2019. 12. 24.]

[제24조에서 이동, 종전 제24조의2는 제24조로 이동 〈2019. 12. 24.〉]

제24조의3(국가유공자 부모의 보상금 분할 지급 신청) ① 법 제13조제2항제3호에 따라 보상금을 균등하게 분할하여 지급받으려는 국가유공자의 부모는 국가보훈부령으로 정하는 보상금 등 분할 지급 신청서를 국가보훈부장관에게 제출해야 한다.〈개정 2023. 5. 23.〉

② 제1항에서 정한 사항 외에 국가유공자의 부모의 보상금 분할 지급 방법과 절차에 관하여 필요한 사항은 국가보훈부령으로 정한다.〈개정 2023. 5. 23.〉

	[본조신설 2019. 12. 24.]	
제25조(수업료등의 면제 등) ① 교육기관은 교육지원 대상자에 대하여 교육에 필요한 수업료, 입학금 및 그 밖의 학비(이하 "수업료등"이라 한다)를 면제한다.〈개정 2016. 5. 29.〉 ② 수업료등의 면제는 교육지원 대상자가 제6조제3항에 따라 국가유공자, 그 유족 또는 가족으로 등록결정된 후 교육기관의 장에게 수업료등을 면제하여 줄 것을 신청한 날이 속하는 달부터 실시한다. 다만, 교육기관 중 대학, 원격대학 형태의 평생교육시설 및 전문대학 이상의 학위 취득에 필요한 학점이 인정되는 학습과정을 운영하는 교육훈련기관(이하 "대학등"이라 한다)의 경우에는 교육지원 대상자가 수업료등의 면제를 신청한 이후 최초로 납부기한이 도래(到來)하는 수업료등부터 면제한다.〈개정 2009. 2. 6., 2011. 9. 15.〉 ③ 사립인 대학등이 제22조제1항제3호 또는 제4호에 해당하는 교육지원 대상자에 대하여 제1항과 제2항에 따라 수업료등을 면제한 경우 국가는 그 면제금액의 절반을 보조한다. ④ 국가는 교육지원 대상자가 국가유공자,	제25조(생활조정수당) ① 법 제14조에 따른 생활조정수당은 일반의 표준생계비, 민간의 임금 및 물가의 변동 등을 고려하여 국가보훈부장관이 정하여 고시하는 기준에 해당하는 사람에게 별표 5의 지급 구분에 따라 지급한다.〈개정 2019. 12. 24., 2023. 5. 23.〉 ② 제1항에 따른 생활조정수당 지급대상자가 국가유공자의 부모인 경우에는 별표 5의 지급 구분에 따른 생활조정수당을 균등하게 분할하여 지급할 수 있다. 이 경우 생활조정수당을 균등하게 분할하여 지급받으려는 국가유공자의 부모는 국가보훈부령으로 정하는 보상금 등 분할 지급 신청서를 국가보훈부장관에게 제출해야 한다.〈신설 2019. 12. 24., 2023. 5. 23.〉 [전문개정 2012. 6. 27.]	

그 유족 또는 가족으로 등록을 신청한 후 제2항에 따라 수업료등의 면제를 받기 전까지 실제로 부담한 수업료등에 해당하는 금액을 지원할 수 있다. 다만, 다른 법령에 따라 수업료등에 해당하는 금액을 국고보조(國庫補助) 받는 등 대통령령으로 정하는 사유가 있는 경우에는 그에 해당하는 금액은 지원하지 아니한다.〈개정 2011. 9. 15.〉 ⑤ 제1항부터 제4항까지의 규정에 따른 교육지원 대상자에게 수업료등을 면제하거나 지원하는 연한(年限), 기준 및 교육지원을 하는 교육기관에 대한 보조 등에 필요한 사항은 대통령령으로 정한다. [전문개정 2008. 3. 28.]		
제25조의2(외국인학교 등에 다니는 교육지원 대상자에 대한 지원) ① 교육지원 대상자가 다음 각 호의 어느 하나에 해당하는 외국인학교 등에 취학하는 경우 예산의 범위에서 수업료등의 일부를 보조할 수 있다. 1. 「초ㆍ중등교육법」 제60조의2에 따른 외국인학교 중 같은 법 제2조에 따른 중학교 또는 고등학교에 상응하는 외국인학교	제25조의2(생활조정수당의 지급 신청) ① 법 제14조제1항에 따라 생활조정수당을 받으려는 사람(이하 “생활조정수당수급희망자”라 한다)은 국가보훈부령으로 정하는 지급 신청서에 소득ㆍ재산 신고서 등 관련 서류를 첨부하여 국가보훈부장관에게 제출하여야 한다.〈개정 2023. 5. 23., 2024. 8. 6.〉 ② 법 제14조의2제3항제2호에서 “거동	

2. 「경제자유구역 및 제주국제자유도시의 외국교육기관 설립·운영에 관한 특별법」 제2조제2호에 따른 외국교육기관 중 「초·중등교육법」 제2조에 따른 중학교 또는 고등학교에 상응하는 외국교육기관과 대학에 상응하는 외국교육기관

② 제1항에 따라 교육지원 대상자에게 지급하는 보조금의 지급기준·지급액, 지원 연한 및 지급절차 등은 대통령령으로 정한다.

[본조신설 2011. 9. 15.]

불편 등 대통령령으로 정하는 사유"란 다음 각 호의 어느 하나에 해당하는 사유를 말한다.〈신설 2024. 8. 6.〉

1. 거동이 불편한 경우

2. 질병 또는 부상 등으로 입원 또는 장기 요양 중인 경우

3. 법 제6조의3에 따른 신체검사에서 상이등급 판정을 받은 경우(국가유공자만 해당한다)

4. 65세 이상이거나 19세 미만인 경우

③ 법 제14조의2제3항제3호에 따른 담당 공무원의 대리 신청에 대한 동의는 담당 공무원이 다음 각 호의 어느 하나에 해당하는 방법으로 받을 수 있다.〈신설 2024. 8. 6.〉

1. 담당 공무원의 대리 신청에 동의한다는 내용이 적힌 서면을 우편, 팩스 또는 전자우편 등을 통하여 생활조정수당수급희망자에게 알리고, 생활조정수당수급희망자가 서명하거나 날인한 동의서를 받는 방법

2. 전화를 통하여 담당 공무원의 대리 신청과 관련한 동의 내용을 생활조정수당수급희망자에게 알리고, 담당 공무원의 대리 신청

에 대한 생활조정수당수급희망자의 동의의 의사를 확인한 후 그 사실을 문서에 기재하거나 녹음 등을 통해 기록하는 방법

④ 생활조정수당의 신청 방법과 절차에 관하여 그 밖에 필요한 사항은 국가보훈부령으로 정한다.〈개정 2023. 5. 23., 2024. 8. 6.〉

[본조신설 2012. 6. 27.]

[제목개정 2024. 8. 6.]

제25조의3(가구원의 범위) ① 법 제14조의2 제2항 각 호 외의 부분에서 "대통령령으로 정하는 사람"이란 다음 각 호의 사람을 말한다.

1. 「주민등록법 시행령」 제6조제1항에 따른 세대별 주민등록표에 생활조정수당수급희망자와 함께 등재된 가족(「민법」 제779조에 따른 가족을 말한다)

2. 제1호 외의 사람으로서 다음 각 목의 어느 하나에 해당하는 사람

가. 생활조정수당수급희망자의 배우자(사실상 혼인관계에 있는 사람을 포함한다)

나. 생활조정수당수급희망자의 미혼 자녀 중 30세 미만인 사람

다. 생활조정수당수급희망자의 부양의무자

(부양의무가 있는 배우자, 부모, 자녀 및 그 배우자를 말한다. 이하 같다)로서 그를 사실상 부양하고 있는 사람

② 제1항에도 불구하고 다음 각 호의 어느 하나에 해당하는 사람은 법 제14조의2제2항 각 호 외의 부분에 따른 가구원(이하 "가구원"이라 한다)에서 제외한다.

1. 현역군인 등 법률상 의무를 이행하기 위하여 생활조정수당수급희망자와 다른 곳에서 거주하면서 의무 이행과 관련하여 생계를 보장받고 있는 사람

2. 제25조의5에 따른 확인조사의 대상이 되는 사람으로서 조사를 시작한 날부터 역산하여 180일까지의 기간 중 총 60일을 초과하여 외국에 체류하고 있거나 체류했던 사람

3. 「형의 집행 및 수용자의 처우에 관한 법률」 및 「치료감호법」 등에 따른 교도소, 구치소 또는 치료감호시설 등에 수용 중인 사람

4. 법 제63조 및 제64조에 따른 양로시설 또는 양육시설에서 지원을 받고 있는 사람

5. 「민법」 제27조에 따른 실종선고 절차가 진행 중인 사람

6. 가출 또는 행방불명으로 경찰서 등 행정관청에 신고된 후 1개월이 지났거나 가출 또는 행방불명 사실을 시장·군수·구청장(자치구의 구청장을 말한다. 이하 같다) 또는 제주특별자치도지사가 확인한 사람

7. 그 밖에 생활조정수당수급희망자와 생계 및 주거를 달리한다고 국가보훈부장관이 인정하는 사람

[본조신설 2025. 4. 1.]

[종전 제25조의3은 제25조의4로 이동 〈2025. 4. 1.〉]

제25조의4(금융정보등의 범위) ① 법 제14조의2제2항제1호에서 "예금의 평균잔액과 그 밖에 대통령령으로 정하는 자료 또는 정보"란 다음 각 호의 자료 또는 정보를 말한다.

1. 보통예금, 저축예금, 자유저축예금 등 요구불예금: 최근 3개월 이내의 평균잔액

2. 정기예금, 정기적금, 정기저축 등 저축성예금: 잔액 또는 총 납입액

3. 주식, 수익증권, 출자금, 출자지분, 부동산(연금)신탁: 최종시세가액. 이 경우 비상장주식의 가액평가에 관하여는 「상속세 및

증여세법 시행령」 제54조제1항을 준용한다.

4. 채권, 어음, 수표, 채무증서, 신주인수권 증서, 양도성 예금증서: 액면가액

5. 연금저축: 정기적으로 지급된 금액 또는 최종 잔액

② 법 제14조의2제2항제2호에서 "채무액과 그 밖에 대통령령으로 정하는 자료 또는 정보"란 다음 각 호의 자료 또는 정보를 말한다.

1. 대출 현황 및 연체 내용

2. 신용카드 미결제금액

③ 법 제14조의2제2항제3호에서 "보험료와 그 밖에 대통령령으로 정하는 자료 또는 정보"란 다음 각 호의 자료 또는 정보를 말한다.

1. 보험증권: 해약하는 경우 지급받게 될 환급금 또는 최근 1년 이내에 지급된 보험금

2. 연금보험: 해약하는 경우 지급받게 될 환급금 또는 정기적으로 지급된 금액

④ 제1항에 따른 금융정보, 제2항에 따른 신용정보 및 제3항에 따른 보험정보(이하 "금융정보등"이라 한다)의 제공에 동의한다는 서

면의 제출에 필요한 사항은 국가보훈부령으로 정한다.〈개정 2023. 5. 23.〉

[본조신설 2012. 6. 27.]

[제25조의3에서 이동, 종전 제25조의4는 제25조의5로 이동 〈2025. 4. 1.〉]

제25조의5(확인조사) 국가보훈부장관은 생활조정수당수급희망자 및 생활조정수당수급자(법 제14조제1항 각 호의 어느 하나에 해당하는 사람으로서 생활조정수당을 받고 있는 사람을 말한다. 이하 같다)와 그 가구원의 수급권의 발생 또는 상실 여부를 확인하기 위하여 매년 다음 각 호의 사항을 포함한 연간 조사계획을 수립하여야 한다.〈개정 2023. 5. 23., 2025. 4. 1.〉

1. 조사의 기본방향

2. 조사·질문의 범위·내용·시기·절차 및 자료 확보를 위한 협조체계의 구축 방안

3. 그 밖에 생활조정수당수급희망자 및 생활조정수당수급자와 그 가구원의 소득·재산의 확인에 필요한 사항

[본조신설 2012. 6. 27.]

[제25조의4에서 이동, 종전 제25조의5는

	제25조의6으로 이동 〈2025. 4. 1.〉]	
	제25조의6(금융정보등의 요청 및 제공) ① 법 제14조의4에 따라 국가보훈부장관이 금융회사 등(「금융실명거래 및 비밀보장에 관한 법률」 제2조제1호에 따른 금융회사등 및 「신용정보의 이용 및 보호에 관한 법률」 제25조제2항제1호에 따른 종합신용정보집중기관을 말한다. 이하 같다)의 장에게 생활조정수당수급희망자 및 생활조정수당수급자와 그 가구원의 금융정보등을 요청하는 경우에는 요청 내용에 다음 각 호의 사항을 포함하여야 한다.〈개정 2020. 8. 4., 2023. 5. 23., 2025. 4. 1.〉 1. 생활조정수당수급희망자 및 생활조정수당수급자와 그 가구원의 성명과 주민등록번호 2. 제공을 요청하는 금융정보등의 범위와 조회기준일 및 조회기간 ② 제1항에 따른 요청을 받은 금융회사등의 장이 국가보훈부장관에게 해당 금융정보등을 제공할 때에는 제공 내용에 다음 각 호의 사항을 포함하여야 한다.〈개정 2023. 5. 23., 2025. 4. 1.〉	

1. 생활조정수당수급희망자 및 생활조정수당수급자와 그 가구원의 성명과 주민등록번호

2. 금융정보등을 제공하는 금융회사 등의 명칭

3. 제공 대상 금융상품명과 계좌번호

4. 금융정보등의 내용

③ 국가보훈부장관은 금융회사 등의 장에게 금융정보등을 해당 금융회사 등이 가입한 협회, 연합회 또는 중앙회 등의 정보통신망을 이용하여 제공하도록 요청할 수 있다.〈개정 2023. 5. 23.〉

④ 국가보훈부장관은 법 제14조의4제2항에 따라 생활조정수당수급자와 그 가구원의 금융정보등을 요청할 때에는 수급권 심사를 위한 확인조사에 필요한 최소한의 범위에서 요청하여야 한다.〈개정 2023. 5. 23., 2025. 4. 1.〉

[본조신설 2012. 6. 27.]

[제25조의5에서 이동, 종전 제25조의6은 제25조의7로 이동 〈2025. 4. 1.〉]

제25조의7(생활조정수당 신청 안내 등) ①

법 제14조의5제1항에서 "대통령령으로 정하는 사람"이란 다음 각 호의 어느 하나에 해당하는 사람을 말한다.〈개정 2025. 4. 1.〉

1. 「국민기초생활 보장법」 제7조제1항제1호부터 제4호까지의 급여 중 하나 이상의 급여를 받는 사람으로서 생활조정수당을 받지 않고 있는 사람

2. 「국민기초생활 보장법」에 따른 수급자가 아닌 사람으로서 생활조정수당을 받지 않고 있는 사람

② 국가보훈부장관은 법 제14조의5제1항에 따라 매년 1월에 발행되는 국가보훈부의 정기 간행물에 생활조정수당의 수급 요건 및 지급 신청의 방법 등을 게재하여 제1항 각 호에 따른 사람에게 보내야 한다.〈개정 2023. 5. 23.〉

③ 국가보훈부장관은 법 제14조의5제2항에 따라 이 조 제1항제1호에 해당하는 사람에게는 우편, 전화 또는 정보통신망 등을 통해 생활조정수당 지급을 신청하도록 개별적으로 안내하여야 한다.〈개정 2023. 5. 23.〉

④ 국가보훈부장관은 제25조의2제1항에

	따라 생활조정수당 지급 신청을 한 사람이 제1항제1호에 해당하는 것으로 확인되면 법 제14조의3에 따른 조사ㆍ질문 등을 생략하고 생활조정수당을 지급할 수 있다.〈개정 2023. 5. 23.〉 [본조신설 2019. 5. 21.] [제25조의6에서 이동 〈2025. 4. 1.〉]	
제26조(학습보조비의 지급) ① 국가보훈부장관은 다음 각 호의 어느 하나에 해당하는 교육지원 대상자에게 학습보조비를 지급할 수 있다.〈개정 2011. 9. 15., 2023. 3. 4.〉 1. 「장애인 등에 대한 특수교육법」 제2조제1호에 따른 특수교육을 받고 있는 교육지원 대상자 2. 그 밖에 학습보조비 지급이 필요하다고 대통령령으로 정하는 교육지원 대상자 ② 제1항에 따른 학습보조비의 지급액, 지급방법, 그 밖에 지급에 필요한 사항은 대통령령으로 정한다.〈개정 2009. 2. 6., 2011. 9. 15.〉 [전문개정 2008. 3. 28.] [제목개정 2009. 2. 6., 2011. 9. 15.]	제26조(간호수당) ① 법 제15조에 따른 간호수당의 지급기준과 지급액은 별표 5의2와 같다.〈개정 2024. 1. 12.〉 ② 제1항에도 불구하고 2012년 7월 1일 당시 등록(2012년 7월 1일 전에 등록 신청하여 2012년 7월 1일 이후 등록된 경우를 포함하되, 법률 제11041호 국가유공자 등 예우 및 지원에 관한 법률 일부개정법률 부칙 제3조에 따라 상이등급에 해당하는 신체의 장애를 입은 것으로 판정된 경우는 제외한다)된 전상군경, 공상군경, 4ㆍ19혁명부상자, 공상공무원, 특별공로상이자 및 종전의 「국가유공자 등 예우 및 지원에 관한 법률」(법률 제11041호 국가유공자 등 예우 및 지원에 관한 법률 일부개정법률로 개정되기 전의 것을	

말한다) 제73조의2에 따라 국가유공자에 준하는 군경·공무원으로 등록된 사람에 대해서는 다음 각 호의 상이등급 구분에 따른 간호수당을 지급한다.〈신설 2024. 1. 12., 2025. 1. 14., 2026. 1. 6.〉

1. 1급 1항: 월 337만5천원
2. 1급 2항: 월 324만7천원
3. 1급 3항: 월 312만3천원
4. 2급: 월 107만9천원

[전문개정 2012. 6. 27.]

제26조의2(부양가족수당) ① 법 제15조의2제1항제1호에서 "대통령령으로 정하는 상이등급"이란 상이등급 7급을 말한다.

② 법 제15조의2제1항 각 호의 어느 하나에 해당하는 사람에게는 별표 5의3의 지급 구분에 따라 부양가족수당을 지급한다.

[본조신설 2012. 6. 27.]

제26조의3(중상이부가수당) ① 법 제16조제1항에서 "대통령령으로 정하는 상이등급"이란 상이등급 1급을 말한다.

② 법 제16조에 따른 중상이부가수당의 월 지급액은 다음 각 호의 구분에 따른다.〈개

	정 2013. 1. 14., 2014. 1. 14., 2015. 1. 12., 2016. 1. 7., 2016. 12. 30., 2017. 12. 29., 2018. 12. 31., 2020. 1. 7., 2021. 1. 5., 2022. 1. 13., 2023. 1. 13., 2024. 1. 12., 2025. 1. 14., 2026. 1. 6.〉 1. 상이등급 1급 1항에 해당하는 사람: 304만4천원 2. 상이등급 1급 2항에 해당하는 사람: 210만5천원 3. 상이등급 1급 3항에 해당하는 사람: 128만2천원 [본조신설 2012. 6. 27.]	
第27조 삭제〈2011. 9. 15.〉	第27조(상이등급 1급 특별수당) 제26조의3에도 불구하고 2012년 7월 1일 당시 등록(2012년 7월 1일 전에 등록 신청하여 2012년 7월 1일 이후 등록된 경우를 포함하되, 법률 제11041호 국가유공자 등 예우 및 지원에 관한 법률 일부개정법률 부칙 제3조에 따라 상이등급에 해당하는 신체의 장애를 입은 것으로 판정된 경우는 제외한다)된 전상군경, 공상군경, 4·19혁명부상자, 특별공로상이자 및 종전의 「국가유공자 등 예우 및 지	

	원에 관한 법률」(법률 제11041호 국가유공자 등 예우 및 지원에 관한 법률 일부개정법률로 개정되기 전의 것을 말한다) 제73조의2에 따라 국가유공자에 준하는 군경으로 등록된 사람에 대해서는 다음 각 호의 구분에 따라 상이등급 1급 특별수당을 지급한다.〈개정 2025. 1. 14., 2026. 1. 6.〉 1. 상이등급 1급 1항에 해당하는 사람: 월 304만4천원 2. 상이등급 1급 2항에 해당하는 사람: 월 210만5천원 3. 상이등급 1급 3항에 해당하는 사람: 월 128만2천원 [본조신설 2024. 1. 12.]	
	제27조의2(무공영예수당) 법 제16조의2에 따른 무공훈장의 등급별 무공영예수당의 지급액은 별표 5의4와 같다.	
	제27조의3(6ㆍ25전몰군경자녀수당) ① 법 제16조의3제1항제1호에 따라 자녀 간의 협의에 의하여 6ㆍ25전몰군경자녀수당을 지급받으려는 사람은 자녀 모두의 협의를 거쳐 국가보훈부령으로 정하는 6ㆍ25전몰군경자녀	

수당 수급자 지정서에 자녀 모두의 인감증명서를 첨부하여 국가보훈부장관에게 제출해야 한다. 다만, 외국에 거주 중인 자녀가 있는 등 6·25전몰군경자녀수당 수급자 지정서를 제출할 수 없는 부득이한 사정이 있는 경우에는 6·25전몰군경자녀수당 수급자로 지정한 사실을 나타내는 「공증인법」에 따른 공정증서를 제출하는 것으로 6·25전몰군경자녀수당 수급자 지정서의 제출을 갈음할 수 있다.〈개정 2022. 12. 30., 2023. 5. 23.〉

② 법 제16조의3제1항제1호에 따른 6·25전몰군경자녀수당 수급자 지정 협의의 효력은 협의 당사자인 자녀 중 1명이 같은 항 제3호 전단에 따른 6·25전몰군경자녀수당 균등 분할 지급을 신청한 경우에는 상실된다.〈신설 2022. 12. 30.〉

③ 법 제16조의3제1항제2호에 따라 국가유공자를 주로 부양한 자녀로서 6·25전몰군경자녀수당을 지급받으려는 사람은 그 사실을 증명할 수 있는 서류를 국가보훈부장관에게 제출해야 한다.〈신설 2022. 12. 30., 2023. 5. 23.〉

④ 제3항에 따라 국가유공자를 주로 부양한 사실을 증명할 때 자녀 간에 다툼이 있는 경우에는 보훈심사위원회의 심의·의결을 거쳐 6·25전몰군경자녀수당을 지급받을 사람을 결정한다.〈신설 2022. 12. 30.〉

⑤ 법 제16조의3제1항제3호에 따라 6·25전몰군경자녀수당을 균등하게 분할하여 지급받으려는 자녀는 국가보훈부령으로 정하는 6·25전몰군경자녀수당 분할 지급 신청서를 국가보훈부장관에게 제출해야 한다.〈신설 2022. 12. 30., 2023. 5. 23.〉

⑥ 제5항에서 규정한 사항 외에 6·25전몰군경자녀수당 균등 분할 지급 방법과 절차에 관하여 필요한 사항은 국가보훈부령으로 정한다.〈신설 2022. 12. 30., 2023. 5. 23.〉

⑦ 법 제16조의3제3항에 따른 6·25전몰군경자녀수당의 지급액 및 지급방법은 별표 5의5와 같다.〈신설 2022. 12. 30.〉

[전문개정 2009. 8. 13.]

제27조의4(4·19혁명공로수당) 법 제16조의4에 따른 4·19혁명공로수당의 지급액은 월 50만1천원으로 한다.〈개정 2018. 12. 31.,

2020. 1. 7., 2021. 1. 5., 2022. 1. 13., 2023. 1. 13., 2024. 1. 12., 2025. 1. 14., 2026. 1. 6.〉

제4장 취업지원

제28조(취업지원) 국가는 국가유공자와 그 유족 등의 생활안정 및 자아실현을 위하여 취업지원을 한다.

제28조(사망일시금) ① 법 제17조에 따른 사망일시금의 지급액은 별표 6과 같다.

② 제1항의 사망일시금을 지급받으려는 사람은 사망일시금 지급신청서에 국가보훈부령으로 정하는 서류를 첨부하여 국가보훈부장관에게 제출하여야 한다.〈개정 2012. 6. 27., 2023. 5. 23.〉

[전문개정 2009. 8. 13.]

제28조의2(보훈급여금의 현금 지급 사유) 법 제17조의2제1항 단서에서 "정보통신망의 손상 등 대통령령으로 정하는 부득이한 사유가 있는 경우"란 다음 각 호의 어느 하나에 해당하는 경우를 말한다.〈개정 2023. 5. 23.〉

1. 보훈급여금이 입금되는 예금계좌[「우체국예금·보험에 관한 법률」에 따른 체신관서(이하 "체신관서"라 한다) 또는 「은행법」에 따른 은행(이하 "은행"이라 한다)의 계좌를 말한다. 이하 같다]가 개설된 체신관서 또는 은행이 폐업, 업무정지, 정보통신 장애 등으

	로 정상영업이 불가능하여 보훈급여금을 이체할 수 없는 경우 2. 그 밖에 국가보훈부장관이 현금 지급이 불가피하다고 인정하는 경우 [본조신설 2016. 6. 21.]	
제29조(취업지원 대상자 등) ① 취업지원을 받을 수 있는 사람(이하 "취업지원 대상자"라 한다)은 다음 각 호와 같다. 1. 전상군경, 공상군경, 무공수훈자, 보국수훈자, 재일학도의용군인, 4·19혁명부상자, 4·19혁명공로자, 공상공무원, 특별공로상이자 및 특별공로자 2. 전몰군경, 순직군경, 4·19혁명사망자, 순직공무원 및 특별공로순직자의 배우자 3. 제1호에 해당하는 사람의 배우자 4. 전몰군경, 순직군경, 4·19혁명사망자, 순직공무원 및 특별공로순직자의 자녀 5. 전상군경, 공상군경, 4·19혁명부상자, 공상공무원 및 특별공로상이자 중 대통령령으로 정하는 상이등급 이상으로 판정된 사람의 자녀 및 재일학도의용군인의 자녀 ② 제32조 및 제34조에 따른 취업지원을	제29조(보훈급여금의 지급일) ① 법 제12조·제14조·제15조·제15조의2·제16조·제16조의2·제16조의3 및 제16조의4에 따른 보상금, 생활조정수당, 간호수당, 부양가족수당, 중상이부가수당, 무공영예수당, 6·25전몰군경자녀수당 및 4·19혁명공로수당과 이 영 제23조제1항에 따른 수당은 매월 15일에 지급한다. 다만, 보훈급여금의 지급일이 토요일이나 공휴일인 경우에는 그 전날에 지급한다.〈개정 2012. 6. 27., 2018. 3. 27.〉 ② 천재지변·재해 또는 이에 준하는 사유 등 특별한 사정이 있는 경우 보훈급여금 지급일은 제1항에도 불구하고 국가보훈부장관이 따로 정할 수 있다.〈개정 2023. 5. 23.〉 ③ 국외거주자로서 보훈급여금을 송금받는 자에게는 제1항에도 불구하고 1월부터	

실시할 경우 제1항제4호 및 제5호에 해당하는 사람에 대하여는 1명에게만 실시한다. ③ 취업지원 대상자는 제32조 및 제34조에 따른 취업지원과 관련하여 제32조제2항에 따라 채용되는 횟수와 제34조에 따라 고용되는 횟수를 합하여 대통령령으로 정하는 횟수 이내에서 취업지원을 받을 수 있다. [전문개정 2011. 9. 15.]	12월까지의 보훈급여금을 12월에 한꺼번에 지급할 수 있다.〈개정 2014. 11. 11.〉 [전문개정 2009. 8. 13.]	
제30조(취업지원 실시기관) 취업지원을 실시할 취업지원 실시기관은 다음과 같다. 1. 국가기관, 지방자치단체, 군부대, 국립학교와 공립학교 2. 일상적으로 하루에 20명 이상을 고용하는 공·사기업체(公·私企業體) 또는 공·사단체(公·私團體). 다만, 대통령령으로 정하는 제조업체로서 200명 미만을 고용하는 기업체는 제외한다. 3. 사립학교 [전문개정 2008. 3. 28.]	제30조(미지급 보훈급여금) 법 제18조에 따라 미지급 보훈급여금을 지급받으려는 사람은 미지급 보훈급여금 지급신청서에 국가보훈부령으로 정하는 서류를 첨부하여 국가보훈부장관에게 제출하여야 한다. 다만, 「전자정부법」 제36조제1항에 따른 행정정보의 공동이용을 통하여 첨부서류에 대한 정보를 확인할 수 있는 경우에는 그 확인으로 첨부서류를 갈음하여야 한다.〈개정 2010. 5. 4., 2010. 11. 2., 2012. 6. 27., 2023. 5. 23.〉	
	제30조의2(보훈급여금의 압류금지 금액) 법 제19조제3항에서 "대통령령으로 정하는 액수 이하의 금액"이란 법 제17조의2제2항에 따라	

	입금된 월 보훈급여금 전액을 말한다.	
제31조(채용시험의 가점 등) ① 취업지원 실시기관이 그 직원을 채용하기 위하여 채용시험을 실시하는 경우에는 그 채용시험에 응시한 취업지원 대상자의 점수에 다음 각 호의 구분에 따라 가점(加點)하여야 한다.〈개정 2011. 9. 15.〉 1. 만점의 10퍼센트를 가점하는 취업지원 대상자 가. 제29조제1항제1호에 해당하는 사람 나. 제29조제1항제2호 및 제4호에 해당하는 사람 2. 만점의 5퍼센트를 가점하는 취업지원 대상자 가. 제29조제1항제3호에 해당하는 사람 나. 제29조제1항제5호에 해당하는 사람 ② 제1항의 채용시험이 필기·실기·면접시험 등으로 구분되어 실시되는 경우에는 각 시험마다 제1항 각 호의 구분에 따라 가점하여야 하며, 둘 이상의 과목으로 실시되는 시험에서는 각 과목별로 제1항 각 호의 구분에 따라 가점하여야 한다. 다만, 취업지원 대상자의	제31조(보상금의 지급정지) 법 제20조에 따라 양로·양육 지원을 받는 국가유공자와 그 유족에게 지급이 정지되는 보상금의 금액은 별표 6의2와 같다.	

점수가 만점의 40퍼센트 미만인 과목이 있거나 점수로 환산(換算)할 수 없는 시험인 경우에는 그러하지 아니하다.〈개정 2011. 9. 15.〉

③ 제1항과 제2항에 따라 가점을 받아 채용시험에 합격하는 사람(「독립유공자예우에 관한 법률」 제16조, 「보훈보상대상자 지원에 관한 법률」 제35조, 「고엽제후유의증 등 환자지원 및 단체설립에 관한 법률」 제7조의9, 「5·18민주유공자예우 및 단체설립에 관한 법률」 제22조 또는 「특수임무유공자 예우 및 단체설립에 관한 법률」 제24조에 따라 채용시험에서 가점을 받아 합격하는 사람을 포함한다)은 그 채용시험 선발예정인원의 30퍼센트(가점에 따른 선발 인원을 산정하는 경우 소수점 이하는 버린다)를 초과할 수 없다. 다만, 응시자의 수가 선발예정인원과 같거나 그보다 적은 경우에는 그러하지 아니하다.〈개정 2009. 2. 6., 2011. 8. 4., 2011. 9. 15., 2015. 12. 22., 2021. 1. 5.〉

④ 채용시험의 합격자를 결정할 때 선발예정인원을 초과하여 동점자가 있으면 동점자 중 취업지원 대상자를 우선하여 합격자로

결정하여야 한다. ⑤ 제1항과 제2항에 따른 채용시험 가점 대상의 계급ㆍ직급ㆍ직위와 그 밖에 채용시험의 가점에 관하여 필요한 사항은 대통령령으로 정한다. [전문개정 2008. 3. 28.]		
제31조의2(취업지원의 신청) 취업지원(제31조에 따른 취업지원은 제외한다. 이하 이 조에서 같다)을 받으려는 취업지원 대상자는 대통령령으로 정하는 바에 따라 국가보훈부장관에게 취업지원을 신청하여야 한다.〈개정 2016. 5. 29., 2023. 3. 4.〉		
제32조(국가기관등의 채용 의무) ① 제30조 제1호에 해당하는 취업지원 실시기관으로서 기관장이 대통령령으로 정하는 일반직공무원과 일반군무원(이하 "일반직공무원등"이라 한다)의 임용권을 가지고 있고 일반직공무원등의 정원이 5명 이상인 기관(이하 "국가기관등"이라 한다)은 일반직공무원등의 정원에 대하여 대통령령으로 정하는 채용비율(이하 "채용비율"이라 한다) 이상으로 취업지원 대상자를 일반직공무원등으로 채용하여야 한다. 이	제32조 삭제〈1988. 12. 31.〉	

경우 일반직공무원등의 정원은 그 일반직공무원등에 대한 임용권을 가지는 국가기관등에 포함된 것으로 본다.〈개정 2014. 1. 28., 2016. 12. 20.〉

② 제1항에 따른 채용비율 이상으로 취업지원 대상자를 일반직공무원등으로 채용하지 아니한 국가기관등의 장은 일반직공무원등을 신규로 채용할 때 일반직공무원등의 채용에 관한 다른 법령의 규정에도 불구하고 국가보훈부장관으로부터 취업지원 대상자를 추천받은 경우 그 추천받은 취업지원 대상자 중에서 선택하여 특별 채용하여야 한다.〈개정 2011. 9. 15., 2014. 1. 28., 2023. 3. 4.〉

③ 국가보훈부장관은 제2항에 따른 취업지원 대상자를 추천할 때 복수로 하여야 한다. 다만, 추천대상자가 채용예정인원과 같거나 그 보다 적은 경우에는 복수로 추천하지 아니한다.〈신설 2011. 9. 15., 2023. 3. 4.〉

④ 제2항에 따른 취업지원 대상자의 추천의뢰절차, 추천기준, 특별 채용 등에 필요한 사항은 대통령령으로 정한다.〈개정 2011. 9. 15.〉

[전문개정 2008. 3. 28.]

[제목개정 2011. 9. 15.]

제32조의2(보훈급여금 등의 지급방법) ① 다음 각 호의 어느 하나에 해당하는 지원금 등의 지급방법에 관하여는 법 제17조의2제1항을 준용한다.〈개정 2016. 6. 21., 2023. 6. 13.〉

1. 법 제25조에 따른 지원금
2. 법 제25조의2에 따른 보조금
3. 법 제26조에 따른 학습보조비
4. 법 제38조에 따른 직업재활훈련비 및 직업능력개발훈련비
5. 법 제39조에 따른 능력개발 지원비 및 장려금
6. 법 제42조에 따른 의료지원비

6의2. 법 제42조의2에 따른 의료지원비

7. 법 제55조에 따른 보조금
8. 법 제63조의2에 따른 요양지원에 대한 보조금

② 법 제11조에 따른 보훈급여금 및 제1항 각 호에 따른 지원금 등(이하 "보훈급여금등"이라 한다)을 지급받을 권리가 있는 사람의 예금계좌에 입금된 보훈급여금등은 본인

	이 수령한 것으로 본다. 다만, 법 제6조의2제1항제1호부터 제7호까지의 어느 하나에 해당하는 신상의 변동이 발생하여 보훈급여금등을 지급받을 권리가 소멸된 사람의 예금계좌에 보훈급여금등이 입금된 경우로서 본인이 그 전부나 일부를 찾아가지 아니한 경우에는 본인이 수령한 것으로 보지 아니한다.〈개정 2012. 6. 27., 2016. 6. 21.〉 ③ 제2항 단서의 경우 국가보훈부장관은 그 입금을 취소할 수 있다.〈개정 2023. 5. 23.〉 [전문개정 2009. 8. 13.]	
	제32조의3(보훈급여금등의 지급대상자의 확인) 국가보훈부장관은 보훈급여금등을 지급받는 사람이 보훈급여금등을 지급받을 권리가 있는 사람인지를 확인하기 위하여 필요한 경우 보훈급여금등을 지급받는 사람의 신상조사를 시장·군수·구청장 또는 제주특별자치도지사에게 연 1회 이상 의뢰할 수 있으며, 의뢰받은 해당 기관의 장은 지체 없이 조사하여 통보하여야 한다.〈개정 2012. 6. 27., 2023. 5. 23., 2025. 4. 1.〉	
제33조(국가기관등에 대한 채용실태 확인) ①	제33조(대리수령인의 지정) 보훈급여금을 지	

국가기관등은 대통령령으로 정하는 바에 따라 소속 공무원 중 일반직공무원등의 정원과 채용에 관한 사항을 국가보훈부장관에게 통보하여야 한다.〈개정 2014. 1. 28., 2023. 3. 4.〉 ② 국가보훈부장관은 국가기관등의 일반직공무원등 채용실태 등을 확인·점검할 필요가 있다고 인정되면 해당 국가기관등에 관련 자료를 제출하도록 요청하거나 그 밖의 방법으로 확인·점검할 수 있으며, 확인·점검 결과 시정(是正)이나 보완이 필요하다고 인정되는 경우에는 해당 국가기관등의 장에게 시정이나 보완을 요구할 수 있다.〈개정 2014. 1. 28., 2023. 3. 4.〉 ③ 제2항에 따라 시정이나 보완을 요구받은 국가기관등의 장은 필요한 조치를 취하고, 그 결과를 국가보훈부장관에게 통보하여야 한다.〈개정 2023. 3. 4.〉 [전문개정 2008. 3. 28.]	급받을 사람이 질병 또는 해외거주, 그 밖에 불가피한 사유로 보훈급여금을 지급받을 수 없는 경우에는 대리수령인 지정승인 신청서에 국가보훈부령으로 정하는 서류를 첨부하여 국가보훈부장관에게 제출하여 대리수령인의 지정을 받아야 한다.〈개정 2012. 6. 27., 2023. 5. 23.〉	
제33조의2(기업체 등의 우선고용 의무 등) ① 제30조제2호에 해당하는 취업지원 실시기관은 전체 고용인원의 3퍼센트 이상 8퍼센		

트 이하의 범위에서 대통령령으로 정하는 대상업체별 고용비율 이상으로 취업지원 대상자를 우선하여 고용하여야 한다.

② 국가보훈부장관은 제1항에도 불구하고 취업지원 대상자가 그 능력에 상응한 직종에 취업할 수 있도록 하기 위하여 필요하면 대통령령으로 정하는 바에 따라 다음 각 호의 취업지원 실시기관에 대하여 제1항에 따른 고용비율을 9퍼센트까지 확대할 수 있다.〈개정 2023. 3. 4.〉

1. 「공공기관의 운영에 관한 법률」 제4조부터 제6조까지의 규정에 따라 지정·고시된 공공기관

2. 「지방공기업법」 제49조에 따른 지방공사 및 같은 법 제76조에 따른 지방공단

3. 그 밖에 제30조제2호에 해당하는 취업지원 실시기관으로 대통령령으로 정하는 기업체 또는 단체

③ 제30조제3호에 해당하는 취업지원 실시기관 중 교원을 제외한 교직원의 정원이 5명 이상인 사립학교는 교원을 제외한 고용인원의 10퍼센트 이상으로 취업지원 대상자를

우선하여 고용하여야 한다. [전문개정 2008. 3. 28.]		
제33조의3(업체등의 신고) ① 제30조제2호 및 제3호에 해당하는 취업지원 실시기관(이하 "업체등"이라 한다)은 대통령령으로 정하는 바에 따라 사업의 종류, 고용직종, 고용인원, 고용기준, 그 밖에 고용에 관한 사항을 국가보훈부장관에게 신고하여야 한다.〈개정 2023. 3. 4.〉 ② 국가보훈부장관은 제1항에 따른 신고 내용이 미흡하거나 실태파악을 위하여 필요하다고 인정되면 관계 공무원에게 업체등 및 이에 해당된다고 인정되는 업체등에 출입하여 필요한 설명이나 관련 자료의 제출을 요구하게 할 수 있다.〈개정 2023. 3. 4.〉 ③ 제2항의 경우 관계 공무원은 그 권한을 표시하는 증표를 지니고 이를 관계인에게 내보여야 한다. [전문개정 2008. 3. 28.]		
제34조(보훈특별고용) ① 국가보훈부장관은 제33조의2에 따른 고용비율에 미달한 업체등에 그 업체등이 고용할 사람을 선택할 수 있	제34조 삭제〈2016. 6. 21.〉	

도록 대통령령으로 정하는 바에 따라 취업지원 대상자를 복수로 추천하여야 한다. 다만, 다음 각 호의 어느 하나에 해당하면 취업지원 대상자를 복수로 추천하지 아니할 수 있다.〈개정 2009. 2. 6., 2011. 9. 15., 2023. 3. 4.〉

1. 취업지원 대상자가 제29조제1항제1호부터 제3호까지에 해당하는 사람인 경우

2. 삭제〈2011. 9. 15.〉

3. 취업지원을 신청한 취업지원 대상자 중 해당 업체등에 추천할 수 있는 사람이 고용할 것을 명할 인원과 같거나 그 보다 적은 경우

4. 업체등과 복수 추천을 하지 아니하기로 협의한 경우

5. 그 밖에 복수 추천이 곤란하다고 국가보훈부장관이 인정하는 경우

② 제1항에 따라 취업지원 대상자를 복수로 추천받은 업체등은 대통령령으로 정하는 바에 따라 추천받은 사람 중에서 고용할 사람을 선택하여 국가보훈부장관에게 통보하여야 한다.〈신설 2009. 2. 6., 2023. 3. 4.〉

③ 국가보훈부장관은 다음 각 호의 구분

에 따라 취업지원 대상자를 대통령령으로 정하는 바에 따라 업체등에 고용할 것을 명할 수 있다.〈신설 2009. 2. 6., 2023. 3. 4.〉

1. 업체등이 제2항에 따른 통보를 한 경우: 업체등이 선택한 취업지원 대상자

2. 업체등이 대통령령으로 정하는 정당한 사유 없이 제2항에 따른 통보를 하지 아니한 경우(고용할 것을 명할 인원보다 적은 취업지원 대상자를 선택하여 통보한 경우를 포함한다): 국가보훈부장관이 복수로 추천한 취업지원 대상자 중 선택한 사람

3. 제1항 단서에 따라 복수로 추천하지 아니한 경우: 국가보훈부장관이 지정한 취업지원 대상자

④ 국가보훈부장관은 제3항에 따라 고용할 것을 명하는 경우에는 업체등을 지정하여 대통령령으로 정하는 바에 따라 해당 취업지원 대상자에게 취업할 것을 통지하여야 한다.〈개정 2009. 2. 6., 2023. 3. 4.〉

⑤ 제29조제1항제4호 및 제5호에 해당하는 사람을 제3항에 따라 업체등에 고용할 것을 명하는 경우 그 취업지원 연령의 상한 등

은 대통령령으로 정한다.〈개정 2011. 9. 15.〉 [전문개정 2008. 3. 28.] [제목개정 2009. 2. 6.]	
第34조의2(취업지원 제한) ① 이 법에 따라 취업한 취업지원 대상자는 성실하게 근무하여야 한다. ② 국가보훈부장관은 취업지원 대상자가 다음 각 호의 어느 하나에 해당하면 대통령령으로 정하는 바에 따라 제32조 또는 제34조에 따른 취업지원을 일정 기간 제한하거나 그 횟수를 제한할 수 있다.〈개정 2009. 2. 6., 2011. 9. 15., 2023. 3. 4.〉 1. 제34조제4항에 따른 취업통지를 받고 정당한 사유 없이 취업을 하지 아니한 경우 2. 제32조 또는 제34조에 따라 취업한 후 정당한 사유 없이 대통령령으로 정하는 기간 미만을 근무하고 퇴직한 경우 3. 근무태만 · 직무유기(職務遺棄) 또는 부정행위(不正行爲)의 사유로 징계에 의하여 면직된 경우 [전문개정 2008. 3. 28.]	제3장 교육지원 第34조의2(생활수준 등에 따른 교육지원) ① 법 제22조제3항제3호에서 "대통령령으로 정하는 상이등급"이란 상이등급 6급을 말한다. ② 법 제22조제3항 각 호의 어느 하나에 해당하는 사람에 대해서는 일반의 표준생계비, 민간의 임금 및 물가의 변동 등을 고려하여 국가보훈부장관이 정하여 고시하는 기준에 해당하는 경우에만 교육지원을 실시한다.〈개정 2023. 5. 23.〉 ③ 법 제22조제4항 전단에 따라 교육지원을 신청하려는 사람은 교육지원 신청서에 국가보훈부령으로 정하는 서류를 첨부하여 국가보훈부장관에게 제출하여야 한다.〈개정 2023. 5. 23.〉 [본조신설 2012. 6. 27.]
第35조(신체검사의 합격기준) 취업지원 대상	第35조(취학비율의 조정) ① 국가보훈부장관

자인 전상군경, 공상군경, 4·19혁명부상자, 공상공무원 및 특별공로상이자의 신체검사의 합격기준은 그가 채용될 직종에서 직무를 수행할 수 있는 정도로 하며, 그 합격판정은 대통령령으로 정하는 의료기관에서 한다.	은 고등학교, 그 밖에 이에 준하는 학교에 취학할 교육지원 대상자의 지역별 분포수가 법 제23조제1항에 따른 취학비율을 초과할 때에는 해당 지역에 대한 교육지원 대상자의 분포수를 교육부장관에게 통보하여야 한다.〈개정 2013. 3. 23., 2023. 5. 23.〉 ② 교육부장관은 제1항에 따른 통보를 받은 경우 법 제23조제2항에 따라 특별시·광역시·시·군·특별자치도 단위별로 그 취학비율을 결정하고 입학시험 10일 전까지 특별시·광역시·도 또는 특별자치도의 교육감(이하 이 장에서 "시·도교육감"이라 한다)에게 통보하여야 한다.〈개정 2013. 3. 23.〉 [전문개정 2009. 8. 13.]	
제35조의2(경력기간의 합산) 업체등은 우선고용한 취업지원 대상자의 군복무경력을 대통령령으로 정하는 바에 따라 호봉획정(號俸劃定)을 위한 경력기간에 합산(合算)할 수 있다.		
제36조(차별대우 금지) ① 취업지원 실시기관은 이 법에 따른 취업자(신규로 채용된 자를 포함한다. 이하 같다)에 대하여 직급의 부여·보직(補職)·승진·승급(昇給) 등 모든 처	제36조(교육지원 대상자의 확인 등) ① 교육지원 대상자가 중학교, 고등학교, 그 밖에 이에 준하는 학교에 입학을 희망하는 경우 국가보훈부장관은 배정원서·입학원서를 제출받	

우에서 채용의무에 따라 채용한 것을 사유로 다른 직원보다 불리한 대우를 하여서는 아니 된다. ② 국가보훈부장관은 취업지원 실시기관이 제1항을 위반하여 이 법에 따른 취업자에게 차별대우를 한 것으로 인정되면 그 시정을 요구할 수 있다.〈개정 2023. 3. 4.〉 ③ 제2항에 따라 시정을 요구받은 취업지원 실시기관은 이에 따른 시정조치를 하여야 하며 그 결과를 국가보훈부장관에게 통보하여야 한다.〈개정 2023. 3. 4.〉 [전문개정 2008. 3. 28.]	은 교육장, 시 · 도교육감 또는 학교장의 요청에 따라 교육지원 대상자 여부를 확인하여야 한다.〈개정 2014. 11. 11., 2023. 5. 23.〉 ② 국가보훈부장관은 제1항에 따른 교육지원 대상자의 중학교 · 고등학교 입학지원자 명부를 작성하여 중학교 입학지원자의 경우에는 해당 교육장에게, 고등학교 입학지원자의 경우에는 해당 시 · 도교육감에게 제출하여야 한다.〈개정 2012. 6. 27., 2023. 5. 23.〉 [전문개정 2009. 8. 13.] [제목개정 2014. 11. 11.]	
제37조(취업사실 등의 통보) 취업지원 실시기관은 다음 각 호의 어느 하나에 해당하면 그 내용을 국가보훈부장관에게 통보하여야 한다.〈개정 2023. 3. 4.〉 1. 취업지원 대상자가 취업한 경우 2. 이 법에 따른 취업자가 퇴직하거나 해임 또는 해고된 경우 [전문개정 2008. 3. 28.]	제37조(교육지원 대상자의 입학결정) 고등학교 및 그 밖에 이에 준하는 학교에 취학하려는 교육지원 대상자의 입학 결정은 시 · 도교육감이 정하는 바에 따른다.	
제37조의2(채용 또는 고용인원의 산정) ① 제32조제1항 및 제33조의2제1항부터 제3항		

까지의 규정에 따른 비율에 따라 산출된 인원이 1명 미만이면 1명으로 하고, 1명 이상이면 소수점 이하는 버린다.

② 제31조 또는 제32조제2항에 따라 일반직공무원등으로 채용되거나 제31조·제33조의2 또는 제34조에 따라 고용(교원으로 고용된 경우는 제외한다)된 취업지원 대상자가 취업지원대상에서 제외되었다 하더라도 그가 계속 취업 중이면 그 취업지원 실시기관의 채용비율이나 고용비율로 산정된 인원에 그를 포함시켜야 한다.〈개정 2014. 1. 28.〉

③ 취업지원 대상자가 제31조, 제32조, 제33조의2 또는 제34조에 따른 취업지원 외의 방법으로 채용되거나 고용된 경우 그 취업지원 대상자는 취업지원 실시기관의 채용비율이나 고용비율로 산정된 인원에 포함되지 아니한다.〈신설 2011. 9. 15.〉

④ 제32조제1항, 제33조의2 및 이 조 제2항에 따라 채용 또는 고용 인원을 산정하는 경우 제29조제1항제1호에 해당하는 취업지원 대상자로서 1급·2급·3급·4급 또는 5급의 상이등급을 판정받은 사람에 대한 채용 또는

고용은 그 인원의 2배에 해당하는 인원의 채용 또는 고용으로 본다.〈신설 2017. 10. 31.〉 [전문개정 2008. 3. 28.] [법률 제15028호(2017. 10. 31.) 제37조의2제4항의 개정규정은 같은 법 부칙 제2조의 규정에 의하여 2022년 12월 31일까지 유효함]	
제38조(직업훈련) ① 국가보훈부장관은 전상군경, 공상군경, 4·19혁명부상자, 공상공무원 및 특별공로상이자가 취업에 필요한 기술을 습득할 수 있도록 대통령령으로 정하는 바에 따라 직업재활훈련을 실시할 수 있다. 〈개정 2023. 3. 4.〉 ② 국가보훈부장관은 「국민 평생 직업능력 개발법」에 따른 직업능력개발훈련시설에 취업지원 대상자를 추천하여 직업능력개발훈련을 받게 하여야 한다. 이 경우 추천할 취업지원 대상자의 수는 「직업교육훈련 촉진법」 제10조에 따른 우선실시비율의 범위에서 고용노동부장관과 협의하여 정한다.〈개정 2010. 5. 31., 2010. 6. 4., 2011. 9. 15., 2021. 8. 17., 2023. 3. 4.〉	제38조 삭제〈1993. 12. 31.〉

③ 제1항에 따른 직업재활훈련과 제2항에 따른 직업능력개발훈련에 필요한 비용은 국가가 부담한다.〈개정 2011. 9. 15.〉 [전문개정 2008. 3. 28.]		
제39조(능력개발 장려금의 지급 등) ① 국가보훈부장관은 취업에 필요한 자격이나 능력 등을 개발하려는 취업지원 대상자에게 예산의 범위에서 그 비용의 전부 또는 일부를 지원하거나 장려금을 지급할 수 있다.〈개정 2009. 2. 6., 2023. 3. 4.〉 ② 제1항에 따라 비용을 지원하거나 장려금을 지급할 때 그 기준·범위 및 절차 등에 관하여 필요한 사항은 대통령령으로 정한다. [전문개정 2008. 3. 28.]	제39조 삭제〈2005. 7. 27.〉	
제40조 삭제〈2004. 1. 20.〉	제40조(교육지원 대상자의 입학 결정 통보) 교육장이나 시·도교육감은 그 관할 구역 내의 중학교, 고등학교, 그 밖에 이에 준하는 학교에 입학이 결정된 교육지원 대상자의 명부를 국가보훈부장관에게 통보하여야 한다.〈개정 2012. 6. 27., 2016. 6. 21., 2023. 5. 23.〉	
	제41조(전학) ① 중학교 또는 고등학교에 취	

제5장 의료지원 제41조(의료지원) 국가는 국가유공자와 그 유족 등이 건강한 생활을 유지하고 필요한 진료 등을 받을 수 있도록 의료지원을 한다.	학 중인 교육지원 대상자가 전학하려는 경우 국가보훈부장관은 전입학배정원서를 제출받은 교육장, 시·도교육감 또는 학교장의 요청에 따라 교육지원 대상자 여부를 확인하여야 한다.〈개정 2012. 6. 27., 2014. 11. 11., 2023. 5. 23.〉 ② 삭제〈2014. 11. 11.〉 ③ 제1항에 따라 교육지원 대상자로 확인된 경우 해당 교육장이나 시·도교육감은 해당 학년의 교육지원 대상자의 취학비율을 초과하지 아니하는 범위에서 교육지원 대상자를 거주지 인근 학교군(學校群)에 배정하여야 한다.〈개정 2012. 6. 27., 2014. 11. 11.〉 [전문개정 2009. 8. 13.]	
제42조(진료) ① 전상군경, 공상군경, 4·19 혁명부상자, 공상공무원 및 특별공로상이자가 그 상이처에 대한 진료를 필요로 하거나 질병(부상을 포함한다. 이하 이 조에서 같다)에 걸린 경우에는 대통령령으로 정하는 바에 따라 국가의 의료시설[「한국보훈복지의료공단법」 제7조에 따른 보훈병원(이하 "보훈병원"이라 한다)을 포함한다] 또는 지방자치단체의	제42조(수업료등의 면제 및 절차 등) ① 법 제22조제1항 각 호의 어느 하나에 해당하는 자가 법 제22조의2 각 호의 어느 하나에 해당하는 교육기관에 재학 중인 경우에는 법 제25조제1항에 따른 수업료등(입학금과 중학교·고등학교의 학교운영지원비를 포함한다. 이하 같다)의 면제를 받는다.〈개정 2012. 6. 27., 2016. 6. 21.〉	

의료시설에서 진료한다. 다만, 본인의 고의에 의하여 생긴 질병의 경우에는 그러하지 아니하다.〈개정 2011. 9. 15., 2021. 4. 20.〉

② 국가는 제1항에 따른 진료를 국가나 지방자치단체 외의 의료시설에 위탁할 수 있다.

③ 제1항과 제2항에 따른 진료비용(약제비용을 포함한다. 이하 이 조 및 제42조의2 후단에서 같다)은 국가가 부담한다. 다만, 지방자치단체의 의료시설에서 진료한 경우에는 대통령령으로 정하는 바에 따라 지방자치단체가 그 일부를 부담할 수 있다.〈개정 2023. 7. 11.〉

④ 전상군경, 공상군경, 4·19혁명부상자, 공상공무원 및 특별공로상이자 중 대통령령으로 정하는 상이등급 미만으로 판정된 사람이 그 상이처 외에 질병에 걸려 제1항에 따른 의료시설 및 제2항에 따라 진료를 위탁받은 의료시설에서 진료를 받는 경우에는 제3항에도 불구하고 대통령령으로 정하는 바에 따라 그 진료비용의 일부를 본인에게 부담하게 할 수 있다.〈신설 2011. 9. 15., 2023.

② 교육지원 대상자에 대한 수업료등의 면제연한은 다음 각 호의 기준에 따른다.〈개정 2023. 5. 23.〉

1. 법 제22조제1항제1호 또는 제2호에 해당하는 교육지원 대상자에게는 그가 다니는 교육기관을 수료하거나 졸업할 때까지. 교육지원 대상자가 해당 교육기관이나 다른 교육기관에 입학·재입학·편입학 또는 전입학하는 경우에도 또한 같다.

2. 법 제22조제1항제3호 또는 제4호에 해당하는 교육지원 대상자에게는 다음 각 목의 구분에 따른 연한까지

가. 수업연한이 있는 교육기관에 다니는 교육지원 대상자의 경우 교육관계 법령이나 해당 교육기관의 학칙에서 정하는 수업연한(수업연한 내에 있는 계절학기는 제외한다). 다만, 교육지원 대상자가 해당 교육기관이나 다른 교육기관에 입학·재입학·편입학 또는 전입학하는 경우에는 입학·재입학·편입학 또는 전입학하는 학교의 수업연한에서 이전 학교에서 면제받은 수업연한을 제외하고 남은 수업연한에 대하여 수업료등을 면제한다.

7. 11.〉

⑤ 다음 각 호의 어느 하나에 해당하는 사람에 대하여는 보훈병원에서 진료한다. 이 경우 그 진료비용은 대통령령으로 정하는 바에 따라 감면(減免)하며, 그 감면된 비용은 국가보훈부장관이 예산의 범위에서 해당 보훈병원에 지급할 수 있다.〈개정 2011. 9. 15., 2021. 4. 20., 2023. 3. 4., 2023. 7. 11.〉

1. 제1항에 따른 의료지원 대상자가 아닌 국가유공자

2. 국가유공자의 가족 중 배우자

3. 국가유공자의 유족 중 제5조제1항 각 호의 순위에 따른 선순위자 1명. 이 경우 선순위자가 국가유공자의 부 또는 모인 때에는 선순위자가 아닌 모 또는 부를 포함한다.

⑥ 제5항제3호를 적용할 때 유족 중 같은 순위가 2명 이상이면 제13조제2항을 준용한다.〈신설 2011. 9. 15.〉

⑦ 다음 각 호의 어느 하나에 해당하는 사람은 보훈병원 외에 국가보훈부장관이 지정하여 진료를 위탁한 의료기관에서 진료를

나. 수업연한이 없는 교육기관에 다니는 교육지원 대상자의 경우에는 국가보훈부장관이 정하여 고시하는 연한

③ 법 제25조제2항 단서에 따른 다음 각 호의 교육기관(이하 "대학등"이라 한다)에 다니는 교육지원 대상자 중 법 제22조제1항제3호 또는 제4호에 해당하는 자가 직전 학기 평균 성적이 만점의 70퍼센트 미만이거나 국가보훈부장관 또는 해당 대학등의 장이 국가유공자의 가족 또는 유족으로서 품위를 손상하였다고 인정하는 자에게는 제1항에도 불구하고 수업료등을 면제하지 아니한다.〈개정 2012. 6. 27., 2023. 5. 23.〉

1. 법 제22조의2제2호에 따른 대학(이하 "대학"이라 한다)

2. 법 제22조의2제3호 및 제4호에 따른 교육기관 중 원격대학 형태의 평생교육시설과 전문대학 이상의 학위 취득에 필요한 학점이 인정되는 학습과정을 운영하는 교육훈련기관

3. 삭제〈2012. 6. 27.〉

④ 다음 각 호의 어느 하나에 해당하는

받을 수 있다. 이 경우 그 진료비용은 대통령령으로 정하는 바에 따라 감면하며, 그 감면된 비용은 국가가 부담한다.〈신설 2009. 2. 6., 2011. 9. 15., 2019. 11. 26., 2021. 4. 20., 2022. 12. 16., 2023. 3. 4., 2023. 7. 11.〉

1. 제4조제1항제7호의 무공수훈자

2. 재일학도의용군인

3. 제12조제1항제2호부터 제4호까지에 따른 선순위자로서 75세 이상인 사람 1명. 이 경우 선순위자가 제13조제2항제3호에 따른 부모인 경우에는 협의 등에 의하여 1명을 지정하며, 협의 및 지정 등에 관하여 필요한 사항은 대통령령으로 정한다.

4. 제16조의3제1항의 6·25전몰군경자녀수당을 지급받는 사람 중 선순위자로서 75세 이상인 사람. 이 경우 같은 순위가 2명 이상이면 제13조제2항을 준용한다.

⑧ 제1항부터 제7항까지의 규정에 따른 진료 또는 진료비용 지원의 방법·절차·범위 및 상한 등 의료지원의 기준은 대통령령으로 정한다.〈신설 2009. 2. 6., 2011. 9. 15.,

교육지원 대상자가 법 제25조제1항에 따른 수업료등을 면제받으려는 경우에는 국가보훈부장관이 발급하는 교육지원 대상자 증명서를 해당 교육기관의 장에게 제출하여야 한다. 다만, 제36조제1항 또는 제41조제1항에 따라 국가보훈부장관이 교육지원 대상자임을 확인한 경우에는 교육지원 대상자 증명서를 제출하지 아니할 수 있다.〈개정 2012. 6. 27., 2014. 11. 11., 2023. 5. 23.〉

1. 법 제22조제1항제1호 또는 제2호에 해당하는 사람으로서 법 제22조의2 각 호의 어느 하나에 해당하는 교육기관에 재학 중인 사람

2. 법 제22조제1항제3호 또는 제4호에 해당하는 사람으로서 법 제22조의2제1호에 따른 교육기관이나 같은 조 제3호에 따른 평생교육시설(중학교·고등학교 과정의 평생교육시설만 해당한다)에 재학 중인 사람

⑤ 법 제22조제1항제3호 또는 제4호에 해당하는 자가 대학등에 대한 수업료등을 면제받으려는 경우에는 국가보훈부장관이 발급하는 대학수업료등 면제대상자 증명서를 수업료등의 납부기한까지 해당 대학등의 장에

2023. 7. 11.〉

[전문개정 2008. 3. 28.]

게 제출하여야 한다.〈개정 2012. 6. 27., 2023. 5. 23.〉

⑥ 법 제25조제3항에 따라 면제한 수업료등의 절반을 보조받으려는 사립인 대학등의 장은 보조금 지급신청서에 국가유공자 자녀등 성적통지서를 첨부하여 국가보훈부장관에게 제출하여야 하며, 신청서를 받은 국가보훈부장관은 신청 내용을 확인하여 보조금의 지급 여부를 결정하고 그 사실을 해당 사립인 대학등의 장에게 알려야 한다.〈개정 2012. 6. 27., 2023. 5. 23.〉

⑦ 국가보훈부장관은 법 제22조제1항에 해당하는 자에 대하여 수업료등을 면제한 대학 등의 장에게 그 면제사실을 확인하기 위하여 성적이나 그 밖에 필요한 자료를 제출할 것을 요청할 수 있다.〈개정 2012. 6. 27., 2023. 5. 23.〉

⑧ 대학등이 다른 법령에 따라 일정비율 이상의 학생에게 수업료등을 면제하여야 하는 경우에 해당 대학등이 법 제25조제1항에 따라 수업료등을 면제하였을 때에는 그 다른 법령에 따라 면제한 것으로 볼 수 있다.

	[전문개정 2009. 8. 13.]	
제42조의2(재난상황에서의 진료) 국가는 제42조제5항 각 호 외의 부분 전단에도 불구하고 「재난 및 안전관리 기본법」 제3조제1호의 재난이 발생하여 보훈병원에서의 진료에 중대한 차질이 발생하거나 발생할 우려가 있는 경우에는 보훈병원 외의 의료기관에 제42조제5항에 따른 진료를 위탁할 수 있다. 이 경우 그 진료비용은 대통령령으로 정하는 바에 따라 감면하며, 그 감면된 비용은 국가가 부담한다.〈개정 2023. 7. 11.〉	제42조의2(수업료등의 지원 및 절차 등) ① 법 제25조제4항에 따라 수업료등을 지원받으려는 자는 국가보훈부령으로 정하는 수업료등 지급신청서에 수업료등 납부영수증 또는 수업료등의 납부 사실을 확인할 수 있는 서류와 성적증명서(대학생인 경우만 해당한다)를 첨부하여 국가보훈부장관에게 제출하여야 하며, 신청서를 받은 국가보훈부장관은 신청 내용을 확인하여 지원 여부를 결정하여야 한다.〈개정 2012. 6. 27., 2023. 5. 23.〉 ② 법 제25조제4항에 따라 국가가 수업료등을 지원하지 아니하는 대통령령으로 정하는 사유란 다음 각 호의 어느 하나에 해당하는 경우를 말한다.〈개정 2012. 6. 27., 2023. 5. 23.〉 1. 제42조제3항에 따른 직전학기의 평균성적이 만점의 70퍼센트 미만인 자와 국가보훈부장관 또는 해당 대학등의 장이 국가유공자의 가족 또는 유족으로서 품위를 손상하였다고 인정하는 자에 해당하는 경우 2. 다른 법령에 따라 수업료등에 해당하	

는 금액을 감면이나 보조 받은 경우

③ 국가보훈부장관은 제1항에 따라 수업료등을 지원하는 경우 교육지원 대상자가 실제로 부담한 수업료등을 확인하기 위하여 교육기관의 장, 수업료등을 보조한 기관 또는 단체의 장 등에게 필요한 자료를 제출할 것을 요청할 수 있다.〈개정 2012. 6. 27., 2023. 5. 23.〉

[전문개정 2009. 8. 13.]

제42조의3(외국인학교 등에 다니는 교육지원 대상자에 대한 보조금 지급기준·지급액, 지원 연한 등) ① 법 제25조의2제1항 각 호의 어느 하나에 해당하는 외국인학교 등에 다니는 교육지원 대상자에게는 별표 6의3의 지급구분에 따라 보조금을 지급한다. 다만, 그 보조금이 해당학교 수업료등을 초과하는 경우에는 그 초과금액을 공제하고 지급한다.

② 법 제25조의2제1항 각 호의 어느 하나에 해당하는 외국인학교 등에 다니는 교육지원 대상자가 다른 법령에 따라 수업료등을 감면받거나 지원받는 경우에는 그에 해당하는 금액을 공제한 후 제1항에 따른 보조금을

지급한다.

③ 법 제25조의2제1항제2호에 따른 외국교육기관 중 대학에 상응하는 외국교육기관에 다니는 교육지원 대상자가 다음 각 호의 어느 하나에 해당하는 경우에는 제1항에도 불구하고 수업료등의 일부를 보조하지 아니한다.〈개정 2023. 5. 23.〉

1. 직전 학기 평균 성적이 만점의 70퍼센트 미만인 경우

2. 국가보훈부장관 또는 해당 외국교육기관의 장이 국가유공자와 그 유족 또는 가족으로서 품위를 손상하였다고 인정하는 경우

④ 법 제25조의2제1항 각 호의 어느 하나에 해당하는 외국인학교 등에 다니는 교육지원 대상자에게 지급하는 보조금의 지원 연한은 다음 각 호의 기준에 따른다.

1. 법 제25조의2제1항제1호의 외국인학교와 같은 항 제2호에 따른 외국교육기관 중 「초ㆍ중등교육법」 제2조에 따른 중학교ㆍ고등학교에 상응하는 외국교육기관: 「초ㆍ중등교육법」 제42조 및 제46조에서 정한 수업연한

2. 법 제25조의2제1항제2호에 따른 외국

<table>
<tr>
<td></td>
<td>교육기관 중 대학에 상응하는 외국교육기관: 「고등교육법」 제31조제1항제1호에서 정한 수업연한
⑤ 법 제25조의2에 따라 수업료등을 보조받으려는 사람은 국가보훈부령으로 정하는 외국교육기관 수업료등 보조금 지급 신청서에 수업료등 납부영수증 또는 수업료등의 납부 사실을 확인할 수 있는 서류와 성적증명서(대학생인 경우만 해당한다)를 첨부하여 국가보훈부장관에게 제출하여야 한다.〈개정 2023. 5. 23.〉
⑥ 제1항의 보조금은 법 제25조의2제1항 각 호의 어느 하나에 해당하는 외국인학교 등이 정하는 학기에 따라 학기별로 지급하되, 지급방법 및 절차 등에 관하여 필요한 사항은 국가보훈부장관이 정한다.〈개정 2023. 5. 23.〉
[본조신설 2012. 6. 27.]</td>
</tr>
<tr>
<td>제43조 삭제〈2011. 9. 15.〉</td>
<td>제43조(학습보조비의 지급 및 절차 등) ① 법 제26조제1항제2호에서 "대통령령으로 정하는 교육지원 대상자"란 다음 각 호의 어느 하나에 해당하는 사람을 말한다.〈개정 2022. 1. 13.〉</td>
</tr>
</table>

1. 법 제22조제1항제1호 또는 제2호에 해당하는 사람으로서 법 제22조의2 각 호의 어느 하나에 해당하는 교육기관 또는 법 제25조의2제1항 각 호의 어느 하나에 해당하는 외국인학교 등에 재학 중인 사람

2. 법 제22조제1항제3호 또는 제4호에 해당하는 사람으로서 법 제22조의2제1호에 따른 교육기관, 같은 조 제3호에 따른 평생교육시설(중학교 · 고등학교 과정의 평생교육시설만 해당한다) 또는 법 제25조의2제1항 각 호의 어느 하나에 해당하는 외국인학교 등(대학에 상응하는 외국교육기관은 제외한다)에 재학 중인 사람

3. 법 제22조제1항제3호 또는 제4호에 해당하는 전상군경 및 공상군경의 자녀나 전몰군경 및 순직군경의 자녀(부모가 모두 사망한 25세 미만인 사람으로 한정한다)로서 다음 각 목의 교육기관에 재학 중인 사람

가. 법 제22조의2제2호의 교육기관

나. 법 제22조의2제3호의 교육기관(대학교 과정을 운영하는 평생교육시설로 한정한다)

다. 법 제22조의2제4호의 교육기관

	라. 법 제25조의2제1항제2호의 대학에 상응하는 외국교육기관 ② 법 제26조에 따른 학습보조비는 별표 7의 지급 구분에 따라 지급한다. ③ 법 제26조에 따른 학습보조비는 교육지원 대상자나 그 보호자에게 4월 15일과 10월 15일 연 2회 지급하되, 그 지급일이 토요일이나 공휴일인 경우와 천재지변, 재해 또는 이에 준하는 사유가 있는 경우에는 제29조제1항 단서 및 같은 조 제2항을 준용하여 지급하며, 그 밖에 학습보조비 지급에 필요한 사항은 국가보훈부장관이 정한다.〈개정 2023. 5. 23.〉 [전문개정 2012. 6. 27.]	
제43조의2(보철구의 지급) 전상군경, 공상군경, 4·19혁명부상자, 공상공무원 및 특별공로상이자로서 신체장애로 보철구(補綴具)가 필요한 사람에게는 대통령령으로 정하는 바에 따라 보철구를 지급한다.〈개정 2011. 9. 15.〉		
제44조(의학적 재활 등) ① 국가보훈부장관은 전상군경, 공상군경, 4·19혁명부상자, 공상공무원 및 특별공로상이자의 신체기능 퇴	제44조(취학사항의 통보) 법 제22조의2 각 호에 따른 교육기관의 장 및 법 제25조의2제1항 각 호에 따른 외국인학교 등의 장은 교	

화를 방지하고 그 기능을 회복하게 하기 위하여 의학적 재활과 재활체육에 관한 시책을 마련하고, 그 사업을 수행한다.〈개정 2023. 3. 4.〉 ② 국가보훈부장관은 의학적 재활과 재활체육을 진흥하기 위하여 필요하다고 인정되면 공단과 「국가유공자 등 단체설립에 관한 법률」에 따른 단체에 그 사업을 위탁할 수 있다. 이 경우 국가보훈부장관은 그 사업을 위탁받은 공단 등에 예산의 범위에서 그 경비의 전부 또는 일부를 보조할 수 있다.〈개정 2023. 3. 4.〉 [전문개정 2008. 3. 28.]	육지원 대상자에게 퇴학, 정학, 휴학, 복학 등 취학사항의 변동이 있을 때에는 그 사유가 발생한 날부터 10일 이내에 취학사항 변동 통지서를 국가보훈부장관에게 보내야 한다.〈개정 2012. 6. 27., 2023. 5. 23.〉	
제44조의2(심리적 재활 등) ① 국가보훈부장관은 국가유공자, 그 유족 또는 가족의 심리적 안정과 사회 적응을 위하여 심리상담 등 심리재활서비스에 관한 시책을 마련하고, 그 사업을 수행하여야 한다.〈개정 2023. 3. 4.〉 ② 제1항에 따른 지원의 내용·방법 등에 필요한 사항은 대통령령으로 정한다. [본조신설 2021. 4. 20.]		
제45조(의료시설의 확보 비용 등의 보조) 국	제45조 삭제〈2012. 6. 27.〉	

가보훈부장관은 이 법에 따른 의료지원에 필요한 시설 등의 확보 비용과 그 유지·관리 비용을 예산의 범위에서 공단에 보조할 수 있다.〈개정 2023. 3. 4.〉		
제6장 대부 제46조(대부) 국가는 국가유공자와 그 유족 등의 자립과 생활안정을 위하여 장기저리(長期低利)로 대부(貸付)를 한다.	제4장 취업지원 제46조 삭제〈2012. 6. 27.〉	
	제46조의2(취업지원 상이등급 및 횟수) ① 법 제29조제1항제5호에서 "대통령령으로 정하는 상이등급"이란 상이등급 6급을 말한다. ② 법 제29조제3항에서 "대통령령으로 정하는 횟수"란 3회를 말한다. [본조신설 2012. 6. 27.]	
제47조(대부 대상자) ① 대부 대상자는 다음 각 호와 같다. 1. 국가유공자 2. 국가유공자의 유족 중 보상금을 받는 자 3. 국가유공자의 유족 중 보상금을 받는 자가 없는 경우에는 제5조제1항 각 호에 따른 선순위자	제47조(제조기업체의 범위) 법 제30조제2호 단서에서 "대통령령으로 정하는 제조기업체"란 별표 9의 분류번호 제10호부터 제33호까지에 해당하는 대상업체를 말한다.〈개정 2015. 11. 30.〉	

② 제1항제3호를 적용할 때 유족 중 같은 순위가 2명 이상이면 제13조제2항을 준용한다. [전문개정 2008. 3. 28.]		
제48조(대부의 재원) 대부의 재원은 「보훈기금법」 제6조에 따른 국가유공자지원자금으로 한다.	제48조(채용시험의 가점대상 계급 등) 법 제31조제5항에 따른 채용시험의 가점대상 계급 및 직급은 별표 8과 같다.	
제49조(대부의 종류) 대부의 종류는 다음 각 호와 같다. 1. 농토구입대부 2. 주택대부(주택구입대부, 대지구입대부, 주택신축대부, 주택개량대부, 주택임차대부를 말한다. 이하 같다) 3. 사업대부 4. 생활안정대부 [전문개정 2008. 3. 28.]	제49조(취업지원 대상자증명서 발급) 국가보훈부장관은 취업지원 대상자가 채용시험의 가점을 받기 위하여 취업지원 대상자임을 증명해 줄 것을 신청하는 경우 취업지원 대상자증명서를 발급하여야 한다.〈개정 2012. 6. 27., 2023. 5. 23.〉	
	제49조의2(취업지원의 신청) 법 제31조의2에 따라 취업지원을 받으려는 취업지원 대상자는 다음 각 호의 구분에 따른 신청서 중 어느 하나를 선택하여 이력서를 첨부한 후 국가보훈부장관에게 제출하여야 한다.〈개정 2012. 6. 27., 2014. 4. 28., 2017. 12. 19., 2023. 5. 23., 2024. 11. 12.〉	

	1. 법 제32조에 따라 일반직공무원 및 일반군무원 특별채용 대상자로 추천을 받으려는 취업지원 대상자: 일반직공무원 및 일반군무원 특별채용 대상자 추천 신청서 2. 법 제34조의 보훈특별고용에 따라 취업하려는 취업지원 대상자: 취업희망 신청서 [전문개정 2009. 8. 13.]
제50조(대부의 한도액) ① 대부의 종류별 한도액은 대부 재원의 범위에서 국가보훈부장관이 정한다.〈개정 2023. 3. 4.〉 ② 국가보훈부장관은 제49조제1호 및 제2호의 대부를 할 때에는 다음 각 호의 범위에서 하여야 한다.〈개정 2023. 3. 4.〉 1. 농토구입대부: 해당 농토의 평가액 이내 2. 주택구입대부ㆍ대지구입대부 또는 주택신축대부: 해당 주택이나 대지의 평가액 이내 3. 주택개량대부: 주택개량에 드는 비용 이내 4. 주택임차대부: 임차금액 이내 [전문개정 2008. 3. 28.]	제50조(특별채용대상 일반직공무원 등) ① 법 제32조제1항 전단에서 “대통령령으로 정하는 일반직공무원과 일반군무원”이란 별표 8의2에 따른 일반직공무원과 「군무원인사법 시행령」 별표 1에 따른 관리운영직군에 속하는 일반군무원(이하 “일반직공무원등”이라 한다)을 말한다.〈개정 2024. 11. 12.〉 ② 법 제32조제1항 전단에 해당하는 취업지원 실시기관(이하 “국가기관등”이라 한다)이 취업지원 대상자를 일반직공무원등으로 특별채용하여야 하는 채용비율은 다른 국가보훈관계 법령(「국가보훈 기본법」 제3조제3호에 따른 법령을 말한다. 이하 제53조제1항에서 같다)에 따라 우선하여 채용되는 사람을 포함하여 일반직공무원등의 정원의 20퍼센트

	이내에서 국가보훈부장관이 정한다. 이 경우 국가보훈부장관은 일반직공무원등으로 취업을 희망하는 취업지원 대상자의 수와 「국가공무원법」 제6조의 중앙인사관장기관의 장 및 지방공무원 인사제도를 관장하는 중앙행정기관의 장이 제시하는 의견을 고려하여야 한다. 〈개정 2023. 5. 23., 2024. 11. 12.〉 [전문개정 2014. 4. 28.]	
제51조(대부금의 이율) 대부금의 이율(利率)은 대통령령으로 정한다.	제51조(일반직공무원등의 특별채용) ① 제50조에 따른 채용비율(이하 "채용비율"이라 한다)에 미달하는 국가기관등의 장은 일반직공무원등을 채용하려는 경우 해당 국가기관등의 취업지원 대상자의 수가 채용비율에 해당하는 인원이 될 때까지는 제4항에 따른 인사관계법령에 따른 채용시험 공고절차를 거치지 아니하고 국가보훈부장관에게 채용하려는 일반직공무원등의 채용예정 인원, 자격요건 등을 명시하여 취업지원 대상자 추천을 의뢰하여야 한다.〈개정 2012. 6. 27., 2014. 4. 28., 2023. 5. 23.〉 ② 국가보훈부장관은 제1항에 따른 추천의뢰를 받으면 국가기관등의 장이 요구한 채	

용예정인원의 5배의 범위에서 해당 자격요건을 갖춘 취업지원 대상자를 일반직공무원등 특별채용대상자 추천서에 따라 추천의뢰를 받은 날부터 7일 이내에 국가기관등에 추천하여야 한다.〈개정 2012. 6. 27., 2014. 4. 28., 2023. 5. 23.〉

③ 삭제〈2012. 6. 27.〉

④ 국가기관등의 장은 제2항에 따라 추천을 받은 경우 「국가공무원법」 및 「지방공무원법」 등 일반직공무원등의 채용에 관한 법령(이하 "인사관계법령"이라 한다)에서 정하는 바에 따라 취업지원 대상자를 채용하고 그 결과를 일반직공무원등 특별채용 통보서에 따라 국가보훈부장관에게 통보하여야 한다.〈개정 2012. 6. 27., 2014. 4. 28., 2023. 5. 23.〉

⑤ 삭제〈2012. 6. 27.〉

⑥ 채용비율에 미달하는 국가기관등의 장은 다음 각 호의 어느 하나에 해당하는 경우 제1항, 제2항 및 제4항에 따른 추천 절차 등을 거치지 아니하고 인사관계법령에서 정하는 바에 따라 일반직공무원등을 채용할 수

	있다.〈개정 2012. 6. 27., 2014. 4. 28., 2023. 5. 23.〉 1. 「국가공무원법」 제28조제2항제1호 또는 제3호 및 「지방공무원법」 제27조제2항제1호 또는 제3호에 따라 일반직공무원등을 경력경쟁채용시험의 방법으로 채용하기로 국가보훈부장관과 협의한 경우 2. 삭제〈2012. 6. 27.〉 3. 국가보훈부장관이 제2항에 따른 기한까지 추천하지 아니한 경우 4. 그 밖에 시험실시기관이 따로 있어 국가기관등이 직접 채용시험을 실시할 수 없는 경우 등 국가보훈부령으로 정하는 특별한 사유로 인하여 국가보훈부장관과 협의한 경우 [전문개정 2009. 8. 13.] [제목개정 2014. 4. 28.]	
제52조(대부의 신청 등) ① 대부를 받으려는 자는 대통령령으로 정하는 바에 따라 국가보훈부장관에게 대부신청을 하여야 하되, 대부를 받으려는 자가 둘 이상의 대부 대상자 요건에 해당하면 그 중 하나를 선택하여 대부신청을 하여야 한다. 대부를 받은 후 다시 대	제52조(국가기관등의 채용실태 등 통보) 국가기관등의 장은 국가보훈부장관으로부터 법 제33조에 따른 일반직공무원등의 정원·채용실태 및 시정·보완조치 결과에 관한 통보를 요청받으면 그 요청을 받은 날부터 30일 이내에 통보하여야 한다.〈개정 2012. 6. 27.,	

부신청을 하는 경우에도 그 선택은 변경할 수 없다.〈개정 2023. 3. 4.〉 ② 국가보훈부장관은 제1항에 따른 대부신청을 받으면 대부결정기준을 마련하고 이에 따라 대부를 한다.〈개정 2023. 3. 4.〉 [전문개정 2008. 3. 28.]	2014. 4. 28., 2023. 5. 23.〉	
제53조(대부금의 상환기간) ① 대부금은 다음 각 호의 기간의 범위에서 대통령령으로 정하는 바에 따라 분할상환(分割償還)하여야 한다. 1. 농토구입대부: 3년 거치(据置) 후 12년 2. 주택대부: 20년 3. 사업대부: 15년 4. 생활안정대부: 5년 ② 국가보훈부장관은 대부를 받은 자가 대부금을 상환하기 곤란하다고 인정되면 3년의 범위에서 그 상환기간을 연장할 수 있다.〈개정 2023. 3. 4.〉 ③ 국가보훈부장관은 대부를 받은 사람이 대부금을 그 목적 외의 용도에 사용한 경우에는 제1항의 상환기간에도 불구하고 대통령령으로 정하는 바에 따라 대부금을 상환하게	제53조(업체 등의 고용비율) ① 법 제33조의2제1항에 따른 대상업체별 고용비율은 다른 국가보훈관계 법령에 따라 우선하여 고용되는 사람을 포함하여 별표 9에 규정된 비율로 한다. 다만, 법 제33조의2제2항 각 호에 해당하는 취업지원 실시기관의 대상업체별 고용비율은 별표 9의 고용비율에 각각 1퍼센트를 더한 비율로 한다.〈개정 2024. 11. 12.〉 ② 법 제33조의2제2항제3호에서 "대통령령으로 정하는 기업체 또는 단체"란 다음 각 호의 어느 하나에 해당하는 취업지원 실시기관을 말한다. 1. 국가나 지방자치단체가 단독 또는 공동으로 출자한 금액이 자본금의 100분의 20 이상이 되는 기관으로서 국가나 지방자치단체가 최다 출자자인 정부출자기관	

할 수 있다.〈개정 2009. 2. 6., 2023. 3. 4.〉 [전문개정 2008. 3. 28.]	2. 「공공기관의 운영에 관한 법률」 제4조부터 제6조까지의 규정에 따라 지정·고시된 공공기관(이하 "공공기관"이라 한다)이나 제1호에 따른 정부출자기관이 단독 또는 공동으로 재출자한 금액이 자본금의 100분의 20 이상이 되는 기관으로서 공공기관이나 정부출자기관이 최다 출자자인 기업체 또는 단체 3. 국가나 지방자치단체가 출연하거나 보조한 금액이 기업체나 단체 재산의 100분의 20 이상이 되는 기관으로서 국가나 지방자치단체가 최다 출연자 또는 보조자인 기업체나 단체 4. 정부나 지방자치단체에서 위탁한 업무를 수행하거나 그 대표자 또는 임원이 국가나 지방자치단체에 의하여 임명되거나 승인되는 기업체 또는 단체 [전문개정 2009. 8. 13.]	
제54조(주택의 분양 등) ① 국가보훈부장관은 대부 대상자에게 주택을 공급하기 위하여 필요하면 제48조에 따른 재원으로 주택을 건축하여 분양·임대 또는 관리할 수 있다. 다만, 주택의 수급(需給) 사정에 따라 특히 필요하다고 인정되는 경우에는 대부 대상자가	제54조(업체등의 신고 등) ① 법 제30조제2호 및 제3호에 따른 취업지원 실시기관(이하 "업체등"이라 한다)은 법 제33조의3제1항에 따라 국가보훈부장관으로부터 사업의 종류, 고용직종 등을 신고할 것을 통지받은 경우 해당 통지를 받은 날부터 30일 이내에 신고하여야	

아닌 자에게도 분양하거나 임대할 수 있다.〈개정 2023. 3. 4.〉 ② 제1항에 따른 주택의 분양·임대 또는 관리에 필요한 사항은 「국유재산법」에도 불구하고 대통령령으로 정한다. [전문개정 2008. 3. 28.]	한다.〈개정 2012. 6. 27., 2023. 5. 23.〉 ② 법 제33조의3제2항에 따라 국가보훈부장관이 업체등에 실태파악을 위하여 필요한 설명을 요구하거나 필요한 장부 및 그 밖의 서류를 제출하게 할 수 있는 사항은 다음 각 호와 같다.〈개정 2012. 6. 27., 2023. 5. 23.〉 1. 제1항에 따른 신고 이후의 변동내용 2. 취업지원 대상자의 고용실태와 근로조건 3. 취업지원 대상자 및 근로자 채용계획 4. 법 제31조제1항부터 제3항까지의 규정에 따른 가점부여의 소명에 관한 사항 ③ 국가보훈부장관은 취업지원 업무의 효율적인 수행을 위하여 취업지원 대상자 및 업체등으로부터 받은 자료의 비교·확인이 필요한 경우 관련 자료를 보유하고 있는 국가기관·지방자치단체 또는 특별법에 따라 설립된 법인에 구체적인 내용을 분명히 밝혀 자료의 비교·확인에 대한 협조를 요청할 수 있다.〈개정 2012. 6. 27., 2023. 5. 23.〉 [전문개정 2009. 8. 13.]
제55조(보조금의 지급) 대부 대상자 중 농토구입대부나 주택대부(대지구입대부 및 주택개	제55조(보훈특별고용 등) ① 국가보훈부장관은 법 제34조제1항 각 호 외의 부분 본문에

량대부는 제외한다)를 받는 자에게는 대통령령으로 정하는 바에 따라 예산의 범위에서 보조금을 지급할 수 있다.	따라 취업지원 대상자를 복수로 추천하는 경우에는 법 제33조의2에 따른 고용비율에 미달한 업체등이 고용해야 할 인원을 정하고, 그 인원의 5배의 범위에서 하여야 한다.〈개정 2012. 6. 27., 2023. 5. 23.〉 ② 제1항에 따라 취업지원 대상자를 복수로 추천받은 업체등은 그 추천을 받은 날부터 1개월 이내에 추천받은 사람 중에서 고용할 사람을 선택하여 국가보훈부장관에게 통보하여야 한다. 다만, 채용시험 실시 등 부득이한 사유로 1개월 이내에 통보하기 어려운 경우에는 국가보훈부장관과 협의하여 2개월의 범위에서 그 기간을 연장할 수 있다.〈개정 2023. 5. 23., 2024. 11. 12.〉 ③ 법 제34조제3항에 따라 국가보훈부장관이 취업지원 대상자를 업체등에 고용할 것을 명할 때에는 보훈특별고용통지서로 하여야 한다. 이 경우 업체등이 고용해야 할 직종을 명확하게 기록하여야 한다.〈개정 2023. 5. 23.〉 ④ 법 제34조제3항제2호에서 "대통령령으로 정하는 정당한 사유"란 다음 각 호의 어	

<table>
<tr>
<td></td>
<td>느 하나에 해당하는 경우를 말한다.〈개정 2023. 5. 23.〉
1. 취업지원 대상자가 1개월 이상의 치료를 필요로 하는 부상 또는 질병이 있는 경우
2. 업체등이 감원, 휴업 또는 폐업 등 긴박한 경영상의 사유로 취업지원 대상자를 고용할 수 없는 경우
3. 그 밖에 국가보훈부장관이 인정하는 정당한 사유가 있는 경우
⑤ 제3항에 따라 보훈특별고용통지서를 받은 업체등은 보훈특별고용통지서를 받은 날부터 30일 이내에 국가보훈부장관이 고용할 것을 명한 취업지원 대상자를 고용하여야 한다.〈개정 2023. 5. 23.〉
⑥ 법 제34조제4항에 따른 취업지원 대상자에 대한 취업통지는 취업통지서로 하여야 한다.
[전문개정 2009. 8. 13.]</td>
<td></td>
</tr>
<tr>
<td>제56조(담보 등) ① 국가보훈부장관은 농토구입대부나 주택대부(주택개량대부 및 주택임차대부는 제외한다)를 받을 자에게는 그 농지나 주택의 매수(買受) 등을 쉽게 할 수 있도록 대통령령으로 정하는 바에 따라 해당 대</td>
<td>제56조(보훈특별고용에 따른 취업지원 연령) ① 법 제34조제5항에 따른 취업지원 연령은 39세까지로 한다.〈개정 2016. 11. 29., 2024. 11. 12.〉
② 삭제〈2012. 6. 27.〉</td>
<td></td>
</tr>
</table>

부금의 지급에 관한 지급보증을 할 수 있다.〈개정 2008. 3. 28., 2023. 3. 4.〉

② 농토구입대부나 주택대부(주택개량대부 및 주택임차대부는 제외한다)를 받는 자는 그 대부금으로 취득할 재산을 대부금의 상환이 끝날 때까지 국가에 담보로 제공하여야 한다.〈개정 2008. 3. 28.〉

③ 국가보훈부장관은 제2항에도 불구하고 아파트 등 공동주택의 구입을 위한 주택구입대부를 하는 경우에 대부 받을 자가 책임을 져야 할 사유 없이 소유권에 관한 등기가 상당 기간 지연될 것이 예상되면 해당 주택을 담보로 제공할 수 있을 때까지 그 주택을 담보로 하지 아니하고 제5항을 준용하여 담보를 제공하게 할 수 있다.〈개정 2008. 3. 28., 2023. 3. 4.〉

④ 삭제〈2008. 3. 28.〉

⑤ 주택개량대부 · 주택임차대부 · 사업대부 또는 생활안정대부를 받는 사람은 부동산 또는 보훈급여금(생활조정수당 및 사망일시금은 제외한다. 이하 이 항에서 같다)을 국가에 담보로 제공하여야 한다. 다만, 대부를 받는 사

[전문개정 2009. 8. 13.]

[제목개정 2012. 6. 27.]

람이 담보로 제공할 부동산이 없거나 보훈급여금을 받을 수 있는 사람이 아닌 경우에는 국가보훈부장관은 보증인을 세우게 하거나 그 밖의 담보를 제공하게 할 수 있다.〈개정 2008. 3. 28., 2011. 9. 15., 2023. 3. 4.〉

⑥ 국가보훈부장관은 제2항ㆍ제3항 및 제5항에 따른 담보만으로 채권보전(債權保全)이 곤란하다고 인정할 때에는 그 보전에 필요한 조치를 할 수 있다.〈개정 2008. 3. 28., 2023. 3. 4.〉

⑦ 농토구입대부나 주택대부(주택개량대부 및 주택임차대부는 제외한다)를 받은 자는 다음 각 호의 어느 하나에 해당하는 사유가 있으면 국가보훈부장관의 승인을 받아 이미 담보로 제공한 부동산을 갈음하여 그가 상환하지 아니한 채무액 이상의 가치가 있는 부동산을 국가에 담보로 제공하여야 한다. 다만, 제3호의 경우에는 새로 매입한 부동산을 국가에 담보로 제공하여야 한다.〈개정 2008. 3. 28., 2023. 3. 4.〉

1. 담보재산이 법률에 따라 수용(收用)된 경우(부분 수용으로 채권보전에 지장이 없는

경우는 제외한다)

2. 담보재산이 천재지변·재해 또는 이에 준하는 사유로 인하여 대체가 불가피하게 된 경우

3. 대부금으로 취득한 농토나 주택의 매각이 불가피하여 같은 용도의 부동산을 매입하게 된 경우

⑧ 주택개량대부, 주택임차대부, 사업대부 또는 생활안정대부를 받은 자가 담보로 제공한 부동산이 사업 운영상 또는 그 밖의 부득이한 사유로 대체가 불가피하게 된 경우에는 그가 상환하지 아니한 채무액 이상의 가치가 있는 부동산이나 국가보훈부장관이 정하는 담보를 국가에 제공하여야 한다. 다만, 부동산 외의 담보 제공은 그가 상환하지 아니한 채무액이 국가보훈부장관이 정하는 금액 이하인 경우에만 가능하다.〈개정 2008. 3. 28., 2023. 3. 4.〉

⑨ 국가보훈부장관은 대부금의 상환이 끝나면 저당권(抵當權)의 말소(抹消)를 위한 절차를 밟아야 한다.〈개정 2008. 3. 28., 2023. 3. 4.〉

<table>
<tr><td>[제목개정 2008. 3. 28.]</td><td></td><td></td></tr>
<tr><td>제57조 삭제〈2009. 2. 6.〉</td><td>제57조(6 · 25전몰 · 순직군경 자녀에 대한 취업지원 특례) ① 1953년 7월 27일 이전 또는 「참전유공자예우 및 단체설립에 관한 법률」 별표에 따른 전투 중에 전사하거나 순직한 군인이나 경찰공무원의 자녀 중 그의 부모 또는 조부모가 1993년 1월 1일 이후 법 제12조에 따른 보상금을 받은 사실이 없는 자에게는 제56조제1항에도 불구하고 보훈특별고용에 따른 취업지원 연령을 55세까지로 한다.
② 제1항에 따른 취업지원 대상자로서 40세 이후에 보훈특별고용에 따른 취업지원을 받은 자에게는 더 이상 보훈특별고용에 따른 취업지원을 하지 아니한다. 다만, 업체등의 폐업, 휴업 또는 합병, 그 밖에 본인에게 책임이 없는 사유로 퇴직한 경우에는 그러하지 아니하다.〈개정 2024. 11. 12.〉
[전문개정 2009. 8. 13.]</td><td></td></tr>
<tr><td>제58조 삭제〈2008. 3. 28.〉</td><td>제58조(취업지원의 제한) ① 법 제34조의2제2항에 따른 취업지원 제한 기간은 다음 각 호의 기준에 따른다.〈개정 2012. 6. 27.〉
1. 법 제34조의2제2항제1호에 해당하는</td><td></td></tr>
</table>

경우: 취업하지 아니하겠다는 의사를 표시한 날부터 6개월

2. 법 제34조의2제2항제2호에 해당하는 경우: 퇴직한 날부터 6개월

3. 법 제34조의2제2항제3호에 해당하는 경우: 징계에 의하여 면직된 날부터 1년

② 삭제〈2012. 6. 27.〉

③ 법 제34조의2제2항제1호 및 제2호에서 "정당한 사유"란 다음 각 호의 어느 하나에 해당하는 경우를 말한다.〈개정 2012. 6. 27., 2023. 5. 23.〉

1. 1개월 이상의 치료를 필요로 하는 부상 또는 질병이 있는 경우

2. 보훈특별고용 통지를 받은 업체등의 감원이나 휴업 등의 사유로 고용이 지연되어 해당 업체등에 취업하기를 포기하거나 업체등의 긴박한 경영상의 사유로 퇴직하거나 해고된 경우

3. 채용신체검사에 불합격한 경우

4. 3개월 이상 임금이 체불(滯拂)된 경우

5. 취업지원 대상자가 취업하려는 직종 또는 취업한 직종에서 요구하는 기술이나 자

	격이 없는 등 국가보훈부장관이 인정하는 상당한 사유가 있는 경우 ④ 법 제34조의2제2항제2호에서 "대통령령으로 정하는 기간"이란 6개월을 말한다. [전문개정 2009. 8. 13.]
제59조(상계) 국가보훈부장관은 다음 각 호의 대부원리금(貸付元利金) 등을 보훈급여금(사망일시금은 제외한다)과 상계(相計)할 수 있다. 〈개정 2011. 9. 15., 2023. 3. 4.〉 1. 상환일이 도래한 대부원리금 2. 제54조제1항에 따라 건축한 주택을 분양하거나 임대한 경우에 그 납입일이 도래한 분양금 또는 임차료(賃借料) 3. 제61조제1항에 따라 매수한 재산을 매각하거나 임대한 경우에 그 납입일이 도래한 매수대금 또는 임차료 [전문개정 2008. 3. 28.]	제59조(채용신체검사의 판정) ① 법 제35조에 따른 전상군경, 공상군경, 4·19혁명부상자, 공상공무원 및 특별공로상이자에 대한 채용신체검사 합격판정은 「의료법」 제3조제2항제3호가목에 따른 병원 또는 같은 호 바목에 따른 종합병원에서 한다.〈개정 2012. 6. 27., 2024. 11. 12.〉 ② 제1항에 따른 의료기관의 장은 상이처로 인한 신체적 부자유만을 이유로 취업지원 대상자의 직무수행 능력을 불리하게 판정하여서는 아니 된다. [전문개정 2009. 8. 13.]
제60조(채무의 인수) ① 국가보훈부장관은 담보재산에 대한 저당권이 실행되어 그 담보재산이 경매에 부쳐진 경우에, 경락인(競落人)이 제47조에 따른 대부 대상자이면 국가가 받을 수 있는 경락대금(競落代金)의 배당금	제60조(군복무경력의 합산기준) 법 제35조의2에 따라 업체등이 취업지원 대상자를 우선고용하는 경우 취업지원 대상자의 군복무경력의 30퍼센트 이상에 해당하는 기간을 호봉획정을 위한 경력기간에 합산할 수 있다. 다

한도안에서 그 경락인의 신청에 의하여 해당 매수대금을 내는 대신 종전 대부금의 상환에 관한 채무를 경락인으로 하여금 인수하게 할 수 있다.〈개정 2023. 3. 4.〉 ② 제1항에 따라 채무를 인수한 자는 이 법에 따른 대부를 받은 것으로 보고 제56조제2항을 준용한다. [전문개정 2008. 3. 28.]	만, 법 제33조의2제2항 각 호의 어느 하나에 해당하는 취업지원 실시기관이 취업지원 대상자를 우선 고용하는 경우에는 「공무원보수규정」 제8조 및 제9조를 준용하여 합산할 수 있다.	
제61조(담보재산의 매수 등) ① 국가보훈부장관은 담보재산에 대한 저당권이 실행되어 그 담보재산이 경매에 부쳐진 경우에는 「민사집행법」의 절차에 따라 그 담보재산을 매수할 수 있다. 이 경우 「민사집행법」 제113조는 적용하지 아니한다.〈개정 2023. 3. 4.〉 ② 제1항에 따라 매수한 재산은 「국유재산법」에도 불구하고 국가보훈부장관이 관리·처분할 수 있다. 이 경우 매수재산이 농지이면 「농지법」에 따른 농업인이나 농업법인에 매각하여야 한다.〈개정 2023. 3. 4.〉 ③ 제1항에 따라 담보재산을 매수할 경우의 매수가격 및 제2항에 따라 처분하는 재산에 대한 처분가격의 기준은 대통령령으로 정한다.	제61조(차별대우 시정조치 결과의 통보) 법 제36조제3항에 따른 차별대우 시정조치 결과의 통보는 그 시정요구를 받은 날부터 30일 이내에 하여야 한다.	

[전문개정 2008. 3. 28.]

제61조의2(취업사실 등의 통보) 취업지원 실시기관은 법 제37조 각 호의 어느 하나에 해당하는 사실이 발생하면 그 사실이 발생한 날부터 10일 이내에 국가보훈부장관에게 그 내용을 통보하여야 한다.〈개정 2012. 6. 27., 2023. 5. 23.〉

제61조의3(직업재활훈련 및 직업능력개발훈련) ① 법 제38조제1항에 따라 전상군경, 공상군경, 4·19혁명부상자, 공상공무원 및 특별공로상이자에 대하여 직업재활훈련을 실시할 때에는 대상자의 신체기능에 적합한 직장취업 또는 자영사업(自營事業)에 필요한 과목을 선정하여 실시한다. 이 경우 훈련과목의 선정 절차, 그 밖에 직업재활훈련에 필요한 사항은 국가보훈부장관이 정한다.〈개정 2023. 5. 23.〉

② 국가보훈부장관은 법 제38조제2항에 따라 취업지원 대상자가 직업능력개발훈련을 희망하는 경우에는 직업능력개발훈련시설에 국가보훈부령으로 정하는 우선직업능력개발훈련 대상자 추천서에 따라 우선직업능력개발

훈련 대상자로 추천하여야 한다.〈개정 2012. 6. 27., 2023. 5. 23.〉

[전문개정 2009. 8. 13.]

[제목개정 2012. 6. 27.]

제61조의4(취업능력개발 장려금 등의 지급) ① 법 제39조제1항에 따른 취업능력개발 장려금이나 취업능력개발에 드는 비용을 지원할 수 있는 대상의 범위는 다음 각 호와 같다.〈개정 2012. 6. 27., 2023. 5. 23.〉

1. 취업능력개발 장려금 지급대상자

가. 취업지원 대상자로서 법 제38조제2항에 따른 직업능력개발훈련시설에서 직업능력개발훈련을 받는 사람

나. 취업지원 대상자로서 「직업안정법」 제2조의2제1호에 따른 직업안정기관에서 직업지도 등을 받는 사람

2. 취업능력개발 비용 지원대상자: 취업지원 대상자로서 취업에 필요한 자격이나 능력을 개발하기 위하여 국가보훈부장관이 정하는 직업능력개발훈련시설에서 직업능력개발훈련을 받는 사람

② 국가보훈부장관은 제1항에 따라 취업

능력개발 장려금이나 취업능력개발 비용을 지원하는 경우 취업지원 대상자가 직업능력개발훈련이나 직업지도 등을 받은 사실을 확인하기 위하여 직업능력개발훈련시설이나 지방고용노동관서에 필요한 자료의 제출을 요청할 수 있다. 이 경우 자료제출을 요청받은 기관은 특별한 사정이 없으면 요청에 따라야 한다.〈개정 2010. 7. 12., 2012. 6. 27., 2023. 5. 23.〉

③ 제1항과 제2항에서 규정한 사항 외에 취업능력개발 장려금과 취업능력개발 비용의 지원에 필요한 사항은 국가보훈부장관이 정한다.〈개정 2023. 5. 23.〉

[전문개정 2009. 8. 13.]

제62조(대부의 승계) ① 대부를 받은 자가 그 대부금의 상환기간 중에 사망하면 그 대부에 관한 채무는 그 상속인에게 승계(承繼)된다. ② 제1항에 따라 대부에 관한 채무를 승계한 자는 국가보훈부장관에게 신고하여야 한다. 이 경우 대부에 관한 채무를 승계한 자가 여러 사람이면 그 대부금으로 취득한 부	제5장 의료지원 제1절 진료 제62조(진료) ① 전상군경, 공상군경, 4·19혁명부상자, 공상공무원 및 특별공로상이자(이하 이 장에서 "진료대상자"라 한다)에 대한 진료는 다음 각 호의 구분에 따라 하되,

동산을 관리할 대표자 1명을 선정하여 함께 신고하여야 한다.〈개정 2009. 2. 6., 2023. 3. 4.〉 [전문개정 2008. 3. 28.]	입원진료는 부득이한 사유가 있는 경우를 제외하고는 보훈병원에서 한다. 1. 응급진료 불의의 재해나 그 밖의 위급한 상태에서 즉시 필요한 처치를 하지 아니하면 생명을 보전할 수 없거나 중대한 합병증을 초래할 것으로 판단되는 환자에게 하는 진료 2. 입원진료 의료시설에 입원을 시켜 하는 진료 3. 통원진료 의료시설에 입원을 시키지 아니하고 왕래하게 하여 하는 진료 ② 국가가 진료대상자에 대한 진료를 위탁할 수 있는 국가나 지방자치단체 외의 의료시설은 「의료법」 제3조에 따라 개설된 민간의 의료기관으로 한다. ③ 법 제42조제3항 단서에 따라 진료대상자에게 지방자치단체의 의료시설에서 진료를 한 경우에 지방자치단체가 부담할 비용은 진료비용(약제비용을 포함한다)의 50퍼센트로 한다.〈개정 2023. 9. 26.〉 [전문개정 2009. 8. 13.]	

제7장 그 밖의 지원

제63조(양로지원) 국가유공자나 그 유족(자녀는 제외한다)으로서 65세 이상의 남성 또는 60세 이상의 여성(전상군경, 공상군경, 4·19혁명부상자, 공상공무원 및 특별공로상이자인 남성은 60세 이상, 여성은 55세 이상을 말한다) 중 부양의무자(부양의무가 있는 배우자, 부모, 자녀 및 그 배우자를 말한다. 이하 같다)가 없는 자(부양의무자가 있으나 대통령령으로 정하는 부양능력이 없는 경우를 포함한다)에 대하여는 국가의 양로시설에서 지원할 수 있다. 이 경우 국가유공자의 배우자는 국가보훈부장관이 정하는 바에 따라 양로지원을 받게 되는 국가유공자와 함께 지원할 수 있다.〈개정 2012. 2. 17., 2023. 3. 4., 2025. 1. 21.〉

제63조(의료시설 지정에 따른 진료의 위탁 등) ① 진료대상자는 거주하는 시(특별시·광역시·특별자치시 및 특별자치도를 포함한다)·군에 보훈병원 및 법 제42조제2항에 따라 진료를 위탁받은 민간 의료기관(이하 "위탁병원"이라 한다)이 없는 경우(보훈병원 및 위탁병원에 해당 진료과목이 없는 경우를 포함한다)에는 국가보훈부장관에게 보훈병원 또는 위탁병원 외의 의료시설을 지정하여 진료의 위탁을 요청할 수 있다. 다만, 「의료법」 제3조의4에 따른 상급종합병원은 진료의 위탁을 요청할 수 있는 의료시설에서 제외한다.〈개정 2012. 6. 27., 2023. 5. 23.〉

② 제1항에 따라 요청을 받은 국가보훈부장관은 진료의 위탁 여부를 지체 없이 진료대상자에게 알려야 한다.〈개정 2012. 6. 27., 2023. 5. 23.〉

③ 진료대상자는 국가보훈부령으로 정하는 응급증상이 발생한 경우 제1항에도 불구하고 「의료법」 제3조에 따른 의료기관에서 제62조제1항제1호에 따른 응급진료를 받을 수 있으며, 본인이나 보호자 등은 국가보훈부

	령으로 정하는 부득이한 사유가 없는 한 입원한 날부터 14일 이내에 국가보훈부장관에게 통보하여야 한다.〈개정 2012. 6. 27., 2023. 5. 23.〉 ④ 보훈병원의 장은 진료대상자를 진단한 결과 폐결핵, 한센병 또는 정신질환 등 국가보훈부령으로 정하는 특수질환자로 판명된 때에는 국가보훈부장관과 협의하여 해당 특수질환자 전문의료시설에 전원(轉院)시킬 수 있다.〈개정 2012. 6. 27., 2020. 12. 1., 2021. 1. 5., 2023. 5. 23.〉 ⑤ 법 제42조제2항에 따른 위탁병원에의 위탁 기준과 제1항 및 제2항에 따른 진료 위탁의 구체적인 기준·절차 등에 관하여 필요한 사항은 국가보훈부장관이 정한다.〈개정 2023. 5. 23.〉 [전문개정 2009. 8. 13.]	
제63조의2(요양지원에 대한 보조) ① 다음 각 호에 해당하는 사람 중 「노인장기요양보험법」 제23조제1항제1호 또는 제2호에 따른 재가급여나 시설급여를 받는 사람에게는 대통령령으로 정하는 바에 따라 생활수준을 고	제63조의2(진료비용의 본인부담액 등) ① 법 제42조제4항에서 "대통령령으로 정하는 상이등급"이란 상이등급 6급을 말한다. ② 법 제42조제4항 및 이 조 제1항에 따라 상이등급이 7급인 진료대상자가 그 상이	

려하여 본인이 부담하여야 할 비용의 일부를 보조할 수 있다.

1. 국가유공자
2. 국가유공자의 배우자
3. 국가유공자의 유족 중 부모

② 제1항에 따라 보조금을 받으려는 사람은 국가보훈부장관에게 그 보조금의 지급을 신청하여야 한다. 이 경우 신청인의 생활수준 파악을 위한 절차 등에 관하여는 제14조의2(제3항은 제외한다)부터 제14조의4까지의 규정을 준용한다.〈개정 2023. 3. 4., 2024. 2. 13.〉

③ 제1항 및 제2항에 따른 보조금 지급 대상자의 선정 기준, 그 지급액 등 필요한 사항은 대통령령으로 정한다.

[본조신설 2011. 9. 15.]

처 외의 질병(부상을 포함한다. 이하 제64조의2에서 같다)에 걸려 진료를 받는 경우에는 국가보훈부령으로 정하는 바에 따라 진료비용 중 본인이 부담하게 될 비용의 100분의 10을 부담한다. 다만, 응급증상이 발생하여 제62조제1항제1호에 따른 응급진료를 받는 경우에는 국가가 비용 전액을 부담한다.〈개정 2017. 12. 29., 2020. 8. 4., 2021. 10. 19., 2023. 5. 23., 2023. 9. 26.〉

[본조신설 2012. 6. 27.]

[제목개정 2023. 9. 26.]

제63조의3(보훈재가복지서비스) ① 국가보훈부장관은 국가유공자와 그 유족 또는 가족의 원활한 일상생활을 위하여 가정에서 가사활동, 건강관리 및 정서활동 등을 지원하는 보훈재가복지서비스를 제공할 수 있다.〈개정 2023. 3. 4.〉

② 제1항에 따른 지원을 받으려는 사람은

국가보훈부장관에게 그 지원을 신청하여야 한다.〈개정 2023. 3. 4.〉 ③ 제1항에 따른 서비스 및 지원 대상의 구체적인 선정기준은 국가보훈부장관이 정한다.〈개정 2023. 3. 4.〉 [본조신설 2019. 4. 30.]		
제64조(양육지원) 국가유공자의 미성년 자녀와 미성년 제매 중 부양의무자가 없는 사람(부양의무자가 있으나 대통령령으로 정하는 부양능력이 없는 경우를 포함한다) 또는 부양의무자가 양로지원을 받고 있는 사람에 대해서는 국가의 양육시설에서 지원할 수 있다. 다만, 양육지원을 받고 있는 사람으로서 19세가 된 사람이 고등학교·대학 또는 이에 준하는 학교에 재학 중이거나 19세가 되는 해에 고등학교·대학 또는 이에 준하는 학교에 입학하게 되는 경우에는 그 학교를 졸업할 때까지 계속 지원할 수 있다.〈개정 2016. 5. 29.〉	제64조(진료비용의 감면) ① 보훈병원의 장은 법 제42조제5항 각 호의 어느 하나에 해당하는 사람을 진료한 경우에는 국가보훈부령으로 정하는 바에 따라 진료비용을 면제하거나 해당 비용의 100분의 60 범위에서 감액할 수 있다.〈개정 2012. 6. 27., 2020. 12. 1., 2021. 10. 19., 2023. 5. 23., 2023. 9. 26.〉 ② 법 제42조제7항 각 호 외의 부분 후단에 따른 진료비용의 감면은 「국민건강보험법 시행령」 별표 2의 요양급여비용 중 본인이 부담할 비용의 부담률 및 부담액에 따라 법 제42조제7항 각 호의 어느 하나에 해당하는 사람 본인이 부담하게 될 비용(「국민건강보험법 시행령」 별표 2 제1호다목에 따른 약제비용은 제외한다)의 100분의 60으로 한	

다.〈개정 2012. 6. 27., 2021. 10. 19., 2023. 9. 26.〉

③ 제2항에도 불구하고 법 제42조제7항 각 호의 어느 하나에 해당하는 사람 본인이 「국민건강보험법 시행령」 별표 2 제6호에 따라 요양급여비용을 부담하게 되는 경우에는 법 제42조제7항 각 호 외의 부분 후단에 따른 진료비용의 감면을 하지 않는다.〈개정 2012. 6. 27., 2014. 4. 28., 2019. 12. 24., 2021. 10. 19., 2023. 9. 26.〉

④ 국가보훈부장관은 법 제42조제7항 각 호 외의 부분 후단에 따라 진료비용의 감면을 받을 사람이 같은 항 제3호 후단에 따른 국가유공자의 부모인 경우에는 다음 각 호의 순서에 따라 1명을 감면 대상자로 지정한다.〈신설 2019. 12. 24., 2021. 10. 19., 2023. 5. 23., 2023. 9. 26.〉

1. 국가유공자의 부모가 협의에 의하여 1명을 정한 경우에는 그 사람

2. 제1호에 해당하는 사람이 없는 경우에는 장애여부, 질환유무, 생활수준 등을 종합적으로 고려하여 의료지원이 더 필요하다고

인정되는 사람. 이 경우 구체적인 지정 기준은 국가보훈부장관이 정한다.

⑤ 제4항제1호에 따른 협의의 경우 국가유공자의 부모는 감면대상 1명을 정하여 국가보훈부령으로 정하는 선순위 유족 지정협의서에 부모 모두의 서명을 하고 인감증명서를 첨부하여 국가보훈부장관에게 제출해야 한다. 다만, 국가유공자의 부모 중 1명이 외국에 거주 중인 경우 등 선순위 유족 지정협의서에 직접 서명할 수 없거나 관련 서류를 제출할 수 없는 부득이한 사정이 있는 경우에는 선순위 유족을 정한 사실을 나타내는 「공증인법」에 따른 공정증서를 제출하는 것으로 서명 및 관련 서류의 제출을 갈음할 수 있다.〈신설 2019. 12. 24., 2023. 5. 23.〉

⑥ 법 제42조의2 후단에 따른 진료비용의 감면은 법 제42조제5항 각 호에 해당하는 사람 본인이 부담하게 될 비용의 100분의 60 범위에서 국가보훈부령으로 정한다.〈신설 2021. 10. 19., 2023. 5. 23., 2023. 9. 26.〉

[전문개정 2009. 8. 13.]

[제목개정 2023. 9. 26.]

제64조의2(약제비용의 부담) ① 국가는 법 제42조제1항 · 제2항 · 제5항 · 제7항 또는 법 제42조의2에 따라 국가유공자와 그 유족 및 가족이 다음 각 호의 구분에 따라 진료를 받고 해당 의사 또는 치과의사가 발행한 처방전으로 「약사법」 제20조에 따라 등록된 약국에서 의약품을 조제받는 경우에는 해당 호에서 정하는 바에 따라 그 약제비용(「국민건강보험법 시행령」 별표 2 제1호다목에 따른 비용을 말한다. 이하 이 조에서 같다)을 부담하거나 지급한다.〈개정 2022. 5. 9., 2023. 5. 23., 2023. 9. 26.〉

1. 진료대상자가 법 제42조제1항 또는 제2항에 따른 의료시설(보훈병원을 포함한다) 및 위탁병원에서 진료받은 경우: 전액 부담. 다만, 상이등급이 7급인 진료대상자가 그 상이처 외의 질병에 걸려 진료를 받는 경우에는 제63조의2제2항 본문에 따른 본인 부담분은 제외한다.

2. 국가유공자(진료대상자는 제외한다)가 다음 각 목의 의료기관에서 진료받은 경우: 해당 목에 따라 부담 또는 지급

가. 법 제42조제5항에 따른 보훈병원 및 법 제42조의2에 따른 의료기관: 감면비율(진료비용의 감면비율과 같은 비율로 한다. 이하 이 항에서 같다)에 따른 금액을 부담

나. 법 제42조제7항 각 호 외의 부분 전단에 따른 의료기관(법 제42조제7항제1호 또는 제2호에 해당하는 사람으로 한정한다): 국가보훈부장관이 정하여 고시하는 1인당 연간 지급 금액의 한도에서 감면비율에 따른 금액을 지급. 다만, 「국민건강보험법 시행령」 별표 2 제6호에 따라 요양급여비용을 부담하게 되는 경우에는 약제비용을 지급하지 않는다.

3. 국가유공자의 유족 또는 가족으로서 법 제42조제5항제2호 또는 제3호에 해당하는 사람이 법 제42조제5항에 따른 보훈병원 및 법 제42조의2에 따른 의료기관에서 진료받은 경우: 감면비율에 따른 금액을 부담

② 제1항에 따라 국가가 부담하는 비용은 「한국보훈복지의료공단법」에 따른 한국보훈복지의료공단(이하 "한국보훈복지의료공단"이라 한다)의 예산에 계상(計上)하여 지급한다.〈개정 2021. 10. 19.〉

	③ 제1항제2호나목 본문에 따라 약제비용을 지급받으려는 사람은 국가보훈부령으로 정하는 약제비용 지급 신청서와 첨부서류를 국가보훈부장관에게 제출해야 한다.〈신설 2022. 5. 9., 2023. 5. 23., 2023. 9. 26.〉 [전문개정 2009. 8. 13.]	
	제64조의3(의료지원 등의 방법 및 범위 등) 이 절에서 규정한 사항 외에 국가유공자와 그 유족 등에 대한 진료, 진료비용 또는 약제비용 지원의 방법·범위 등 의료지원에 필요한 사항은 국가보훈부령으로 정한다.〈개정 2021. 10. 19., 2023. 5. 23., 2023. 9. 26.〉	
제65조(양로지원 등의 위탁) ① 국가보훈부장관은 양로지원과 양육지원을 할 때 필요하다고 인정되면 노인복지시설·아동복지시설 등 사회복지시설에 지원을 위탁할 수 있다.〈개정 2023. 3. 4.〉 ② 양로지원과 양육지원에 드는 비용은 국가가 부담한다. [전문개정 2008. 3. 28.]	제2절 보철구 및 의학적 재활 제65조 삭제〈2012. 6. 27.〉	
제66조(수송시설의 이용지원) ① 다음 각 호에 해당하는 자에게는 대통령령으로 정하는	제66조(보철구) ① 보철구는 진료대상자의 신체기능장애나 활동력이 상실된 부분을 보	

<table>
<tr>
<td>바에 따라 국가·지방자치단체 및 대통령령으로 정하는 공공기관의 수송시설(輸送施設) 이용료를 받지 아니하거나 할인할 수 있다.
1. 전상군경, 공상군경, 4·19혁명부상자, 공상공무원 및 특별공로상이자
2. 제1호에 해당하는 자가 다른 사람의 보호 없이 활동이 어려운 경우 이들을 직접 보호하여 수송시설을 이용하는 자
② 국가는 제1항 각 호의 어느 하나에 해당하는 자에게 수송시설을 무료로 또는 할인하여 이용할 수 있도록 제공하는 자에게는 예산의 범위에서 보조금을 지급할 수 있다. 〈개정 2016. 5. 29.〉
[전문개정 2008. 3. 28.]</td>
<td>충·정형 또는 보완하여 주는 장구로서 그 종류별 사용연한은 국가보훈부장관이 정한다.〈개정 2023. 5. 23.〉
② 제1항의 보철구의 제작, 그 밖의 필요한 사항은 국가보훈부장관이 정한다.〈개정 2023. 5. 23.〉
[전문개정 2009. 8. 13.]</td>
<td></td>
</tr>
<tr>
<td>제67조(고궁 등의 이용지원) 국가유공자, 그 유족 또는 가족에게는 대통령령으로 정하는 바에 따라 국가나 지방자치단체가 관리하는 고궁과 공원 등의 시설 이용료를 받지 아니하거나 할인할 수 있다.</td>
<td>제67조(보철구의 지급) ① 국가보훈부장관은 법 제43조의2에 따라 보철구가 필요한 사람에게 국가보훈부장관이 정하는 기준에 따라 보철구를 지급한다.〈개정 2012. 6. 27., 2023. 5. 23.〉
② 제1항에 따라 보철구를 지급받은 사람이 보철구의 마모(磨耗) 또는 고장으로 수리를 받으려는 경우에는 국가보훈부장관에게</td>
<td></td>
</tr>
</table>

	수리를 요구할 수 있다.〈개정 2012. 6. 27., 2023. 5. 23.〉 [전문개정 2009. 8. 13.]
	제67조의2(심리재활서비스의 지원 내용 및 방법) ① 법 제44조의2제1항에 따라 국가보훈부장관이 지원하는 심리재활서비스(이하 이 조에서 "심리재활서비스"라 한다)의 내용은 다음 각 호와 같다.〈개정 2023. 5. 23.〉 1. 심리상담 및 심리검사 2. 「정신건강증진 및 정신질환자 복지서비스 지원에 관한 법률」 제3조제4호의 정신건강증진시설로의 진료 등 이용 연계 3. 정신건강증진을 위한 교육 4. 그 밖에 심리적 안정과 사회 적응을 위하여 필요하다고 인정하여 국가보훈부령으로 정하는 서비스 ② 심리재활서비스를 지원받으려는 사람은 국가보훈부령으로 정하는 바에 따라 국가보훈부장관에게 신청해야 한다.〈개정 2023. 5. 23.〉 [본조신설 2021. 10. 19.]
제68조(주택의 우선 공급) ① 국가나 지방자	

치단체는 국가유공자와 그 유족 중 제47조에 따른 대부 대상자에게 국가나 지방자치단체에 의하여 건설되거나 국가 또는 지방자치단체의 재정이나 「주택도시기금법」에 따른 주택도시기금의 지원을 받아 건설·공급되는 주택을 무주택기간, 생활수준 등을 고려하여 대통령령으로 정하는 바에 따라 우선 공급할 수 있다.〈개정 2017. 10. 31.〉

② 「주택법」 제54조에 따라 민영주택을 건설·공급하는 사업주체는 국가유공자와 그 유족 중 제47조에 따른 대부 대상자에게 그 민영주택 건설·공급량의 일부를 우선 공급할 수 있다.〈신설 2017. 10. 31.〉

③ 제1항 또는 제2항에 따라 주택을 공급받으려는 사람은 국가보훈부장관에게 신청하여야 한다. 이 경우 주택 공급의 신청, 신청인의 생활수준 파악을 위한 방법·절차 등에 관하여는 제14조의2(제3항은 제외한다)부터 제14조의4까지의 규정을 준용한다.〈개정 2017. 10. 31., 2023. 3. 4., 2024. 2. 13.〉

[전문개정 2015. 12. 22.]

제6장 대부

제68조(대부금의 이율) 법 제51조에 따른 대부금의 이율은 법 제49조 각 호에 따른 대부의 종류별로 연리(年利) 1퍼센트부터 5퍼센트까지의 범위에서 매년 12월 31일까지 국가보훈부장관이 정하여 고시한다. 다만, 다음 각 호의 어느 하나에 해당하는 대부금의 이율은 연리 1퍼센트 이하로 정하여 고시한다.〈개정 2012. 6. 27., 2018. 4. 30., 2020. 8. 4., 2023. 5. 23.〉

1. 법 제56조제2항 및 제5항에 따라 담보로 제공된 부동산(이하 "담보재산"이라 한다)에 대하여 저당권을 실행하는 경우 그 저당권 실행기간 중의 미상환대부금에 대한 이율
2. 담보재산에 대한 저당권 실행 결과 미상환대부금이 있는 경우 그 미상환대부금에 대한 이율
3. 법 제56조제5항에 따라 보훈급여금(생활조정수당 및 사망일시금은 제외한다) 또는 그 밖의 담보를 제공하거나 보증인을 세우고 대부를 받은 자에게 대부금반환청구소송을 제기한 경우 그 소송기간 중의 미상환대부금

에 대한 이율

4. 천재지변 · 재해 · 생계곤란 · 질병 또는 이에 준하는 사유로 대부금의 상환기간을 연장하는 경우 상환유예 기간 중의 미상환대부금에 대한 이율

[전문개정 2009. 8. 13.]

제68조의2(생업지원) ① 국가와 지방자치단체, 그 밖의 공공단체는 소관 공공시설 안에 식료품 · 사무용품 · 신문 등 일상생활용품의 판매를 위한 매점의 운영이나 자동판매기 등의 설치를 허가 또는 위탁하는 경우 제6조에 따라 등록 · 결정된 국가유공자와 그 유족 등의 신청이 있는 때에는 이를 우선적으로 반영하여야 한다. 이 경우 공공단체의 범위, 매점의 규모 등에 필요한 사항은 대통령령으로 정한다.

② 제1항에 따른 허가 또는 위탁을 받은 자는 중대한 질병 등 특별한 사유가 없는 한 직접 그 사업에 종사하여야 한다.

[본조신설 2008. 3. 28.]

제68조의3(장례서비스) ① 국가보훈부장관은 생계가 곤란하거나, 연고자가 없는 국가유공

자가 사망한 경우 예산의 범위에서 장례서비스를 제공할 수 있다. 다만, 사망한 국가유공자가 「국민기초생활 보장법」 제2조제2호에 따른 수급자인 경우에는 장례서비스를 제공하여야 한다. ② 제1항에 따른 장례서비스를 제공받으려는 유족 등 장례를 주관하는 자는 장례기간 중에 국가보훈부장관에게 장례서비스의 제공을 신청하여야 한다. ③ 제1항에 따른 장례서비스의 내용, 대상 및 방법 등은 국가보훈부장관이 정한다. [본조신설 2024. 2. 13.]		
第69条(국가유공자 등에 대한 연수교육) ① 국가보훈부장관은 국가유공자, 그 유족 또는 가족의 자긍심과 자활 의욕을 높이기 위하여 국가유공자, 그 유족 또는 가족을 대상으로 연수교육을 실시할 수 있다.〈개정 2023. 3. 4.〉 ② 국가보훈부장관은 대통령령으로 정하는 바에 따라 제1항에 따른 연수교육에 관한 업무를 공단에 위탁할 수 있다.〈개정 2023. 3. 4.〉	第69条(대부의 신청 등) ① 법 제52조제1항에 따라 대부를 받으려는 자는 국가보훈부령으로 정하는 대부 신청서를 국가보훈부장관에게 제출하여야 하며, 주택대부의 경우에는 신청서에 무주택증명서류를 첨부하여야 한다.〈개정 2012. 6. 27., 2023. 5. 23.〉 ② 국가보훈부장관은 제1항에 따른 신청서를 받으면 25일 이내에 법 제52조제2항에 따른 대부결정기준에 따라 대부여부를 결정하고 그 결과를 신청인에게 알려야 한다.〈개	

[본조신설 2021. 6. 8.]

정 2023. 5. 23.〉

③ 대부신청인이 제2항에 따라 대부예정자로 통지를 받으면 대부금지급 신청서에 국가보훈부령으로 정하는 서류를 첨부하여 국가보훈부장관에게 제출하여야 한다.〈개정 2023. 5. 23.〉

④ 국가보훈부장관은 법 제47조에 따른 대부 대상자(이하 "대부대상자"라 한다) 중 생활안정대부를 받으려는 자에 대해서는 제1항부터 제3항까지에 규정된 절차에 갈음하여 대부금 지급 신청만으로 대부를 행할 수 있다.〈개정 2020. 8. 4., 2023. 5. 23.〉

[전문개정 2009. 8. 13.]

제8장 국가유공자에 준하는 군경 등에 대한 지원

제70조 삭제〈1997. 12. 31.〉

제70조(대부금의 상환기간) 법 제53조제1항에 따른 대부종류별 대부금의 상환기간은 다음 각 호와 같다. 다만, 국가보훈부장관이 필요하다고 인정하는 경우에는 대부 종류별로 그 기간을 조정할 수 있다.〈개정 2023. 5. 23.〉

1. 농토구입대부: 3년 거치 후 12년

2. 주택대부

가. 주택구입대부, 대지구입대부 및 주택신축대부: 20년

	나. 주택개량대부 및 주택임차대부: 7년 3. 사업대부: 10년 4. 생활안정대부: 5년 [전문개정 2009. 8. 13.]	
제71조 삭제〈1997. 12. 31.〉	제71조(상환기간의 연장신청) ① 법 제53조제2항에 따라 대부금의 상환기간을 연장받으려는 자는 대부금상환기간 연장신청서에 국가보훈부령으로 정하는 서류를 첨부하여 국가보훈부장관에게 제출하여야 한다.〈개정 2023. 5. 23.〉 ② 국가보훈부장관은 제1항에 따른 신청서를 받으면 지체 없이 그 연장 여부를 결정하고, 그 결과를 신청인에게 알려야 한다.〈개정 2023. 5. 23.〉 [전문개정 2009. 8. 13.]	
제72조 삭제〈1997. 12. 31.〉	제72조(대부금의 일시 상환 등) 국가보훈부장관은 대부를 받은 자가 대부금을 그 목적 외의 용도에 사용하였을 때에는 법 제53조제3항에 따라 미상환 대부원리금을 일시에 상환하게 하여야 한다. 다만, 생계곤란 등의 사유로 일시 상환이 곤란하다고 인정되는 경우에는 3년의 범위에서 분할 상환하게 할 수 있	

	다.〈개정 2023. 5. 23.〉	
第72조의2 삭제〈1997. 12. 31.〉		
第72조의3 삭제〈1997. 12. 31.〉		
第73조(6·18자유상이자에 대한 준용) 북한의 군인 또는 군무원으로서 1950년 6월 25일부터 1953년 7월 23일까지의 사이에 국군이나 유엔군에 포로가 된 사람 중 다음 각 호의 어느 하나에 해당하는 사람이 보훈심사위원회에서 6·18자유상이자로 의결되면 공상군경에 준하여 보상한다.〈개정 2011. 9. 15., 2016. 5. 29., 2023. 3. 4.〉 1. 포로수용소에서 수용 중 대한민국을 지지하다가 북한을 지지하는 사람으로부터 상이를 입은 사람으로서 그 상이정도가 국가보훈부장관이 실시하는 신체검사에서 상이등급으로 판정된 사람 2. 대한민국에 귀순할 목적으로 포로수용소를 탈출하는 과정에서 상이를 입은 사람으로서 그 상이정도가 국가보훈부장관이 실시하는 신체검사에서 상이등급으로 판정된 사람 [전문개정 2008. 3. 28.]	第73조(대부 원금의 상환 지연에 따른 이자율) ① 법 제53조에 따라 대부금을 상환하여야 할 자가 그 상환을 지연하는 경우에는 상환이 지연된 대부원금에 대하여 연체이자를 징수할 수 있다. 이 경우 연체이자율은 매년 1월 1일 현재 은행이 적용하는 대출금 연체이자율 중 가장 낮은 연체이자율의 한도에서 국가보훈부장관이 정한다.〈개정 2010. 11. 15., 2012. 6. 27., 2023. 5. 23.〉 ② 제1항 전단에도 불구하고 제72조에 따라 대부금을 일시 상환 또는 분할 상환하는 경우에 그 상환이 지연된 대부원금 중 처음 대부계약상의 상환기한이 도래하지 아니한 대부원금의 경우에는 연체이자를 징수하지 아니한다. [전문개정 2009. 8. 13.]	
第73조의2(상이등급의 판정을 받지 못한 경		

법률	시행령	시행규칙
찰ㆍ소방공무원 등에 대한 의료지원) 국가는 국민의 생명ㆍ재산 보호와 직접적인 관련이 있는 직무수행이나 교육훈련 중에 상이를 입고 퇴직하였으나 상이등급의 판정을 받지 못한 경찰ㆍ소방공무원 등 대통령령으로 정하는 사람에 대하여 보훈병원 또는 국가보훈부장관이 지정하여 진료를 위탁한 의료기관에서 그 상이처(본인의 고의로 악화된 경우는 제외한다)에 대한 진료를 받게 할 수 있다. 이 경우 그 진료비용은 국가가 부담한다.〈개정 2021. 4. 20., 2023. 3. 4.〉		
제74조(전투종사군무원 등에 대한 보상) ① 다음 각 호의 어느 하나에 해당하는 사람은 그 사망 또는 상이등급에 따라 전몰군경ㆍ전상군경ㆍ순직군경 또는 공상군경으로 보고 보상한다.〈개정 2011. 9. 15., 2023. 3. 4.〉 1. 군사적 목적으로 외국에 파견된 군무원이나 공무원으로서 전투 또는 이에 준하는 직무수행 중 사망한 사람과 상이를 입은 사람(국가보훈부장관이 실시하는 신체검사에서 상이등급으로 판정된 사람을 말한다. 이하 이 조에서 같다)	제74조(주택의 분양가격 등) ① 법 제54조 제1항에 따라 건축한 주택의 대상자별 분양가격 및 임대료는 다음 각 호와 같다.〈개정 2023. 5. 23.〉 1. 대부대상자에 대한 분양가격 및 임대료 주택의 건축과 부대시설 및 복리시설의 설치에 든 비용 등을 고려하여 국가보훈부장관이 정하는 금액 2. 대부대상자 외의 자에 대한 분양가격 및 임대료	

2. 정부의 승인을 받아 전투나 군 작전에 종군(從軍)하는 기자로서 그 종군 중 사망한 사람과 상이를 입은 사람

3. 「전시근로동원법」(1999년 2월 8일 법률 제5846호에 따라 폐지되기 전의 것)에 따라 동원된 사람, 청년단원·향토방위대원·소방관·의용소방관·학도병, 그 밖의 애국단체원으로서 전투, 이에 준하는 행위 또는 이와 관련된 교육훈련 중 사망한 사람과 상이를 입은 사람

② 제1항을 적용할 때 다음 각 호 중 제1호부터 제3호까지의 규정에 관한 구체적인 기준과 범위에 관하여는 제4조제2항을 준용하고, 제4호에 관한 구체적인 기준과 범위에 관하여는 대통령령으로 정한다.〈개정 2011. 9. 15.〉

1. 제1항제1호에 따른 전투 또는 이에 준하는 직무수행 중 사망한 사람과 상이를 입은 사람

2. 제1항제2호에 따른 전투나 군 작전에 종군 중 사망한 사람과 상이를 입은 사람

3. 제1항제3호에 따른 전투, 이에 준하는

제1호의 분양가격 및 임대료와 인근주택의 분양가격 및 임대료를 고려하여 국가보훈부장관이 정하는 금액

② 제1항에 따른 주택의 분양, 임대절차, 분양금, 임대료의 납부방법, 그 밖에 필요한 사항은 국가보훈부장관이 정한다.〈개정 2023. 5. 23.〉

[전문개정 2009. 8. 13.]

행위 또는 이와 관련된 교육훈련 중 사망한 사람과 상이를 입은 사람

4. 제1항제3호에 따른 동원된 사람, 청년단원·향토방위대원·소방관·의용소방관·학도병, 그 밖의 애국단체원

[전문개정 2008. 3. 28.]

제8장의2 현충시설

제74조의2(현충시설의 지정) ① 국가보훈부장관은 국가유공자 또는 이들의 공훈과 희생정신을 기리기 위한 건축물·조형물·사적지(史跡地) 또는 국가유공자의 공헌이나 희생이 있었던 일정한 구역 등(이하 "시설등"이라 한다)으로서 국민의 애국심을 기르는 데에 상당한 가치가 있다고 인정되는 것을 현충시설(顯忠施設)로 지정할 수 있다.〈개정 2023. 3. 4.〉

② 현충시설은 다음 각 호와 같이 구분하여 지정한다.

1. 독립운동 관련 시설

2. 국가수호 관련 시설

③ 제1항에 해당하는 시설등의 소유자나 관리자는 그 시설등에 대하여 현충시설로 지

정하여 줄 것을 국가보훈부장관에게 요청할 수 있다.〈개정 2023. 3. 4.〉

④ 국가보훈부장관은 현충시설로 지정된 시설등이 그 가치가 없어지거나 그 밖에 현충시설로 관리하는 것이 적절하지 아니하다고 인정되면 그 지정을 해제할 수 있다.〈개정 2023. 3. 4.〉

⑤ 현충시설의 지정과 해제, 현충시설의 구분 등에 관하여 필요한 사항은 대통령령으로 정한다.

[전문개정 2008. 3. 28.]

제74조의3(현충시설의 관리) ① 국가보훈부장관은 제74조의2제1항에 따라 현충시설을 지정할 때 대통령령으로 정하는 바에 따라 현충시설 관리자를 함께 지정하여야 한다.〈개정 2023. 3. 4.〉

② 현충시설 관리자는 그 시설을 성실히 관리하여야 하고, 시설의 훼손·멸실 등을 방지하기 위하여 필요한 노력을 하여야 한다.

③ 국가와 지방자치단체는 현충시설의 관리 비용의 일부를 대통령령으로 정하는 바에 따라 예산의 범위에서 보조할 수 있다.

[전문개정 2008. 3. 28.]

제74조의4(현충시설의 건립 지원) ① 국가나 지방자치단체 외의 자로서 현충시설을 건립하려는 자는 현충시설건립사업계획(이하 "사업계획"이라 한다)을 수립하여 국가보훈부장관의 승인을 받을 수 있다.〈개정 2023. 3. 4.〉

② 제1항에 따른 사업계획의 승인을 받은 자에게는 그 사업에 드는 비용의 일부를 대통령령으로 정하는 바에 따라 예산의 범위에서 보조할 수 있다.

[전문개정 2008. 3. 28.]

제8장의3 보훈심사위원회

제74조의5(보훈심사위원회의 설치) ① 이 법에 따른 보상 등에 관련된 다음 각 호의 사항을 심의·의결하기 위하여 국가보훈부장관 소속으로 보훈심사위원회를 둔다.〈개정 2019. 11. 26., 2022. 12. 16., 2023. 3. 4.〉

1. 「국가보훈 기본법」 제3조제2호에 따른 국가보훈대상자 중 보훈심사위원회의 심의·의결을 거치도록 규정된 사람의 등록 요건의 인정 여부에 관한 사항

2. 제6조의4에 따른 상이정도의 판정에 관한 사항

3. 제6조의5제1항에 따른 상이의 추가인정 여부에 관한 사항

4. 제9조에 따른 권리소멸의 확인에 관한 사항

5. 제13조제2항제2호에 따른 국가유공자를 주로 부양하거나 양육한 사람의 확인에 관한 사항

6. 제74조의10에 따른 재심의에 관한 사항

7. 제74조의11에 따른 행위규범과 그 운영에 관한 사항

8. 제74조의14제2항에 따른 위원의 기피에 관한 사항

9. 제74조의18에 따른 이의신청에 관한 사항

10. 제75조제4항에 따른 보훈급여금 등의 결손처분에 관한 사항

11. 제76조에 따른 보훈급여금 등의 반환의무 면제에 관한 사항

12. 제78조제1항에 따른 보상정지 기간 및 보상의 정도에 관한 사항

13. 제79조제1항제5호에 해당하는 사람에 대한 법 적용 대상 제외 여부 및 같은 조 제3항에 따른 법 적용 대상자로의 결정 여부에 관한 사항 14. 국가유공자 등의 등록 요건에 관한 심사 기준의 정립에 관한 사항 15. 그 밖에 다른 법령에서 보훈심사위원회의 소관으로 규정한 사항 ② 보훈심사위원회는 심사 업무의 전문성을 강화하고, 심사와 관련된 조사·연구 등의 업무를 수행하기 위하여 필요한 전문 인력을 둘 수 있다. [본조신설 2011. 9. 15.]		
제74조의6(보훈심사위원회의 구성과 임명 등) ① 보훈심사위원회는 위원장 1명을 포함하여 210명 이내의 위원으로 구성하고, 보훈심사위원회의 위원(이하 "위원"이라 한다) 중 상임위원은 5명 이내로 한다.〈개정 2021. 6. 8.〉 ② 보훈심사위원회의 위원장(이하 "위원장"이라 한다)과 상임위원은 다음 각 호의 어느 하나에 해당하는 사람 중에서 국가보훈부장관의 제청에 따라 대통령이 임명하고 비상		

임위원은 다음 각 호의 어느 하나에 해당하는 사람 중에서 국가보훈부장관이 임명 또는 위촉한다.〈개정 2021. 6. 8., 2023. 3. 4.〉

1. 국가보훈 관련 업무에 5년 이상 종사한 자 중에서 4급 이상 공무원의 직(職)에 있거나 있었던 사람

2. 3급 이상 공무원 또는 고위공무원단에 속하는 공무원, 경무관 이상의 경찰공무원, 소방준감 이상의 소방공무원이나 대령 이상의 장교의 직에 있거나 있었던 사람

3. 판사 · 검사 또는 변호사로 6년 이상 재직하고 있거나 재직하였던 사람

4. 「의료법」 제77조에 따른 전문의로서 의사의 업무에 6년 이상 종사하고 있거나 종사하였던 사람

5. 대학이나 법률에 따라 설립된 연구기관에서 부교수 이상 또는 이에 상당하는 직에 3년 이상 재직하고 있거나 재직하였던 사람

6. 공무원이 아닌 사람으로서 국방 · 경찰 · 소방 관련 분야에서 10년 이상 종사하고 있거나 종사하였던 사람

7. 그 밖에 사회적 신망이 높고 독립 · 호

국·민주 등 보훈 분야에 관한 지식과 경험이 풍부한 사람 ③ 위원장과 위원의 임기는 각각 3년으로 하되 한 차례만 연임할 수 있다. [본조신설 2011. 9. 15.]		
제74조의7(분과위원회 및 전문위원회) ① 보훈심사위원회는 제74조의5제1항제1호부터 제5호까지, 제10호부터 제13호까지 및 제15호의 사항에 관한 업무를 효율적으로 수행하기 위하여 분야별로 6개 이내의 분과위원회를 둘 수 있다. ② 분과위원회에서 심의하여 위원 전원의 합의로 의결한 사항은 보훈심사위원회가 심의·의결한 것으로 본다. ③ 보훈심사위원회는 제74조의5제1항제14호에 따른 업무를 효율적으로 수행하기 위하여 필요한 경우 전문위원회를 구성하여 운영할 수 있다. ④ 전문위원회가 심의한 사항은 위원장에게 보고하고 보훈심사위원회의 심의·의결을 거쳐야 한다. [본조신설 2011. 9. 15.]		

제74조의8(자료제출 요구 및 사실조사) ① 보훈심사위원회는 제74조의5제1항 각 호의 사항에 대한 심의·의결과 관련하여 필요하다고 인정하면 다음 각 호에 해당하는 자에게 관련 자료의 제출을 요구하거나 이미 제출된 자료에 대하여 보완 또는 추가를 요구할 수 있다. 이 경우 자료의 제출 등을 요구받은 자는 특별한 사유가 없으면 이에 응하여야 한다.〈개정 2011. 12. 31.〉

1. 신청인
2. 제6조제3항 후단에 따른 소속하였던 기관의 장
3. 병무청장
4. 「국민건강보험법」 제13조에 따른 국민건강보험공단의 장
5. 「산업재해보상보험법」 제10조에 따른 근로복지공단의 장
6. 「보험업법」 제176조에 따른 보험요율 산출기관의 장
7. 「의료법」 제3조에 따른 의료기관의 장
8. 그 밖에 대통령령으로 정하는 사람

② 보훈심사위원회는 제74조의5제1항 각

호의 사항에 대한 심의·의결과 관련하여 사실조사가 필요하다고 인정하면 다음 각 호의 조치를 할 수 있다.〈개정 2024. 2. 13.〉 1. 신청인 또는 참고인에 대한 진술서 제출 요구, 출석 요구 및 진술 청취 2. 조사와 관련이 있다고 인정되는 장소, 시설 또는 자료 등에 대한 현장조사 3. 감정인의 지정 및 감정 의뢰 ③ 제2항에 따라 사실조사를 하는 위원 또는 소속 직원은 그 권한을 표시하는 증표를 관계인에게 보여주어야 한다.〈개정 2024. 2. 13.〉 [본조신설 2011. 9. 15.] [제목개정 2024. 2. 13.]		
제74조의9(사실규명 요구) ① 보훈심사위원회는 전몰군경등이 되기 위하여 등록을 신청한 사람에 대한 등록 요건의 심사와 관련하여 해당 전몰군경등이 사망하거나 상이(공무상의 질병을 포함한다)를 입게 된 경위를 정확하게 파악하기 위하여 필요하다고 인정하면 제6조제3항 후단에 따른 소속하였던 기관의 장에게 등록 요건과 관련된 사실의 규명		

을 요구할 수 있다.

② 제1항에 따른 사실규명의 요구는 제74조의8제1항에 따른 자료제출 요구 및 같은 조 제2항에 따른 사실조사를 통하여 그 경위를 정확하게 파악하기 어려운 경우에만 할 수 있다.〈개정 2024. 2. 13.〉

③ 제1항에 따라 사실규명을 요구받은 기관의 장은 자체감사 업무를 담당하는 부서로 하여금 관련 사실을 구체적으로 확인하게 한 후 국가보훈부령으로 정하는 바에 따라 그 결과를 보훈심사위원회에 제출하여야 한다.〈개정 2023. 3. 4.〉

[본조신설 2011. 9. 15.]

제74조의10(재심의 요구) 국가보훈부장관은 다음 각 호의 어느 하나에 해당하는 경우 보훈심사위원회가 심의·의결한 사항에 대하여 재심의를 요구할 수 있다.〈개정 2023. 3. 4.〉

1. 제74조의5제1항 각 호의 사항과 관련된 국가보훈부장관의 처분에 대한 행정소송의 진행 중 법원의 담당재판부가 분쟁의 신속한 해결 등을 위하여 국가보훈부장관에게 조정을 권고한 경우

2. 제74조의5제1항 각 호의 사항과 관련된 국가보훈부장관의 처분에 대하여 감사원이나 국민권익위원회 등 국가기관이 국가보훈부장관에게 시정을 권고한 경우 3. 그 밖에 보훈심사위원회가 심의·의결한 사항에 대하여 재심의할 필요가 있다고 판단되는 경우 [본조신설 2011. 9. 15.]		
제74조의11(위원의 행위규범) ① 위원은 법과 양심에 따라 공정하고 성실하게 업무를 수행하여야 한다. ② 보훈심사위원회는 위원이 제1항에 따라 업무를 수행하기 위하여 준수하여야 할 행위규범과 그 운영에 관한 사항을 보훈심사위원회의 의결을 거쳐 정한다. ③ 제2항에 따른 행위규범에는 다음 각 호의 사항이 포함되어야 한다. 1. 위원의 업무수행과 관련하여 향응·금품 등을 받는 행위의 금지에 관한 사항 2. 위원의 업무수행과 관련하여 공정성과 중립성을 훼손하는 행위의 금지·제한에 관한 사항		

3. 보훈심사위원회 회의 또는 분과위원회 회의의 출석 및 안건 검토 등 성실한 업무수행과 관련된 사항

4. 그 밖에 위원의 품위유지 등을 위하여 필요한 사항

[본조신설 2011. 9. 15.]

제74조의12(결격사유) 「국가공무원법」 제33조 각 호의 어느 하나에 해당하는 사람은 위원이 될 수 없다.

제74조의13(위원의 신분보장) ① 위원은 다음 각 호의 어느 하나에 해당하는 경우를 제외하고는 그 의사에 반하여 면직 또는 해촉되지 아니한다.

1. 장기간의 심신쇠약으로 직무를 수행할 수 없게 된 경우

2. 직무와 관련된 비위사실이 있거나 위원의 직을 유지하기에 적합하지 아니하다고 인정되는 비위사실이 있는 경우

3. 제74조의11에 따른 행위규범을 위반하여 위원으로서 직무를 수행하기 곤란한 경우

② 위원이 「국가공무원법」 제33조 각 호의 어느 하나에 해당하게 된 경우에는 당연

히 면직 또는 해촉된다.

[본조신설 2011. 9. 15.]

제74조의14(위원의 제척 · 기피 등) ① 위원은 다음 각 호의 어느 하나에 해당하는 경우에는 그 안건의 심의 · 의결에서 제척된다.

1. 위원 또는 그 친족관계이거나 친족관계였던 사람이 해당 안건의 당사자가 되거나 그 안건과 관련하여 이해관계가 있는 경우

2. 위원이 해당 안건에 관하여 진술이나 감정을 한 경우

3. 위원이 해당 안건에 관하여 당사자의 대리인으로서 관여하거나 관여하였던 경우

4. 위원이 해당 안건의 원인이 된 처분이나 부작위에 관여한 경우

② 당사자는 위원에게 심의 · 의결의 공정을 기대하기 어려운 사정이 있는 경우에는 기피신청을 할 수 있다. 이 경우 보훈심사위원회는 의결로 해당 위원의 기피 여부를 결정하여야 하되 기피신청을 받은 위원은 그 의결에 참여하지 못한다.

③ 위원은 제1항 또는 제2항의 사유에 해당하는 경우 스스로 그 안건의 심의 · 의결에

서 회피할 수 있다.

④ 보훈심사위원회의 심사절차에 관여하는 소속 직원에 대하여는 제1항부터 제3항까지의 규정을 준용한다.

[본조신설 2011. 9. 15.]

제74조의15(비밀엄수의 의무) 위원이나 위원이었던 사람은 그 직무에 관하여 알게 된 비밀을 누설하여서는 아니 된다.

제74조의16(벌칙 적용 시의 공무원 의제) 위원 중 공무원이 아닌 위원은 「형법」 제127조 및 제129조부터 제132조까지의 규정에 따른 벌칙을 적용할 때에는 공무원으로 본다.

제74조의17(보훈심사위원회 등의 구성·운영에 관한 세부사항) 보훈심사위원회, 분과위원회 및 전문위원회의 구성·운영에 관한 세부사항과 그 밖에 보훈심사위원회의 활동에 필요한 사항은 대통령령으로 정한다.

제74조의18(이의신청) ① 제74조의5제1항제1호, 제3호부터 제5호까지, 제11호부터 제13호까지 및 제15호의 사항과 관련된 국가보훈부장관의 처분에 이의가 있는 자는 다음 각 호의 어느 하나에 해당하는 경우 국가보

훈부장관에게 이의신청을 할 수 있다.〈개정 2023. 3. 4.〉

1. 해당 처분이 법령 적용의 착오에 기초하였다고 판단되는 경우

2. 국가보훈부장관이 해당 처분을 할 때에 중요한 증거자료를 검토하지 아니하였다고 판단되는 경우

3. 해당 처분이 있은 후 그와 관련된 새로운 증거자료가 발견된 경우

② 제1항에 따른 이의신청은 국가보훈부장관의 처분을 받은 날부터 30일 이내에 국가보훈부령으로 정하는 바에 따라 하여야 한다.〈개정 2023. 3. 4.〉

③ 국가보훈부장관은 제1항에 따른 이의신청에 대하여 보훈심사위원회의 심의·의결을 거쳐 결정하고 그 결과를 이의신청을 한 자에게 통보하여야 한다.〈개정 2023. 3. 4.〉

④ 제1항에 따라 이의신청을 한 자는 그 이의신청과 관계없이 「행정심판법」에 따른 행정심판을 청구할 수 있다. 이 경우 이의신청을 하여 그 결과를 통보받은 자는 통보받은 날부터 90일 이내에 「행정심판법」에 따른 행

정심판을 청구할 수 있다.

[본조신설 2011. 9. 15.]

제74조의19(보훈심사 국민참여제도) ① 보훈심사위원회는 심의·의결의 공정성과 투명성을 높이기 위하여 제74조의5제1항 각 호의 사항에 관한 심의 과정에 국민을 참여시킬 수 있다.

② 보훈심사위원회는 제1항에 따른 국민참여를 활성화하기 위하여 국민으로 구성된 참여단을 운영할 수 있다.

③ 제2항에 따른 참여단의 구성 및 운영 등에 필요한 사항은 대통령령으로 정한다.

[본조신설 2021. 6. 8.]

제9장 보칙

제75조(보훈급여금 등의 환수) ① 국가보훈부장관은 이 법에 따라 보상받은 사람(상속인을 포함한다)이 다음 각 호의 어느 하나에 해당하면 그가 받은 보훈급여금·학습보조비(제25조 및 제25조의2에 따라 보조받은 수업료 등을 포함한다), 제38조에 따른 직업재활훈련비·직업능력개발훈련비, 제39조에 따른 능

제75조(보조금의 지급) ① 농토구입대부 또는 주택대부(대지구입대부와 주택개량대부는 제외한다)를 받는 자로서 다음 각 호의 어느 하나에 해당하는 자에게는 법 제55조에 따라 보조금을 지급할 수 있다.

1. 천재지변·재해 또는 이에 준하는 사유로 농토·주택등이 유실되거나 훼손된 자

2. 생계가 극히 곤란하여 대부금만으로 대부의 목적 달성이 곤란한 자

력개발 장려금 · 지원비, 제42조 및 제42조의2에 따른 의료지원비, 제55조에 따른 보조금 및 제63조의2에 따른 요양지원에 대한 보조금(이하 "보훈급여금등"이라 한다)을 환수하되, 제1호에 해당하는 경우 납부 의무자의 귀책사유가 있는 때에는 그가 받은 보훈급여금등에 대통령령으로 정하는 이자를 붙여 환수하여야 한다. 다만, 상속인의 경우 상속으로 받은 재산의 한도에서 납부할 의무를 진다.〈개정 2009. 2. 6., 2011. 9. 15., 2021. 4. 20., 2022. 12. 16., 2023. 3. 4.〉

1. 거짓이나 그 밖의 부정한 방법으로 보상을 받은 경우

2. 보상을 받은 후 그 보상을 받게 된 사유가 소급하여 소멸한 경우

3. 잘못 지급된 경우

② 국가보훈부장관은 제1항에 따라 환수금을 내야 할 사람이 기한까지 내지 아니하면 대통령령으로 정하는 바에 따라 연체금을 징수하여야 한다.〈신설 2022. 12. 16., 2023. 3. 4.〉

③ 국가보훈부장관은 제1항 또는 제2항에

② 제1항에 따른 보조금을 받으려는 자는 국가보훈부령으로 정하는 보조금 지급 신청서에 사업계획서 및 피해상황 확인서(제1항제1호의 경우에만 해당한다)를 첨부하여 국가보훈부장관에게 제출하여야 한다.〈개정 2012. 6. 27., 2023. 5. 23.〉

③ 국가보훈부장관은 제2항의 신청서를 받으면 30일 이내에 보조금 지급 여부를 결정하고, 그 결과를 신청인에게 알려야 한다.〈개정 2012. 6. 27., 2023. 5. 23.〉

[전문개정 2009. 8. 13.]

따라 환수금이나 연체금을 내야 할 사람이 기한까지 내지 아니하면 국세강제징수의 예에 따라 징수할 수 있다.〈개정 2022. 12. 16., 2023. 3. 4.〉 ④ 국가보훈부장관은 제1항부터 제3항까지에 따라 환수금이나 연체금을 환수 또는 징수할 때 이를 내야 할 사람이 행방불명이거나 재산이 없거나 그 밖에 불가피한 사유로 환수 또는 징수가 불가능하다고 인정되는 경우에는 결손처분(缺損處分)할 수 있다.〈개정 2022. 12. 16., 2023. 3. 4.〉 [전문개정 2008. 3. 28.]	
제76조(반환의무의 면제) ① 국가보훈부장관은 이 법에 따라 보상을 받은 자가 제75조제1항제2호에 해당하는 경우 그 보상받은 원인이 그에게 책임이 없는 사유로 인한 것이면 제75조에도 불구하고 그가 받은 보훈급여금 등을 환수하지 아니하고 면제할 수 있다.〈개정 2023. 3. 4.〉 ② 제1항에 따른 면제의 경우 그 범위는 대통령령으로 정한다. [전문개정 2008. 3. 28.]	제76조(감정원의 임명 등) ① 국가보훈부장관은 담보재산, 대부대상자를 위하여 건축한 주택이나 그 건축을 목적으로 확보한 대지와 법 제61조제1항에 따라 매수한 담보재산의 평가를 하게 하기 위하여 소속 공무원 중에서 감정원을 임명한다.〈개정 2012. 6. 27., 2023. 5. 23.〉 ② 제1항에 따른 감정원의 자격, 감정가격의 결정기준, 그 밖에 필요한 사항은 국가보훈부장관이 정한다.〈개정 2023. 5. 23.〉

	[전문개정 2009. 8. 13.]	
제77조(자료의 제공 요청 등) ① 국가보훈부장관은 다음 각 호의 사무를 수행하기 위하여 주민등록정보, 가족관계등록사항, 재외국민등록사항, 군복무에 관한 자료, 국세 · 지방세에 관한 자료, 소득 · 재산에 관한 자료, 국민연금 · 건강보험 등 각종 연금 · 보험에 관한 자료, 생계급여 · 주거급여 · 의료급여 · 교육급여 수급에 관한 자료, 출입국 정보 등을 관계 기관의 장에게 요청할 수 있다. 이 경우 요청을 받은 관계 기관의 장은 정당한 사유가 없으면 그 요청에 따라야 한다.〈개정 2023. 3. 4., 2023. 7. 11., 2024. 2. 13., 2025. 1. 21.〉 1. 제6조에 따른 국가유공자, 그 유족 또는 가족의 등록 2. 제6조의2에 따른 국가유공자, 그 유족 또는 가족의 변동신고에 관한 사무 3. 제11조에 따른 보훈급여금의 지급 3의2. 제14조의2에 따른 생활조정수당의 지급 4. 제14조의3제1항에 따른 생활조정수당 수급권의 발생 또는 상실의 확인을 위한 조	제77조 삭제〈2008. 9. 26.〉	

사(제22조제4항 후단에 따라 준용되는 경우를 포함한다)

5. 제25조제3항에 따른 사립인 대학등에 대한 수업료등의 보조

6. 제33조제2항 및 제33조의3제2항에 따른 취업지원 실시기관에 대한 채용 또는 고용 실태 확인

6의2. 제42조제7항에 따른 진료비용 중 약제비용의 지급

7. 제52조제2항에 따른 대부

8. 제56조제3항·제5항 및 제6항에 따른 담보제공 및 채권보전

9. 제62조에 따른 대부의 승계에 관한 사무

10. 제63조의2에 따른 요양지원에 대한 보조

11. 제68조에 따른 주택의 우선 공급

11의2. 제68조의3에 따른 장례서비스의 제공

12. 제75조에 따른 보훈급여금 등의 환수 및 결손처분

13. 제78조에 따른 보상의 정지

14. 제79조에 따른 법 적용 대상으로부터

법률	시행령	시행규칙
의 배제 ② 국가보훈부장관은 제1항에 따른 자료 또는 정보의 확인을 위하여 「사회복지사업법」 제6조의2제1항에 따른 정보시스템을 연계하여 사용할 수 있다.〈개정 2021. 6. 8., 2023. 3. 4.〉 ③ 제1항 및 제2항에 따른 사무를 수행하거나 수행하였던 사람은 제1항에 따른 자료 또는 정보를 이 법에서 정한 목적 외의 용도로 조회·사용하거나 다른 사람 또는 기관에 제공하거나 누설해서는 아니 된다. ④ 제1항에 따라 요청할 수 있는 자료 또는 정보의 구체적인 범위는 대통령령으로 정한다. [전문개정 2017. 10. 31.]		
제78조(보상의 정지) ① 국가보훈부장관은 국가유공자가 이 법 또는 이 법에 따른 명령을 위반하거나 대통령령으로 정하는 품위손상행위를 한 경우에는 보훈심사위원회의 의결을 거쳐 3년의 범위에서 기간을 정하여 이 법 또는 다른 법률에 따라 그가 받을 수 있는 보상의 전부 또는 일부를 하지 아니한다.	제78조(담보재산의 대체) ① 법 제56조제7항이나 제8항에 따라 담보재산을 대체하려는 자는 담보재산 대체신청서에 국가보훈부령으로 정하는 서류를 첨부하여 국가보훈부장관에게 제출하여야 한다.〈개정 2023. 5. 23.〉 ② 국가보훈부장관은 제1항에 따른 신청서를 받으면 5일 이내에 그 승인 여부를 결	

<table>
<tr>
<td>〈개정 2023. 3. 4.〉
② 국가보훈부장관은 국가유공자가 대통령령으로 정하는 죄를 범하여 금고 이상의 실형을 선고받고 그 형이 확정된 경우에는 그 확정된 날이 속하는 달의 다음 달부터 선고받은 실형의 기간 동안 그가 받을 보훈급여금을 지급하지 아니한다.〈개정 2011. 9. 15., 2023. 3. 4.〉
[전문개정 2008. 3. 28.]</td>
<td>정하고, 그 결과를 신청인에게 알려야 한다.〈개정 2023. 5. 23.〉
③ 대부금으로 취득한 농토 또는 주택의 매각이 불가피하여 매각하고 동일한 용도의 부동산을 매입하게 되어 제2항의 담보재산의 대체승인을 받은 자는 대체하여야 할 담보재산에 대하여 법 제56조제2항에 따른 담보제공 절차를 밟아야 한다.
④ 국가보훈부장관은 제3항에 따른 절차가 완료되었을 때에는 처음에 담보로 제공된 재산에 대하여 법 제56조제9항에 따른 저당권말소등의 절차를 밟아야 한다.〈개정 2023. 5. 23.〉
[전문개정 2009. 8. 13.]</td>
</tr>
<tr>
<td>제79조(이 법 적용 대상으로부터의 배제) ① 국가보훈부장관은 이 법을 적용받고 있거나 적용받을 국가유공자가 다음 각 호의 어느 하나에 해당하면 이 법의 적용 대상에서 제외하고 이 법 또는 다른 법률에 따라 국가유공자, 그 유족 또는 가족이 받을 수 있는 모든 보상을 하지 아니한다.〈개정 2010. 4. 15., 2011. 9. 15., 2012. 12. 18., 2013.</td>
<td>제79조 삭제〈2009. 8. 13.〉</td>
</tr>
</table>

4. 5., 2016. 1. 6., 2017. 10. 31., 2018. 1. 16., 2021. 6. 8., 2023. 3. 4.〉

1. 「국가보안법」을 위반하여 금고 이상의 실형을 선고받고 그 형이 확정된 사람

2. 「형법」 제87조부터 제90조까지, 제92조부터 제101조까지 또는 제103조를 위반하여 금고 이상의 실형을 선고받고 그 형이 확정된 사람

3. 다음 각 목의 어느 하나에 해당하는 죄를 범하여 금고 1년 이상의 실형을 선고받고 그 형이 확정된 사람

가. 「형법」 제250조부터 제253조까지의 죄 또는 그 미수죄, 제264조의 죄, 제279조의 죄 또는 그 미수죄, 제285조의 죄 또는 그 미수죄, 제287조부터 제292조까지 및 제294조의 죄, 제297조, 제297조의2, 제298조부터 제301조까지, 제301조의2, 제302조, 제303조와 제305조의 죄, 제332조의 죄(제329조부터 제331조까지의 상습범으로 한정한다) 또는 그 미수죄, 제333조부터 제336조까지의 죄 또는 그 미수죄, 제337조부터 제339조까지의 죄 또는 제337조 · 제338조 전단 · 제

339조의 미수죄, 제341조의 죄 또는 그 미수죄, 제351조(제347조, 제347조의2, 제348조, 제350조, 제350조의2의 상습범으로 한정한다)의 죄 또는 그 미수죄, 제363조의 죄

나. 법률 제13718호로 개정되기 전의 「폭력행위 등 처벌에 관한 법률」 제2조제1항, 제3조제3항 및 제6조(제2조제1항과 제3조제3항의 미수범으로 한정한다)의 죄

다. 「특정범죄가중처벌 등에 관한 법률」 제5조, 제5조의2, 제5조의4 및 제5조의5의 죄

라. 「특정경제범죄 가중처벌 등에 관한 법률」 제3조의 죄

마. 「성폭력범죄의 처벌 등에 관한 특례법」 제3조부터 제10조까지 및 제15조(제3조부터 제9조까지의 미수범으로 한정한다)의 죄

바. 「아동·청소년의 성보호에 관한 법률」 제7조, 제8조 및 제11조부터 제16조까지의 규정에 따른 죄

사. 「군사기밀 보호법」 제11조, 제11조의2, 제12조, 제13조, 제13조의2 및 제15조의 죄

아. 「전기통신사업법」 제95조의2제1호의2 및 제1호의3의 죄

4. 「국가공무원법」 제2조 및 「지방공무원법」 제2조에 규정된 공무원과 국가나 지방자치단체에서 일상적으로 공무에 종사하는 대통령령으로 정하는 직원으로서 재직기간 중 직무와 관련된 「형법」 제129조부터 제133조까지, 제355조부터 제357조까지의 죄, 「특정범죄 가중처벌 등에 관한 법률」 제2조 및 제3조의 죄를 범하여 금고 1년 이상의 형을 선고받고 그 형이 확정된 사람

5. 상습적으로 대통령령으로 정하는 품위손상행위를 한 사람

② 국가보훈부장관은 이 법을 적용받고 있거나 적용받을 국가유공자의 유족이나 가족이 제1항 각 호의 어느 하나에 해당하면 이 법의 적용 대상에서 제외하고 그가 받을 수 있는 모든 보상을 하지 아니한다.〈개정 2011. 9. 15., 2023. 3. 4.〉

③ 국가보훈부장관은 제1항에 따라 이 법의 적용 대상에서 제외된 사람이 다음 각 호의 어느 하나에 해당하게 되면 그 뉘우친 정도가 현저하다고 인정되는 경우에만 제6조에 따라 등록신청을 받아 이 법의 적용 대상자

로 결정하여 보상을 할 수 있다. 다만, 제1항 제2호에 해당하는 경우에는 그러하지 아니하다.〈개정 2009. 2. 6., 2016. 5. 29., 2023. 3. 4.〉

1. 금고 이상의 형을 선고받은 경우에는 그 집행이 끝나거나 집행을 받지 아니하기로 확정된 날부터 3년이 지난 경우

2. 삭제〈2009. 2. 6.〉

3. 제1호 외의 경우에는 이 법의 적용 대상에서 제외된 날부터 2년이 지난 경우

④ 국가보훈부장관은 제1항제5호에 해당하는 사유로 국가유공자, 그 유족 또는 가족을 이 법의 적용 대상에서 제외하거나 제3항에 따라 이 법의 적용 대상에서 제외된 자를 이 법의 적용 대상자로 결정할 때에는 보훈심사위원회의 의결을 거쳐야 한다.〈개정 2011. 9. 15., 2016. 5. 29., 2023. 3. 4.〉

⑤ 국가보훈부장관은 제78조제2항에 따라 보상을 정지하거나 제1항과 제2항에 따라 이 법의 적용 대상에서 제외하려는 경우에는 국가유공자, 그 유족 또는 가족의 범죄경력자료 또는 교정시설 수용 정보를 관계 기관의 장

에게 요청할 수 있다.〈개정 2017. 10. 31., 2022. 12. 16., 2023. 3. 4.〉 ⑥ 국가보훈부장관은 국가유공자, 그 유족 또는 가족이 제78조제2항에 따른 죄를 범하여 금고 이상의 실형을 선고받고 그 형이 확정되었는지 또는 이 조 제1항제1호부터 제4호까지의 어느 하나에 해당하는지를 연 1회 이상 확인하여야 한다. 이 경우 국가보훈부장관은 제5항에 따른 범죄경력자료 또는 교정시설 수용 정보를 관계 기관의 장에게 요청할 수 있다.〈신설 2022. 12. 16., 2023. 3. 4.〉 ⑦ 제5항 또는 제6항에 따라 범죄경력자료 또는 교정시설 수용 정보를 요청받은 관계 기관의 장은 정당한 사유가 없으면 그 요청에 따라야 한다.〈신설 2022. 12. 16.〉 [전문개정 2008. 3. 28.]		
제80조(국가유공자 지원단체조직 등의 제한) ① 누구든지 국가유공자, 그 유족 또는 가족을 지원한다는 명목으로 영리를 목적으로 하는 단체를 조직하거나 단체적인 행동 또는 개인적인 활동을 하여서는 아니 된다. ② 어떠한 단체든지 법률에 따르지 아니	제80조(채무의 인수) ① 경락인인 대부대상자가 경매에 부쳐진 다른 대부대상자의 담보재산에 대한 매수대금의 납입에 갈음하여 담보재산에 대한 대부금의 상환채무를 인수하려면 법 제60조제1항에 따라 채무인수승인신청서를 국가보훈부장관에게 제출하여야 한	

하고는 그 단체의 명칭에 이 법에 따른 국가유공자나 그 칭호로 오인될 우려가 있는 용어를 사용하여서는 아니 된다. [전문개정 2008. 3. 28.]	다.〈개정 2023. 5. 23.〉 ② 국가보훈부장관은 제1항에 따른 신청서를 받으면 그 승인 여부를 결정하고 그 결과를 신청인에게 알려야 한다.〈개정 2023. 5. 23.〉 [전문개정 2009. 8. 13.]
第81조(사법경찰권) 국가보훈부와 그 소속 기관의 공무원은 제42조, 제63조 및 제64조에 따른 시설에서 발생하는 국가유공자, 그 유족 또는 가족의 범죄에 관하여 「사법경찰관리의 직무를 수행할 자와 그 직무범위에 관한 법률」로 정하는 바에 따라 사법경찰관리의 직무를 수행한다.〈개정 2011. 9. 15., 2023. 3. 4.〉	第81조(담보재산의 매수가격등) ① 법 제61조제1항에 따라 경매에 부쳐진 담보재산을 매수하는 경우의 매수가격은 시가(時價)를 기준으로 하여 그 담보재산에 대한 채권액의 한도에서 국가보훈부장관이 정하는 가격으로 한다.〈개정 2023. 5. 23.〉 ② 제1항에 따라 매수한 재산을 처분하는 경우의 처분가격은 처분 당시의 시가를 기준으로 하여 국가보훈부장관이 정하는 가격으로 한다.〈개정 2023. 5. 23.〉 ③ 국가보훈부장관은 제1항 및 제2항의 가격을 결정할 때 필요하다고 인정하는 경우에는 공인된 감정평가 기관에 그 평가를 의뢰할 수 있다.〈개정 2023. 5. 23.〉 [전문개정 2009. 8. 13.]
第82조 삭제〈2011. 9. 15.〉	第82조(매수재산의 처분 등) ① 국가보훈부

	장관은 법 제61조에 따라 경매에 부쳐진 담보재산을 매수한 경우 그 매수재산을 처분 시까지 임대하거나 그 처분 또는 임대 시까지 관리인을 두어 관리하게 할 수 있다. 이 경우 예산의 범위에서 관리인에게 보수와 관리재산의 유지·보존에 필요한 경비를 지급할 수 있다.〈개정 2023. 5. 23.〉 ② 제1항에 따른 매수재산의 처분은 일반경쟁입찰로 한다. 다만, 제1항에 따라 임대한 매수재산을 그 임대를 받은 자에게 처분하는 경우에는 수의계약(隨意契約)으로 할 수 있다. ③ 매수재산의 처분대금은 일시에 전액을 납부하게 하여야 한다. 다만, 대부대상자에게 매수재산을 처분하는 경우에는 연 5퍼센트의 범위에서 국가보훈부장관이 정하는 이자를 더하여 5년 이내에 분할 납부하게 할 수 있다.〈개정 2023. 5. 23.〉 [전문개정 2009. 8. 13.]	
제82조의2 삭제〈2011. 9. 15.〉		
제82조의3 삭제〈2011. 9. 15.〉		
제82조의4 삭제〈2011. 9. 15.〉		
제82조의5 삭제〈2011. 9. 15.〉		

제82조의6(관계 기관 등에 대한 협조 요청) ① 국가보훈부장관은 국가유공자 등의 등록 업무에 필요하면 국방부장관에게 의무장교의 파견을 요청할 수 있다.〈개정 2023. 3. 4.〉 ② 국가보훈부장관은 국가유공자 등의 등록·보상 등, 현충시설의 건립·관리, 그 밖에 이 법 시행에 필요하면 관계 행정기관, 법인·단체 또는 현충시설의 소유자 등에게 필요한 협조를 요청할 수 있다.〈개정 2023. 3. 4.〉 [전문개정 2008. 3. 28.]	
제82조의7(포상금의 지급) ① 국가보훈부장관은 다음 각 호의 어느 하나에 해당하는 사람을 신고한 사람에게는 예산의 범위에서 신고포상금을 지급할 수 있다.〈개정 2022. 12. 16., 2023. 3. 4.〉 1. 제6조를 위반하여 거짓이나 그 밖의 부정한 방법으로 국가유공자, 그 유족 또는 가족으로 등록한 사람 2. 제6조의2를 위반하여 부정하게 보훈급여금을 수령한 사람 3. 제6조의3을 위반하여 거짓이나 그 밖의 부정한 방법으로 상이등급 판정을 받은	

사람 ② 제1항에 따른 신고요건, 포상금 지급의 기준·방법 및 절차 등에 관하여 필요한 사항은 대통령령으로 정한다. [본조신설 2011. 9. 15.]		
제83조(위임 및 위탁) ① 이 법에 따른 국가보훈부장관의 권한은 대통령령으로 정하는 바에 따라 그 일부를 그 소속 기관의 장 또는 제주특별자치도지사에게 위임하거나 다른 행정기관의 장에게 위탁할 수 있다.〈개정 2017. 10. 31., 2023. 3. 4.〉 ② 국가보훈부장관은 대통령령으로 정하는 바에 따라 보훈급여금 등의 지급에 관한 사무와 대부업무수행에 관한 사무를 체신관서 또는 은행에 위탁할 수 있다.〈개정 2010. 5. 17., 2015. 12. 22., 2023. 3. 4.〉 ③ 국가보훈부장관은 대통령령으로 정하는 바에 따라 전상군경과 공상군경 등에 대한 신체검사에 관한 사무를 보훈병원의 장에게 위탁할 수 있다.〈개정 2021. 4. 20., 2023. 3. 4.〉 [전문개정 2008. 3. 28.]	제83조(대부의 승계신고) 대부를 받은 자가 사망한 경우에 그 재산상속인이 법 제62조제2항에 따라 대부에 관한 채무 승계의 신고를 할 때에는 상속개시일로부터 3개월 이내에 채무승계신고서에 국가보훈부령으로 정하는 서류를 첨부하여 국가보훈부장관에게 제출하여야 한다.〈개정 2023. 5. 23.〉	

제84조 삭제〈2008. 3. 28.〉

제84조(납입의 고지) 국가보훈부장관은 대부원리금과 매수재산의 처분대금 등을 납입하게 하려면 그 대상자에게 납입고지를 하여야 한다. 이 경우 국가보훈부장관은 기일 내에 납입을 하지 아니하는 자에 대해서는 지체없이 납입독촉고지를 하여야 한다.〈개정 2023. 5. 23.〉

제7장 그 밖의 지원

제84조의2(부양능력이 없는 경우) 법 제63조 전단 및 제64조 본문에서 "대통령령으로 정하는 부양능력이 없는 경우"란 각각 다음 각 호의 어느 하나에 해당하는 경우를 말한다.〈개정 2009. 12. 7., 2013. 12. 4., 2016. 6. 21., 2020. 6. 30., 2020. 8. 4., 2023. 5. 23.〉

1. 부양의무자가 별표 2의 장애인장애구분표에 해당하는 심신장애가 있는 경우
2. 부양의무자가 현역병(지원에 의하지 아니한 부사관 및 상근예비역으로 소집된 자, 「병역법」 제2조제1항제10호 또는 제17호의2에 따른 사회복무요원 또는 대체복무요원으

로 소집된 자, 같은 법 제25조에 따라 전환복무된 사람을 포함한다)으로서 의무복무 기간 중에 있거나 1년 이상 행방불명인 경우

3. 부양의무자가 취학·생계곤란 등의 사유로 인하여 국가보훈부장관이 부양능력이 없다고 인정하는 경우

[전문개정 2009. 8. 13.]

제84조의3(요양지원에 대한 보조금 지급대상 및 보조비율 등) ① 법 제63조의2제1항에 따른 요양지원에 대한 보조금 지급대상 및 보조비율은 별표 9의2와 같다.

② 법 제63조의2제1항 각 호에 해당하는 사람이 같은 조 제2항에 따라 요양지원에 대한 보조금 지급을 신청하려는 경우에는 요양지원 보조금 지급 신청서에 국가보훈부령으로 정하는 서류를 첨부하여 국가보훈부장관에게 제출하여야 한다.〈개정 2023. 5. 23.〉

③ 제1항 및 제2항에서 규정한 사항 외에 요양지원 보조에 필요한 사항은 국가보훈부장관이 정한다.〈개정 2023. 5. 23.〉

[본조신설 2012. 6. 27.]

제85조(수송시설의 이용대상 등) ① 다음 각

제10장 벌칙

제85조(벌칙) ① 다음 각 호의 어느 하나에 해당하는 사람은 5년 이하의 징역 또는 5천만원 이하의 벌금에 처한다.〈개정 2011. 9. 15., 2017. 10. 31.〉

1. 거짓이나 그 밖의 부정한 방법으로 이 법에 따른 보상을 받거나 보상을 받게 한 사람
2. 제14조의4제6항(제22조제4항 후단, 제63조의2제2항 후단 및 제68조제3항 후단에서 준용하는 경우를 포함한다)을 위반하여 금융정보등을 사용·제공 또는 누설한 사람
3. 제77조제3항을 위반하여 자료 또는 정보를 조회·사용·제공 또는 누설한 사람

② 제1항제1호의 미수범은 처벌한다.〈개정 2011. 9. 15.〉

③ 삭제〈2017. 10. 31.〉

④ 제80조제1항을 위반한 사람은 3년 이하의 징역 또는 300만원 이하의 벌금에 처한다.〈개정 2011. 9. 15.〉

[전문개정 2008. 3. 28.]

호의 어느 하나에 해당하는 자는 국가·지방자치단체 또는 제3항에 따른 공공기관의 수송시설을 무료로 이용하게 한다. 다만, 거짓이나 그 밖의 부정한 방법으로 수송시설을 이용하거나 타인에게 이용하게 한 자에 대해서는 3년간 그 이용을 정지할 수 있다.

1. 법 제66조에 규정된 국가유공자
2. 상이등급 1급에 해당하는 전상군경, 공상군경, 4·19혁명부상자, 공상공무원 및 특별공로상이자를 직접 보호하여 수송시설을 이용하는 자 1명

② 제1항에 따라 무료로 이용할 수 있는 국가·지방자치단체 또는 제3항에 따른 공공기관의 수송시설의 종류와 그 밖에 수송시설의 이용에 필요한 사항은 국가보훈부장관이 해당 국가기관·지방자치단체 또는 공공기관의 장과 협의하여 정한다.〈개정 2023. 5. 23.〉

③ 법 제66조제1항에서 “대통령령으로 정하는 공공기관”이란 「한국철도공사법」 제2조에 따른 한국철도공사와 「도시철도법」 제2조제4호에 따른 도시철도사업을 위하여 「지방공기업법」에 따라 설립된 지방공사인 도시철

도공사를 말한다.〈개정 2014. 7. 7., 2020. 8. 4.〉

[전문개정 2009. 8. 13.]

제86조(과태료) ① 제34조제3항에 따라 고용할 것을 명하였으나 정당한 사유 없이 이에 따르지 아니한 자에게는 1천만원 이하의 과태료를 부과한다.〈개정 2009. 2. 6., 2011. 9. 15., 2018. 6. 12.〉

② 다음 각 호의 어느 하나에 해당하는 자에게는 300만원 이하의 과태료를 부과한다.〈개정 2011. 9. 15.〉

1. 제33조의3제1항에 따른 신고를 하지 아니하거나 거짓 신고를 한 자

2. 제33조의3제2항에 따른 설명 요구를 따르지 아니하거나 거짓 진술을 한 자 또는 자료의 제출을 거부·방해 또는 기피한 자

3. 제36조제2항에 따른 시정요구를 따르지 아니한 자

4. 제80조제2항을 위반하여 국가유공자단체와 유사한 명칭을 사용한 자

③ 제1항 및 제2항에 따른 과태료는 대통령령으로 정하는 바에 따라 국가보훈부장관

제86조(고궁 등의 이용지원) ① 다음 각 호의 어느 하나에 해당하는 사람에게는 법 제67조에 따라 국가나 지방자치단체가 관리하는 고궁이나 공원 등의 시설을 무료 또는 할인된 요금으로 이용하게 하여야 한다.〈개정 2016. 6. 21.〉

1. 국가유공자와 그 배우자

2. 국가유공자의 유족 중 제8조에 따른 선순위자. 이 경우 선순위자가 국가유공자의 부 또는 모인 때에는 선순위자가 아닌 모 또는 부를 포함한다.

3. 국가유공자 중 애국지사와 상이등급 1급·2급 또는 3급에 해당하는 사람의 활동을 보조하는 사람 1명

② 제1항 각 호의 어느 하나에 해당하는 사람이 무료 또는 할인된 요금으로 이용할 수 있는 시설의 종류와 감면율은 별표 10과 같다.〈개정 2016. 6. 21.〉

③ 제1항제1호 및 제2호에 해당하는 사람

이 부과·징수한다.〈신설 2009. 2. 6., 2023. 3. 4.〉 [전문개정 2008. 3. 28.]	이 고궁이나 공원 등의 시설을 무료 또는 할인된 요금으로 이용하려는 경우 제101조제1항에 따른 국가보훈등록증(모바일 국가보훈등록증을 포함한다)을 해당 시설의 관리인에게 내보여야 한다.〈개정 2016. 6. 21., 2023. 5. 23.〉 [전문개정 2009. 8. 13.]
제87조 삭제〈2009. 2. 6.〉	제87조(주택의 우선 공급) ① 국가, 지방자치단체 또는 「주택법」 제54조에 따라 민영주택을 건설·공급하는 사업주체(이하 이 조에서 "주택공급자"라 한다)가 건설·공급하는 주택을 법 제68조제1항 또는 제2항에 따라 국가유공자와 그 유족 중 대부대상자(이하 이 조에서 "주택우선공급대상자"라 한다)에게 우선 공급하는 경우 구체적인 절차 및 방법은 「주택법」에서 정하는 바에 따른다.〈개정 2020. 8. 4.〉 ② 국가보훈부장관은 주택공급자가 제1항에서 정하는 바에 따라 주택우선공급대상자에게 주택을 우선 공급하는 경우 법 제68조제3항 전단에 따른 신청자 중에서 무주택기간, 생활수준, 희생·공헌도 등을 고려하여 국가

보훈부장관이 정하는 기준에 따라 주택 공급 물량에 맞게 대상자를 선정하여 주택공급자에게 추천하여야 한다.〈개정 2023. 5. 23.〉

[전문개정 2018. 4. 30.]

제88조 삭제〈2006. 2. 16.〉

제88조의2 삭제〈2021. 10. 19.〉

제88조의3(생업지원) ① 법 제68조의2제1항 후단에 따른 공공단체의 범위는 다음 각 호의 어느 하나에 해당하는 경우로 한다.

1. 공공기관

2. 「지방공기업법」 제49조에 따른 지방공사와 같은 법 제76조에 따른 지방공단

3. 특별법에 따라 설립된 법인

② 삭제〈2013. 10. 30.〉

③ 국가, 지방자치단체 및 제1항에 따른 기관이 법 제68조의2제1항에 따라 소관 공공시설에서 매점의 운영이나 자동판매기의 설치를 국가유공자와 그 유족 등에게 허가하기 위하여 「국유재산법」 제31조제1항 단서 또는 「공유재산 및 물품 관리법」 제20조제2항 단서에 따라 소관 행정재산의 사용·수익을 허가하려는 경우에는 「국유재산법 시행령」

제27조제3항 또는 「공유재산 및 물품 관리법 시행령」 제13조제3항에 따른 수의계약으로 사용·수익자를 결정할 수 있다.〈신설 2013. 10. 30.〉

[본조신설 2008. 9. 26.]

[제목개정 2013. 10. 30.]

제88조의4(자활용사촌의 지정) ① 국가보훈부장관은 법 제4조제1항제4호 및 제6호에 해당하는 전상군경 및 공상군경 중 상이등급 1급에 해당하는 자(이하 "전·공상군경 1급 중상이자"라 한다)의 자활을 촉진하기 위하여 전·공상군경 1급 중상이자 20명 이상이 동일한 행정구역(「지방자치법」에 따른 동 또는 리를 말한다)에 마을 단위로 거주하고 있는 경우 그 마을을 자활용사촌(自活勇士村)으로 지정하여 행정상·재정상의 지원할 수 있다. 〈개정 2023. 5. 23.〉

② 제1항에 따른 자활용사촌의 지정 및 지원에 필요한 사항은 국가보훈부장관이 정한다.〈개정 2023. 5. 23.〉

[본조신설 2009. 8. 13.]

제88조의5(연수교육 업무의 위탁) 국가보훈부

장관은 법 제69조제2항에 따라 같은 조 제1항에 따른 연수교육에 관한 업무를 한국보훈복지의료공단에 위탁한다.〈개정 2023. 5. 23.〉

제8장 국가유공자에 준하는 군경 등에 대한 지원

제89조 삭제〈1998. 8. 21.〉

제90조 삭제〈1998. 8. 21.〉

제90조의2 삭제〈1998. 8. 21.〉

제91조 삭제〈1998. 8. 21.〉

제92조 삭제〈1998. 8. 21.〉

제93조 삭제〈1998. 8. 21.〉

제93조의2 삭제〈1998. 8. 21.〉

제94조(상이등급의 구분) 법 제73조에 따라 공상군경에 준하여 보상을 받을 수 있는 6·18자유상이자의 상이등급은 법 제6조의4 및 이 영 제14조제1항의 상이등급으로 한다.

제94조의2(의료지원 대상이 되는 상이등급의 판정을 받지 못한 사람) 법 제73조의2에 따른 의료지원을 받을 수 있는 사람은 법 제6조의3에 따라 국가보훈부장관이 실시하는 신

체검사에서 상이등급의 판정을 받지 못하여 다음 각 호의 어느 하나에 해당되지 못한 사람으로 한다.〈개정 2023. 5. 23.〉

1. 법 제4조제1항제4호에 따른 전상군경
2. 법 제4조제1항제6호에 따른 공상군경
3. 법 제4조제1항제12호에 따른 4·19혁명부상자
4. 법 제4조제1항제15호에 따른 공상공무원
5. 법 제4조제1항제17호에 따른 특별공로상이자
6. 법 제73조 각 호의 어느 하나에 해당하는 6·18자유상이자
7. 법 제74조제1항에 따라 전상군경 또는 공상군경으로 보아 보상을 받는 사람

[본조신설 2016. 11. 29.]

제94조의3 삭제〈2012. 6. 27.〉

제94조의4(향토방위대원·애국단체원 등) 법 제74조제1항제3호에 따른 보상대상이 되는 동원된 자, 청년단원·향토방위대원·소방관·의용소방관·학도병, 그 밖의 애국단체원은 법 제4조제1항제3호부터 제6호까지의 규정에

	따른 군인이나 경찰공무원이 아닌 자로서 군부대나 경찰관서의 장에 의하여 전투 또는 이에 준하는 행위를 위하여 동원·징발 또는 채용된 자로 한다.	
	제8장의2 보훈심사위원회 제94조의5(보훈심사위원회 회의의 구성 및 운영) ① 보훈심사위원회의 회의는 위원장·상임위원 및 위원장이 회의마다 지정하는 위원을 포함하여 총 11명의 위원으로 구성한다. ② 보훈심사위원회의 회의는 제1항에 따른 구성원 과반수의 출석과 출석위원 과반수의 찬성으로 의결한다. ③ 보훈심사위원회의 회의는 필요한 경우 인터넷 등 정보통신망을 활용한 사이버 공간에서의 회의(이하 "전자회의"라 한다)로 개최할 수 있다.〈신설 2020. 12. 1.〉 [본조신설 2012. 6. 27.] [제목개정 2020. 12. 1.]	
	제94조의6(위원장의 직무) ① 보훈심사위원회의 위원장(이하 "위원장"이라 한다)은 보훈심사위원회를 대표하고, 보훈심사위원회의 사무를	

총괄하며, 소속 공무원을 지휘 · 감독한다.

② 위원장이 부득이한 사유로 그 직무를 수행할 수 없을 때에는 상임위원 중 호선(互選)에 의하여 선임된 위원이 그 직무를 대행한다.

③ 위원장은 보훈심사위원회의 원활한 운영을 위하여 필요하다고 인정할 때에는 특정 위원에게 미리 지정한 안건을 검토하여 보훈심사위원회에 보고하게 할 수 있다.

④ 위원장은 보훈심사위원회의 회의를 소집하고 그 의장이 된다.

[본조신설 2012. 6. 27.]

제94조의7(분과위원회의 설치 등) ① 법 제74조의7에 따라 보훈심사위원회에 6개의 분과위원회를 둔다. 이 경우 위원장은 국가유공자의 적용대상 또는 상이 · 질병 등의 의학적 분류를 고려하여 분과위원회의 전문분야를 구분할 수 있다.

② 각 분과위원회의 회의는 상임위원 1명과 위원장이 회의마다 지정하는 위원을 포함하여 총 7명의 위원으로 구성한다.

③ 분과위원회의 위원장(이하 "분과위원장"이라 한다)은 위원장이 지정하는 상임위원

	또는 비상임위원이 되고, 분과위원회의 사무를 총괄한다. ④ 분과위원장은 분과위원회의 회의를 소집하고 그 의장이 된다. ⑤ 분과위원회의 회의는 제2항에 따른 구성원 과반수의 출석과 출석위원 과반수의 찬성으로 의결한다. ⑥ 분과위원회의 회의는 필요한 경우 전자회의로 개최할 수 있다.〈신설 2020. 12. 1.〉 [본조신설 2012. 6. 27.]	
	제94조의8(전문위원회 구성ㆍ운영 등) ① 법 제74조의7제3항에 따른 전문위원회는 위원장 1명을 포함한 7명의 위원으로 구성하고, 위원은 다음 각 호의 어느 하나에 해당하는 사람 중에서 위원장이 임명하거나 위촉한다. 1. 보훈심사위원회의 위원 2. 법 제74조의5제1항제14호에 따른 업무에 관하여 학식과 경험이 풍부한 사람 ② 전문위원회의 위원장(이하 "전문위원장"이라 한다)은 제1항에 따른 위원 중에서 위원장이 지정한다. ③ 전문위원장은 전문위원회의 회의를 소	

집하고 그 의장이 된다.

[본조신설 2012. 6. 27.]

제94조의9(자료의 제출 등을 요구받는 사람) 법 제74조의8제1항제8호에서 "대통령령으로 정하는 사람"이란 신청인을 진료한 의사 등 법 제74조의5제1항 각 호의 사항에 대한 심의·의결과 직접 관련된 관계인을 말한다.

제94조의10(간사) ① 보훈심사위원회 및 분과위원회의 사무 처리를 위하여 보훈심사위원회 및 분과위원회에 각각 간사 1명을 둔다.

② 간사는 위원장이 소속 공무원 중에서 지정한다.

[본조신설 2012. 6. 27.]

제94조의11(위원의 수당 등) ① 보훈심사위원회, 분과위원회 또는 전문위원회에 출석하거나 안건을 검토한 비상임위원 또는 외부 전문가에게는 예산의 범위에서 출석수당, 안건검토수당 및 여비 등을 지급할 수 있다.

② 분과위원장 및 전문위원장으로서 회의를 주재한 비상임위원에게는 예산의 범위에서 회의운영수당을 추가로 지급할 수 있다.

[본조신설 2012. 6. 27.]

제94조의12(국민참여단의 구성) ① 법 제74조의19제2항에 따른 참여단(이하 "국민참여단"이라 한다)은 100명 이내의 단원으로 구성한다.

② 국민참여단의 단원(이하 "단원"이라 한다)은 국가보훈에 관한 지식과 관심이 있는 성년인 사람 중에서 위원장이 위촉하는 사람이 된다.

③ 단원의 임기는 2년으로 하며, 한 차례만 연임할 수 있다.

④ 위원장은 단원이 다음 각 호의 어느 하나에 해당하는 경우에는 해당 단원을 해촉(解囑)할 수 있다.

1. 심신장애로 직무를 수행할 수 없게 된 경우

2. 국민참여단의 업무와 관련된 비위사실이 있는 경우

3. 국민참여단 업무의 수행 과정에서 알게 된 비밀을 누설하는 경우

4. 제94조의13제1항에 따라 보훈심사위원회 심의 과정에 참여할 단원으로 선정되었음에도 정당한 사유 없이 해당 심의 과정에

참여하지 않은 경우

5. 제94조의13제3항을 위반하여 보훈심사위원회의 심의 과정에 참여한 경우

6. 품위손상이나 그 밖의 사유로 단원으로 적합하지 않다고 인정되는 경우

7. 단원 스스로 국민참여단의 업무를 수행하기 어렵다는 의사를 밝히는 경우

[본조신설 2021. 10. 19.]

[종전 제94조의12는 제94조의14로 이동 〈2021. 10. 19.〉]

제94조의13(국민참여단의 운영) ① 위원장은 법 제74조의5제1항 각 호의 사항에 관한 보훈심사위원회의 심의 과정에 5명 이상 9명 이하의 단원을 선정하여 참여하게 할 수 있다.

② 위원장은 단원이 다음 각 호의 어느 하나에 해당하는 경우에는 보훈심사위원회의 심의 과정에 참여하는 단원으로 선정해서는 안 된다.

1. 단원 또는 그 배우자나 배우자였던 사람이 심의 안건의 당사자가 되거나 그 안건의 당사자와 공동권리자 또는 공동의무자인 경우

	2. 단원이 심의 안건의 당사자와 친족이거나 친족이었던 경우 3. 단원이 심의 안건에 관하여 증언, 진술, 자문, 연구, 용역 또는 감정을 한 경우 4. 단원이나 단원이 속한 법인·단체 등이 심의 안건 당사자의 대리인이거나 대리인이었던 경우 ③ 단원은 제2항 각 호의 어느 하나에 해당하는 경우에는 보훈심사위원회에 그 사실을 알리고 보훈심사위원회의 심의 과정에 참여하지 않아야 한다. ④ 제1항에 따라 보훈심사위원회의 심의 과정에 참여한 단원에게는 예산의 범위에서 수당 및 교통비를 지급할 수 있다. [본조신설 2021. 10. 19.]	
	제94조의14(운영세칙) 제94조의5부터 제94조의13까지에서 규정한 사항 외에 보훈심사위원회, 분과위원회, 전문위원회 및 국민참여단의 운영에 필요한 사항은 보훈심사위원회의 의결을 거쳐 위원장이 정한다.〈개정 2021. 10. 19.〉	

제9장 보칙

제95조(보훈급여금등의 환수) ① 국가보훈부장관은 법 제75조제1항에 따라 보훈급여금등과 그 이자(이하 "환수금"이라 한다)를 환수하는 처분(이하 이 조에서 "환수처분"이라 한다)을 하는 경우에는 그 보훈급여금등을 받은 사람(상속인을 포함하며, 법 제76조에 따라 보훈급여금등의 반환의무가 면제된 사람은 제외한다. 이하 이 조에서 "납부의무자"라 한다)에게 환수금 반납고지서를 보내야 한다. 이 경우 납부의무자는 환수금 반납고지서를 받은 날부터 30일 이내에 환수금을 내야 한다.

② 법 제75조제1항 각 호 외의 부분 본문에서 "대통령령으로 정하는 이자"란 보훈급여금등에 제1호의 이자율과 제2호의 기간을 곱하여 산정한 금액을 말한다.

1. 이자율: 「국세기본법 시행령」 제43조의3제2항 본문에 따른 이자율

2. 기간: 보훈급여금등을 받은 날이 속하는 달부터 환수처분의 통지를 한 날이 속하는 달의 직전 달까지의 개월 수. 다만, 환수처분의 통지 전에 보훈급여금등을 반환하는

경우에는 보훈급여금등을 받은 날이 속하는 달부터 이를 모두 반환한 날이 속하는 달의 직전 달까지의 개월 수로 한다.

③ 법 제75조제1항 각 호 외의 부분 단서에 따른 상속으로 받은 재산의 한도는 「국세기본법 시행령」 제11조제1항에 따라 산정한다.

④ 법 제75조제2항에 따른 연체금(이하 이 조에서 “연체금”이라 한다)은 환수금 납부기한(이 조 제5항에 따라 분할납부하는 경우에는 각 분할납부기한을 말하며, 제7항에 따라 분할납부 결정을 취소한 경우 그 취소 전에 분할납부기한이 도래하지 않은 분할납부금은 분할납부 취소일을 말한다) 다음 날부터 그 환수금을 모두 낸 날의 전날까지의 기간에 대하여 체납된 보훈급여금등에 연 100분의 5에 해당하는 이자율을 곱하여 산정한 금액으로 한다. 이 경우 연체금을 징수하는 기간은 60개월을 초과하지 못한다.

⑤ 납부의무자는 환수금을 분할납부하려는 경우에는 제1항 후단에 따른 납부기한까지 국가보훈부령으로 정하는 바에 따라 환수금 분할납부 신청서를 국가보훈부장관에게

제출해야 한다. 이 경우 국가보훈부장관은 환수금을 분할납부하게 하는 경우에는 그 결정을 한 날이 속하는 달의 다음 달부터 다음 각 호의 구분에 따른 횟수의 범위에서 매월 분할납부하게 할 수 있다.

1. 반납해야 할 금액이 1천만원 미만인 경우: 20회

2. 반납해야 할 금액이 1천만원 이상 2천만원 미만인 경우: 40회

3. 반납해야 할 금액이 2천만원 이상인 경우: 60회

⑥ 제5항에 따른 분할납부의 경우 그 이자 및 회당 분할납부금은 다음 각 호와 같다. 다만, 법 제75조제1항제3호에 해당하는 경우로서 국가보훈부장관의 착오나 누락으로 처음부터 보훈급여금등이 잘못 지급된 경우에는 분할납부에 따른 이자를 면제한다.

1. 분할납부 이자: 분할납부 기간 동안 내야 할 보훈급여금등에 제2항제1호에 따른 이자율을 곱하여 산정

2. 회당 분할납부금: 분할납부 횟수에 따라 환수금과 제1호의 분할납부 이자를 똑같

	이 나눈 금액 ⑦ 국가보훈부장관은 납부의무자가 분할 납부금을 연속하여 3회 이상 내지 않은 경우(일부를 내지 않은 경우를 포함한다)에는 분할납부 결정을 취소하고, 남은 환수금과 그 때까지 발생한 분할납부에 따른 이자 및 연체금을 한꺼번에 환수할 수 있다. [전문개정 2023. 6. 13.]	
	제96조(결손처분) 국가보훈부장관은 보훈급여금등을 반납할 자가 행방불명이거나 재산이 없거나, 그 밖에 불가피한 사유로 그 환수가 불가능하여 반납금의 결손처분을 하려는 때에는 보훈심사위원회의 의결을 거쳐야 한다. 〈개정 2012. 6. 27., 2023. 5. 23.〉	
	제97조(보훈급여금등의 반환의무의 면제사유) ① 법 제76조에 따라 보훈급여금등의 반환의무를 면제받을 수 있는 경우는 다음 각 호의 어느 하나에 해당하는 경우로 한다.〈개정 2023. 6. 13.〉 1. 전공사상자로 통보되었던 사람의 계급·군번·성명·등록기준지·사상일자 및 사상지역 등이 군기록 또는 경찰기록의 통보내용	

과 다른 경우

2. 전공사상자로 통보되었던 자의 사망구분과 전역구분이 비전공사상자로 정정통보된 경우

3. 전공사상자로 통보되었던 자가 살아 돌아오거나 살아 있음이 확인된 경우

4. 전공사상자로 통보되었던 자의 전공사상을 군기록이나 경찰기록상 확인할 수 없는 경우

5. 그 밖에 법에 따라 보상을 받은 자가 그에게 책임이 없는 사유로 국가유공자 등의 등록요건에 해당되지 아니한 것으로 확인된 경우

② 국가보훈부장관은 제1항의 보훈급여금 등의 반환의무면제사유가 발생되면 지체 없이 그 사실을 조사·확인하여야 하며, 그 반환의무를 면제하려는 경우에는 보훈심사위원회의 의결을 거쳐야 한다.〈개정 2012. 6. 27., 2023. 5. 23.〉

[전문개정 2009. 8. 13.]

제97조의2(자료의 제공 요청) 국가보훈부장관이 법 제77조제1항에 따라 관계 기관의 장에게 요청할 수 있는 자료 또는 정보의 구체적인 범위는 별표 10의2와 같다.〈개정 2023.

	5. 23.〉	
	제98조(품위손상행위 등) ① 법 제78조제1항 및 제79조제1항제5호에서 "대통령령으로 정하는 품위손상행위"란 각각 다음 각 호의 어느 하나에 해당하는 행위를 말한다.〈개정 2012. 6. 27.〉 1. 국가유공자가 그 신분을 이용하여 부당한 혜택을 강요하거나 알선하는 행위 2. 폭행ㆍ협박, 기물파손 또는 그 밖의 방법으로 부당하게 공무집행을 방해하는 행위 ② 법 제78조제2항에 따른 "대통령령으로 정하는 죄"란 「형법」에 규정된 죄를 말한다. 다만, 과실에 의한 경우는 제외한다. [전문개정 2009. 8. 13.]	
	제99조(보상정지대상자 등의 결정) ① 보훈심사위원회는 다음 각 호의 어느 하나에 해당하는 사항에 관하여 의결하려는 경우에는 해당자를 출석하게 하여 그 의견을 들어야 한다. 이 경우 해당자가 문서로 의견을 제출하면 출석한 것으로 보고, 정당한 사유 없이 지정한 일시(日時)에 보훈심사위원회에 출석하지 아니할 때에는 의견이 없는 것으로 본	

다.〈개정 2012. 6. 27., 2014. 11. 11.〉

1. 법 제78조제1항에 따른 보상의 정지

2. 법 제79조제1항제5호에 따른 법 적용 대상으로부터의 배제

3. 법 제79조제3항에 따른 법 적용 대상으로부터의 배제된 자에 대한 법 적용 대상자로의 등록 결정

② 위원장은 제1항에 관한 사항을 심의·의결한 때에는 지체 없이 그 결과를 국가보훈부장관에게 통보하여야 한다.〈개정 2012. 6. 27., 2023. 5. 23.〉

③ 국가보훈부장관은 제2항에 따른 결과 통보를 받으면 20일 이내에 제1항 각 호의 사항에 관한 결정을 하고, 그 결과를 본인에게 알려야 한다.〈개정 2012. 6. 27., 2023. 5. 23.〉

[전문개정 2009. 8. 13.]

제100조(장애인에의 준용) 법 제5조제5항·제6항, 제12조제2항 및 제15조의2제3항에 따른 장애인에 대해서는 제1장제2절(제13조제2항은 제외한다)을 준용하여 신체검사를 할 수 있다.〈개정 2012. 6. 27., 2023. 6. 13.〉

제101조(국가보훈등록증의 발급 등) ① 국가보훈부장관은 다음 각 호의 어느 하나에 해당하는 사람에게 국가보훈등록증(모바일 국가보훈등록증을 포함한다. 이하 같다)을 발급한다. 이 경우 선순위 유족이 제1호에 따른 국가유공자나 제2호에 따른 국가유공자에 준하는 군경·공무원으로 등록된 사람의 부 또는 모인 경우에는 선순위 유족이 아닌 모 또는 부에게도 국가보훈등록증을 발급한다.

1. 법 제6조제3항에 따라 등록된 국가유공자나 선순위 유족

2. 「국가유공자 등 예우 및 지원에 관한 법률」(법률 제11041호로 개정되기 전의 것을 말한다) 제73조의2에 따라 국가유공자에 준하는 군경·공무원으로 등록된 사람(법률 제11041호 국가유공자 등 예우 및 지원에 관한 법률 일부개정법률 부칙 제12조제2항에 따라 국가유공자에 준하는 군경·공무원으로 등록된 사람을 포함한다)이나 선순위 유족

② 제1항에 따라 국가보훈등록증을 발급받은 사람은 다음 각 호의 어느 하나에 해당하는 경우에는 국가보훈부장관에게 국가보훈

등록증의 재발급을 신청할 수 있다.

1. 국가보훈등록증을 잃어버리거나 국가보훈등록증이 훼손되어 사용할 수 없게 된 경우

2. 법 제4조제1항 각 호에 따른 적용 대상 국가유공자의 구분이 변경 또는 추가된 경우

3. 성명, 생년월일 등 국가보훈등록증의 기재사항 중 국가보훈부령으로 정하는 사항이 변경된 경우

③ 국가보훈부장관은 국가보훈등록증의 발급·재발급·관리 및 진위확인 등을 위하여 정보시스템을 구축·운영할 수 있다. 이 경우 모바일 국가보훈등록증의 발급·재발급·관리 및 진위확인을 위하여 「전자정부법 시행령」 제12조제4항에 따른 신원 확인에 공통적으로 적용되는 운영기반을 이용할 수 있다.

④ 국가보훈부장관은 다음 각 호의 어느 하나에 해당하는 사람의 신청이 있는 경우에는 그 사람이 해당 호에 따른 사람임을 확인하는 서류를 발급할 수 있다.

1. 제1항제1호에 따른 국가유공자나 그

유족 또는 가족

2. 제1항제2호에 따른 국가유공자에 준하는 군경·공무원으로 등록된 사람이나 그 유족 또는 가족

⑤ 제1항부터 제4항까지에서 규정한 사항 외에 국가보훈등록증의 발급 및 재발급 등에 필요한 사항은 국가보훈부령으로 정한다.

[전문개정 2023. 5. 23.]

제101조의2(포상금의 지급절차 등) ① 법 제82조의7제1항 각 호의 어느 하나에 해당하는 부정행위자(이하 "부정행위자"라 한다)를 신고하려는 사람은 부정행위 신고서에 국가보훈부령으로 정하는 서류를 첨부하여 국가보훈부장관에게 신고하여야 한다.〈개정 2023. 5. 23.〉

② 제1항에 따른 신고를 받은 국가보훈부장관은 부정행위자와 관련된 사실 관계를 조사하고, 그 결과를 부정행위자를 신고한 사람에게 통지하여야 한다.〈개정 2023. 5. 23.〉

③ 부정행위자를 신고한 사람이 포상금을 지급받으려면 제2항에 따른 통지를 받은 후 포상금 지급 신청서에 국가보훈부령으로 정

하는 서류를 첨부하여 국가보훈부장관에게 포상금의 지급을 신청하여야 한다.〈개정 2023. 5. 23.〉

④ 국가보훈부장관은 특별한 사정이 있는 경우를 제외하고는 포상금 지급 신청일부터 30일 이내에 포상금을 지급하여야 한다.〈개정 2023. 5. 23.〉

[전문개정 2012. 6. 27.]

제101조의3(포상금의 지급기준) ① 법 제82조의7제1항에 따른 포상금은 1건당 300만원의 범위에서 다음 각 호의 구분에 따라 지급한다.

1. 부정수급액이 500만원 이상인 경우: 부정수급액의 100분의 10에 해당하는 금액

2. 부정수급액이 500만원 미만이거나 없는 경우: 50만원

② 제1항에 따라 지급하는 포상금의 1인당 연간(1월 1일부터 12월 31일까지를 말한다) 지급 한도는 1,500만원으로 한다.

[전문개정 2016. 11. 29.]

제101조의4(신고의 경합 시 포상금의 지급방법) ① 하나의 부정행위에 대하여 2명 이상이 공동으로 신고한 경우에는 포상금을 균등

하게 배분하여 지급한다. 다만, 포상금을 지급받을 사람이 배분방법에 관하여 미리 합의하여 포상금의 지급을 신청하는 경우에는 그 합의된 방법에 따라 지급한다.

② 하나의 부정행위에 대하여 2건 이상의 신고가 접수된 경우에는 최초로 신고한 사람에게 포상금을 지급한다.

[전문개정 2012. 6. 27.]

제101조의5(포상금의 지급제한) 다음 각 호의 어느 하나에 해당하는 경우에는 포상금을 지급하지 아니할 수 있다.〈개정 2023. 5. 23.〉

1. 신고받은 부정행위의 내용이 언론 매체에 이미 공개된 내용이거나 이미 조사 또는 수사 중인 경우

2. 부정행위를 신고한 사람이 국가보훈부 소속 공무원 또는 직원인 경우

3. 법 제82조의7제1항제2호에 대한 신고의 경우에는 권리소멸일이 속하는 달의 말일부터 3개월이 지나지 아니한 경우

4. 그 밖에 포상금을 지급하지 아니하는 것이 타당하다고 국가보훈부장관이 인정하는 경우

[전문개정 2012. 6. 27.]

제101조의6 삭제〈2012. 6. 27.〉

제101조의7 삭제〈2012. 6. 27.〉

제101조의8 삭제〈2012. 6. 27.〉

제102조(권한 등의 위임 · 위탁) ① 국가보훈부장관은 법 제83조제1항에 따라 다음 각 호(제12호부터 제15호까지, 제17호, 제20호 및 제21호는 제외한다)의 사항에 관한 권한을 주소지를 관할하는 지방보훈청장 또는 보훈지청장(주소지가 제주특별자치도인 경우에는 제주특별자치도지사를 말한다)에게 위임하고, 제12호부터 제17호까지, 제20호 및 제21호의 사항에 관한 권한을 교육기관의 소재지를 관할하는 지방보훈청장 또는 보훈지청장(교육기관의 소재지가 제주특별자치도인 경우에는 제주특별자치도지사를 말한다)에게 위임한다. 다만, 제주특별자치도지사에게 위임하는 경우에는 다음 각 호의 사항에 관한 권한 중 「제주특별자치도 설치 및 국제자유도시 조성을 위한 특별법」 제342조에 따라 제주특별자치도지사에게 이양된 권한은 제외한다.〈개정 2012. 6. 27., 2014. 4. 28., 2016. 6. 21.,

2018. 3. 27., 2019. 12. 24., 2022. 5. 9., 2023. 5. 23., 2023. 6. 13.〉

1. 법 제6조에 따른 등록 및 결정

2. 법 제6조의2에 따른 신상 변동신고와 이에 따른 조치

3. 법 제6조의3에 따른 신체검사의 신청 접수, 신체검사의 의뢰, 상이등급 판정의 결과 통지 등 신체검사에 관한 사무

4. 법 제6조의5에 따른 상이의 추가인정

5. 법 제9조제4항에 따라 보상을 받을 권리가 소멸되는 자의 판정 및 같은 조 제5항에 따른 통보 접수

6. 법 제12조제1항부터 제3항까지의 규정에 따른 보상금의 지급

7. 법 제13조제2항 및 이 영 제24조제1항·제24조의2·제24조의3에 따른 보상금수급자 지정서의 접수, 국가유공자 부양 또는 양육 사실 증명 서류의 접수 및 보상금 등 분할 지급신청서의 접수

8. 법 제14조에 따른 생활조정수당의 지급, 법 제14조의2부터 제14조의4까지의 규정에 따른 생활조정수당 지급 신청의 접수,

지급대상자 결정을 위한 조사·질문 및 금융정보등의 제공 요청

9. 다음 각 목의 어느 하나에 해당하는 보훈급여금의 지급

가. 법 제15조제1항·제15조의2제1항·제16조제1항·제16조의2제1항·제16조의3제1항 및 제16조의4제1항에 따른 간호수당, 부양가족수당, 중상이부가수당, 무공영예수당, 6·25전몰군경자녀수당 및 4·19혁명공로수당

나. 법 제17조제1항부터 제3항까지의 규정에 따른 사망일시금

다. 법 제18조에 따른 미지급 보훈급여금

9의2. 법 제20조에 따른 보훈급여금의 지급정지 결정

10. 제32조의3에 따른 보훈급여금등의 지급대상자 확인 및 제33조에 따른 대리수령인의 지정

11. 법 제22조에 따른 교육지원 신청의 접수 및 교육지원 대상자 결정

12. 제36조제1항에 따른 입학 희망 교육지원 대상자 확인

13. 제36조제2항에 따른 입학지원자 명

부 작성 및 제출

14. 제40조에 따른 교육지원 대상자 명부 통보의 접수

15. 제41조에 따른 전학 희망 교육지원 대상자 확인

16. 제42조제4항에 따른 교육지원 대상자 증명서 발급 및 같은 조 제5항에 따른 대학수업료등 면제대상자 증명서 발급

17. 제42조제6항 및 제7항에 따른 사립대학등의 보조금 지급 신청 접수, 지급 여부 결정·통보 및 자료 제출 요청

18. 법 제25조제4항 및 이 영 제42조의2에 따른 수업료등 지급 신청의 접수, 지원 여부 결정 및 자료 제출 요청

19. 법 제25조의2 및 이 영 제42조의3에 따른 보조금 신청의 접수 및 보조금 지급

20. 법 제26조에 따른 학습보조비 지급

21. 제44조에 따른 취학사항 변동 통지서 접수

22. 법 제31조 및 이 영 제49조에 따른 취업지원 대상자 증명서 발급

23. 법 제31조의2에 따른 취업지원 신청

의 접수

24. 법 제32조에 따른 취업지원 대상자의 추천

25. 법 제33조에 따른 국가기관등의 일반직공무원등의 정원과 채용에 관한 통보 수리, 국가기관등에 대한 채용실태 확인·점검, 시정 또는 보완요구 및 그 결과의 통보 수리

26. 법 제33조의3제1항 및 제2항에 따른 업체등의 신고 수리, 업체등의 실태파악을 위한 소속 공무원의 설명 요구와 관련 자료의 제출 요구에 관한 지시

27. 법 제34조에 따른 취업지원 대상자의 추천, 업체등에 대한 고용 명령 및 취업지원 대상자에 대한 취업통지

28. 법 제34조의2에 따른 취업지원의 제한

29. 법 제36조제2항 및 제3항에 따른 시정요구 및 결과통보의 수리

30. 법 제37조에 따른 취업사실 등의 통보의 수리

31. 법 제38조제1항 및 제2항에 따른 직업재활훈련의 실시 및 직업능력개발훈련대상자의 추천

32. 법 제39조제1항 및 이 영 제61조의4에 따른 취업능력개발 장려금의 지급, 취업능력개발 비용의 지원 및 직업능력개발훈련시설 등에 대한 자료의 제출 요청

33. 법 제42조제2항·제7항 및 이 영 제63조·제64조제5항·제64조의2제3항에 따른 진료의 위탁, 응급진료 사실의 통보 접수, 선순위 유족 지정협의서의 접수 및 약제비용 지급 신청서의 접수

34. 법 제43조의2에 따른 보철구의 지급

35. 법 제50조제2항에 따른 대부금의 결정(금융거래 등 상거래에서 약정한 기일 내에 채무를 변제하지 아니한 자로서 금융위원회가 정하는 자에 대한 권한만 해당한다. 이하 제36호부터 제41호까지에서 같다)

36. 법 제52조제1항 및 제2항에 따른 대부신청의 수리 및 대부

37. 법 제55조 및 이 영 제75조에 따른 보조금 지급 신청의 접수 및 보조금의 지급

38.. 법 제56조제1항부터 제3항까지, 제5항, 제7항 및 제8항에 따른 지급보증서의 교부, 담보취득, 보증인 입보(立保), 그 밖의 담

보 취득 및 담보재산의 대체승인

39. 법 제59조에 따른 대부원리금 등 상계

40. 제76조에 따른 감정원의 임명

41. 법 제62조제2항에 따른 채무승계 신고의 수리

42. 법 제63조의2에 따른 요양지원에 대한 보조금 지급 신청의 접수 및 보조금의 지급

42의2. 법 제63조의3제1항 및 제2항에 따른 보훈재가복지서비스의 제공 및 보훈재가복지서비스 신청의 접수

43. 법 제74조의10에 따른 재심의 요구

44. 법 제74조의18에 따른 이의신청의 접수 및 결과 통보

45. 법 제75조에 따른 보훈급여금등·이자의 환수, 연체금의 징수, 국세강제징수의 예에 따른 징수 및 결손처분

46. 법 제76조에 따른 반환의무의 면제

47. 법 제78조 및 이 영 제99조에 따른 보상의 정지 및 결과 통보

48. 법 제79조제1항부터 제4항까지의 규정에 따른 법 적용 대상으로부터의 배제 및 배제자의 재등록, 같은 조 제5항에 따른 범

죄경력의 확인 요구

49. 법 제82조의6에 따른 관계기관 등에 대한 협조 요청

49의2. 제101조제1항 및 제2항에 따른 국가보훈등록증의 발급·재발급, 같은 조 제3항 후단에 따른 운영기반의 이용

49의3. 제101조제4항에 따른 확인 서류의 발급

50. 법 제82조의7에 따른 포상금의 지급

51. 법 제86조에 따른 과태료의 부과·징수

52. 제95조제5항 및 제7항에 따른 환수금의 분할납부 결정 및 그 취소

② 삭제〈1999. 12. 31.〉

③ 국가보훈부장관은 법 제65조에 따라 법 제63조 및 제64조에 따른 양로지원 및 양육지원에 관한 권한을 한국보훈복지의료공단의 이사장에게 위탁한다.〈개정 2023. 5. 23.〉

④ 국가보훈부장관은 법 제83조제2항에 따라 법 제11조에 따른 보훈급여금, 법 제26조에 따른 학습보조비 및 이 영 제64조의2제1항제2호나목에 따른 약제비용의 지급에 관한 업무를 체신관서와 은행에 위탁한다.〈신설

2016. 6. 21., 2022. 5. 9., 2023. 5. 23.〉

⑤ 국가보훈부장관은 법 제83조제2항에 따라 법 제46조부터 제56조까지 및 제59조부터 제62조까지의 규정에 따른 대부업무 수행에 관한 사무(금융거래 등 상거래에서 약정한 기일 내에 채무를 변제하지 아니한 자로서 금융위원회가 정하는 자에 대한 대부업무 수행에 관한 사무는 제외한다)를 「은행법」 제2조제1항제2호에 따른 은행에 위탁한다.〈개정 2010. 11. 15., 2016. 6. 21., 2023. 5. 23.〉

⑥ 국가보훈부장관은 법 제83조제3항에 따라 법 제6조의3제2항 각 호에 따른 신체검사에 관한 사무(제1항제1호에 따라 관할 지방보훈청장 또는 보훈지청장에게 위임된 사무는 제외한다)를 보훈병원의 장에게 위탁한다. 이 경우 국가보훈부장관은 신체검사에 드는 비용의 전부 또는 일부를 예산의 범위에서 보조할 수 있다.〈개정 2012. 6. 27., 2016. 6. 21., 2020. 12. 1., 2023. 5. 23.〉

[전문개정 2009. 8. 13.]

[제목개정 2022. 5. 9.]

제102조의2(민감정보 및 고유식별정보의 처

리) ① 국가보훈부장관(보훈심사위원회와 국가보훈부장관의 권한을 위임ㆍ재위임 또는 위탁받은 자를 포함한다)은 다음 각 호의 사무를 수행하기 위하여 불가피한 경우 「개인정보 보호법」 제23조에 따른 건강에 관한 정보와 같은 법 시행령 제19조제1호, 제2호 또는 제4호에 따른 주민등록번호, 여권번호 또는 외국인등록번호가 포함된 자료를 처리할 수 있다.〈개정 2012. 6. 27., 2014. 8. 6., 2022. 1. 13., 2022. 5. 9., 2023. 5. 23.〉

1. 법 제6조, 제6조의3 및 제6조의5에 따른 등록 및 결정 등에 관한 사무

2. 법 제6조의2에 따른 변동신고에 관한 사무

3. 삭제〈2012. 6. 27.〉

4. 법 및 이 영에 따른 국가유공자 및 국가유공자에 준하는 군경 등과 그 유족 또는 가족에 대한 예우 및 지원에 관한 사무

5. 법 및 이 영에 따른 보훈심사위원회 구성 및 운영 등에 관한 사무

6. 삭제〈2015. 12. 30.〉

7. 법 제75조 및 제76조에 따른 보훈급

여금 등의 환수 및 반환의무의 면제에 관한 사무

8. 법 제78조에 따른 보상 정지에 관한 사무

9. 법 제79조에 따른 법 적용 대상으로부터의 배제에 관한 사무

10. 제1호, 제2호 및 제6호부터 제9호까지의 규정에 따른 사무를 수행하기 위하여 필요한 사무

② 지방자치단체의 장(해당 권한이 위임·위탁된 경우에는 그 권한을 위임·위탁받은 자를 포함한다)은 법 및 이 영에 따른 국가유공자 및 국가유공자에 준하는 군경 등과 그 유족 또는 가족에 대한 예우 및 지원에 관한 사무를 수행하기 위하여 불가피한 경우 「개인정보 보호법 시행령」 제19조제1호에 따른 주민등록번호가 포함된 자료를 처리할 수 있다.〈신설 2014. 8. 6.〉

③ 「전자정부법 시행령」 제89조제2항에 따라 신원 확인을 위한 운영기반의 운영업무를 위탁받은 기관은 이 영 제101조제3항 후단에 따른 모바일 국가보훈등록증의 발급·재

	발급·관리 및 진위확인을 위한 운영기반의 이용에 관한 사무를 수행하기 위하여 불가피한 경우에는 「개인정보 보호법」 제23조에 따른 건강에 관한 정보가 포함된 자료를 처리할 수 있다.〈신설 2023. 5. 23.〉 [본조신설 2012. 1. 6.]	
	제102조의3(규제의 재검토) 국가보훈부장관은 제58조에 따른 취업지원의 제한에 대하여 2014년 1월 1일을 기준으로 3년마다(매 3년이 되는 해의 1월 1일 전까지를 말한다) 그 타당성을 검토하여 개선 등의 조치를 해야 한다.〈개정 2023. 5. 23.〉	
	제103조(과태료의 부과기준) 법 제86조제1항 및 제2항에 따른 과태료의 부과기준은 별표 11과 같다.	
	제104조 삭제〈2009. 8. 13.〉	

국가유공자 요건의 기준 및 범위(제3조 관련)

1. 전투 또는 이에 준하는 직무수행 중 사망하거나 상이를 입은 사람

구분	기준 및 범위
1-1	전투 또는 이와 관련된 행위 중 사망하거나 상이를 입은 사람
1-2	국외에 파병 또는 파견되어 전투 또는 이와 관련된 행위 중 사망하거나 상이를 입은 사람
1-3	공비소탕작전 또는 대간첩작전에 동원되어 그 임무를 수행하는 행위 중 사망하거나 상이를 입은 사람
1-4	1-3의 작전을 수행하기 위하여 필요한 인원, 장비, 물자, 탄약 등을 보급하고 수송하는 등의 지원행위 중 사망하거나 상이를 입은 사람
1-5	적국지역이나 반국가단체가 배타적인 영향력을 행사하는 지역에서 임무를 수행하는 행위 중 사망하거나 상이를 입은 사람
1-6	적이나 반국가단체(이에 동조한 사람을 포함한다)에 의한 테러·무장폭동·반란 또는 치안교란을 방지하기 위한 전투 또는 이와 관련된 행위 중 사망하거나 상이를 입은 사람
1-7	전투 또는 이와 관련된 행위 중 적의 포로가 되거나 국외에 파병 또는 파견 중 전투 또는 이와 관련된 행위로 억류되어 사망하거나 상이를 입은 사람(적국 등에 동조한 사람은 제외한다)
1-8	가. 적이 설치한 위험물에 의하여 사망하거나 상이를 입은 사람 나. 적이 설치한 위험물을 제거하는 작업 중 사망하거나 상이를 입은 사람

2. 국가의 수호·안전보장 또는 국민의 생명·재산 보호와 직접적인 관련이 있는 직무수행이나 교육훈련 중 사망하거나 상이를 입은 사람(국가의 수호·안전보장 또는 국민의 생명·재산 보호와 직접적인 관련이 있는 직무수행이나 교육훈련으로 인하여 질병이 발생하거나 그 질병으로 사망한 사람을 포함한다)

구분	기준 및 범위
2-1	가. 다음의 어느 하나에 해당하는 직무수행(이와 직접 관련된 준비 또는 정리행위 및 직무수행을 위하여 목적지까지 이동하거나 직무수행 종료 후 소속부대 등으로 이동하는 행위를 포함한다)이 직접적인 원인이 되어 발생한 사고나 재해로 사망하거나 상이를 입은 사람 1) 군인(군무원을 포함한다)으로서 경계·수색·매복·정찰, 첩보활동, 강하 및 상륙 임무, 고압의 특수전류·화생방·탄약·폭발물·유류 등 위험물 취급, 장비·물자 등 군수품의 정비·보급·수송 및 관리, 대량살상무기(WMD)·마약 수송 등 해상불법행위 단속, 군 범죄의 수사·재판, 「군에서의 형의 집행 및 군수용자의 처우에 관한 법률」에 따른 계호업무, 검문활동, 범인 또는 피의자 체포, 주요 인사 경호, 재해 시 순찰활동, 해난구조·잠수작업, 화학물질·발암물질 등 유해물질 취급, 산불진화, 감염병 환자의 치료나 감염병의 확산방지, 인명구조·재해구호 등 대민지원 업무 2) 경찰공무원으로서 범인 또는 피의자 체포, 경비 및 주요 인사 경호, 교통의 단속과 위해의 방지, 대테러임무, 치안정보 수집 및 긴급신고 처리를 위한 현장 활동, 대량살상무기(WMD)·마약 수송 등 해상불법행위 단속, 해난구조·잠수작업, 화학물질·발암물질 등 유해물질 취급, 감염병 환자의 치료나 감염병의 확산방지, 범죄예방·인명구조·재산보호·재해구호 등을 위한 순찰활동 및 대민지원 업무 3) 소방공무원으로서 화재진압, 인명구조 및 구급 업무, 화재·재난·재해로 인한 피해복구, 감염병 환자의 치료나 감염병의 확산 방지, 화학물질·발암물질 등 유해물질 취급, 119에 접수된 생활안전 및 위험제거 행위(화재·재난·재해 또는 위험·위급한 상황에서의 생활안전 지원에 해당되는 경우를 말한다) 4) 공무원(군인, 경찰공무원 및 소방공무원은 제외한다)으로서 재난관리 및 안전관리, 산불진화, 산림병해충 항공 예찰·방제 작업, 불법어업 지도·단속, 「형의 집행 및 수용자의 처우에 관한 법률」에 따른 계호업무, 주요 인사 경호, 감염병 환자의 치료나 감염병의 확산방지, 화학물질·발엽물질 등 유해물질

	취급, 국외 위험지역에서의 외교·통상·정보활동 등 생명과 신체에 고도의 위험이 따르는 업무 5) 비무장지대와 인접한 초소, 레이더기지·방공포대 및 도서·산간벽지 등에 위치한 근무지와 주거지를 이동하는 행위 나. 그 밖에 국가의 수호·안전보장 또는 국민의 생명·재산 보호와 직접적인 관련이 있는 행위로서 직무의 성질, 직무수행 당시의 상황 등을 종합적으로 고려하여 보훈심사위원회가 가목 1)부터 5)까지의 직무수행에 준한다고 인정하는 행위
2-2	2-1의 직무수행과 직접 관련된 실기·실습 교육훈련(이와 직접 관련된 준비 또는 정리행위, 전투력 측정, 직무수행에 필수적인 체력검정과 교육훈련을 위하여 목적지까지 이동하거나 교육훈련 종료 후 소속부대 등으로 이동하는 행위를 포함한다)이 직접적인 원인이 되어 발생한 사고 또는 재해로 사망하거나 상이를 입은 사람
2-3	간첩의 신고 및 체포와 관련된 행위 중 사망하거나 상이를 입은 사람
2-4	출장 또는 파견기간에 2-1의 직무수행 또는 2-2의 교육훈련이 직접적인 원인이 되어 사고나 재해로 사망하거나 상이를 입은 사람
2-5	국제평화유지 및 재난구조활동 등을 위하여 국외에 파병·파견되어 건설·의료지원·피해복구 등의 직무수행(이와 관련된 교육훈련을 포함한다)이 직접적인 원인이 되어 발생한 사고 또는 재해로 사망하거나 상이를 입은 사람
2-6	국외에서 천재지변·전쟁·교전·폭동·납치·테러·감염병 등의 위난상황이 발생하였을 경우 대한민국 국민에 대한 보호 또는 사고수습 등의 직무수행 중 그 직무수행이 직접적인 원인이 되어 발생한 사고 또는 재해로 사망하거나 상이를 입은 사람
2-7	국제회의, 국제행사, 정부합동특별대책, 비상재난대책, 국정과제 등 중요하고 긴급한 국가의 현안업무 수행 중 단기간의 현저한 업무량의 증가로 인한 육체적·정신적 위해가 직접적인 원인이 되어 사망하거나 상이를 입은 사람
2-8	다음 각 목의 어느 하나에 해당하는 질병에 걸린 사람 또는 그 질병으로 인하여 사망한 사람(기존의 질병이 원인이 되거나 악화된 경우는 제외한다) 가. 2-1부터 2-7까지의 직무수행 또는 교육훈련 중 입은 분명한 외상이 직접적인 원인이 되어 질병이 발생하였다고 의학적으로 인정된 질병 나. 2-1부터 2-7까지의 직무수행 또는 교육훈련이 직접적인 원인이 되어 질병이 발생하였다고 의학적으로 인정된 질병 다. 상당한 기간 동안 심해에서의 해난구조·잠수작업, 감염병 환자의 치료 또는 감염병의 확산방지 등 생명과 신체에 대한 고도의 위험을 무릅쓰고 직무를 수행하던 중 그 직무수행이 직접적인 원인이 되어 질병이 발생하였다고 의학적으로 인정된 질병 라. 화학물질·발암물질·감염병 등 유해물질을 취급하거나 이에 준하는 유해환경에서의 직무수행(이와 관련된 교육훈련을 포함한다) 중 이들 유해물질 또는 유해환경에 상당한 기간 직접적이고 반복적으로 노출되어 질병이 발생하였다고 의학적으로 인정된 질병

장애인장애구분표(제7조 및 제21조 관련)

번호 \ 구분	신체상이별
1	두 눈이 실명된 자
2	1) 지능지수가 35 미만인 사람으로서 일상생활과 사회생활에 적응하는 것이 현저하게 곤란하여 일생 동안 다른 사람의 보호가 필요한 사람 2) ICD-10(International Classification of Diseases, 10th version, 이하 이 표에서 "ICD-10"이라 한다)의 진단기준에 따른 전반성발달장애(자폐증)로 정상 발달의 단계가 나타나지 아니하고, 지능지수가 70 이하이며, 기능 및 능력 장애로 인하여 주위의 전적인 도움이 없이는 일상생활을 해나가는 것이 거의 불가능한 사람 3) 그 밖에 정신에 현저한 장애가 있어 항상 다른 사람의 도움과 보호가 필요한 사람
3	1) 심장기능의 장애가 지속되며 안정 시에도 심부전증상이나 협심증 증상 등이 나타나서 운동능력을 완전히 상실하여 상시적으로 돌보는 사람이 필요한 사람 2) 폐나 기관지 등 호흡기관의 만성적인 기능부전으로 안정 시에도 산소요법을 받아야 할 정도의 호흡곤란이 있고, 평상시의 폐환기 기능(1초시 강제호기량) 또는 폐확산능이 정상예측치의 25% 이하이거나 안정 시 자연호흡상태에서의 동맥혈 산소분압이 55㎜Hg 이하인 사람 3) 만성 간질환(간경변증, 간세포암종 등)으로 진단받은 환자 중 잔여 간기능이 Child-Pugh 평가상 등급 C이면서 간성뇌증이 있거나 내과적 치료로 조절되지 아니하는 난치성 복수 등의 합병증이 있는 사람 4) 그 밖에 흉복부장기의 기능에 현저한 장애가 있어 항상 다른 사람의 도움과 보호가 필요한 사람
4	두 팔과 두 다리가 상실되거나 신경계통의 현저한 장애로 그 기능을 모두 잃은 자
5	두 팔과 한 다리 또는 한 팔과 두 다리가 상실되거나 신경계통의 현저한 장애로 그 기능을 모두 잃은 자
6	두 팔이 팔꿈치관절 이상 상실된 자
7	두 다리가 무릎관절 이상 상실된 자
8	두 팔의 기능을 모두 잃은 자
9	두 다리의 기능을 모두 잃은 자
10	양쪽손가락이 모두 상실되고 한 다리의 발목관절 이상이 상실된 자
11	상반신 또는 하반신의 마비로 활동 기능을 모두 잃어 항상 다른 사람의 도움과 보호가 필요한 자
12	한 팔과 한 다리가 팔꿈치관절 및 무릎관절 이상에서 상실되어 의수(義手) 및 의족(義足) 착용이 불가능한 자
13	음성기관이나 음식물 씹는 기관이 상실된 자
14	좌반신 또는 우반신이 마비된 자
15	두 팔이 손목관절 이상 상실된 자
16	두 다리가 발목관절 이상 상실된 자
17	한 눈이 실명되고 다른 눈의 교정시력이 0.06 이하이거나 두 눈의 교정시력이 각각 0.02 이하인 자
18	두 귀의 청력을 모두 잃은 자
19	음성기관이나 음식물 씹는 기관의 기능을 잃은 자
20	1) 지능지수가 35 이상 50 미만인 사람으로서 일상생활의 단순한 행동을 훈련시킬 수 있고, 어느 정도의 감독과 도움을 받으면 복잡하지 아니하고 특수기술이 필요하지 아니한 직업을 가질 수 있는 사람 2) ICD-10의 진단기준에 따른 전반성발달장애(자폐증)로 정상 발달의 단계가 나타나지 아니하고, 지능지수가 70 이하이며, 기능 및 능력 장애로 인하여 주위의 많은 도움이 없으면 일상 생활을 해나가기 어려운 사람 3) 만성적인 뇌전증에 대한 적극적인 치료에도 불구하고 월 8회 이상의 중증발작이 연 6회 이상 있고, 발작할 때에 유발된 호흡장애, 흡인성 폐렴, 심한 탈진, 두통, 구역질, 인지기능의 장애 등으로 심각한 요양관리가 필요하며, 일상생활 및 사회 생활에 항상 다른 사람의 지속적인 보호와 관리가 필요한 사람 4) 그 밖에 정신이상으로 정상적인 취업이 불가능한 사람
21	1) 만성신부전증으로 인하여 3개월 이상 혈액투석이나 복막투석을 받고 있는 사람 2) 폐나 기관지 등 호흡기관의 만성적인 기능부전으로 집안에서 이동할 때에도 호흡곤란이 있고, 평상시의 폐환기 기능(1초시 강제호기량) 또는 폐확산능이 정상예측치의 30% 이하이거나 안정 시 자연호흡상태에서의 동맥혈 산소분압이 60㎜Hg 이하인 사람 3) 만성 간질환(간경변증, 간세포암종 등)으로 진단받은 환자 중 잔여 간기능이 Child-Pugh 평가상 등급 C이면서 과거 2년 이내의 간성뇌증 병력 또는 자발성 세균성 복막염 등의 병력이 있는 사람 4) 창자샛길과 함께 요로샛길 또는 방광샛길을 가지고 있으며, 그 중 하나 이상의 샛길에 합병증으로 장피부샛길 또는 배뇨기능장애가 있는 사람 5) 그 밖에 흉복부장기의 기능에 고도의 장애가 있어 일생 동안 노무(勞務)에 종사하지 못하는 사람

22	한 팔과 한 다리가 상실되거나 완전히 사용하지 못하게 된 자
23	두 다리를 발목관절 이상에서 완전히 사용하지 못하게 된 자
24	두 팔을 손목관절 이상에서 완전히 사용하지 못하게 된 자
25	양쪽 손가락이 모두 상실되거나 완전히 사용하지 못하게 된 자
26	한 다리가 무릎관절 이상 상실된 자 중 상처가 심하여 다리가 단축되었거나 고관절(엉덩관절)이 굳어 의족 착용이 불가능한 자
27	뇌골(뇌머리뼈) 부상으로 뇌탈장이 있는 자
28	한 팔이 손바닥 이상 상실되고 한 다리의 기능을 모두 잃은 자
29	한 팔이 손목관절 이상 상실되고 한 다리의 기능을 모두 잃은 자
30	두 다리 중 한 발이 상실되고 다른 쪽 다리가 무릎관절 이상 상실된 자
31	두 발이 상실되고 한쪽 팔이 손목관절 이상 상실된 자
32	얼굴에 현저한 흉터로 인한 흉한 모양이 남아 있고 두 귀와 코가 변형되거나 상실된 자
33	쇄골(빗장뼈), 견갑골(어깨뼈) 및 척추 전체가 현저하게 굳거나 굽어진 자
34	생식기의 기능을 모두 잃고 방광에 현저한 기능장애가 있는 자
35	한쪽 다리가 발목관절 이상 상실되고 다른 쪽 다리의 무릎관절 및 고관절이 굳은 자
36	한 다리의 기능을 모두 잃고 같은 쪽 궁둥뼈나 신경이 손상되어 정상적으로 앉을 수 없는 자
37	정상적인 음식물 섭취가 곤란한 식도협착이 있는 자
38	난치 또는 불치의 혈액병이 있는 자
39	내분비계통의 심한 장애로 항시 투약을 필요로 하는 자
40	난치성 저혈압이나 고혈압으로 항시 안정을 필요로 하는 자
41	난치성 심장혈관계통 장애가 있는 자
42	난치 또는 불치의 피부질환이 있는 자
43	장기(臟器)에 악성종양이 있거나 양성종양이라도 수술 후 합병증이 예상되는 자
44	병변(病變)으로 난치의 요도질환이나 치료후유증이 있어 노무에 종사하지 못하는 자
45	난치 또는 불치의 정신계통의 장애로 보조기를 사용할 필요가 있는
46	한 팔이 팔꿈치관절 이상에서 상실된 자
47	한 다리가 무릎관절 이상에서 상실된 자
48	한 팔이 손목관절 이하에서 상실된 자로서 다른 손의 네 손가락 이상의 중수지절관절 이상에서 상실되거나 다른 다섯손가락의 기능을 잃은 자
49	한 눈이 실명되고 다른 눈의 교정시력이 0.1 이하이거나 두 눈의 교정시력이 각각 0.06 이하인 자

■ 국가유공자 등 예우 및 지원에 관한 법률 시행령 [별표 3] <개정 2023. 5. 23.>

<u>상이등급 구분표</u>(제14조제3항 관련)

1. 눈의 장애

상이등급	분류번호	신 체 상 이 정 도
1급 1항	1101	두 눈이 실명되고 언어와 청각기능을 모두 잃어 항상 다른 사람의 도움과 보호가 필요한 사람
1급 2항	1102	두 눈이 실명된 사람
2급	1103	한 눈이 실명되고 다른 눈의 교정시력이 0.04 이하인 사람
	1104	두 눈의 교정시력이 각각 0.02 이하인 사람
3급	1105	한 눈이 실명되고 다른 눈의 교정시력이 0.1 이하인 사람
	1106	두 눈의 교정시력이 각각 0.06 이하인 사람
4급	1107	한 눈이 실명되고 다른 눈의 교정시력이 0.3 이하이면서, 시각신경 위축으로 시야가 중심 15도 이하이거나 반맹성(半盲性) 시야협착(시야 좁아짐)이 있는 사람
	1108	두 눈의 교정시력이 각각 0.08 이하인 사람
5급	1109	한 눈이 실명되고 다른 눈의 교정시력이 0.3 이하인 사람
	1110	두 눈의 교정시력이 각각 0.1 이하인 사람
6급 1항	1111	한 눈의 교정시력이 0.02 이하이고, 다른 눈의 교정시력이 0.4 이하인 사람
	1112	한 눈이 실명된 사람
6급 2항	1113	한 눈의 교정시력이 0.02 이하인 사람
	1114	한 눈의 교정시력이 0.05 이하이고, 다른 눈의 교정시력이 0.5 이하인 사람
	1118	두 눈의 시각신경 위축으로 시야가 중심 30도 이하이거나 두 눈에 반맹증(한쪽시야결손)이 있는 사람
	1301	두 눈의 눈꺼풀에 고도의 결손이 남은 사람
7급	1115	한 눈의 교정시력이 0.1 이하인 사람
	1116	두 눈의 교정시력이 각각 0.6 이하인 사람
	1117	당뇨병성 망막 합병증이 있는 사람
	1204	사시로 인하여 정면 또는 하방 20도 이내 주시 시 겹보임[복시(複視)]이 있는 사람
	1205	한 눈 또는 두 눈의 동공의 대광반사(對光反射)기능이 완전 상실된 사람
	1302	한 눈의 눈꺼풀에 고도의 결손이 남은 사람

2. 귀, 코 및 입의 장애

상이등급	분류번호	신 체 상 이 정 도
2급	2401	음식물을 씹는 기관과 음성기관의 기능을 모두 잃은 사람
3급	2101	두 귀의 청력을 모두 잃은 사람
	2402	음식물을 씹는 기관의 기능을 모두 잃은 사람
	2501	음성기관의 기능을 모두 잃은 사람
4급	2102	두 귀의 청력에 최고도의 기능장애가 있는 사람
	2403	음식물을 씹는 기관과 음성기관에 고도의 기능장애가 있는 사람
5급	2103	두 귀의 청력에 고도의 기능장애가 있는 사람
	2404	음식물을 씹는 기관에 고도의 기능장애가 있는 사람
	2502	음성기관에 고도의 기능장애가 있는 사람
6급 1항	2104	두 귀의 청력에 중등도(重等度)의 기능장애가 있는 사람
	2405	음식물을 씹는 기관에 중등도의 기능장애가 있는 사람
	2406	치아가 21개 이상 상실되어 보철을 하거나 보철을 필요로 하는 사람
	2503	음성기관에 중등도의 기능장애가 있는 사람
6급 2항	2105	두 귀의 청력에 경도의 기능장애가 있는 사람
	2201	두 귀가 70퍼센트 이상 상실되거나 변형된 사람
	2302	외부 코의 70퍼센트 이상을 잃어 호흡에 고도의 기능장애가 있는 사람
	2407	음식물을 씹는 기관에 경도의 기능장애가 있는 사람
	2408	치아가 15개 이상 상실되어 보철을 하거나 보철을 필요로 하는 사람
	2504	음성기관에 경도의 기능장애가 있는 사람
6급 3항	2303	외부 코의 50퍼센트 이상을 잃어 호흡에 중등도의 기능장애가 있는 사람
	2409	치아가 10개 이상 상실되어 보철을 하거나 보철을 필요로 하는 사람
7급	2106	두 귀의 청력에 완고한 기능장애가 있는 사람
	2107	한 귀의 청력에 고도의 기능장애가 있는 사람
	2202	한 귀가 70퍼센트 이상 상실되거나 변형된 사람
	2304	외부 코의 30퍼센트 이상을 잃어 호흡에 경도의 기능장애가 있는 사람
	2410	치아가 5개 이상 상실되어 보철을 하거나 보철을 필요로 하는 사람
	2411	치아외상, 악안면(顎顔面: 턱얼굴) 파편 조각 또는 흉터조직 등으로 치아의 기능에 경도의 장애가 남은 사람
	2505	음성기관에 악성종양으로 진단받은 후 경과를 관찰 중인 사람

3. 흉터의 장애

상이등급	분류번호	신 체 상 이 정 도
2급	3101	신체표면의 60퍼센트 이상 또는 전체 얼굴(이마·눈·코·귀·입을 포함한다. 이하 같다)에 3도 화상이나 이에 준하는 손상으로 인한 고도의 흉터로 인한 흉한 모양으로 통상적인 사회생활이 불가능한 사람
3급	3102	얼굴에 고도의 흉터로 인한 흉한 모양이 남아 있고 두 귀와 코가 변형되거나 상실된 사람
	3103	신체표면의 40퍼센트 이상에 화상이나 이에 준하는 손상으로 흉터가 남은 사람
5급	3104	신체표면의 30퍼센트 이상에 화상이나 이에 준하는 손상으로 흉터가 남은 사람
	3110	머리, 얼굴 또는 목에 고도의 흉터가 남은 사람
6급 2항	3105	신체표면의 20퍼센트 이상에 화상이나 이에 준하는 손상으로 흉터가 남은 사람
	3107	머리, 얼굴 또는 목에 중등도의 흉터가 남은 사람
7급	3106	신체표면의 10퍼센트 이상에 화상이나 이에 준하는 손상으로 흉터가 남은 사람
	3108	머리, 얼굴 또는 목에 경도의 흉터가 남은 사람
	3109	두 팔의 팔꿈치 관절 아래 또는 두 다리의 무릎 관절 아래의 75퍼센트 이상의 부위에 화상이나 이에 준하는 손상으로 흉터가 남은 사람(다리의 경우 발목 아래는 제외한다)

4. 정신장애 또는 신경계통의 기능장애

상이등급	분류번호	신 체 상 이 정 도
1급 1항	4101	최고도의 신경계통의 기능장애로 다른 사람의 도움과 보호 없이는 혼자 힘으로 일상생활을 전혀 할 수 없는 사람
	4201	최고도의 정신장애로 다른 사람의 도움과 보호 없이는 혼자 힘으로 일상생활을 전혀 할 수 없는 사람
1급 2항	4116	최고도의 신경계통의 기능장애로 항상 다른 사람의 도움과

		보호가 필요한 사람
1급 3항	4202	최고도의 정신장애로 항상 다른 사람의 도움과 보호가 필요한 사람
2급	4108	고도의 신경계통의 기능장애로 수시로 다른 사람의 도움과 보호가 필요한 사람
	4203	고도의 정신장애로 수시로 다른 사람의 도움과 보호가 필요한 사람
3급	4110	신경계통의 기능장애로 일생 동안 노무에 종사할 수 없는 사람
	4204	정신장애로 일생 동안 노무에 종사할 수 없는 사람
4급	4111	신경계통의 기능장애로 노동능력을 일반 평균인의 3분의 2 이상 잃은 사람
	4205	정신장애로 노동능력을 일반 평균인의 3분의 2 이상 잃은 사람
5급	4112	신경계통의 기능장애로 노동능력을 일반 평균인의 2분의 1 이상 잃은 사람
	4206	정신장애로 노동능력을 일반 평균인의 2분의 1 이상 잃은 사람
6급 1항	4113	신경계통의 기능장애로 노동능력을 일반 평균인의 5분의 2 이상 잃은 사람
	4207	정신장애로 노동능력을 일반 평균인의 5분의 2 이상 잃은 사람
6급 2항	4114	신경계통의 기능장애로 노동능력을 일반 평균인의 3분의 1 이상 잃은 사람
	4208	정신장애로 노동능력을 일반 평균인의 3분의 1 이상 잃은 사람
7급	4115	신경계통 기능장애로 노동능력을 일반 평균인의 4분의 1 이상 잃은 사람
	4209	정신장애로 노동능력을 일반 평균인의 4분의 1 이상 잃은 사람

5. 흉복부장기 등의 장애

상이등급	분류번호	신 체 상 이 정 도
1급 1항	5101	흉복부장기 등의 장애로 항상 침상에서 생활해야 하는 사람
1급 3항	5102	흉복부장기 등에 최고도의 기능장애가 있어 항상 다른 사람의 도움과 보호가 필요한 사람
2급	5103	흉복부장기 등의 장애로 수시로 다른 사람의 도움과 보호가 필요한 사람
3급	5104	흉복부장기 등의 장애로 일생 동안 노무에 종사할 수 없는 사람
	5201	생식기의 기능을 모두 잃고 방광에 고도의 기능장애가 있는 사람
4급	5105	흉복부장기 등의 장애로 인하여 노동능력을 일반 평균인의 3분의 2 이상 잃은 사람
5급	5106	흉복부장기 등의 장애로 인하여 노동능력을 일반 평균인의 2분의 1 이상 잃은 사람
	5202	생식기를 완전히 상실한 사람
6급 1항	5107	흉복부장기 등의 장애로 인하여 노동능력을 일반 평균인의 5분의 2 이상 잃은 사람
	5203	생식기의 기능에 고도의 장애가 있는 사람
6급 2항	5108	흉복부장기 등의 장애로 인하여 노동능력을 일반 평균인의 3분의 1 이상 잃은 사람
	5205	생식기 기능에 중등도의 장애가 있는 사람
6급 3항	5110	흉복부장기 등을 부분 절제 또는 적출하거나 흉복부장기 등에 악성종양이 있어 노무에 경도의 제한을 받는 사람
7급	5111	흉복부장기 등의 장애로 인하여 노동능력을 일반 평균인의 4분의 1 이상 잃은 사람
	5204	생식기 기능에 경도의 장애가 있는 사람

6. 체간(體幹)의 장애

상이등급	분류번호	신 체 상 이 정 도
4급	6102	척추에 최고도의 기능장애가 있는 사람
5급	6103	척추에 고도의 기능장애가 있는 사람
	6104	척추에 고도의 변형장애가 있는 사람
6급 1항	6105	척추에 중등도의 기능장애가 있는 사람
	6106	척추에 중등도의 변형장애가 있는 사람
6급 2항	6107	척추에 경도의 기능장애가 있는 사람
	6108	척추에 경도의 변형장애가 있는 사람
	6201	쇄골(빗장뼈), 흉골(복장뼈) 또는 견갑골(어깨뼈)의 골절 등으로 한쪽 어깨운동에 50퍼센트 이상 제한을 받는 사람

	6202	늑골(갈비뼈) 6개 이상이 제거된 사람
7급	6109	척추에 경미한 기능장애가 있는 사람
	6110	척추에 경미한 변형장애가 있는 사람
	6203	쇄골(빗장뼈), 흉골(복장뼈), 늑골(갈비뼈), 견갑골(어깨뼈), 골반골(골반뼈)에 부정유합(뼈가 제 위치에 붙지 않은 것을 말한다)으로 인한 외관상 기형이 있는 사람

7. 팔 및 손가락의 장애

상이등급	분류번호	신 체 상 이 정 도
1급 1항	7101	두 팔을 손목관절 이상에서 잃고, 두 다리를 발목관절 이상에서 잃은 사람
1급 2항	7102	두 팔을 팔꿈치관절 이상에서 잃은 사람
	7103	두 팔과 한 다리 또는 한 팔과 두 다리를 손목관절이나 발목관절 이상에서 잃은 사람
	7104	두 팔과 한 다리 또는 한 팔과 두 다리의 기능을 모두 잃은 사람
1급 3항	7105	두 팔을 손목관절 이상에서 잃은 사람
	7106	한 팔은 어깨관절 이하의 기능을 모두 잃고, 다른 팔은 손목관절 이하의 기능을 모두 잃은 사람
	7107	양쪽 손가락 모두를 중수지관절(손허리손가락관절) 이상에서 잃고, 한 다리를 발목관절 이상에서 잃은 사람
2급	7108	한 팔을 어깨관절 이상에서 잃은 사람
3급	7109	한 팔을 팔꿈치관절 이상에서 잃은 사람
4급	7110	한 팔을 팔꿈치관절에 근접해서 잃어 인공 아래팔 착용이 불가능한 사람
	7111	한 팔의 3대 관절에 고도의 기능장애가 있는 사람
5급	7112	한 팔을 손목관절 이상에서 잃은 사람
	7113	한 팔에 신경마비, 혈행장애 등으로 고도의 기능장애가 있는 사람
	7114	한 팔의 3대 관절 중 2개 관절에 고도의 기능장애가 있는 사람
6급 1항	7115	한 팔의 팔꿈치관절 이하에 신경마비, 가관절(假關節: 부러진 뼈가 완전히 아물지 못하여 그 부분이 마치 관절처럼 움직이는 상태를 말한다. 이하 같다), 뼈 손상, 흉터 구축 등으로 고도의 기능장애가 있는 사람
	7117	한 팔의 팔꿈치관절 부위에 신경마비로 인한 고도의 근위축이 있는 사람
	7118	한 팔의 3대 관절 중 2개 관절에 중등도의 기능장애가 있는 사람
	7119	한 팔의 3대 관절 중 1개 관절에 고도의 기능장애가 있는 사람
	7201	한 팔에 가관절이 남아 있어 고도의 기능장애가 있는 사람
	7301	한 손의 엄지손가락과 둘째손가락을 포함하여 4개 이상의 손가락을 잃은 사람
	7302	엄지손가락과 둘째손가락을 포함하여 5개 이상의 손가락을 잃은 사람
	7303	두 손의 엄지손가락을 중수지관절(손허리손가락관절) 이상에서 잃은 사람
	7314	한 손의 2개 이상 손가락을 중수지관절(손허리손가락관절) 이상에서 잃은 사람
6급 2항	7120	한 팔의 팔꿈치관절 부위에 신경마비로 인한 중등도의 근위축이 있는 사람
	7121	한 팔의 3대 관절 중 2개 관절에 경도의 기능장애가 있는 사람
	7122	신경손상에 의한 손바닥의 마비 또는 뼈 손상 등으로 집는 운동이 불가능한 사람
	7123	한 팔의 3대 관절 중 1개 관절에 중등도의 기능장애가 있는 사람
	7202	한 팔의 길이가 5센티미터 이상 짧아진 사람
	7203	한 팔의 요골(노뼈) 또는 척골(자뼈) 중 한쪽에 가관절이 남아 있는 사람
	7304	엄지손가락과 둘째손가락을 제외한 5개 손가락을 근위지관절(몸쪽뼈마디손가락관절) 이상에서 잃거나 5개 손가락의 모든 관절이 굳은 사람
	7305	두 손의 엄지손가락을 지관절(손가락관절) 이상에서 잃은 사람
	7306	두 손의 엄지손가락의 기능을 모두 잃은 사람
	7307	한 손의 손가락의 기능을 모두 잃은 사람
	7308	한 손의 엄지손가락과 둘째손가락을 잃은 사람
	7309	한 손의 엄지손가락이나 둘째손가락을 포함하여 3개의 손

		가락을 잃은 사람
6급 3항	7310	한 손의 엄지손가락이나 둘째손가락을 포함하여 2개의 손가락을 잃은 사람
7급	7124	한 팔의 3대 관절 중 1개 관절에 경도의 기능장애가 있는 사람
	7204	팔의 장관골(긴뼈)에 명백한 기형이 남은 사람
	7311	1개 이상의 손가락을 잃은 사람
	7312	한 손의 엄지손가락이나 둘째손가락의 기능을 모두 잃은 사람
	7313	한 손의 엄지손가락과 둘째손가락을 제외한 2개의 손가락의 기능을 모두 잃은 사람
	7315	엄지손가락과 둘째손가락을 제외한 2개 이상의 손가락을 원위지관절(끝쪽손가락뼈마디관절) 이상에서 잃은 사람
	7316	3개 이상 각 손가락 끝마디의 50퍼센트 이상 잃은 사람

8. 다리 및 발가락의 장애

상이등급	분류번호	신 체 상 이 정 도
1급 2항	8101	두 다리를 무릎관절 이상에서 잃은 사람
1급 3항	8102	두 다리를 발목관절 이상에서 잃은 사람
	8103	한 다리는 엉덩이관절 이하의 기능을 모두 잃고, 다른 다리는 발목관절 이하의 기능을 모두 잃은 사람
	8123	한 다리를 무릎관절 이상에서 잃고, 다른 다리를 발목관절 이상에서 잃은 사람
2급	8104	한 다리를 엉덩이관절 이상에서 잃은 사람
	8124	한 다리를 무릎관절 이상에서 잃고, 다른 다리를 발허리뼈(중족골) 이상에서 잃은 사람
3급	8105	한 다리를 무릎관절 이상에서 잃은 사람
	8106	두 다리의 무릎관절 이하에 고도의 기능장애가 있는 사람
4급	8108	한 다리를 무릎관절에 근접해서 잃어 인공다리(종아리 이하 부분을 말한다) 착용이 불가능한 사람
	8109	한 다리의 3대 관절에 고도의 기능장애가 있는 사람
	8125	한 다리를 발목관절 이상에서 잃고, 다른 다리를 발허리뼈(중족골) 이상에서 잃은 사람
5급	8110	한 다리를 발목관절 이상에서 잃은 사람
	8111	한 다리에 신경마비, 혈행장애 등으로 고도의 기능장애가 있는 사람
	8112	한 다리의 3대 관절 중 2개 관절에 고도의 기능장애가 있는 사람
	8301	두 발을 뒤꿈치뼈 또는 중족골(발허리뼈) 이상에서 잃은 사람
6급 1항	8114	한 다리의 무릎관절 이하에 신경마비, 가관절, 뼈 손상, 흉터 구축 등으로 고도의 기능장애가 있는 사람
	8115	한 다리의 무릎관절 부위에 신경마비로 인한 고도의 근위축이 있는 사람
	8116	한 다리의 3대 관절 중 2개 관절에 중등도의 기능장애가 있는 사람
	8117	한 다리의 3대 관절 중 1개 관절에 고도의 기능장애가 있는 사람
	8202	한 다리에 가관절이 남아 있어 고도의 기능장애가 있는 사람
	8302	양쪽 발가락 모두를 중족지관절(발허리발가락관절) 이상에서 잃은 사람
	8310	한 발을 뒤꿈치뼈 또는 중족골(발허리뼈) 이상에서 잃은 사람
6급 2항	8118	한 다리의 무릎관절 부위에 신경마비로 인한 중등도의 근위축이 있는 사람
	8119	한 다리의 3대 관절 중 2개 관절에 경도의 기능장애가 있는 사람
	8120	신경손상으로 발이 마비되거나 중족골(발허리뼈) 또는 뒤꿈치뼈 손상으로 보행에 지장이 있는 사람
	8121	한 다리의 3대 관절 중 1개 관절에 중등도의 기능장애가 있는 사람
	8203	한 다리의 길이가 5센티미터 이상 짧아진 사람
	8204	한 다리의 경골(정강이뼈)에 가관절이 남은 사람
	8303	양쪽 발가락 모두를 근위지관절(몸쪽발가락뼈마디관절) 이상에서 잃은 사람
	8304	양쪽 발가락 중 5개 발가락을 중족지관절(발허리발가락관절) 이상에서 잃은 사람
	8305	한 발의 발가락의 기능을 모두 잃은 사람
6급 3항	8306	한 발의 엄지발가락을 포함하여 2개 이상의 발가락을 잃은 사람

7급	8122	한 다리의 3대 관절 중 1개 관절에 경도의 기능장애가 있는 사람
	8205	다리의 장관골(긴뼈)에 명백한 기형이 남은 사람
	8206	한 다리의 길이가 3센티미터 이상 짧아진 사람
	8307	한 발의 엄지발가락을 중족지관절(발허리발가락관절) 이상에서 잃은 사람
	8308	한 발의 3개 이상의 발가락을 근위지관절(몸쪽발가락뼈마디관절) 이상[엄지발가락의 경우에는 지관절(발가락관절) 이상을 말한다]에서 잃은 사람
	8309	한 발의 엄지발가락을 포함하여 2개 이상의 발가락 기능을 모두 잃은 사람
	8311	한 발의 4개 이상의 발가락을 원위지관절(끝쪽발가락뼈마디관절) 이상[엄지발가락의 경우에는 지관절(발가락관절) 이상을 말한다]에서 잃은 사람
	8312	양쪽 발가락 중 4개 이상의 발가락을 근위지관절(몸쪽발가락뼈마디관절) 이상[엄지발가락의 경우에는 지관절(발가락관절) 이상을 말한다]에서 잃은 사람
	8313	양쪽 발가락 중 6개 이상의 발가락을 원위지관절(끝쪽발가락뼈마디관절) 이상[엄지발가락의 경우에는 지관절(발가락관절) 이상을 말한다]에서 잃은 사람

9. 2개 이상 상이처의 장애

상이등급	분류번호	신 체 상 이 정 도
1급 1항	9011	1급 2항 또는 1급 3항에 해당하는 상이처가 둘 이상인 사람으로서 항상 다른 사람의 도움과 보호를 필요로 하는 사람
1급 2항	9012	1급 3항에 해당하는 상이자 중 2급 이상의 상이처가 복합되어 1급 2항에 상당하는 기능장애가 있는 사람
1급 3항	9013	2개 부위 이상의 상이처가 국가보훈부령으로 정하는 상이처 종합판정 기준에 따라 1급 3항에 해당하는 사람
2급	9020	2개 부위 이상의 상이처가 국가보훈부령으로 정하는 상이처 종합판정 기준에 따라 2급에 해당하는 사람
3급	9030	2개 부위 이상의 상이처가 국가보훈부령으로 정하는 상이처 종합판정 기준에 따라 3급에 해당하는 사람
4급	9040	2개 부위 이상의 상이처가 국가보훈부령으로 정하는 상이처 종합판정기준에 따라 4급에 해당하는 사람
5급	9050	2개 부위 이상의 상이처가 국가보훈부령으로 정하는 상이처 종합판정 기준에 따라 5급에 해당하는 사람
6급 1항	9061	2개 부위 이상의 상이처가 국가보훈부령으로 정하는 상이처 종합판정 기준에 따라 6급 1항에 해당하는 사람
6급 2항	9062	3개 부위 이상의 상이처가 국가보훈부령으로 정하는 상이처 종합판정 기준에 따라 6급 2항에 해당하는 사람
6급 3항	9063	3개 부위 이상의 상이처가 국가보훈부령으로 정하는 상이처 종합판정 기준에 따라 6급 3항에 해당하는 사람
7급	9070	2개 부위 이상의 상이처가 국가보훈부령으로 정하는 상이처 종합판정 기준에 따라 7급에 해당하는 사람

■ 국가유공자 등 예우 및 지원에 관한 법률 시행령 [별표 3의2] <개정 2021. 1. 5.>

직권 재판정신체검사 대상 상이 및 시기(제17조제5항 관련)

구분	질 병 명	한국표준질병 사인분류코드(KCD)	시기
1. 특정 감염성 및 기생충성 질환	결핵성 수막염	A17.0†	3년 이후
	바이러스수막염	A87 ~ A87.9	3년 이후
2. 정신 및 행동장애	조현병	F20 ~ F20.9	3년 이후
	양극성 정동장애(조울병)	F31 ~ F31.9	3년 이후
	우울병 에피소드	F32 ~ F32.9	3년 이후
	재발성 우울병장애	F33 ~ F33.9	3년 이후
	외상후 스트레스장애	F43.1	3년 이후
	적응장애	F43.2	3년 이후
3. 신경계통의 질환	수막염	G00.9 ~ G03.9	3년 이후
	얼굴 신경마비	G51.0	2년 이후
4. 눈 및 눈 부속기의 질환	각막 혼탁	H17.1 ~ H17.9	2년 이후
	망막 질환	H33 ~ H42.8*	2년 이후
	유리체	H43 ~ H43.9	2년 이후
	무수정체안	H27.0	2년 이후
5. 귀 및 꼭지돌기의 질환	평형기능 장애	H81 ~ H81.9	2년 이후
6. 순환계통의 질환	뇌경색	I60.1 ~ I67.9	3년 이후
	만성 심부전	I50 ~ I50.9	3년 이후
7. 호흡계통의 질환	후두협착	J38.6	2년 이후
	기관협착	J39.8	2년 이후
8. 소화계통의 질환	턱관절내장증	K07.60	2년 이후
9. 피부 및 피하조직의 질환	피부의 흉터 병태 및 섬유증	L90.5	3년 이후
	비대성 흉터	L91.0	3년 이후
10. 근골격계통 및 결합조직의 질환	결핵성 척추염	M49.0* ~ M49.09*	3년 이후
	교감신경이영양증(복합부위통증증후군)	M89.0 ~ M89.09	3년 이후
11. 손상, 중독 및 외인에 의한 특정 기타 결과	뇌출혈	S06.6 ~ S06.7	3년 이후
	화상	T20 ~ T25.7, T29 ~ T31.9	3년 이후

비고: 위 표의 시기란의 기간의 기산시점은 상이등급의 판정을 받은 날로 한다.

■ 국가유공자 등 예우 및 지원에 관한 법률 시행령 [별표 4] <개정 2026. 1. 6.>

보상금 지급 구분표(제22조 관련)

1. 전상군경, 공상군경, 4·19혁명부상자 및 특별공로상이자

상이등급별	월 지급액(천원)	상이등급별	월 지급액(천원)
1급 1항	4,058	5급	2,116
1급 2항	3,827	6급 1항	1,931
1급 3항	3,663	6급 2항	1,778
2급	3,258	6급 3항	1,194
3급	3,045	7급	708
4급	2,555		

2. 6·25참전 재일학도의용군인: 월 177만8천원

3. 전몰군경, 순직군경, 4·19혁명사망자 및 특별공로순직자의 유족과 전상군경, 공상군경, 4·19혁명부상자, 특별공로상이자 및 6·25참전 재일학도의용군인에 해당하는 사람이 사망한 경우 그 유족

구분	월 지급액(천원)
가. 전몰군경 및 순직군경의 유족	
1) 배우자	2,138
2) 25세 미만 자녀 또는 미성년 제매	2,479
3) 부모 또는 조부모	2,101
나. 4·19혁명사망자 및 특별공로순직자의 유족과 상이등급 1급부터 5급까지에 해당하는 전상군경, 공상군경, 4·19혁명부상자, 특별공로상이자와 6·25참전 재일학도의용군인에 해당하는 사람이 사망한 경우 그 유족	
1) 배우자	1,853
2) 25세 미만 자녀 또는 미성년 제매	2,153
3) 부모 또는 조부모	1,824
다. 상이등급 6급에 해당하는 전상군경, 공상군경, 4·19혁명부상자, 특별공로상이자가 사망한 경우 그 유족	
1) 배우자	680
2) 25세 미만 자녀 또는 미성년 제매	982
3) 부모 또는 조부모	645

비고: 사망한 사람이 2명 이상인 유족에 대해서는 사망한 사람 1명당 보상금 지급 구분에 해당하는 월 지급액을 각각 합산하여 지급한다.

■ 국가유공자 등 예우 및 지원에 관한 법률 시행령 [별표 4의2] <개정 2022. 1. 13.>

수당 지급 구분표(제23조 관련)

구분	지급 대상	월 지급액 (천원)
1. 고령수당	가. 법 제12조제1항제1호에 해당하는 사람 또는 같은 항 제2호의 재일학도의용군인 중 60세 이상인 사람	97
	나. 법 제12조제1항제2호부터 제4호까지에 해당하는 사람 중 60세 이상인 배우자	149
	다. 법 제12조제1항제2호부터 제4호까지에 해당하는 사람 중 60세 이상인 부모 또는 조부모	97
2. 2명 이상 사망수당	법 제12조제1항제2호부터 제4호까지의 어느 하나에 해당하는 유족이 국가유공자의 배우자 또는 부모인 경우로서 다음 각 목의 사망자가 2명 이상인 경우 해당 유족인 배우자 또는 부모 가. 법 제12조제1항제2호 또는 제3호에 해당하는 사망자 나. 법 제12조제1항제4호 및 이 영 제20조에 해당하는 사망자 다. 「보훈보상대상자 지원에 관한 법률」 제11조제1항제2호의 재해사망군경과 같은 항 제3호의 재해부상군경 중 상이등급 6급 이상으로 판정된 사망자	1) 사망자가 2명인 경우: 274 2) 사망자가 3명 이상인 경우: 1)의 금액에 2명을 초과하는 1명당 274천원을 추가하여 지급한다.
3. 전상수당	법 제12조제1항제1호에 해당하는 사람 중 전상군경	90

■ 국가유공자 등 예우 및 지원에 관한 법률 시행령 [별표 5] <개정 2025. 10. 1.>

생활조정수당 지급 구분표(제25조 관련)

구분	월 지급액
국가유공자와 그 유족 중 국가보훈부장관이 정하여 고시하는 기준에 해당하는 사람	1. 가족이 1명인 경우 가. 소득인정액이 가구당 가계지출비의 100분의 32 이하인 경우: 31만1천원 나. 소득인정액이 가구당 가계지출비의 100분의 32 초과 100분의 40 이하인 경우: 27만7천원 다. 소득인정액이 가구당 가계지출비의 100분의 40 초과 100분의 50 이하인 경우: 24만2천원 2. 가족이 2명 이상 3명 이하인 경우 가. 소득인정액이 기준 중위소득의 100분의 32 이하인 경우: 31만1천원 나. 소득인정액이 기준 중위소득의 100분의 32 초과 100분의 40 이하인 경우: 27만7천원 다. 소득인정액이 기준 중위소득의 100분의 40 초과 100분의 50 이하인 경우: 24만2천원 3. 가족이 4명 이상인 경우 가. 소득인정액이 기준 중위소득의 100분의 32 이하인 경우: 37만원 나. 소득인정액이 기준 중위소득의 100분의 32 초과 100분의 40 이하인 경우: 33만6천원 다. 소득인정액이 기준 중위소득의 100분의 40 초과 100분의 50 이하인 경우: 30만원

비고

1. "소득인정액"이란 가구의 소득평가액과 재산의 소득환산액으로서 국가보훈부장관이 정하여 고시하는 금액을 말한다.
2. "가구당 가계지출비용"이란 「통계법」 제17조에 따라 국가데이터처장이 고시하는 지정통계에 따른 전년도 가계조사의 도시근로자 가구원 수별 가구당 가계지출비에 근거하여 국가보훈부장관이 추계한 비용을 말한다.
3. "기준 중위소득"이란 「국민기초생활 보장법」 제2조제11호에 따른 기준 중위소득을 말한다.

■ 국가유공자 등 예우 및 지원에 관한 법률 시행령 [별표 5의2] <개정 2026. 1. 6.>

간호수당 지급 구분표(제26조제1항 관련)

구분	지급기준	월 지급액 (천원)
1. 상시 간호수당	가. 상이등급 1급 1항에 해당하는 사람 나. 상이등급 1급 2항 4116호에 해당하는 사람 다. 상이등급 1급 3항 4202호 및 5102호에 해당하는 사람 라. 두 눈, 두 팔 또는 두 다리 중 어느 하나의 부위에 상이등급 1급에 해당하는 상이가 있고, 다른 부위에 5급 이상에 해당하는 상이가 있어 일상생활에 필요한 동작을 하기 위하여 항상 다른 사람의 간병이 필요하다고 국가보훈부장관이 정하여 고시하는 대상에 해당하는 사람	3,375
2. 수시 간호수당	가. 상이등급 2급 4108호, 4203호 및 5103호에 해당하는 사람 나. 상시 간호수당 지급 대상이 아닌 상이등급 1급에 해당하는 사람. 다만, 별표 3 제9호에 따른 2개 이상의 상이처 상이등급 판정기준에 따라 1급이 되는 사람으로서 국가보훈부장관이 정하여 고시하는 대상에 해당하는 사람은 제외한다. 다. 가목에 해당하지 않는 상이등급 2급 또는 상이등급 3급부터 5급까지에 해당하는 상이가 있어 일상생활에 필요한 동작을 하기 위하여 수시로 다른 사람의 간병이 필요하다고 국가보훈부장관이 정하여 고시하는 대상에 해당하는 사람	2,250

■ 국가유공자 등 예우 및 지원에 관한 법률 시행령 [별표 5의3] <개정 2018. 12. 31.>

부양가족수당 지급 구분표(제26조의2제2항 관련)

구분	부양가족	월 지급액 (천원)
1. 법 제15조의2제1항제1호에 해당하는 사람	가. 배우자 나. 미성년 자녀 1명당	100 100
2. 법 제15조의2제1항제2호에 해당하는 사람	미성년 자녀 1명당	100
3. 법 제15조의2제1항제3호에 해당하는 사람	미성년 제매 1명당	200

■ 국가유공자 등 예우 및 지원에 관한 법률 시행령 [별표 5의4] <개정 2026. 1. 6.>

무공영예수당 지급 구분표(제27조의2 관련)

구분	월 지급액(천원)
1. 태극무공훈장	570
2. 을지무공훈장	565
3. 충무무공훈장	560
4. 화랑무공훈장	555
5. 인헌무공훈장	550

■ 국가유공자 등 예우 및 지원에 관한 법률 시행령 [별표 5의5] <개정 2026. 1. 6.>

6·25전몰군경자녀수당 지급액 및 지급방법(제27조의3제7항 관련)

지급 구분	월 지급액
1. 전몰군경 또는 순직군경의 유족이 보상금을 전혀 받지 못한 경우 2. 전몰군경 또는 순직군경의 미성년 자녀가 보상금을 받다가 성년이 되어 보상금 수급권이 소멸한 경우	기본급: 1,779천원 위로가산금: 80천원
3. 전몰군경 또는 순직군경의 유족 중 미성년 자녀를 제외한 유족이 보상금을 받다가 1997년 12월 31일 이전에 보상금 수급권이 소멸한 경우	기본급: 1,513천원
4. 전몰군경 또는 순직군경의 유족 중 미성년 자녀를 제외한 유족이 보상금을 받다가 1998년 1월 1일 이후에 보상금 수급권이 소멸한 경우	기본급: 657천원 추가지원금: 114천원(법 제14조에 따른 생활조정수당 수급자, 「국민기초생활 보장법」 제2조제10호에 따른 차상위계층 및 같은 법 제7조제1항제1호부터 제4호까지에 따른 급여 수급권자에 해당하는 사람에 대해서만 지급한다)

비고

1. 보상금은 2006년 12월 31일까지는 연금을 말한다.
2. 법 제16조의3제1항제3호에 따른 수당의 분할 지급방법은 다음과 같다.
   가. 제1호 또는 제2호에 해당하는 경우에는 기본급과 위로가산금을 합산한 총액을 분할하여 지급한다.
   나. 제3호 또는 제4호에 해당하는 경우에는 기본급을 분할하여 지급하되, 추가지원금은 지급대상인 경우에만 개별 지급한다.
   다. 분할금액에 10원 미만의 끝수가 있는 경우에는 계산하지 않는다.

■ 국가유공자 등 예우 및 지원에 관한 법률 시행령 [별표 6] <개정 2018. 3. 27.>

사망일시금 지급 구분표(제28조제1항 관련)

사 망 자 별	지급액(천원)
1. 전상군경, 공상군경, 4·19혁명부상자 및 특별공로상이자	
가. 상이등급 1급에 해당하는 사람	1,704
나. 상이등급 2급부터 7급까지에 해당하는 사람으로서 유족이 보상금 지급대상이 아닌 사람	1,444
다. 상이등급 2급부터 7급까지에 해당하는 사람으로서 유족이 보상금 지급대상인 사람	1,127
2. 재일학도의용군인	1,127
3. 보상금 지급대상인 유족	1,127

■ 국가유공자 등 예우 및 지원에 관한 법률 시행령 [별표 6의2] <개정 2026. 1. 6.>

보상금 지급정지 구분표(제31조 관련)

1. 전상군경, 공상군경, 4·19혁명부상자 및 특별공로상이자

상이등급별	월 정지금액(천원)	상이등급별	월 정지금액(천원)
1급 1항	1,778	3급	1,267
1급 2항	1,778	4급	777
1급 3항	1,778	5급	338
2급	1,480	6급 1항	153

2. 전몰군경, 순직군경, 4·19혁명사망자 및 특별공로순직자의 유족과 전상군경, 공상군경, 4·19혁명부상자, 특별공로상이자 및 6·25참전 재일학도의용군인에 해당하는 사람이 사망한 경우의 그 유족

구분	월 정지금액(천원)
가. 전몰군경, 순직군경의 유족	
1) 배우자	360
2) 25세 미만 자녀 또는 미성년 제매	701
3) 부모 또는 조부모	323
나. 4·19혁명사망자 및 특별공로순직자의 유족과 상이등급 1급부터 5급까지에 해당하는 전상군경, 공상군경, 4·19혁명부상자, 특별공로상이자와 6·25참전 재일학도의용군인의 유족	
1) 배우자	75
2) 25세 미만 자녀 또는 미성년 제매	375
3) 부모 또는 조부모	46
다. 상이등급 6급에 해당하는 전상군경, 공상군경, 4·19혁명부상자, 특별공로상이자의 유족(25세 미만 자녀 또는 미성년 제매를 말한다)	274

비고: 사망한 사람이 2명 이상인 유족에 대해서는 사망한 사람 1명당 보상금 지급정지 구분에 해당하는 월 정지금액을 각각 합산하여 정지한다.

■ 국가유공자 등 예우 및 지원에 관한 법률 시행령 [별표 6의3] <개정 2024. 11. 12.>

외국교육기관 수업료등 보조금 지급 구분표(제42조의3제1항 관련)

구분	지급액
1. 법 제25조의2제1항제1호에 따른 외국인학교와 같은 항 제2호에 따른 외국교육기관 중 「초·중등교육법」 제2조에 따른 고등학교에 상응하는 외국교육기관	「초·중등교육법 시행령」 제76조의3제1호에 해당하는 고등학교의 전년도 평균 수업료등을 고려하여 국가보훈부장관이 정하여 고시하는 금액
2. 법 제25조의2제1항제2호에 따른 외국교육기관 중 대학에 상응하는 외국교육기관	「고등교육법」 제2조제1호에 따른 대학 중 사립학교의 전년도 평균 수업료등을 고려하여 국가보훈부장관이 정하여 고시하는 금액

■ 국가유공자 등 예우 및 지원에 관한 법률 시행령 [별표 7] <개정 2016.1.7.>

학습보조비 지급 구분표(제43조제2항 관련)

구분	중학교, 그 밖에 이에 준하는 학교	고등학교, 그 밖에 이에 준하는 학교		특수학교		대학, 그 밖에 이에 준하는 고등교육기관 및 학점이 인정되는 교육훈련기관
		인문	실업	유치원 및 초등학교에 준하는 과정	중학교 및 고등학교에 준하는 과정	
1명당 연 지급액(천원)	124	144	186	534	718	236

■ 국가유공자 등 예우 및 지원에 관한 법률 시행령 [별표 8] <개정 2020. 12. 1.>

가점대상 계급 및 직급(제48조 관련)

구 분	가점대상 계급 및 직급
1. 국가기관 · 지방자치단체 · 군부대 및 국공립학교	가. 「국가공무원법」 제2조 및 「지방공무원법」 제2조에 따른 공무원 중 다음의 어느 하나에 해당하는 공무원 1) 일반직공무원 중 6급 이하 공무원 또는 연구사 · 지도사 2) 특정직공무원 가) 「경찰공무원법」 제2조에 따른 경찰공무원 중 경위 이하 나) 「소방공무원법」 제3조에 따른 소방공무원 중 소방경 이하 다) 「초 · 중등교육법」 제19조에 따른 교직원 중 교사 라) 「유아교육법」 제20조에 따른 교직원 중 교사 마) 「군인사법」 제3조에 따른 군인 중 준사관 및 부사관 바) 「군무원인사법」 제3조에 따른 일반군무원 중 6급 이하 사) 「국가정보원직원법」 제2조에 따른 직원 중 6급 이하 아) 그 밖에 다른 법률에서 특정직공무원으로 지정하는 공무원 중 6급 이하 나. 「기간제 및 단시간근로자 보호 등에 관한 법률」 제2조제1호에 따른 기간제근로자 및 같은 법 제5조에 따른 기간의 정함이 없는 근로계약을 체결한 근로자
2. 공사기업체 · 공사단체	· 채용 직원의 모든 직급
3. 사립학교	가. 교원 · 「초 · 중등교육법」 제19조에 따른 교사 · 「유아교육법」 제20조제1항에 따른 교사 나. 교원을 제외한 교직원 · 채용 직원의 모든 직급

■ 국가유공자 등 예우 및 지원에 관한 법률 시행령 [별표 8의2] <개정 2024. 11. 12.>

특별채용대상 일반직공무원(제50조제1항 관련)

구분		특별채용대상 일반직공무원		
		직 군	직 렬	직 류
1. 국가 공무원	가. 「국가공무원법」 제4조제4항 및 「공무원임용령」 제3조제1항 · 제4항	1) 행정	방호	방호
		2) 과학기술	간호조무	간호조무
			운전	운전
			위생	위생
				사역
			조리	조리
		3) 우정	우정	우정
	나. 「국가공무원법」 제4조제4항 및 「국회인사규칙」 제4조제1항	1) 행정	방호	방호
			안내	안내
		2) 기술	관리	차량관리
			조경	조경
			후생	후생
	다. 「국가공무원법」 제4조제4항 및 「법원공무원규칙」 제4조제1항	1) 사법행정	행정사무	행정사무
			속기	속기
			보안관리	보안관리
				보안
			병기	병기
		2) 기술	조경	조경
			환경	환경
			관리	관리
				운전
	라. 「국가공무원법」 제4조제4항 및 「헌법재판소 공무원 규칙」 제4조제1항	1) 행정	보안	보안
			교환	교환
		2) 기술	시설	시설조경
			방송통신	통신기술
			관리	운행관리
	마. 「국가공무원법」 제4조	1) 행정	방호	방호

	제4항 및 「선거관리위원회 공무원 규칙」 제4조제1항	2) 과학기술	방송통신	통신사 통신기술
			운전	운전
			위생	위생 사역
			조리	조리
2. 지방공무원	「지방공무원법」 제4조제4항 및 「지방공무원 임용령」 제3조제1항	1) 행정	방호	방호
		2) 기술	위생	위생 사역
			조리	조리
			간호조무	간호조무
			시설관리	시설관리 조례로 정하는 직류
			운전	운전

■ 국가유공자 등 예우 및 지원에 관한 법률 시행령 [별표 9] <개정 2025. 10. 1.>

대상업체별 고용비율표(제53조제1항 관련)

분류번호	업종	대상업체별 고용비율(%)
01	농업	5
02	임업	3
03	어업	3
05	석탄, 원유 및 천연가스 광업	3
06	금속 광업	5
07	비금속광물 광업(연료용 제외)	4
08	광업 지원 서비스업	3
10	식료품 제조업	5
11	음료 제조업	5
12	담배 제조업	7
13	섬유제품 제조업(의복 제외)	4
14	의복, 의복액세서리 및 모피제품 제조업	3
15	가죽, 가방 및 신발 제조업	3
16	목재 및 나무제품 제조업(가구 제외)	3
17	펄프, 종이 및 종이제품 제조업	4
18	인쇄 및 기록매체 복제업	3
19	코크스, 연탄 및 석유정제품 제조업	6
20	화학물질 및 화학제품 제조업(의약품 제외)	6
21	의료용 물질 및 의약품 제조업	6
22	고무제품 및 플라스틱제품 제조업	5
23	비금속 광물제품 제조업	7
24	1차 금속 제조업	6
25	금속가공제품 제조업(기계 및 가구 제외)	3
26	전자부품, 컴퓨터, 영상, 음향 및 통신장비 제조업	4
27	의료, 정밀, 광학기기 및 시계 제조업	3
28	전기장비 제조업	6
29	기타 기계 및 장비 제조업	5
30	자동차 및 트레일러 제조업	4
31	기타 운송장비 제조업	4
32	가구 제조업	3
33	기타 제품 제조업	3
35	전기, 가스, 증기 및 공기조절 공급업	8
36	수도사업	8

37	하수, 폐수 및 분뇨 처리업	3
38	폐기물 수집운반, 처리 및 원료재생업	4
39	환경 정화 및 복원업	3
41	종합 건설업	5
42	전문직별 공사업	5
45	자동차 및 부품 판매업	5
46	도매 및 상품중개업	4
47	소매업(자동차 제외)	4
49	육상운송 및 파이프라인 운송업	3
49100	철도운송업	5
49211	도시철도 운송업	5
50	수상 운송업	4
51	항송 운송업	5
52	창고 및 운송 관련 서비스업	5
55	숙박업	4
56	음식점 및 주점업	4
58	출판업	3
59	영상·오디오 기록물 제작 및 배급업	3
60	방송업	3
61	통신업	5
62	컴퓨터 프로그래밍, 시스템 통합 및 관리업	4
63	정보서비스업	4
64	금융업	7
65	보험 및 연금업	7
6511	생명 보험업	5
65121	손해 보험업	5
66	금융 및 보험 관련 서비스업	7
68	부동산업	5
682	부동산 관련 서비스업	4
69	임대업(부동산 제외)	4
70	연구개발업	5
71	전문서비스업	3
72	건축기술, 엔지니어링 및 기타 과학기술 서비스업	3
73	기타 전문, 과학 및 기술 서비스업	3
74	사업시설 관리 및 조경 서비스업	3
75	사업지원 서비스업	3
84	공공행정, 국방 및 사회보장 행정	4
85	교육 서비스업	4
86	보건업	4
87	사회복지 서비스업	4
90	창작, 예술 및 여가 관련 서비스업	3
91	스포츠 및 오락 관련 서비스업	5
94	협회 및 단체	5
95	수리업	5
96	기타 개인 서비스업	3
97	가구내 고용활동	3

비고
1. 위 표의 업종별 분류번호는 「통계법」 제22조에 따라 국가데이터처장이 작성·고시하는 한국표준산업분류에 따른다.
2. 위 표에 따른 분류번호란의 특정 중분류(2단위) 내에 소분류(3단위), 세분류(4단위) 또는 세세분류(5단위)별로 고용비율을 다르게 정하고 있는 경우에는 해당 업종별 고용비율에 대해서는 ① 세세분류(5단위), ② 세분류(4단위), ③ 소분류(3단위), ④ 중분류(2단위)의 순서로 적용한다.

■ 국가유공자 등 예우 및 지원에 관한 법률 시행령 [별표 9의2] <개정 2023. 5. 23.>

요양지원 보조금 지급 구분표(제84조의3제1항 관련)

구 분	지급대상	보조비율
1. 전상군경, 공상군경, 4·19혁명부상자, 공상공무원 및 특별공로상이자	소득·재산 등 생활수준이 국가보훈부장관이 정하는 기준에 해당하는 사람	100분의 80
	「의료급여법」 제3조제1항제5호에 따른 수급권자	
2. 무공수훈자, 보국수훈자, 6·25참전재일학도의용군인, 4·19혁명공로자 및 특별공로자, 국가유공자의 배우자 및 유족 중 부모	소득·재산 등 생활수준이 국가보훈부장관이 정하는 기준에 해당하는 사람	100분의 40
	「의료급여법」 제3조제1항제5호에 따른 수급권자	100분의 60

■ 국가유공자 등 예우 및 지원에 관한 법률 시행령 [별표 10] <개정 2009.8.13>

이용료가 감면되는 시설의 종류와 감면율(제86조제2항 관련)

시설의 종류	감면율(일반요금에 대한 백분율)
1. 고궁 및 능원	100분의 100
2. 국공립 공원	100분의 100
3. 독립기념관	100분의 100
4. 전쟁기념관	100분의 100
5. 국공립 박물관 및 미술관	100분의 100
6. 국공립 수목원	100분의 100
7. 국공립 자연휴양림	100분의 100
8. 국공립 공연장(대관공연은 제외한다)	100분의 50
9. 국공립 공공체육시설	100분의 50

■ 국가유공자 등 예우 및 지원에 관한 법률 시행령 [별표 10의2] <개정 2023. 6. 13.>

제공요청 대상 자료 또는 정보의 범위(제97조의2 관련)

1. 「가족관계의 등록 등에 관한 법률」 제9조에 따른 가족관계 등록사항에 관한 전산정보자료
2. 「건축법」 제38조에 따른 건축물대장 정보
3. 「고용보험법」(이하 이 호에서 "법"이라 한다)에 따른 다음 각 목의 자료
   가. 고용보험 가입 사업장 및 사업장 소속 근로자에 관한 정보
   나. 법 제13조 및 제14조에 따른 피보험자격 취득일 및 상실일에 관한 자료
   다. 법 제37조에 따른 실업급여의 지급에 관한 정보
4. 「고용정책기본법」 제15조에 따른 고용·직업 정보 및 같은 법 제15조의2에 따른 근로자의 고용형태 현황
5. 「공간정보의 구축 및 관리 등에 관한 법률」 제71조에 따른 토지대장 및 임야대장의 등록정보
6. 「공무원연금법」(이하 이 호에서 "법"이라 한다) 및 「공무원 재해보상법」에 따른 다음 각 목의 자료
   가. 법 제3조제1항제4호에 따른 기준소득월액
   나. 법 제25조에 따른 재직기간 계산을 위한 임용일 및 퇴직일에 관한 정보
   다. 법 제28조에 따른 급여의 지급에 관한 자료
   라. 「공무원 재해보상법」 제8조제3호 및 제5호에 따른 장해급여 및 재해유족급여의 지급에 관한 자료
7. 「국민건강보험법」(이하 이 호에서 "법"이라 한다)에 따른 다음 각 목의 정보
   가. 법 제6조에 따른 지역가입자에 관한 정보
   나. 법 제47조에 따라 요양기관에서 제출하는 요양 개시 연월일에 관한 정보
   다. 법 제69조에 따른 보수월액 등 보험료 징수에 관한 자료

7의2. 「국민기초생활 보장법」 제2조제2호에 따른 수급자 및 같은 조 제10호에 따른 차상위계층에 관한 정보

8. 「국민연금과 직역연금의 연계에 관한 법률」 제9조에 따른 연계급여의 지급에 관한 정보
9. 「국민연금법」(이하 이 호에서 "법"이라 한다)에 따른 다음 각 목의 자료
   가. 법 제7조에 따른 가입자에 관한 정보(사업장가입자의 경우 사업장에 관한 정보를 포함한다)
   나. 법 제11조 및 제12조에 따른 사업장가입자 자격의 취득 및 상실에 관한 정보
   다. 법 제50조에 따른 급여의 지급에 관한 자료
10. 「국적법」 제14조에 따른 국적이탈 신고자료 및 같은 법 제16조에 따른 국적상

실에 관한 자료
11. 「군인연금법」(이하 이 호에서 "법"이라 한다) 및 「군인 재해보상법」에 따른 다음 각 목의 자료
가. 법 제3조제1항제1호에 따른 기준소득월액
나. 법 제5조에 따른 복무기간 계산을 위한 임용일 및 퇴직일에 관한 정보
다. 법 제7조 및 「군인 재해보상법」 제7조에 따른 급여의 지급에 관한 자료
12. 「농업·농촌 공익기능 증진 직접지불제도 운영에 관한 법률」 제7조에 따른 기본형공익직접지불금의 지급에 관한 자료
13. 「별정우체국법」(이하 이 호에서 "법"이라 한다)에 따른 다음 각 목의 자료
가. 법 제2조제1항제5호에 따른 기준소득월액
나. 법 제24조에 따른 장기급여 지급에 관한 자료
다. 법 제24조의2에 따른 연금의 지급기간 계산을 위한 임용일 및 퇴직일에 관한 정보
14. 「병역법」 제77조의5에 따른 병역 정보
15. 「부가가치세법」 제8조에 따른 사업자등록 정보
16. 「부동산등기법」에 따른 부동산 등기 정보
17. 「사립학교교직원 연금법」(이하 이 호에서 "법"이라 한다)에 따른 다음 각 목의 자료
가. 법 제2조제1항제4호에 따른 기준소득월액
나. 법 제31조에 따른 재직기간 계산을 위한 임용일 및 퇴직일에 관한 정보
다. 법 제33조에 따른 장기급여 지급에 관한 자료
18. 「사회복지사업법」에 따른 사회복지서비스 제공 자료
19. 「산업재해보상보험법」에 따른 산업재해보상보험의 가입자에 관한 정보 및 같은 법 제36조에 따른 보험급여의 지급에 관한 자료
19의2. 「상속세 및 증여세법」 제3조에 따른 상속세의 과세대상에 관한 정보
20. 「소득세법」 제4조에 따른 종합소득 자료
21. 「자동차관리법」 제5조에 따른 자동차등록원부 등록자료
21의2. 「장애인복지법」 제32조제1항에 따른 장애인 등록 정보와 같은 법 제49조제1항에 따른 장애수당 수급자 및 같은 법 제50조제1항에 따른 장애아동수당 수급자에 관한 정보
21의3. 「장애인연금법」 제2조제4호에 따른 장애인연금 수급자에 관한 정보
22. 「재외국민등록법」 제3조에 따른 등록 정보
23. 「주민등록법」 제30조에 따른 주민등록전산정보자료
24. 「지방세기본법」에 따른 취득세, 등록면허세, 지방소득세, 재산세, 자동차세의 과세에 관한 정보
25. 「출입국관리법」 제3조 및 제6조에 따른 출입국정보
26. 종전의 「호적법」(법률 제8435호로 폐지되기 전의 것을 말한다) 제14조에 따른 제적부에 관한 정보
27. 법원의 확정 판결서 사본

■ 국가유공자 등 예우 및 지원에 관한 법률 시행령 [별표 11] <개정 2023. 5. 23.>

과태료의 부과기준(제103조 관련)

1. 일반기준

부과권자는 다음 각 목의 어느 하나에 해당하는 경우에는 제2호의 개별기준에 따른 과태료의 2분의 1 범위에서 그 금액을 줄일 수 있다. 다만, 과태료를 체납하고 있는 위반행위자의 경우에는 그렇지 않다.

가. 위반행위자가 「질서위반행위규제법 시행령」 제2조의2제1항 각 호의 어느 하나에 해당하는 경우
나. 위반행위가 사소한 부주의나 오류로 인한 것으로 인정되는 경우
다. 위반행위자가 법 위반상태를 시정하거나 해소하기 위한 노력이 인정되는 경우
라. 그 밖에 위반행위의 정도, 위반행위의 동기와 그 결과 등을 고려하여 과태료를 줄일 필요가 있다고 인정되는 경우

2. 개별기준

위 반 행 위	근거 법조문	과태료 금액
가. 법 제33조의3제1항에 따른 신고를 하지 않거나 거짓으로 신고를 한 경우	법 제86조 제2항제1호	300만원
나. 법 제33조의3제2항에 따른 설명 요구를 따르지 않거나 거짓으로 진술을 한 경우 또는 자료의 제출을 거부·방해 또는 기피한 경우	법 제86조 제2항제2호	300만원
다. 법 제34조제3항에 따라 고용할 것을 명하였으나 정당한 사유 없이 이에 따르지 않은 경우	법 제86조 제1항	1,000만원
라. 법 제36조제2항에 따른 시정요구를 따르지 않은 경우	법 제86조 제2항제3호	300만원
마. 법 제80조제2항을 위반하여 국가유공자 단체와 유사한 명칭을 사용한 경우	법 제86조 제2항제4호	300만원

■ 국가유공자 등 예우 및 지원에 관한 법률 시행령 [별지 서식] <개정 2023. 5. 23.>

제 호

국가유공자 증서

성 명:

생년월일:

우리 대한민국의 오늘은 국가유공자의 공헌과 희생 위에 이룩된 것이므로 이를 애국정신의 귀감(龜鑑)으로 삼아 항구적으로 기리기 위하여 이 증서를 드립니다.

년 월 일

대 통 령 ○ ○ ○

이 증서를 국가유공자증부에 기재합니다.

국가보훈부장관 ○ ○ ○

415mm×295mm(환화일지 195g/㎡)

신체의 상이부위의 구분과 상이계열(제8조제2항 관련)

1. 신체의 상이부위의 구분
   가. 눈은 안구의 좌 또는 우, 눈꺼풀의 좌 또는 우
   나. 귀는 속귀 등의 좌 또는 우, 귓바퀴의 좌 또는 우
   다. 코
   라. 입
   마. 머리, 얼굴, 목
   바. 신경계통의 기능 또는 정신기능
   사. 흉복부장기(외부생식기를 포함한다)
   아. 체간은 척추와 그 밖의 체간골
   자. 팔은 팔의 좌 또는 우, 손가락의 좌 또는 우
   차. 다리는 다리의 좌 또는 우, 발가락의 좌 또는 우

2. 상이계열

부위		기질적 상이	기능적 상이	계열번호
눈	안구(좌 또는 우)		시력 또는 시야 기능상이	11
			운동 또는 조절 기능상이	12
	눈꺼풀(좌 또는 우)	결손상이	운동 기능상이	13
귀	속귀 등(좌 또는 우)		청력 기능상이	21
	귓바퀴(좌 또는 우)	결손상이		22
코	외부 코	결손상이	비호흡 기능상이	23
입		치아상이	씹는 기능상이	24
			언어 기능상이	25
머리, 얼굴, 목		흉터상이		31
신경ㆍ정신		신경상이		41
		정신상이		42
흉복부장기		흉복부장기상이		51
		외부 생식기상이		52
체간	척추	변형상이	기능상이	61
	그 밖의 체간골	변형상이(빗장뼈, 복장뼈, 갈비뼈, 어깨뼈 또는 골반뼈)		62
팔	팔(좌 또는 우)	결손상이	기능상이	71
		변형상이		72
		단축상이		
	손가락(좌 또는 우)	결손상이	기능상이	73
다리	다리(좌 또는 우)	결손상이	기능상이	81
		변형상이		82
		단축상이		
	발가락(좌 또는 우)	결손상이	기능상이	83

■ 국가유공자 등 예우 및 지원에 관한 법률 시행규칙 [별표 3] <개정 2021. 9. 27.>

신체 각 관절에 대한 비장애인의 표준운동각도 및 운동가능영역(제8조의2관련)

구분 / 관절명		운동가능영역 (단위 : 도)	측정부위별 표준운동각도	
			측정부위	표준운동각도
척추	목뼈부 (경추부)	95	후두과-목뼈1번 분절	13
			목뼈1번-목뼈2번 분절	10
			목뼈2번-목뼈3번 분절	8
			목뼈3번-목뼈4번 분절	13
			목뼈4번-목뼈5번 분절	12
			목뼈5번-목뼈6번 분절	17
			목뼈6번-목뼈7번 분절	16
			목뼈7번-등뼈1번 분절	6
	등뼈부 (흉추부)	64	등뼈1번-등뼈2번 분절	4
			등뼈2번-등뼈3번 분절	4
			등뼈3번-등뼈4번 분절	4
			등뼈4번-등뼈5번 분절	4
			등뼈5번-등뼈6번 분절	4
			등뼈6번-등뼈7번 분절	5
			등뼈7번-등뼈8번 분절	6
			등뼈8번-등뼈9번 분절	6
			등뼈9번-등뼈10번 분절	6
			등뼈10번-등뼈11번 분절	9
			등뼈11번-등뼈12번 분절	12
	허리뼈부 (요추부)	90	등뼈12번-허리뼈1번 분절	12
			허리뼈1번-허리뼈2번 분절	12
			허리뼈2번-허리뼈3번 분절	14
			허리뼈3번-허리뼈4번 분절	15
			허리뼈4번-허리뼈5번 분절	17
			허리뼈5번-엉치뼈1번 분절	20
어깨관절		500	전상방거상(앞위쪽 올리기)	150
			측상방거상(옆위쪽 올리기)	150
			후방거상(뒤쪽 올리기)	40
			내전(모으기)	30

관절명	운동가능영역	측정부위		표준운동각도
		내회전(內回轉)		40
		외회전(外回轉)		90
팔꿈치관절	310	신전(펴기)		0
		굴곡(굽히기)		150
		내회전		80
		외회전		80
손목관절	180	배굴(손등쪽 굽히기)		60
		장굴(굽히기)		70
		요사위(노뼈쪽 굽히기)		20
		척사위(자뼈쪽 굽히기)		30
중수지관절 (손허리손가락관절)	60	엄지손가락	신전	0
			굴곡	60
	90	둘째손가락	신전	0
			굴곡	90
	90	셋째손가락	신전	0
			굴곡	90
	90	넷째손가락	신전	0
			굴곡	90
	90	새끼손가락	신전	0
			굴곡	90
지관절 (손가락관절)	80	엄지손가락	신전	0
			굴곡	80
근위지관절 (몸쪽뼈마디 손가락관절)	100	둘째손가락	신전	0
			굴곡	100
	100	셋째손가락	신전	0
			굴곡	100
	100	넷째손가락	신전	0
			굴곡	100
	100	새끼손가락	신전	0
			굴곡	100
원위지관절 (끝쪽손가락 뼈마디관절)	70	둘째손가락	신전	0
			굴곡	70
	70	셋째손가락	신전	0
			굴곡	70
	70	넷째손가락	신전	0
			굴곡	70
	70	새끼손가락	신전	0

			굴곡	70
엉덩이관절	280	신전		30
		굴곡		100
		내전		20
		외전(外轉)		40
		내회전		40
		외회전		50
무릎관절	150	신전		0
		굴곡		150
발목관절	110	배굴(발등쪽 굽히기)		20
		척굴(발바닥쪽 굽히기)		40
		외번(바깥쪽 뒤집기)		20
		내번(안쪽 뒤집기)		30
중족지관절 (발허리발가락 관절)	80	엄지발가락	배굴	50
			척굴	30
	70	둘째발가락	배굴	40
			척굴	30
	50	셋째발가락	배굴	30
			척굴	20
	30	넷째발가락	배굴	20
			척굴	10
	20	새끼발가락	배굴	10
			척굴	10
지관절 (발가락관절)	30	엄지발가락	신전	0
			굴곡	30
근위지관절 (몸쪽발가락 뼈마디관절)	40	둘째발가락	신전	0
			굴곡	40
	40	셋째발가락	신전	0
			굴곡	40
	40	넷째발가락	신전	0
			굴곡	40
	40	새끼발가락	신전	0
			굴곡	40

■ 국가유공자 등 예우 및 지원에 관한 법률 시행규칙 [별표 4] <개정 2025. 12. 16.>

신체부위별 상이등급의 결정(제8조의3 관련)

1. 눈의 장애

가. 장애 측정방법

1) 시력은 국제시력표를 사용하여 측정한다. 다만, 국제시력표만으로 시력을 정확히 측정하기 어려운 경우에는 문자·도형 등의 시표(시력검사용 표지)를 이용하는 시시력표(試視力表) 등을 함께 사용할 수 있다.

2) 굴절 이상이 있는 사람의 시력은 안경・콘택트렌즈 등 굴절 이상의 교정법을 이용한 최대 교정시력을 기준으로 한다.

3) 시야란 눈으로 한 점을 주시하고 있을 때에 그 눈으로 볼 수 있는 외계의 넓이를 말한다. 시야검사는 시야장애가 있거나 예상되는 경우에 표준화된 시야장비로 검사하며, 객관적인 검사결과일 경우에만 인정한다.

4) 시력과 시야 등의 상이정도는 안과적 검사소견이 있고, 현재의 의학적 지식으로 설명이 가능한 경우에만 인정한다.

5) 시력은 원칙적으로 원거리 시력에 의해 결정되며, 시력손실과 시야감소가 각각 독립적이지 않은 경우에는 상이가 심한 쪽의 장애만을 반영한다.

6) 겹보임[복시(複視)]는 마비사시 또는 제한사시로 인해 프리즘 안경을 착용하거나 수술적 치료에도 불구하고 영구적으로 장애가 남은 경우에만 인정한다.

7) 실명이란 안구(眼球)를 상실하거나 명암을 가리지 못하는 경우를 말한다.

8) 눈꺼풀에 고도의 결손이 남은 사람이란 눈꺼풀이 30퍼센트 이상 결손되고 보통으로 눈을 감았을 경우 각막이 완전히 덮이지 않는 사람을 말한다.

나. 상이등급 내용

상이등급 및 분류번호	장애내용
7급 1117	당뇨병성 망막합병증으로 안저검사(眼底檢査)상 중등도(重等度) 이상의 소견을 보이는 사람

2. 귀, 코 및 입의 장애

가. 장애 측정방법

1) 청력은 24시간 이상 소음작업을 중단한 후 500(a)・1,000(b) 및 2,000(c) 및 4,000(d)헤르츠의 주파수음에 대한 청력역치(주파수별로 단순음을 들려주었을 때 각 주파수대에서 검사대상자가 들을 수 있는 가장 작은 소리나 말)를 측정하여 6분법[(a+2b+2c+d)/6]으로 판정한다. 이 경우 순음청력계기는 국제표준화기구(ISO: International Organization for Standardization)의 기준으로 보정된 계기를 사용해야 한다.

2) 청력검사는 순음청력검사와 청성뇌간반응검사(聽性腦幹反應檢査)를 함께 실시(순음청력검사는 2~7일간의 간격으로 2회 이상 실시한다)한 후 그 중 최소 가청력치를 청력장애로 인정한다. 다만, 순음청력검사의 신뢰도가 떨어지는 경우에는 청성뇌간반응검사를 1회 더 실시할 수 있다.

3) 고막의 외상성 천공(穿孔)과 그에 따른 귓물[이루(耳漏)]은 수술적 처치 후 청력장애가 남으면 해당 상이의 정도에 따라 등급을 결정해야 한다.

4) 속귀의 손상으로 인한 평형기능(平衡機能)장애에 대해서는 신경계통의 기능장애에 준하여 등급을 결정하되, 좌・우를 동일한 상이부위로 본다.

5) 외부 코란 비골(코뼈)・비연골(鼻軟骨)과 이를 덮고 있는 피부 또는 피하조직을 말한다.

6) 씹는 기능장애에는 턱관절, 치열과 교합의 장애 및 입벌림장애가 포함되며, 씹는 기능의 평가는 부정교합, 치아상태, 입벌림장애 등을 단순방사선사진, 전산화단층영상촬영(CT) 또는 자기공명영상촬영(MRI), 하악(아래턱)운동검사 등으로 확인하여 종합적으로 판단한다. 하악운동검사 시에는 객관성과 재현성을 확보하여 평가해야 하고, 재현성과 객관성을 확보하기가 어려울 경우에는 진정요법 또는 전신마취를 시행 후 평가한다. 입벌림장애는 치아의 상태에 대한 임상증상과 영상의학적 소견이 일치해야 한다.

7) 자음정확도는 언어재활사가 공인된 검사방법으로 2회 이상 실시한 후 좋은 검사결과를 기준으로 평가한다. 구강암 또는 상악동암 수술 후에는 구강 내 장치를 착용하지 않은 상태에서 측정한다.

8) 상실된 치아가 크거나 치아와 치아 사이의 간격이 커서 상실된 치아의 수와 의치의 수가 다른 경우에는 상실된 치아의 수에 따라 상이등급을 판정한다.

9) 외상으로 치아가 결손된 후 그 후유증으로 결손된 치아의 좌・우측 치아가 상실된 경우에는 이를 포함하여 상이등급을 판정한다.

10) 식도의 협착, 혀의 이상, 인후지배신경의 마비 등으로 생기는 삼킴장애에 대해서는 그 상이의 정도에 따라 음식물을 씹는 기관의 기능에 준하여 상이등급을 인정한다.

11) 미각 상실은 테스트페퍼와 각종 약물에 의한 검사결과가 전부 무반응일 경우에만 인정한다.

나. 상이등급 내용

1) 귀의 장애

상이등급 및 분류번호	장애내용
3급 2101	1) 두 귀의 청력장애가 공기전도 90데시벨(dB) 이상 골전도 40데시벨(dB) 이상인 사람 2) 한쪽 귀의 청력장애가 공기전도 100데시벨(dB) 이상 골전도 50데시벨(dB) 이상이고, 다른 쪽 귀의 청력장애가 공기전도 80데시벨(dB) 이상 골전도 40데시벨(dB) 이상인 사람
4급 2102	1) 두 귀의 청력장애가 공기전도 80데시벨(dB) 이상 골전도 40데시벨(dB) 이상인 사람 2) 한쪽 귀의 청력장애가 공기전도 90데시벨(dB) 이상 골전도 50데시벨(dB) 이상이고, 다른 쪽 귀가 공기전도 70데시벨(dB) 이상 골전도 40데시벨(dB) 이상인 사람
5급 2103	1) 두 귀의 청력장애가 공기전도 70데시벨(dB) 이상 골전도 40데시벨(dB) 이상인 사람 2) 한쪽 귀의 청력장애가 공기전도 90데시벨(dB) 이상 골전도 50데시벨(dB) 이상이고, 다른 쪽 귀의 청력장애가 공기전도 60데시벨(dB) 이상 골전도 30데시벨(dB) 이상인 사람
6급 1항 2104	두 귀의 청력장애가 각각 공기전도 60데시벨(dB) 이상인 사람
6급 2항 2105	두 귀의 청력장애가 각각 공기전도 50데시벨(dB) 이상인 사람
7급 2106	두 귀의 청력장애가 각각 공기전도 40데시벨(dB) 이상인 사람
7급 2107	한 귀의 청력장애가 공기전도 80데시벨(dB) 이상 골전도 40데시벨(dB) 이상인 사람

2) 입의 장애

상이등급 및 분류번호	장애내용
2급 2401	1) 혀유착 또는 혀신경 마비로 발음과 씹는 기능이 완전 상실된 사람 2) 상악골(위턱뼈) 또는 하악골(아래턱뼈)이 70퍼센트 이상 결손되고, 흉터조직으로 인하여 수술로써 기능회복이 불가능한 사람 3) 상악기저부 및 비강의 완전 상실로 기능 회복이 불가능하며 극심하게 흉한 모양인 사람 4) 턱관절 유착, 근육강직, 신경마비 또는 화상으로 인하여 극심하게 흉한 얼굴의 모양을 보이며 입벌림 및

	씹기가 불가능한 사람 5) 영구적으로 비위관(코위관)을 사용하거나 위루관(위샛길관, gastrostomy tube)을 사용하여 음식물을 섭취하는 사람
3급 2402	1) 턱관절을 포함하여 하악골(아래턱뼈)이 50퍼센트 이상 결손되어 수술로써 기능 회복이 불가능한 사람 2) 상악골(위턱뼈)·하악골(아래턱뼈)의 부정유합(뼈가 제 위치에 붙지 않은 것)으로 고도의 전이가 되어 수술 또는 보철로써 씹는 기능 회복이 불가능한 사람 3) 상악골(위턱뼈) 또는 비골(코뼈)을 포함해서 위턱 기저골(이뿌리의 끝 부위를 둘러싸고 있는 뼈)이 상실된 사람 4) 상악구개부와 볼 안쪽막을 포함해서 지름 30밀리미터 이상의 천공이 있는 사람 5) 구강점막 또는 턱관절 유착으로 입벌림이 6밀리미터 이하인 사람 6) 위턱과 아래턱에 치아가 없고 치조골(이틀뼈)이 완전 상실되어 보철로써 기능 회복이 불가능한 사람 7) 혀가 50퍼센트 이상 상실되어 씹는 기능과 발음보조기능이 상실된 사람
3급 2501	1) 구순음·치설음·구개음·후두음 중 3종 이상의 발음을 할 수 없는 사람 2) 후두손상으로 인한 성대 기능의 완전 상실로 발성이 불가능한 사람 3) 후두 전체가 적출되거나 후두협착으로 기관삽관이 지속적으로 필요한 사람
4급 2403	1) 상악구개부와 볼 안쪽막을 포함해서 지름 25밀리미터 이상 30밀리미터 미만의 천공이 있는 사람 2) 구강점막 또는 턱관절 유착으로 입벌림이 6밀리미터 초과 10밀리미터 이하인 사람 3) 후두손상으로 성문상부(聲門上部) 후두절제술을 받거나 상윤상(上輪狀) 후두 부분 절제술을 받은 사람 4) 하악골(아래턱뼈)이 30퍼센트 이상 상실되어 수술로써 기능 회복이 불가능한 사람 5) 턱관절 장애로 기능 회복이 불가능한 진구성 탈구(오

	래된 탈구)가 있는 사람
5급 2404	1) 상악구개부에 지름 15밀리미터 이상 25밀리미터 미만의 천공이 있는 사람 2) 중증의 턱관절내장증 등으로 입벌림이 10밀리미터 이하인 사람 3) 아래턱의 과두돌기가 결손되어 음식물을 씹을 때 아래턱뼈가 편측으로 20밀리미터 이상 전이되는 사람
5급 2502	1) 구순음·치설음·구개음·후두음 중 2종의 발음을 할 수 없는 사람 또는 철음(綴音)기능의 장애로 인하여 언어만으로는 의사소통을 할 수 없는 사람 2) 후두손상으로 수직후두 부분 절제술을 받은 사람
6급 1항 2405	1) 위턱 또는 아래턱에 치아가 없고 치조돌기가 흡수되어 보철장착에 불편을 초래하는 사람 2) 아래턱의 관상돌기가 결손되어 음식을 씹거나 발음할 때 아래턱뼈가 편측으로 20밀리미터 이상 전이되는 사람 3) 아래턱 볼 안쪽막과 경구개(단단입천장)를 포함하여 지름 15밀리미터 이상의 천공이 있어 보철 장착 후 발음이 새는 사람 4) 얼굴 연조직의 심한 결손과 함께 경조직의 결손으로 입벌림이 20밀리미터 이하인 사람
6급 1항 2503	자음 정확도가 50퍼센트 미만인 사람
6급 2항 2407	1) 아래턱의 과두돌기 또는 관상돌기가 결손되어 발음하거나 음식을 씹을 때 흉한 모양을 보이는 사람 2) 악안면(턱얼굴) 흉터조직으로 흉한 모양과 치아의 부정교합이 있는 사람 3) 20밀리미터 이상의 상악골(위턱뼈)·하악골(아래턱뼈)의 결손으로 골이식이 필요한 사람 4) 턱관절내장증 등으로 입벌림이 10밀리미터 초과 20밀리미터 이하인 사람 5) 음식물을 씹는 기능 및 발음기능에 경도의 장애를 초래하는 상악골(위턱뼈)·하악골(아래턱뼈)의 부정교합이 있는 사람
6급 2항 2504	1) 구순음·치설음·구개음·후두음 중 1종의 발음을 할 수 없는 사람

	2) 신경손상으로 발음에 지장을 초래하는 사람 3) 제2형, 제3형, 제4형 성대 절제술을 받은 사람
7급 2411	1) 악안면(턱얼굴) 부위에 파편조각이 박힌 경우로서 다음의 어느 하나에 해당하는 사람 가) 파편조각이 박힌 부위의 치아가 3개 이상 상실된 경우 나) 파편조각이 박혀 씹기근육의 신경마비로 씹기나 교합에 이상이 있는 경우(해당 장애에 대하여 등급 평가를 하되, 다른 장애에 의하여 평가되면 제외한다) 2) 악안면(턱얼굴) 부위에 흉터조직이 남아 있는 경우로서 다음의 어느 하나에 해당하는 사람 가) 흉터조직으로 입벌림이 25밀리미터 이하인 사람 나) 상악골(위턱뼈)·하악골(아래턱뼈)의 부정유합이 있어 음식물을 씹는 기능에 장애가 있는 사람 다) 턱관절내장증 등으로 입벌림이 20밀리미터 초과 25밀리미터 이하인 사람
7급 2505	1) 후두암으로 진단받은 후 경과를 관찰 중인 사람 2) 침샘암 진단 후 경과를 관찰 중인 사람

다. 준용등급 결정

1) 이명은 3회 이상의 이명검사(tinnitogram)에서 모두 이명이 있고, 이명이 있는 귀의 청력장애가 공기전도 40데시벨(dB) 이상인 난청을 동반해야 7급(두 귀의 이명이 있는 경우는 2106, 한 귀의 이명이 있는 경우는 2107)으로 인정한다.

2) 머리 외상이나 턱 주위 조직의 손상 또는 혀의 손상으로 생긴 미각 상실에 대해서는 7급(2411)으로 인정한다.

3. 흉터의 장애

가. 장애 측정방법

1) 흉터는 성형수술 등 치료를 마친 후 판정하며, 센티미터자와 함께 찍은 무수정 칼라사진을 이용하여 평가한다.

2) 흉터는 질병이나 손상에 의해 진피와 심부의 구조적 변화가 생겨 주변의 정상피부와 달리 경화, 융기, 함몰 등이 보이는 경우를 말한다.

3) 흉터로 인한 흉한 모양은 색조의 변화나 함몰, 융기를 동반하거나 켈로이드성의 흉터로 사람의 눈에 띄는 정도 이상의 보기 흉한 흉터를 말한다.

4) 면상흉터란 폭이 1센티미터 이상인 흉터를 말하고, 선상흉터란 폭이 0.5센티미터 이상인 흉터를 말하며, 조직함몰이란 연부조직 또는 뼈 조직이 결손된 채로 상처가 치유되면서 흉터부위가 0.5센티미터 이상 패인 것을 말한다.

5) 선상흉터의 길이는 그 모양에 따라 실제 길이를 측정하고, 면상흉터 및 조직함몰의 넓이는 흉터 또는 0.5센티미터 이상 패인 부위의 넓이를 합산하여 상이등급을 결정한다.

6) 2개 이상의 면상흉터 또는 선상흉터가 인접해 있거나 모여 있어 하나의 면상흉터 또는 선상흉터처럼 보이는 경우에는 그 넓이 또는 길이를 합산하여 상이등급을 결정한다.

7) 외모의 흉터 중 면상흉터·선상흉터와 조직함몰의 경우 눈썹·두발 등으로 감추어지는 흉터는 상이등급의 대상에서 제외한다.

8) 하나의 흉터에 면상흉터와 선상흉터가 동시에 있는 경우에는 면상흉터에 해당하는 상이등급과 선상흉터에 해당하는 상이등급 중 높은 등급을 인정한다.

9) 하나의 흉터에 면상흉터와 조직함몰이 동시에 있는 경우에는 면상흉터에 해당하는 상이등급과 조직함몰에 해당하는 상이등급 중 높은 등급을 인정한다.

10) 얼굴의 신경마비로 인하여 나타나는 입 비뚤어짐은 외모의 흉터로 인정하며, 보통으로 눈을 감을 수 없는 경우에는 눈꺼풀의 장애로 인정한다.

나. 상이등급 내용

상이등급 및 분류번호	장애내용
3급 3102	1) 얼굴(이마·눈·코·귀·입을 포함한다. 이하 같다)의 50퍼센트 이상에 흉터로 인한 흉한 모양이 있고 두 귀와 코가 70퍼센트 이상 변형된 사람 2) 얼굴의 30퍼센트 이상에 흉터로 인한 흉한 모양이 있고 두 귀와 코가 70퍼센트 이상 상실된 사람 3) 얼굴 전체의 흉터로 인한 흉한 모양으로 귀와 코가 30퍼센트 이상 변형된 사람
3급 3103	만발성 피부포르피린증으로 인한 물집, 흉터, 좁쌀종, 색소변화, 털과다증, 피부경화증 모양 피부소견 등이 항말라리아제나 정맥절개술 등의 치료를 받아도 호전을 보이지 않는 사람
5급 3104	만발성 피부포르피린증으로 인한 물집, 흉터, 좁쌀종, 색소변화, 털과다증, 피부경화증 모양 피부소견 등이 항말라리아제나 정맥절개술 등의 치료를 받아 호전을 보이

	는 사람
5급 3110	다음의 어느 하나에 해당하여 2미터 떨어진 거리에서 볼 때 사람의 눈에 띄는 정도 이상의 흉터가 남아 있는 사람 가) 얼굴에 50제곱센티미터 이상의 면상흉터, 16제곱센티미터 이상의 조직함몰 또는 20센티미터 이상의 선상흉터가 남은 사람 나) 머리 또는 목에 100제곱센티미터 이상의 면상흉터, 32제곱센티미터 이상의 조직함몰 또는 40센티미터 이상의 선상흉터가 남은 사람
6급 2항 3105	1) 만발성 피부포르피린증으로 인한 물집, 흉터, 좁쌀종, 색소변화, 털과다증, 피부경화증 모양 피부소견 등이 자외선 차단과 금주, 약물주의, 철분제 사용 등으로 호전을 보이는 사람 2) 염소성 여드름으로 인하여 연노랑의 낭종, 면포, 색소변화가 관자놀이, 귀 뒤, 하악, 액와부, 음낭에 있으며, 눈, 신경, 간과 관련된 전신증상이 있는 사람
6급 2항 3107	다음의 어느 하나에 해당하여 2미터 떨어진 거리에서 볼 때 사람의 눈에 띄는 정도 이상의 흉터가 남아 있는 사람 가) 얼굴에 가장 긴 쪽의 길이가 5센티미터 이상인 흉터 또는 선상흉터, 가장 긴 쪽의 길이가 3센티미터 이상인 조직함몰, 관골(광대뼈)ㆍ하악골(아래턱뼈) 등의 손상으로 타인에게 심한 불쾌감을 주는 흉터로 인한 흉한 모양이 남은 사람 나) 머리 또는 목에 가장 긴 쪽의 길이가 10센티미터 이상의 흉터가 남은 사람
7급 3106	염소성 여드름으로 인하여 연노랑의 낭종, 면포, 색소변화가 관자놀이ㆍ귀 뒤ㆍ하악ㆍ액와부ㆍ음낭에 있는 사람
7급 3108	다음의 어느 하나에 해당하여 2미터 떨어진 거리에서 볼 때 사람의 눈에 띄는 정도 이상의 흉터가 남아 있는 사람 가) 얼굴에 가장 긴 쪽의 길이가 3센티미터 이상인 흉터 또는 선상흉터, 관골(광대뼈)ㆍ하악골(아래턱뼈)의 손상으로 인해 생긴 흉터로 인한 흉한 모양 또는 코 및 입술의 변형으로 인해 생긴 흉터로 인한 흉한 모양이 남은 사람 나) 머리 또는 목에 가장 긴 쪽의 길이가 5센티미터 이상인 흉터가 남은 사람

4. 정신장애 또는 신경계통의 기능장애

가. 장애 측정방법

1) 중증의 뇌전증발작은 전신 경련을 동반하는 발작 또는 신체의 균형을 유지하지 못하고 쓰러지는 발작으로 의식장애가 3분 이상 지속되는 발작을 말한다.

2) 경증의 뇌전증발작은 운동장애가 발생하나 스스로 신체의 균형을 유지할 수 있는 발작으로 3분 이내에 의식이 정상으로 회복되는 경우를 말한다.

3) 중증 또는 경증의 뇌전증발작은 발작유형, 발작횟수, 발작이 노동능력에 미치는 정도, 비발작시 정신증상 등을 종합적으로 판단한다. 뇌전증발작으로 상이판정을 받으려는 사람의 경우에는 진료기록부상 자세한 발작의 임상양상, 뇌파 검사 소견, 뇌 영상 촬영 소견 등 확실한 발작의 종류별 분류근거, 정확한 발생 빈도 , 항전간제 복용 등 적극적 치료의 근거 등을 확인해야 한다.

4) 뇌전증중첩상태 또는 뇌전증 발작 등 뇌 손상으로 인한 기능장애는 뇌파검사 상 이상소견이 확인되어야 한다.

5) 중추신경계의 장애는 전산화단층영상촬영(CT), 자기공명영상촬영(MRI), 양전자단층촬영(PET)과 같은 영상의학적 검사 또는 신경생리학적 검사와 같은 기능검사로 이상소견이 확인되어야 한다.

6) 고엽제로 인한 말초신경병은 전신성 말초신경병을 의미하며, 외상성 신경마비나 수근관 증후군에 의한 정중신경 손상과 같은 국소적 신경손상, 신경근병증 등은 제외한다.

7) 신경손상으로 인한 장애는 신경전도검사로 측정하며, 검사 결과 감각신경활동전위 및 복합근육활동전위의 잠복기가 지연되거나 진폭이 감소되거나 또는 전도 속도가 감소하는 등의 이상소견이 확인되어야 한다. 상이등급은 해당부위의 절단장애 보다 높을 수 없다.

8) 복합부위통증증후군

가) 복합부위통증증후군으로 상이판정을 받으려는 사람은 진단서, 최소 1년 이상의 입원ㆍ외래 의무기록 등을 제출해야 한다.

나) 진단기준 및 검사방법

진단 기준	진단 방법
1. 피부색깔	진찰, 사진 촬영
2. 피부온도	적외선 체열검사
3. 부종	진찰
4. 피부상태	진찰, 사진촬영
5. 피부의 탄력	진찰
6. 연부조직의 위축여부 및 정도	진찰
7. 관절 운동범위	진찰, 운동범위검사
8. 손발톱의 변화	진찰, 사진 촬영
9. 모발의 변화	진찰, 사진 촬영
10. 이영양성 골변화, 골다공증	단순방사선 검사 [필요시 골밀도검사 또는 전산화 단층영상촬영(CT)을 포함한다]
11. 혈류 분포 정도 또는 동위원소 흡수 정도	삼상 골스캔

다) 장애 점수표

(1) 장애점수는 나)의 진단 기준 해당 여부에 대한 점수와 아래의 치료방법에 대한 점수를 합산한 점수로 산출한다.

(2) 치료방법에 대한 점수는 상이판정을 받으려는 사람이 받은 각각의 치료방법(같은 치료방법을 반복하여 받은 경우를 포함한다)에 대한 점수를 모두 더한 점수로 하되, 모두 더한 점수는 4점을 넘을 수 없다.

진단 기준	점수
8개 이상	8
7개	7
6개	6
5개	5
4개	4

치료방법	점수
척수강내 약물주입펌프이식술	2
척수신경자극술	2
대뇌운동피질자극술	1
말초신경자극술	1
신경파괴술	1

9) 척추의 골절로 인해 척추에 기형 또는 기능장애가 남은 동시에 척수손상으로 인해 다른 부위에 기능장애가 남은 경우에는 이를 종합하여 등급을 결정한다.

10) 파편 또는 총탄 등 전·공상 상이처가 여러 개 있는 경우에는 그 증상을 종합적으로 고려하여 상이등급을 결정한다.

11) 척추관협착증은 추간판탈출증에 준용하여 판정한다.

12) 정신장애로 상이판정을 받으려는 사람은 의무기록 사본, 장애 발생 당시의 의무기록, 외래기록(최근 2년), 입원기록(최근 1년간의 의무기록, 간호기록과 투약내역), 현재 환자의 진단과 상태 및 호전가능성 여부가 기재된 진단서, 임상신경심리검사 보고서, 생활기록부(첫 신체검사 시에만 첨부) 등의 자료를 제출해야 한다.

13) 기질적 정신장애로 상이판정을 받으려는 사람은 상이 판정을 받기 전까지 1년 이상 충분하고 성실하게 전문가의 치료를 받아야 하고, 뇌 영상검사와 심리검사를 통하여 기질성 유무가 확인되어야 한다.

14) 정신장애로 인한 노동능력 상실 또는 취업 제한의 정도의 판정을 위하여 필요한 경우에는 정신장애 평가도구[간편정신평가척도(Brief Psychiatric Rating Scale), 총괄기능평가척도(Global Assessment Function)]를 활용할 수 있다.

15) 얼굴마비 정도는 하우스-브렉만(House-Brackmann) 얼굴신경마비 평가기준(이하 "얼굴신경마비 평가기준"이라 한다)에 따른다.

나. 상이등급 내용

상이등급 및 분류번호	장애내용
1급 1항 4101	1) 뇌전증중첩상태 또는 주 2회 이상의 중증의 뇌전증 발작이 연 6개월 이상의 기간 동안 있는 사람으로서 발작 시 유발된 호흡장애, 흡인성 폐렴, 심한 탈진, 두통, 구역, 인지기능 장애 등으로 심각한 요양관리가 필요하며, 항상 침상에서 생활하는 사람 2) 뇌손상으로 인한 완전 편마비와 실어증의 합병, 뇌간 손상으로 인하여 폐용(기능상실)에 준하는 사지마비와 구음장애 합병 등 식물인간 상태에 준하는 장애를 가진 사람 3) 뇌손상으로 인한 완전마비로 보행능력과 언어기능을 모두 잃은 사람 4) 척추 손상으로 인한 신경장애로 양쪽 팔과 양쪽 다리의 기능을 모두 잃은 사람
1급 1항 4201	최고도의 정신장애로 인한 자학, 광폭한 행위 또는 식사거부나 이물질 섭취행위 등으로 자제력이 완전 상실되어 항상 감시상태에서 보호가 필요한 사람
1급 2항 4116	1) 머리 손상으로 반신마비가 된 사람으로서 연 6개월 이상의 기간 동안 월 1회 이상의 중증의 뇌전증발작

	또는 주 1회 이상의 경증의 뇌전증 발작이 있는 사람 2) 하반신 마비로 보행능력을 완전히 잃은 사람으로서 배변과 배뇨 기능에 장애가 있어 항상 다른 사람의 도움과 보호가 필요한 사람 3) 하반신 마비로 보행능력을 완전히 상실하고 언어 기능을 모두 잃어 다른 사람의 도움과 보호가 필요한 사람
2급 4108	1) 월 5회 이상의 중증의 뇌전증발작 또는 월 10회 이상의 경증의 뇌전증발작이 연 6개월 이상의 기간 동안 있는 사람으로서 발작 시 유발된 호흡장애, 흡인성 폐렴, 심한 탈진, 두통, 구역, 인지기능 장애 등으로 요양관리가 필요하며, 수시로 다른 사람의 도움과 보호가 필요한 사람 2) 좌반신 또는 우반신 마비로 보행기능과 언어기능에 고도의 장애가 있는 사람
2급 4203	고도의 정신장애로 인하여 생명유지에 필요한 일상생활의 처리동작에 수시로 다른 사람의 도움과 보호가 필요하거나 치매·환각망상·발작성의식장애의 다발 등으로 인하여 수시로 타인의 감시가 필요한 사람
3급 4110	1) 월 2회 이상의 중증의 뇌전증발작 또는 주 1회 이상의 경증의 뇌전증발작이 연 6개월 이상의 기간 동안 있는 사람 2) 좌반신 또는 우반신 마비로 독립적 보행이 불가능하고 언어기능에 장애가 있는 사람 3) 머리 손상을 입은 사람으로서 평형실조 또는 이상운동을 수반하거나 언어 장애가 있는 사람 4) 파킨슨병 또는 비전형 파킨슨증 중 진행성 핵상 마비와 다계통 위축증에 의한 임상증상이 고도로 양측에서 나타나고 체간 침범을 보이며, 극심한 자세 불안정과 균형장애를 보이는 사람
4급 4111	1) 뇌손상으로 인한 신경장애로 노동능력을 일반 평균인의 3분의 2 이상 잃어 특별히 손쉬운 노무 외에는 종사할 수 없는 사람 2) 파킨슨병 또는 비전형 파킨슨증 중 진행성 핵상 마비와 다계통 위축증에 의한 임상 증상이 고도로 양측에서 나타나고 중등도로 체간 침범을 보이며, 심한 자세 불안정과 균형장애를 보이는 사람
4급 4205	정신장애로 노동능력을 일반 평균인의 3분의 2 이상 잃어 특별히 손쉬운 노무 외에는 종사할 수 없는 사람
5급 4112	1) 월 1회 이상의 중증의 뇌전증발작이 연 6개월 이상의 기간 동안 있는 사람 2) 뇌손상으로 인한 신경장애로 노동능력을 일반 평균인의 2분의 1 이상 잃어 취업상 상당한 제한을 받는 사람 3) 전신성 말초신경병으로 양팔 전체 또는 양다리 전체에 뚜렷한 근위축과 근약증이 있는 사람 4) 파킨슨병 또는 비전형 파킨슨증 중 진행성 핵상 마비와 다계통 위축증에 의한 임상 증상이 중등도로 양측에서 나타나고 체간 침범을 보이며, 중등도의 자세 불안정과 균형장애를 보이는 사람
5급 4206	정신장애로 노동능력을 일반 평균인의 2분의 1 이상 잃어 취업상 상당한 제한을 받는 사람
6급 1항 4113	1) 뇌손상으로 인한 신경장애로 노동능력을 5분의 2 이상 잃어 손쉬운 노무 외에는 종사할 수 없는 사람 2) 전신성 말초신경병으로 양쪽 손과 양쪽 발에 뚜렷한 근위축과 근약증이 있는 사람 3) 복합부위통증증후군의 가목8)다)의 장애 점수표에 따른 진단 기준 점수와 치료방법에 대한 점수를 합산한 점수가 8점 이상인 사람. 이 경우 적외선 체열검사, 단순방사선 검사[필요시 골밀도검사 또는 전산화단층영상촬영(CT)을 포함한다], 골스캔검사에서 모두 이상 소견이 확인되어야 한다. 4) 파킨슨병 또는 비전형 파킨슨증 중 진행성 핵상 마비와 다계통 위축증에 의한 임상 증상이 경도로 양측에서 나타나고 체간 침범을 보이며 경도의 자세 불안정과 균형장애를 보이는 사람 5) 침샘암 치료 후 얼굴이 완전히 마비된 사람(얼굴신경 마비 평가기준에 따라 6단계에 해당하는 사람을 말한다)
6급 1항 4207	정신장애로 노동능력을 일반 평균인의 5분의 2 이상 잃어 손쉬운 노무 외에는 종사할 수 없는 사람

6급 2항 4114	1) 12개월 이상의 기간 동안 중증의 뇌전증발작과 경증의 뇌전증발작이 각각 3개월에 1회 이상 나타나는 사람 2) 뇌손상으로 인한 신경장애로 노동능력을 일반 평균인의 3분의 1 이상 잃어 취업상 부분적으로 제한을 받는 사람 3) 외상으로 인하여 고도의 1측 얼굴 신경마비가 있는 사람 4) 두개(머리) 내 이물잔류로 인하여 두통 또는 불면증이 있는 사람 5) 1측 횡격막 신경이 외상으로 인하여 마비된 사람 6) 전신성 말초신경병으로 양쪽 손 또는 양쪽 발에 뚜렷한 근위축과 근약증이 있는 사람 7) 복합부위통증증후군의 가목8)다)의 장애 점수표에 따른 진단 기준 점수와 치료방법에 대한 점수를 합산한 점수가 8점 이상인 사람. 이 경우 반드시 적외선 체열검사, 단순방사선 검사[필요시 골밀도검사 또는 전산화단층영상촬영(CT)을 포함한다], 골스캔검사 중 1개 이상에서 이상소견이 확인되어야 한다. 8) 파킨슨병 또는 비전형 파킨슨증 중 진행성 핵상 마비와 다계통 위축증에 의한 임상증상이 경도로 양측 침범을 보이는 사람 9) 침샘암 치료 후 얼굴에 중고등도의 마비가 있는 사람(얼굴신경마비 평가기준에 따라 4단계 또는 5단계에 해당하는 사람을 말한다)
6급 2항 4208	정신장애로 노동능력을 일반 평균인의 3분의 1 이상 잃어 취업상 부분적으로 제한을 받는 사람
7급 4115	1) 파편 또는 총탄 등으로 인하여 신경에 이상 징후가 확인되는 사람 2) 전신성 말초신경병증으로 양쪽 손의 손가락 전체 또는 양쪽 발의 발가락 전체에 뚜렷한 감각신경 이상과 근약증이 있는 사람 3) 복합부위통증증후군의 가목8)다)의 장애 점수표에 따른 진단 기준 점수와 치료방법에 대한 점수를 합산한 점수가 6점 이상인 사람. 이 경우 적외선 체열검사, 단순방사선 검사[필요시 골밀도 검사 또는 전산화단층영상촬영(CT)을 포함한다], 골스캔검사 중 1개 이상에서 이상소견이 확인되어야 한다. 4) 파킨슨병 또는 비전형 파킨슨증 중 진행성 핵상 마비와 다계통 위축증에 의한 임상증상이 경도로 편측 침범을 보이거나 경미하게 양측 침범을 보이는 사람 5) 침샘암 치료 후 얼굴에 중등도의 마비가 있는 사람(얼굴신경마비 평가기준에 따라 3단계에 해당하는 사람을 말한다)
7급 4209	정신장애로 1년 이상 약물치료 후에도 노동능력을 일반 평균인의 4분의 1 이상 잃어 취업상 경도의 제한을 받는 사람

다. 준용등급 결정

1) 척수의 장애

가) 생명유지에 필요한 일상생활의 처리 동작에 대하여 항상 다른 사람의 도움과 보호를 받아야 하는 사람은 1급 1항(4101)을 인정한다.

나) 생명유지에 필요한 일상생활의 처리 동작에 대하여 수시로 다른 사람의 도움과 보호를 받아야 하는 사람은 2급(4108)을 인정한다.

다) 생명유지에 필요한 일상생활의 처리 동작은 가능하나 일생 동안 노무에 종사할 수 없는 사람은 3급(4110)을 인정한다.

라) 마비나 그 밖의 뚜렷한 척수증상으로 인하여 노동능력을 일반 평균인의 3분의 2 이상 잃은 사람은 4급(4111)을 인정한다.

마) 명백한 척수증상으로 인하여 노동능력을 일반 평균인의 2분의 1 이상 잃은 사람은 5급(4112)을 인정한다.

바) 명백한 척수증상으로 인하여 노동능력을 일반 평균인의 3분의 1 이상 잃은 사람은 6급 2항(4114)을 인정한다.

사) 노동능력에 별다른 지장은 없지만 의학적으로 증명할 수 있는 척수증상이 남은 사람은 7급(4115)을 인정한다.

2) 조화운동못함증(실조)·현기증 및 평형기능장애

가) 고도의 조화운동못함증 또는 평형기능장애로 인하여 생명유지에 필요한 일상생활의 처리동작 외에는 일생 동안 노무에 종사할 수 없는 사람은 3급(4110)을 인정한다.

나) 뚜렷한 조화운동못함증 또는 평형기능장애로 인하여 노동능력이 일반 평균인의 3분의 2 이상 잃은 사람은 4급(4111)을 인정한다.

다) 중등도의 조화운동못함증 또는 평형기능 장애로 인하여 노동능력을 명백하게 일반 평균인의 2분의 1 이상 잃은 사람은 5급(4112)을 인정한다.

라) 노동능력이 어느 정도 남아 있으나 현기증의 자각증상이 강하거나 타각적(대상자의 주관적 의사 표현 없이 증상이 확인되는 것)으로 눈떨림증(안구진탕증) 그 밖에 평형기능 검사결과 명백한 이상소견이 인정된 사람은 6급 2항(4114)을 인정한다.

마) 노동능력에 별다른 지장은 없지만 눈떨림증 그 밖에 평형기능검사결과 이상소견이 인정된 사람은 7급(4115)을 인정한다.

5. 흉복부장기 등의 장애

가. 장애 측정방법

1) 흉복부장기 등의 장애는 흉강과 복강 내 장기 등에 타각적으로 증명될 수 있는 변화가 인정되고 그 기능에도 장애가 증명되는 것을 말한다.

2) 흉복부장기 등의 장애로 인하여 생명유지에 필요한 일상생활의 처리동작에 항상 다른 사람의 도움과 보호를 받아야 하는 사람은 일상생활의 범위가 항상 병상(病牀)으로 제한되는 사람을 말한다.

3) 흉복부장기 등의 장애로 인하여 생명유지에 필요한 일상생활의 처리 동작에 수시로 다른 사람의 도움과 보호를 받아야 하는 사람은 일상생활의 범위가 주로 병상에 한정되나, 식사, 용변, 자택 내 보행 등을 위하여 단시간 병상을 떠나는 것이 가능한 사람을 말한다.

4) 심장질환

가) 의학적 치료에도 불구하고 호흡곤란, 흉통, 부종 등의 임상증상과 이를 증명할 수 있는 흉부 방사선검사, 심전도검사, 심장초음파 검사, 운동부하검사, 심혈관조영술 등의 객관적인 검사 결과를 기준으로 판단한다.

나) 관상동맥 조영상 혈관의 지름과 협착의 정도는 영상자료를 토대로 판정하며, 이견이 있을 경우 검증된 소프트웨어를 이용한 정량적 관상동맥조영술(QCA, Quantitative coronary angiography)의 결과를 판정의 근거로 삼는다.

다) 허혈성심장질환의 경우 변이형 협심증, 미세혈관 협심증 및 심근교(심장표면을 주행하는 관상동맥이 심장근육 속에 들어가 있는 경우를 말한다)는 상이등급 평가에서 제외한다.

5) 호흡기질환

가) 폐기능검사(1초간 노력성호기량, 노력성폐활량), 흉부 단순방사선촬영 등의 객관적인 검사 결과에 따라 판정한다.

나) 폐기능 검사는 한국인의 연령별 정상 폐활량 예측치를 고려한 최정근식 검사방법에 의한다. 이 경우 기관지확장제를 투여한 후 시행하되, 1회 검사 시 3차례 시행된 검사결과 중 가장 좋은 검사결과를 기준으로 평가한다. 다만, 외상이나 수술에 의한 경우에는 기관지확장제를 투여하지 않고 시행할 수 있다.

다) 폐결핵, 폐결핵성 늑막염으로 인한 기능장애는 영상의학적 소견과 일치해야 한다.

6) 신장질환

가) 혈청크레아티닌, 사구체 여과율(청소율), 단회뇨(spot urine)의 알부민/크레아티닌비로 평가하며, 2주 이상의 간격을 두고 시행한 2회의 검사 결과를 토대로 판정한다.

나) 신장이식을 시행한 경우에는 신장의 기능이 안정화되면 바로 평가할 수 있으며, 급성 신부전일 경우에는 평가에서 제외한다.

7) 종양은 크게 근치된 경우와 전이 또는 재발한 경우로 나누어 평가한다.

가) 근치 후 일시적 또는 영구적으로 손상된 장기별 기능에 대해 평가하며, 근치 후 기능 손상이 영구장애로 판단될 경우에는 다시 평가하지 않는다.

나) 근치 후 종양으로 인한 기능장애는 상이등급 구분표의 신체상이 정도에 준하여 판정한다.

다) 전이성 또는 재발성 종양은 완치를 기대할 수 없으므로 기대되는 평균여명, 치료시기, 그리고 신체활동도에 따라 평가한다.

라) 폐암은 호흡기계 질환에서 따로 분류하여 등급을 결정하며 비소세포 폐암과 소세포폐암으로 나누어 평가한다.

마) 악성 임파종, 백혈병, 다발골수종, 연조직육종은 따로 분류하여 등급을 결정한다.

8) 요도협착

가) 요도협착으로 배뇨기능에 장애가 남은 사람은 방광의 장애로 간주하여 등급을 결정한다.

나) 요도협착으로 신기능에 장애가 남은 사람은 신장의 장애로 간주하여 등급을 결정한다.

9) 소화기 장애는 내시경검사, 방사선검사, 혈액검사 등 검사 결과와 약물치료 기록 등을 토대로 판정한다.

나. 상이등급 내용

상이등급 및 분류번호	장애내용
1급 3항 5102	흉복부장기의 장애로 인하여 생명유지에 필요한 일상생활의 처리동작에 항상 다른 사람의 도움과 보호를 받아야 하는 사람으로서 다음의 어느 하나에 해당하는 사람

등급	기준
	1) 외상으로 인하여 폐나 심장의 기능장애를 초래하여 안정 시에도 호흡곤란·현기증·청색증 하지(다리와 발) 또는 전신부종이 있는 사람 2) 당뇨합병에 의한 신장 손상 등으로 평생 혈액투석을 해야 하고 항상 침상에서 생활하는 사람 3) 간장 및 담도계통의 손상으로 진행성인 불치의 간기능장애를 초래한 사람으로 심한 전신쇠약으로 항상 침상에서 생활하는 사람 4) 흉복강 내 맥관계통의 장애로 인한 심한 순환장애로 체강 내 액체정류를 일으켜 항상 침상에서 생활하는 사람 5) 악성종양이 더 이상의 치료가 불가능하며, 항상 간병이 필요하고 침상에서 생활하는 사람(호스피스 병동기록, 여명치료 종료 후 자가 요양 등의 기록을 확인한다)
2급 5103	흉복부장기 등의 장애로 인하여 생명유지에 필요한 일상생활의 처리 동작에 수시로 다른 사람의 도움과 보호를 받아야 하는 사람으로서 다음의 어느 하나에 해당하는 사람 1) 한쪽 폐를 적출하고 다른 폐에도 고도의 기능장애가 있어 수시로 간병이 필요한 사람 2) 난치성 지속성 상부위장관, 담도, 췌장의 샛길로서 그 분출량이 1일 200cc 이상이고 고도의 전신합병증이 생긴 사람 3) 당뇨합병에 의한 신장 손상 등으로 평생 혈액투석과 수시로 간병이 필요한 사람 4) 악성종양이 진행하여 2차 항암제에 불응하고 수시로 간병이 필요한 사람(호스피스 병동기록, 여명치료 종료 후 자가 요양 등의 기록을 확인한다) 5) 허혈성심장질환으로 심부전 증상이 있는 경우로서 최소 6개월 이상의 치료 이후에 실시한 심장초음파 검사 결과 심구출율(EF)이 30퍼센트 이하이고 항상 침상에서 생활하는 사람 6) 간경화증에 의한 고도의 합병증으로 수시로 간병이 필요한 사람 7) 방광을 전부 적출하고, 회장도관 또는 신생방광 조성술을 시행했으나, 그 기능이 적절치 않아 경피적 신루술을 유지해야 하는 사람 8) 영구적인 식도의 통과장애로 통관영양이 필요한 사람
3급 5104	생명유지에 필요한 일상생활의 처리 동작은 가능하나 거의 대부분을 병상에 있어 일생 동안 노무에 종사할 수 없는 사람으로서 다음의 어느 하나에 해당하는 사람 1) 간장 및 담도 계통의 손상으로 간기능 장애를 초래하여 단순한 노무에 의해서도 복수나 전신부종을 일으키는 사람 2) 직장 또는 항문괄약근의 장애로 항상 고형변에 대한 변실금이 있는 사람(항문직장근이나 항문괄약근의 해부학적 손상이 있고 직장압력측정상 이상이 입증된 사람으로 한정한다) 3) 장의 광범위한 유착으로 통과장애가 있어서 항상 유동식을 섭취해야 하는 사람 4) 방광루형성술, 신루(腎瘻)·요관피부문합을 시행하여 영구적으로 요도를 통한 배뇨를 할 수 없는 사람 5) 방광기능 소실로 항상 도뇨가 필요한 사람(영구적 요로전환에 준하는 경우로 한정한다) 6) 당뇨합병에 의한 말기 신부전으로 평생 혈액 또는 복막투석이 필요한 사람 7) 허혈성심장질환으로 심부전 증상이 있는 경우로서 최소 6개월 이상의 치료 이후에 실시한 심장초음파 검사에서 심구출율(EF)이 30퍼센트 이하이고, 신체주위의 일은 간신히 할 수 있지만 그 이상의 활동에는 심부전 또는 협심증 증상이 있어 수시로 침상 생활을 하는 사람 8) 만성 폐질환으로 다음의 어느 하나에 해당하는 사람 가) 1초간 노력성호기량(FEV1)이 25퍼센트 이하인 사람 나) 노력성폐활량(FVC)이 35퍼센트 이하인 사람 다) 호흡기 질환으로 인하여 가정산소요법을 처방받아야 할 정도로 폐기능 저하가 심한 사람(호흡기내과

	전문의에 의한 처방이 있는 경우로 한정한다) 9) 소장의 70퍼센트 이상이 절제되어 단장증후군이 초래된 사람 10) 직장 또는 회음부의 손상으로 인공항문을 조성하였으나 난치성 다발성의 회음부루 또는 농양이 남아 있는 사람 11) 비호지킨임파선암, 다발골수종, 만성림프구성 백혈병, 급성림프구성 백혈병 또는 급성골수성 백혈병이 진행하여 2차 항암요법(항암요법은 화학요법 또는 방사선요법을 말한다. 이하 같다)을 받았거나 2차 항암요법이 필요한 사람 12) 연조직육종(GIST포함)이 전이성이거나 재발하여 항암요법이 필요한 사람 13) 만성골수구성 백혈병에서 가속기·급성기 질환으로 항암요법이 필요한 사람 14) 비소세포폐암 4기(전이성, 재발성) 또는 3B기인 사람 15) 소세포폐암 확장병기에 있는 사람 16) 여타의 악성종양이 전이성 또는 재발성 질환으로 항암요법이 필요한 사람
3급 5201	1) 음경과 고환이 모두 상실된 사람 2) 음경의 손상으로 인해 회음부로 요도를 전환하고, 양측 고환을 모두 상실한 사람
4급 5105	흉복부장기 등의 장애로 인하여 노동능력을 일반 평균인의 3분의 2 이상 잃은 사람으로서 다음의 어느 하나에 해당하는 사람 1) 허혈성심장질환으로 심부전 증상이 있는 경우로서 최소 6개월 이상의 치료 이후에 실시한 심장초음파 검사에서 심구출율(EF)이 40퍼센트 이하이고, 가정 내에서 극히 쉬운 활동은 가능하나 그 이외의 활동에는 심부전 또는 협심증 증상이 있어 약물치료가 필요한 사람 2) 내시경검사로 식도정맥류가 확인되고, Child C에 준하는 간경변이 있는 사람 3) 만성 폐질환으로 1초간 노력성호기량(FEV1)이 25퍼센트 초과 30퍼센트 이하이거나 노력성폐활량(FVC)이 35퍼센트 초과 40퍼센트 이하인 사람 4) 신장 등 흉복부 장기를 이식받은 사람 5) 부신에 손상을 입어 부전으로 인하여 평생 치료가 필요한 사람 6) 수술 또는 외상 후 발생한 복벽에 탈장 수술을 했으나 지속적으로 재발하여 복원수술이 불가능한 상태이고 결손부위의 최대 지름이 10센티미터 이상인 사람 7) 영구적 인공항문을 만든 사람 8) 위를 전부 적출한 후에 지속적인 대량의 역류성 담즙구토로 인한 전신합병증이 있거나 통관영양이 필요한 사람 9) 대장의 70퍼센트 이상이 절제되어 지속적으로 합병증이 초래되거나 영구적 인공항문이 필요한 사람
5급 5106	흉복부장기 등의 장애로 인하여 노동능력을 일반 평균인의 2분의 1 이상 잃은 사람으로서 다음의 어느 하나에 해당하는 사람 1) 반복된 장절제로 인한 심한 유착 또는 유착으로 인한 반복적인 수술로 가벼운 노동도 감당하기 어려운 사람 2) 당뇨 합병에 의한 만성 신부전으로 최소 2주 이상의 간격으로 실시한 2회의 혈액검사 결과 혈중 크레아티닌 농도가 모두 3.0㎎/㎗ 이상인 사람 3) 간경변증으로 진단받아 지속적 치료나 관리가 필요한 사람(복수가 있는 간경변증 또는 식도정맥류를 동반한 Child B 간경변증이 있는 사람으로 한정한다) 4) 만성 폐질환으로 1초간 노력성호기량(FEV1)이 30퍼센트 초과 40퍼센트 이하이거나 노력성폐활량(FVC)이 40퍼센트 초과 50퍼센트 이하인 사람 5) 허혈성심장질환으로 다음의 어느 하나에 해당하는 사람 가) 관상동맥중재술이나 관상동맥우회술이 필요하지만 수술이 불가능한 경우로서 최소 6개월 이상의 치료 이후에 실시한 심장초음파 검사 결과 심구출율(EF)이 40퍼센트 이하인 사람

	나) 관상동맥중재술이나 관상동맥우회술을 받은 경우로서 최소 6개월 이상의 치료 이후에 실시한 심장초음파 검사 결과 심구출율(EF)이 40퍼센트 이하인 사람 6) 위를 전부 적출한 사람 7) 요로(尿路) 변경술 후 요관장문합(尿管藏吻合)을 남긴 채로 치유의 상태에 달한 사람(요도를 통한 배뇨가 가능한 사람으로 한정한다) 8) 만성골수성 백혈병의 만성기로 2차 항암요법을 받았거나 2차 항암요법이 필요한 사람 9) 만성림프구성 백혈병, 급성림프구성 백혈병, 급성골수성 백혈병 또는 다발골수종으로 1차 항암요법 중이거나 항암요법 후 관해·안정상태로 관찰 중인 사람 10) 비소세포폐암으로 한쪽 폐를 전부 절제한 사람 11) 소세포폐암 제한 병기인 사람 12) 담낭암(담도암을 포함한다)으로 췌십이지장절제술, 대량간절제술, 침습장기 합병절제술 등 해당 병변(病變)과 그 주변 장기까지를 포함하는 근치적(根治的) 절제술을 받은 사람 13) 방광암으로 진단 후 근치적 방광절제술을 받은 이후 인공방광조성술을 받은 사람
5급 5202	1) 음경의 손상으로 인해 회음부로 요도를 전환한 사람 2) 양쪽 고환이 상실된 사람 3) 생식기능이 완전 상실되고 지속적인 요도확장술이 필요한 사람 4) 수술 불가능한 질부결손으로 성교가 불가능한 사람 5) 양쪽 고환의 기능이 상실된 사람 또는 한쪽 고환이 상실되고 다른 쪽 고환의 기능이 상실된 사람
6급 1항 5107	1) 흉부대동맥 또는 복부대동맥에 대동맥박리가 있는 사람 2) 방광암으로 진단 후 부분방광절제술 또는 항암요법을 받은 사람
6급 1항 5203	1) 음경의 손실이 있으나 요도를 통해 소변을 볼 수 있는 사람 2) 신경손상으로 음경 발기력이 상실된 사람(수면 중 발

	기 검사 또는 발기유발제 주사 후 도플러 초음과 음경 혈류 검사로 진단한다) 3) 사정관 또는 양쪽 정관 손상으로 사정이 불가능한 사람 4) 자궁 또는 양쪽 난소가 상실되거나 그 기능이 완전 상실된 사람 5) 양쪽 난관 손상으로 배란이 불가능한 사람 6) 정자 생산능력과 남성호르몬 생산능력이 모두 상실된 사람 7) 양쪽 유선이 상실된 사람
6급 2항 5108	흉복부장기 등의 장애로 인하여 노동능력을 일반 평균인의 3분의 1 이상 잃은 사람으로서 다음의 어느 하나에 해당하는 사람 1) 식도의 손상으로 중등도의 식도협착이 있는 사람 2) 간 손상 또는 Child A 간경변증으로 진단받아 지속적인 치료와 관리가 필요한 사람 3) 방광의 손상 또는 부분 절제하여 무의식적인 배뇨장애가 있는 사람 4) 수술 또는 외상 후 발생한 복벽에 탈장 수술을 했으나 지속적으로 재발하여 복원수술이 불가능한 상태이고 결손부위의 최대 지름이 4센티미터 이상 10센티미터 미만인 사람 5) 방광괄약근에 이상이 있고 중등도 이상의 요실금이 있는 사람 6) 직장 또는 항문괄약근의 기능장애로 항상 변실금이 있는 사람 7) 당뇨 합병증에 의한 신장기능의 손상으로 최소 2주 이상의 간격으로 실시한 2회의 혈액검사에서 혈중 크레아티닌 농도가 모두 1.8㎎/dℓ 이상인 사람 8) 허혈성심장질환으로 다음의 어느 하나에 해당하는 사람 가) 관상동맥조영술 검사 결과 좌주간지관상동맥(LM) 또는 좌전하행관상동맥 근위부(pLAD)에 70퍼센트 이상의 협착 병변이 있는 사람[좌전하행지(LAD) 근위부는 처음 분지하는 대각분지(D1, D2) 또는

	중격분지(septal branch, S1)가 갈라지기 이전의 부위를 말한다] 나) 관상동맥조영술 검사 결과 좌주간지관상동맥(LM)이나 좌전하행지 근위부(pLAD) 관상동맥을 제외한 주요 혈관에 70퍼센트 이상의 협착 병변이 있고, 심초음파, 운동부하검사 등 검사 결과 심근허혈이 있는 사람[주요 혈관은 좌전하행지(LAD), 좌회선지(LCX), 우측관상동맥(RCA), 지름 2.5밀리미터 이상의 주요 분지(대각분지(D1, D2), 둔각분지(OM1, OM2), 후하행지(PDA), 후외측 분지(PL))를 포함한다] 다) 영상검사와 기능검사 결과 허혈성심장질환으로 인한 심근경색증으로 진단되어 관상동맥우회술 또는 내과적 중재술을 받았거나 약물치료 중인 사람 9) 만성 폐질환으로 1초간 노력성호기량(FEV1)이 40퍼센트 초과 50퍼센트 이하이거나 노력성폐활량(FVC)이 50퍼센트 초과 60퍼센트 이하인 사람 10) 한쪽 폐를 전부 절제하거나 양측의 폐엽 절제술을 시행한 사람 11) 비장을 적출한 후 후유증(뇌막염, 폐렴, 세균혈증)이 있어 입원치료를 받은 사람 12) 방광암으로 진단 후 경요도방광종양절제술을 받고 방광 내 약물(항암제 또는 면역치료제를 말한다)주입요법을 받은 사람
6급 2항 5205	전립선암 진단 후 치료(방사선치료, 호르몬치료 또는 양성자치료) 중이거나 치료 후 경과를 관찰중인 사람
6급 3항 5110	1) 위, 장의 부분 절제술(내시경적 점막절제를 한 경우는 제외한다)을 받은 후 다음의 어느 하나에 해당하는 사람 가) 유착증상으로 재수술을 받은 사람 나) 심한 소화기능 장애로 지속적인 약물치료를 받는 사람 2) 폐암으로 폐엽을 절제한 사람 3) 만성폐질환으로 1초간 노력성호기량(FEV1)이 50퍼센트 초과 60퍼센트 이하이거나 노력성폐활량(FVC) 60

	퍼센트 초과 70퍼센트 이하인 사람 4) 악성림프종으로 확진되어 항암요법을 받았거나 항암요법이 필요한 사람 5) 연조직육종으로 진단받은 후 다음의 어느 하나에 해당하는 사람 가) 근치적 절제술을 받았거나 근치적 절제술이 필요한 사람 나) 1차 항암요법을 받았거나 1차 항암요법이 필요한 사람 6) 만성골수성 백혈병의 만성기로 1차 항암요법을 받았거나 1차 항암요법이 필요한 사람 7) 만성림프구성 백혈병으로 진단받고 항암치료 없이 경과관찰 중인 사람 8) 다발성 골수종에서 형질세포종(Plasmacytoma), 단세포군 감마글로불린병(MGUS), 무증후성 골수종(Smoulde ring myeloma)으로 근치적 치료 중인 사람 9) 비소세포폐암 1기, 2기, 3A기인 사람 10) 담낭암(담도암을 포함한다)으로 진단 후 경과를 관찰 중이거나 담낭절제술, 간외담관절제술, 제한적 간절제술 등 해당 병변에 대한 근치적 절제술을 받은 사람 11) 방광암으로 진단 후 경요도방광종양절제술을 받은 사람(반복해서 받은 경우를 포함한다)
7급 5111	흉복부장기 등의 장애로 인하여 노동능력을 일반 평균인의 4분의 1 이상 상실한 사람으로서 다음의 어느 하나에 해당하는 사람 1) 당뇨 합병증에 의한 신장기능 장애로 다음의 어느 하나에 해당하는 사람 가) 최소 2주 이상의 간격으로 실시한 2회의 소변검사에서 모두 현증(1+ 이상)의 단백뇨 소견이 보이는 사람 나) 최소 2주 이상의 간격으로 실시한 2회의 혈액검사에서 혈중 크레아티닌의 농도가 모두 1.5㎎/dℓ 이상 1.8㎎/dℓ 미만인 사람 2) 만성 폐질환으로 1초간 노력성호기량(FEV1)이 60퍼

	센트 초과 80퍼센트 이하인 사람 3) 흉강 내 부상 또는 전공상 잔유물로 경도의 늑막유착증상이 있는 사람 4) 장의 절제로 경도의 유착증상이 있는 사람 5) 위의 부분절제로 유착이 있는 사람 6) 폐암 외의 질환으로 폐의 부분절제(segmentectomy 또는 wedge resection)를 받은 사람 7) 방광ㆍ직장 또는 항문괄약근의 기능장애로 간헐적으로 무의식적인 배변 또는 배뇨장애가 있는 사람 8) 관상동맥조영술 검사 결과 가지혈관을 포함한 관상동맥 여타의 부위에 50퍼센트 이상의 협착 병변이 있고 이로 인한 협심증 증상이 있어 지속적인 약물 치료가 필요한 사람 9) 갑상선 손상으로 평생 동안 약제를 복용해야 하는 사람 10) 주기적인 요도확장술을 받는 사람 11) 염증성 장질환으로 지속적인 투약을 받는 사람 12) 수술 또는 외상 후 발생한 복벽 탈장 수술을 하였으나 재발하였거나, 수술이 불가능한 상태로 결손부위의 최대 지름이 4센티미터 미만인 사람 13) 흉부대동맥 또는 복부대동맥에 최대 지름 5센티미터 이상의 동맥류가 있거나 이로 인해 시술 또는 수술을 한 사람 14) 비장 또는 한쪽 신장을 적출한 사람 15) 갑상샘기능저하증으로 심낭삼출(심장을 싸고 있는 막인 심낭의 두 층 사이에 피 등 수분이 차는 질환을 말한다) 또는 점액성부종혼수 등의 합병증을 동반한 장애가 있는 사람 16) 방광암으로 진단받은 후 경과를 관찰 중인 사람
7급 5204	1) 한쪽 유선이 상실된 사람 2) 한쪽 고환이 상실된 사람 3) 전립선암을 진단받은 후 경과를 관찰 중인 사람 4) 한쪽 난소가 상실된 사람 5) 한쪽 난관이 상실된 사람

다. 준용등급 결정

1) 신장장애 치료의 종결 단계에서 요도루(尿道瘻)ㆍ방광샛길과 여러 번의 수술에도 불구하고 그대로 루공이 남아 일정한 기간 후 다시 수술이 필요하다고 인정되나 그 상태에서 일단 치유한 사람은 7급(5111)을 인정한다.

2) 방광장애

가) 위축방광(용량 50cc 이하)인 사람은 5급(5106)을 인정한다.

나) 항상 요실금을 동반하는 경도의 방광기능부전 또는 방광 경련으로 인한 지속성의 배뇨통은 7급(5111)을 인정한다.

6. 체간의 장애

가. 장애 측정방법

1) 척추의 장애는 기능장애와 변형장애로 구분하며, 단순방사선촬영, 전산화단층영상촬영(CT), 자기공명영상촬영(MRI), 골주사(bone scan), 근전도, 유발전위검사 등의 객관적인 자료를 근거로 평가한다.

2) 척추의 기능장애란 척추의 유합으로 인하여 운동제한 소견이 명확히 나타나는 경우 또는 신경근 병변에 의한 운동마비 소견이 잔존하는 경우를 말한다.

3) 척추분절의 고정이란 골유합술이나 고정술을 시행하여 척추 한 분절 이상을 붙게 한 것을 말한다. 고정된 분절은 그 분절의 운동기능이 모두 상실한 것으로 보고, 고정된 분절 외의 분절은 해당 분절의 운동기능을 정상으로 보아 산출한다. 다만, 척추분절의 운동이 가능한 수술(연성고정술, 와이어고정술, 인공디스크삽입술 등)은 이에 포함되지 않는다.

4) 척추의 변형장애란 척추의 골절로 인하여 형태의 변화가 뚜렷하게 나타나는 경우를 말한다. 척추체 압박률은 골절이 있는 척추체 높이와 상ㆍ하 정상 척추체의 높이를 비교하여 압박률을 정한다. 2 추체 이상의 다발성 압박골절시 압박률 측정은 압박정도가 큰 2 추체의 압박률을 합산하여 적용한다.

5) 척추의 기능장애와 변형장애가 동일부위에 동시에 남은 경우에는 그 중 높은 등급을 인정한다.

6) 추간판탈출증

가) 추간판탈출증은 의학적 임상증상과 특수검사(CTㆍMRIㆍ근전도 등) 소견이 일치하는 경우에만 인정한다.

나) 추간판탈출증에 대한 상이등급은 수술(재수술을 포함한다) 등 가능한 모든 치료에도 불구하고 후유증상이 지속되는 경우에 그 후유신경증상에 따라 결정한다. 다만, 수술 등으로도 치료효과를 기대하기 어렵다고 인정되

는 경우에는 그 후유증상에 따라 상이등급을 결정할 수 있다.

다) 인공디스크삽입술을 한 경우에는 그 수술 후의 상이정도에 따라 판정한다.

라) 수술적 치료란 관혈적 수술 또는 내시경을 이용한 추간판제거술을 말한다.

마) 추간판탈출증으로 복합된 척추신경근의 완전마비가 있는 경우에는 신경계통의 기능장애 정도에 따라 등급을 결정한다.

나. 상이등급 내용

상이등급 및 분류번호	장애내용
4급 6102	척추체 골절이나 인대손상으로 척추고정술을 포함한 적극적 치료 후에도 뚜렷한 운동마비(Grade Ⅲ)가 있으며, 배뇨장애 또는 배변장애가 있는 사람(도뇨관을 지속적 또는 간헐적으로 사용하거나 배변 감각의 소실로 인하여 기저귀를 지속적으로 착용하는 경우로 한정한다)
5급 6103	척추체 골절이나 인대손상으로 척추 고정술을 포함한 적극적 치료 후에도 뚜렷한 운동마비(Grade Ⅲ)가 있거나 정상운동범위의 50퍼센트 이상의 제한이 있는 사람
5급 6104	명백한 척추의 골절로 35도 이상의 후만변형과 20도 이상의 측만변형이 있는 사람
6급 1항 6105	척추체 골절이나 인대손상으로 척추 고정술을 포함한 적극적 치료 후에도 정상운동범위의 30퍼센트 이상 50퍼센트 미만의 제한이 있는 사람
6급 1항 6106	척추의 골절로 압박 골절이 추체(椎體)높이의 50퍼센트 이상으로서 35도 이상의 후만변형 또는 20도 이상의 측만변형이 있는 사람
6급 2항 6107	1) 2개 이상의 추체 간에 추간판탈출증에 대한 수술을 하고 연속적인 2개 분절 이상의 추체간 유합술을 시행한 사람으로서 신경증상이 지속되는 사람 2) 척추체 골절이나 인대손상으로 척추 고정술을 포함한 적극적 치료 후에도 정상운동범위의 10퍼센트 이상 30퍼센트 미만의 제한이 있는 사람 3) 추간판탈출증에 대한 수술 등 치료에도 근전도 이상 소견과 뚜렷한 운동마비(Grade Ⅲ 이하)가 있는 사람
6급 2항 6108	1) 척추의 골절로 인하여 압박골절이 추체(椎體)높이의 50퍼센트 이상으로서 15도 이상의 후만변형 또는 10도 이상의 측만변형이 있는 사람 2) 척추의 골절로 인하여 압박골절이 추체(椎體)높이의 30퍼센트 이상 50퍼센트 미만으로서 35도 이상의 후만변형 또는 20도 이상의 측만변형이 있는 사람
7급 6109	1) 척추의 골절로 인하여 고정술을 받은 사람으로서 기능장애를 동반하는 사람(일시적으로 고정술을 한 사람은 제외한다) 2) 추간판탈출증으로 수술적 치료에도 불구하고 특수검사상 뚜렷한 신경압박 소견을 보이며, 근전도 이상소견 또는 경도의 운동마비(Grade Ⅳ)가 있는 사람
7급 6110	척추의 골절로 인하여 압박골절이 추체(椎體)높이의 20퍼센트 이상인 사람
7급 6203	나체가 되었을 때 그 변형(결손을 포함한다)을 명백하게 알 수 있는 사람. 이 경우 늑골(갈비뼈)의 변형은 그 개수·정도·부위 등에 관계없이 늑골 전체를 일괄하여 하나의 장애로 인정한다.

7. 팔 및 손가락의 장애

가. 장애 측정방법

1) 절단 장애는 절단 위치에 따라 판정하며 평가 부위에 대한 단순방사선사진을 촬영하여 정확한 절단부위를 확인한다. 다만, 단순방사선사진 없이 맨눈으로 절단부위를 명확하게 확인할 수 있을 때는 단순방사선사진 촬영을 생략할 수 있다.

2) 관절강직의 정도는 수동적 관절운동범위로 평가하는 것을 원칙으로 하되, 근육 마비나 외상 후 건(腱) 또는 근육의 파열로 능동적 관절운동범위가 수동적 관절운동범위에 비해 현저히 작은 경우에는 능동적 관절운동범위로 평가할 수 있다. 이 경우 관절운동범위는 각도기(goniometer)를 사용하여 측정해야 하고, 신체검사 대상자는 의사의 요구에 최대한 협조해야 하며, 협조하지 않을 경우 기능장애가 없는 것으로 평가할 수 있다.

3) 의학적 임상증상과 이를 증명할 수 있는 영상의학검사나 근전도 검사 등의 결과가 서로 일치해야 관절의 기능장애가 있는 것으로 판정할 수 있다.

4) 수술적 치료를 통해 장애상태의 개선이 가능할 것으로 예측되는 모든 경우[장관골(긴뼈)의 불유합이나 부정유합, 관절 불안정성, 재발성 또는 습관성 탈구, 흉터 구축, 팔꿈치관절 강직 등] 수술적 치료를 원칙으로 한다. 다만, 마취를 할 수 없거나 감염이 우려되는 등 수술로 인한 치료보다 수술로 인한 후유합병증이 더 크거나, 적절한 수술 후에도 장애가 남을 것으로 의학

적으로 인정되는 경우에는 수술을 하지 않은 상태에 근거하여 상이판정을 할 수 있다.

5) 손가락의 끝마디는 끝쪽 손가락뼈마디 관절(엄지손가락의 경우에는 지관절)부터 손가락뼈의 끝이 아닌 연부조직의 끝까지를 말한다.

6) 하나의 장애에 다른 장애가 파생되는 관계에 있는 경우(단축, 강직과 변형 등)에는 그 중 상이등급이 높은 것 하나만 인정한다.

나. 상이등급 내용

상이등급 및 분류번호	장애내용
1급 2항 7102	1) 두 팔의 어깨관절과 팔꿈치관절 사이에서 상완골(위팔뼈)이 절단된 사람 2) 두 팔의 팔꿈치관절에서 상완골(위팔뼈)과 요골(노뼈) 및 척골(자뼈)이 서로 떨어져 탈락된 사람
1급 2항 7104	두 팔과 한 다리 또는 한 팔과 두 다리의 3대 관절이 모두 완전히 굳은 사람
1급 3항 7105	1) 두 팔이 팔꿈치관절과 손목관절 사이에서 절단된 사람 2) 두 팔의 손목관절에서 요골(노뼈) 및 척골(자뼈)과 수근골(손목뼈)이 서로 떨어져 탈락된 사람
1급 3항 7106	한 팔의 3대 관절과 다른 팔의 손목관절 이하(모든 손가락관절을 포함한다)가 모두 완전히 굳은 사람
3급 7109	1) 한 팔의 어깨관절과 팔꿈치관절 사이에서 상완골(위팔뼈)이 절단된 사람 2) 한 팔의 팔꿈치관절에서 상완골(위팔뼈)과 요골(노뼈) 및 척골(자뼈)이 서로 떨어져 탈락된 사람
4급 7111	1) 한 팔의 3대 관절이 모두 운동가능영역의 4분의 3 이상 제한되거나 완전히 굳은 사람 2) 한 팔의 상완신경총(팔신경얼기)이 완전 마비된 사람
5급 7112	1) 한 팔이 팔꿈치관절과 손목관절 사이에서 절단된 사람 2) 한 팔의 손목관절에서 요골(노뼈) 및 척골(자뼈)과 수근골(손목뼈)이 서로 떨어져 탈락된 사람
5급 7113	인공관절 재치환술을 받았으나 신경마비 또는 고도의 근위축 등으로 항상 보조기를 착용해야 하는 사람
5급 7114	한 팔의 3대 관절 중 2개 관절에 각각 다음의 어느 하나에 해당하는 기능장애가 있는 사람 가) 관절의 운동가능영역이 4분의 3 이상 제한된 경우 나) 인공관절 재치환술을 받은 경우
6급 1항 7117	1) 한 팔의 상박신경총(상신경근군)이 마비되어 어깨와 팔꿈치관절의 운동기능에 고도의 장애가 있는 사람 2) 한 팔의 상박신경총(중신경근군)이 마비되어 팔의 내전(모으기)·외전(벌리기) 및 회전기능, 팔꿈치관절의 굴곡(굽히기) 및 회전기능과 손목관절의 신전(펴기)기능에 고도의 장애가 있는 사람 3) 한 팔의 상박신경총(하신경근군)이 마비되어 손목관절 및 손가락에 고도장애가 있거나 완전 마비된 사람 4) 한 팔의 요골(노뼈)신경이 마비되어 손목관절 및 손가락의 신전·굴곡, 손의 뒤침[回外: 손바닥이 위를 향한 상태가 되도록 움직이는 것], 팔꿈치관절의 신전·굴곡과 파지력(손으로 쥐었을 때의 힘)등의 기능에 고도장애가 있거나 완전 마비된 사람 5) 한 팔의 척골(자뼈)신경이 마비되어 넷째손가락과 새끼손가락의 굽힘근 수축, 손바닥의 고도의 위축 등으로 손가락운동과 손목관절의 기능이 완전 마비된 사람
6급 1항 7118	한 팔의 3대 관절 중 2개 관절에 각각 다음의 어느 하나에 해당하는 기능장애가 있는 사람 가) 관절의 운동가능영역이 2분의 1 이상 제한된 경우 나) 인공관절을 삽입·치환한 경우
6급 1항 7119	한 팔의 3대 관절 중 1개 관절의 운동가능영역이 4분의 3 이상 제한되거나 인공관절 재치환술을 받은 사람
6급 1항 7201	1) 한 팔의 상완골(위팔뼈)에 가관절(假關節: 부러진 뼈가 완전히 아물지 못하여 그 부분이 마치 관절처럼 움직이는 상태)이 남은 사람 2) 한 팔의 요골(노뼈)과 척골(자뼈)의 양쪽에 가관절이 남은 사람
6급 1항 7301 6급 1항 7302 6급 2항 7308 6급 2항 7309 6급 3항 7310	엄지손가락은 지관절(손가락관절), 그 밖의 손가락은 근위지관절(몸쪽손가락뼈마디관절) 이상에서 잃은 사람

6급 1항 7314	1) 한 손의 엄지손가락과 둘째손가락을 중수지관절(손허리손가락관절) 이상에서 잃은 사람 2) 한 손의 엄지손가락을 포함하고 둘째손가락을 제외한 3개 손가락을 중수지관절(손허리손가락관절) 이상에서 잃은 사람 3) 한 손의 엄지손가락을 제외한 4개 손가락을 중수지관절(손허리손가락관절) 이상에서 잃은 사람
6급 2항 7120	1) 한 팔의 정중신경이 마비되어 척골(자뼈)신경측으로 기울어지는 손가락근육의 위축이 있고, 손가락운동 및 손목관절의 기능장애가 있는 사람 2) 한 팔의 팔꿈치관절 이하에서 근위축된 사람 3) 한 팔의 어깨관절 이하에서 신경이 마비된 사람 4) 한 팔의 팔꿈치관절 이하에서 신경이 마비된 사람
6급 2항 7121	한 팔의 3대 관절 중 2개 관절의 운동가능영역이 각각 4분의 1 이상 제한된 사람
6급 2항 7123	한 팔의 3대 관절 중 1개 관절의 운동가능영역이 2분의 1 이상 제한되거나 인공관절을 삽입·치환한 사람
6급 2항 7306	두 손의 엄지손가락의 중수지관절(손허리손가락관절)과 지관절(손가락관절)의 운동가능영역이 각각 2분의 1 이상 제한되거나 굳은 사람
6급 2항 7307	한 손의 5개 손가락의 중수지관절(손허리손가락관절) 또는 근위지관절(몸쪽손가락뼈마디관절)[엄지손가락의 경우에는 지관절(손가락관절)]의 운동가능영역이 각각 2분의 1 이상 제한된 사람
7급 7124	1) 한 팔의 3대 관절 중 1개 관절의 운동가능영역이 4분의 1 이상 제한된 사람 2) 한 팔의 재발성 또는 습관성 탈구로 어깨관절 수술 후에도 방사선진단 또는 의무기록에서 탈구와 정복이 확인되는 사람
7급 7204	상완골(위팔뼈)의 변형 또는 요골(노뼈)과 척골(자뼈)의 양쪽 변형이 외부에서 보아 알 수 있는 정도(15도 이상 활처럼 굽어 부정 유합된 경우) 이상인 사람을 말하며, 장관골(긴뼈)의 골절부가 양방향에 단축 없이 유착되어 있는 사람은 제외한다. 다만, 요골(노뼈) 또는 척골(자뼈) 중 한쪽만의 변형이라 하더라도 정도가 뚜렷한 사람(25도 이상 활처럼 굽어 부정 유합된 경우)을 포함한다.
7급 7311	1) 엄지손가락을 지관절(손가락관절) 이상에서 잃은 사람 2) 둘째손가락을 원위지관절(끝쪽손가락뼈마디관절) 이상에서 잃은 사람 3) 그 밖에 손가락을 근위지관절(몸쪽손가락뼈마디관절) 이상에서 잃은 사람
7급 7312	한 손의 엄지손가락이나 둘째손가락이 2개 이상 관절에서 각각 운동가능영역이 2분의 1 이상 제한되거나 굳은 사람
7급 7313	한 손의 엄지손가락이나 둘째손가락을 제외한 2개의 손가락이 2개 이상 관절에서 각각 운동가능영역이 2분의 1 이상 제한되거나 굳은 사람

다. 준용등급 결정

관절의 동요는 타동적인지 자동적인지 여부에 관계없어 일상생활에 지장이 있어 항상 고정장구의 장착이 필요한 사람은 6급2항(7123)을 인정하며, 일상생활에는 지장이 없으나 노동에 있어 고정장구의 장착이 필요한 사람은 7급(7124)을 인정한다.

8. 다리 및 발가락의 장애

가. 장애 측정방법

1) 절단 장애는 절단 위치에 따라 판정하며 평가 부위에 대한 단순방사선사진을 촬영하여 정확한 절단부위를 확인한다. 다만, 단순방사선사진 없이 맨눈으로 절단부위를 명확하게 확인할 수 있을 때는 단순방사선사진 촬영을 생략할 수 있다.

2) 관절강직의 정도는 수동적 관절운동범위로 평가하는 것을 원칙으로 하되, 근육 마비나 외상 후 건 또는 근육의 파열로 능동적 관절운동범위가 수동적 관절운동범위에 비해 현저히 작은 경우에는 능동적 관절운동범위로 평가할 수 있다. 이 경우 관절운동범위는 각도기를 사용하여 측정해야 하고, 신체검사 대상자는 의사의 요구에 최대한 협조해야 하며, 협조하지 않을 경우 기능장애가 없는 것으로 평가할 수 있다.

3) 관절의 인대 손상에 의한 불안정성은 환측의 관절 동요를 측정하고 건측의 관절 동요를 차감하여 결정하되, 전방십자인대가 파열된 경우에는 무릎관절

을 약 20도 이상 30도 이하의 정도로 굽힌 상태에서 스트레스 방사선으로 촬영(기계를 이용해 스트레스를 부과하여 촬영하는 것을 말한다)하고, 후방 십자인대가 파열된 경우에는 무릎관절을 약 70도 이상 90도 이하의 정도로 굽힌 상태에서 스트레스 방사선으로 촬영한다. 다만, 두 다리에 동요관절이 발생된 경우에는 스트레스를 부과하지 않은 상태와 스트레스를 부과한 상태를 비교하여 측정된 동요정도를 그대로 인정한다.

4) 의학적 임상증상과 이를 증명할 수 있는 영상의학검사나 근전도 검사 등의 결과가 서로 일치해야 관절의 기능장애가 있는 것으로 판정할 수 있다.

5) 수술적 치료를 통해 장애상태의 개선이 가능할 것으로 예측되는 모든 경우[장관골(긴뼈)의 불유합이나 부정유합, 관절 불안정성, 흉터 구축, 무릎관절 강직 등] 수술적 치료를 원칙으로 한다. 다만, 마취를 할 수 없거나 감염이 우려 되는 등 수술로 인한 치료보다 수술로 인한 후유합병증이 더 크거나, 적절한 수술 후에도 장애가 남을 것으로 의학적으로 인정되는 경우에는 수술을 하지 않은 상태에 근거하여 상이판정을 할 수 있다.

6) 다리의 길이는 단순방사선사진으로 전상장골극부터 하퇴의 경골내과까지 또는 대퇴골두상단면부터 경골하단면까지의 길이를 정상측 길이와 비교하여 판단한다. 이 때 종골(발꿈치뼈)변형이 있는 경우에는 종골하단면까지 포함한다.

7) 하나의 장애에 다른 장애가 파생되는 관계에 있는 경우(단축, 강직과 변형 등)에는 그 중 상이등급이 높은 것 하나만 인정한다.

나. 상이등급 내용

상이등급 및 분류번호	장애내용
1급 2항 8101	1) 두 다리가 엉덩이관절과 무릎관절의 사이(넓적다리)에서 절단된 사람 2) 두 다리의 무릎관절에서 대퇴골(넙다리뼈)과 하퇴골이 서로 떨어져 탈락된 사람
1급 3항 8102	1) 두 다리가 무릎관절과 발목관절의 사이(하퇴부)에서 절단된 사람 2) 두 다리의 발목관절에서 하퇴골과 거골(목말뼈)이 서로 떨어져 탈락된 사람
1급 3항 8103	한 다리의 3개 관절과 다른 다리의 발목관절 이하(모든 발가락관절을 포함한다)가 모두 완전히 굳은 사람
2급 8104	1) 한 다리의 엉치뼈와 엉덩이관절이 서로 떨어져 탈락된 사람 2) 한 다리의 관골(볼기뼈)과 대퇴골(넙다리뼈)이 서로 떨어져 탈락된 사람
3급 8105	1) 한 다리가 엉덩이관절과 무릎관절의 사이(넓적다리)에서 절단된 사람 2) 한 다리의 무릎관절에서 대퇴골(넙다리뼈)과 하퇴골이 서로 떨어져 탈락된 사람
3급 8106	두 다리의 모든 무릎관절과 발목관절에 각각 다음의 어느 하나에 해당하는 기능장애가 있는 사람 가) 관절의 운동가능영역이 4분의 3 이상 제한된 경우 나) 인공관절 재치환술을 받은 경우
4급 8109	한 다리의 3개 관절에 각각 다음의 어느 하나에 해당하는 기능장애가 있는 사람 가) 관절의 운동가능영역이 4분의 3 이상 제한된 경우 나) 인공관절 재치환술을 받은 경우
5급 8110	1) 한 다리가 무릎관절과 발목관절의 사이(하퇴부)에서 절단된 사람 2) 한 다리의 발목관절에서 하퇴골과 거골이 서로 떨어져 탈락된 사람
5급 8111	인공관절 재치환술을 받았으나 신경마비 또는 고도의 근위축 등으로 항상 보조기를 착용해야 하는 사람
5급 8112	한 다리의 3대 관절 중 2개 관절에 각각 다음의 어느 하나에 해당하는 기능장애가 있는 사람 가) 관절의 운동가능영역이 4분의 3 이상 제한된 경우 나) 인공관절 재치환술을 받은 경우
5급 8301	1) 두 발의 엄지발가락을 포함하여 두 발에서 각각 2개 이상의 발가락을 중족골(발허리뼈) 이상에서 잃은 사람 2) 두 발의 엄지발가락을 중족골(발허리뼈) 이상에서 잃은 사람 3) 두 발의 엄지발가락을 제외하고 두 발에서 각각 3개 발가락을 중족골(발허리뼈) 이상에서 잃은 사람
6급 1항 8116	한 다리의 3대 관절 중 2개 관절에 각각 다음의 어느 하나에 해당하는 기능장애가 있는 사람 가) 관절의 운동가능영역이 2분의 1 이상 제한된 경

	우 나) 인공관절을 삽입·치환한 경우
6급 1항 8117	한 다리의 3대 관절 중 1개 관절에 다음의 어느 하나에 해당하는 기능장애가 있는 사람 가) 관절의 운동가능영역이 4분의 3 이상 제한된 경우 나) 인공관절 재치환술을 받은 경우
6급 1항 8202	1) 대퇴골(넙다리뼈)에 가관절이 남은 사람 2) 경골(정강이뼈)과 비골(종아리뼈)의 양쪽에 가관절이 남은 사람
6급 1항 8310	1) 한 발의 엄지발가락을 포함하여 3개 발가락을 중족골(발허리뼈) 이상에서 잃은 사람 2) 한 발의 엄지발가락을 제외한 4개 발가락을 중족골(발허리뼈) 이상에서 잃은 사람 3) 한 발의 중족골(발허리뼈)이 3분의 2 이상 절단되거나 한 발의 설상골(쐐기뼈) 이하 모두를 잃은 사람
6급 2항 8119	한 다리의 3대 관절 중 2개 관절에 각각 다음의 어느 하나에 해당하는 기능장애가 있는 사람 가) 관절의 운동가능영역이 4분의 1 이상 제한된 경우 나) 적절한 치료에도 불구하고 관절 인대 손상에 의한 불안정성이 10밀리미터 이상인 경우 다) 적절한 치료에도 불구하고 관절의 퇴행성 변화가 엑스선 촬영 등의 검사에서 KL gradeⅢ이상인 경우
6급 2항 8121	한 다리의 3대 관절 중 1개 관절에 다음의 어느 하나에 해당하는 기능장애가 있는 사람 가) 관절의 운동가능영역이 2분의 1 이상 제한된 경우 나) 인공관절을 삽입·치환한 경우
6급 2항 8305	엄지발가락과 둘째발가락은 중족지관절(발허리발가락관절) 또는 근위지관절[몸쪽발가락뼈마디관절(엄지발가락의 경우는 지관절)]의 운동가능영역이 각각 2분의 1 이상 제한되고, 셋째발가락·넷째발가락·새끼발가락이 완전히 굳은 사람
6급 3항 8306	엄지발가락을 중족지관절(발허리발가락관절) 이상에서,

	다른 발가락을 근위지관절(몸쪽발가락뼈마디관절) 이상에서 잃은 사람
7급 8122	한 다리의 3대 관절 중 1개 관절이 다음의 어느 하나에 해당하는 기능장애가 있는 사람 가) 관절의 운동가능영역이 4분의 1 이상 제한된 경우 나) 적절한 치료에도 불구하고 관절 인대 손상에 의한 불안정성이 10밀리미터 이상인 경우 다) 적절한 치료에도 불구하고 관절의 퇴행성 변화가 엑스선 촬영 등의 검사 결과 KL gradeⅢ이상인 경우
7급 8205	대퇴골(넙다리뼈)의 변형 또는 경골(정강이뼈)과 비골(종아리뼈)의 변형이 외부에서 보아 알 수 있는 정도(15도 이상 활처럼 굽어 부정유합된 것) 이상인 사람
7급 8309	1) 엄지발가락과 둘째발가락의 중족지관절(발허리발가락관절) 또는 근위지관절(몸쪽발가락뼈마디관절)[엄지발가락은 지관절(발가락관절)]의 운동가능영역이 각각 2분의 1 이상 제한된 사람 2) 엄지발가락은 중족지관절(발허리발가락관절) 또는 발가락관절(지관절)의 운동가능영역이 2분의 1 이상 제한되고, 셋째발가락·넷째발가락·새끼발가락 중 1개 발가락이 완전히 굳은 사람

■ 국가유공자 등 예우 및 지원에 관한 법률 시행규칙 [별표 5] <개정 2020. 6. 23.>

상이처의 종합판정 기준(제8조의4 관련)

Ⅰ. 일반기준

1. 6급2항 이상의 신체상이가 둘인 사람에 대한 상이등급의 판정은 Ⅱ의 기준에 따른다.
2. 신체상이가 셋 이상인 사람에 대한 상이등급의 판정은 Ⅲ의 기준에 따른다.
3. 상이계열을 달리하는 상이가 둘 이상인 사람이 다음 각목의 어느 하나에 해당되는 경우에는 제1호 및 제2호의 기준에도 불구하고 그 중 상위의 등급을 인정한다.
   가. 하나의 상이가 영 별표 3의 상이등급구분표에 의하여 둘 이상의 등급에 해당되더라도 하나의 상이를 각각 다른 관점에서 평가하는데 지나지 않는 경우
   나. 하나의 상이가 원인이 되어 다른 상이가 파생되는 경우

Ⅱ. 6급2항 이상의 신체상이가 둘인 사람에 대한 상이처 종합판정기준

1. 2급에 해당하는 상이가 둘인 경우의 종합판정기준표

상이등급 분류번호		2급									
		1103	1104	2401	3101	4108	4203	5103	7108	8104	8124
2급	1103			1급3항	1급3항	1급3항	1급3항	1급3항	1급3항	1급3항	1급3항
	1104			1급3항	1급3항	1급3항	1급3항	1급3항	1급3항	1급3항	1급3항
	2401	1급3항	1급3항		1급3항	1급3항	1급3항	1급3항	1급3항	1급3항	1급3항
	3101	1급3항	1급3항	1급3항		1급3항	1급3항		1급2항	1급3항	1급3항
	4108	1급3항	1급3항	1급3항	1급3항			1급3항	1급3항	1급3항	1급3항
	4203	1급3항	1급3항	1급3항	1급3항			1급3항	1급3항	1급3항	1급3항
	5103	1급3항	1급3항	1급3항		1급3항	1급3항		1급2항	1급3항	1급3항
	7108	1급3항	1급3항	1급3항	1급2항	1급3항	1급3항	1급2항	1급2항	1급2항	1급2항
	8104	1급3항	1급3항	1급3항	1급3항	1급3항	1급3항	1급3항	1급2항	1급2항	
	8124	1급3항	1급3항	1급3항	1급3항	1급3항	1급3항	1급3항	1급2항		

2. 2급과 3급에 해당하는 상이의 종합판정기준표

상이등급 분류번호		3급													
		1105	1106	2101	2402	2501	3102	3103	4110	4204	5104	5201	7109	8105	8106
2급	1103			1급3항	1급3항	1급3항	1급3항	1급3항	1급3항	1급3항	1급3항	1급3항	1급3항	1급3항	1급3항
	1104			1급3항	1급3항	1급3항	1급3항	1급3항	1급3항	1급3항	1급3항	1급3항	1급3항	1급3항	1급3항
	2401	1급3항	1급3항	1급3항			1급3항	1급3항	1급3항	1급3항	1급3항	1급3항	1급3항	1급3항	1급3항
	3101	1급3항	1급3항	1급3항	1급3항	1급3항	1급3항	1급3항	1급3항	1급3항		1급3항	1급3항	1급3항	1급3항
	4108	1급3항	1급3항	1급3항	1급3항	1급3항	1급3항	1급3항			1급3항	1급3항	1급3항	1급3항	1급3항
	4203	1급3항	1급3항	1급3항	1급3항	1급3항	1급3항	1급3항			1급3항	1급3항	1급3항	1급3항	1급3항
	5103	1급3항	1급3항	1급3항	1급3항	1급3항	1급3항	1급3항	1급3항	1급3항		1급3항	1급3항	1급3항	1급3항
	7108	1급3항	1급3항	1급3항	1급3항	1급3항	1급3항	1급3항	1급3항	1급3항	1급3항	1급3항	1급2항	1급2항	1급3항
	8104	1급3항	1급3항	1급3항	1급3항	1급3항	1급3항	1급3항	1급3항	1급3항	1급3항	1급3항	1급2항	1급2항	
	8124	1급3항	1급3항	1급3항	1급3항	1급3항	1급3항	1급3항	1급3항	1급3항	1급3항	1급3항	1급2항		

3. 2급과 4급에 해당하는 상이의 종합판정기준표

상이등급 분류번호		4급												
		1107	1108	2102	2403	4111	4205	5105	6102	7110	7111	8108	8109	8125
2급	1103							1급3항						
	1104							1급3항						
	2401													
	3101													
	4108							1급3항						
	4203							1급3항						
	5103													
	7108							1급3항		1급2항	1급3항	1급2항	1급3항	1급3항
	8104							1급3항	1급3항	1급3항	1급3항	1급2항	1급3항	
	8124							1급3항	1급3항	1급3항	1급3항			

4. 3급에 해당하는 상이가 둘인 경우의 종합판정기준표

상이등급 분류번호		3급													
		1105	1106	2101	2402	2501	3102	3103	4110	4204	5104	5201	7109	8105	8106
3급	1105			2급	2급	2급	2급	2급	2급	2급	2급	2급	2급	2급	2급
	1106			2급	2급	2급	2급	2급	2급	2급	2급	2급	2급	2급	2급
	2101	2급	2급		2급	2급	2급	2급	2급	2급	2급	2급	2급	2급	2급
	2402	2급	2급	2급					2급	2급	2급	2급	2급	2급	2급
	2501	2급	2급	2급					2급	2급	2급	2급	2급	2급	2급
	3102	2급	2급	2급					2급	2급	2급	2급	2급	2급	2급
	3103	2급	2급	2급					2급	2급	2급	2급	2급	2급	2급
	4110	2급	2급	2급	2급	2급	2급	2급			2급	2급	2급	2급	2급
	4204	2급	2급	2급	2급	2급	2급	2급			2급	2급	2급	1급3항	1급3항
	5104	2급	2급	2급	2급	2급	2급	2급	2급	2급		2급	2급	2급	2급
	5201	2급	2급	2급	2급	2급	2급	2급	2급	2급	2급		2급	2급	2급
	7109	2급	2급	2급	2급	2급	2급	2급	2급	2급	2급	2급		1급2항	1급3항
	8105	2급	2급	2급	2급	2급	2급	2급	2급	1급3항	2급	2급	1급2항		
	8106	2급	2급	2급	2급	2급	2급	2급	2급	1급3항	2급	2급	1급3항		

5. 3급과 4급에 해당하는 상이의 종합판정기준표

상이등급 분류번호		4급												
		1107	1108	2102	2403	4111	4205	5105	6102	7110	7111	8108	8109	8125
3급	1105			2급	2급	2급	2급	2급	2급	2급	2급	2급	2급	2급
	1106			2급	2급	2급	2급	2급	2급	2급	2급	2급	2급	2급
	2101	2급	2급	2급	2급	2급	2급	2급	2급	2급	2급	2급	2급	2급
	2402	2급	2급			2급	2급	2급	2급	2급	2급	1급3항	2급	2급
	2501	2급	2급			2급	2급	2급	2급	2급	2급	1급3항	2급	2급
	3102	2급	2급	2급	2급	2급	2급	2급	2급	2급	2급	2급	2급	2급
	3103	2급	2급	2급	2급	2급	2급	2급	2급	2급	2급	2급	2급	2급
	4110	2급	2급	2급	2급			2급	2급	2급	2급	2급	2급	2급
	4204	2급	2급	2급	2급			2급	2급	2급	2급	2급	2급	2급
	5104	2급	2급	2급	2급	2급	2급		2급	2급	2급	2급	2급	2급
	5201	2급	2급	2급	2급	2급	2급	2급	2급	2급	2급	2급	2급	2급
	7109	2급	2급	2급	2급	2급	2급	2급	2급	1급2항	1급3항	1급2항	1급3항	1급3항
	8105	2급	2급	2급	2급	2급	2급	2급	2급	1급2항	1급3항	1급2항	1급3항	
	8106	2급	2급	2급	2급	2급	2급	2급	2급	1급3항	1급3항			

6. 3급과 5급에 해당하는 상이의 종합판정기준표

상이등급 분류번호		5급																			
		1109	1110	2103	2404	2502	3104	3110	4112	4206	5106	5202	6103	6104	7112	7113	7114	8110	8111	8112	8301
3급	1105			2급	2급	2급	2급	2급	2급	2급	2급	2급	2급	2급	2급	2급	2급	2급	2급	2급	2급
	1106			2급	2급	2급	2급	2급	2급	2급	2급	2급	2급	2급	2급	2급	2급	2급	2급	2급	2급
	2101	2급	2급		2급	2급	2급	2급	2급	2급	2급	2급	2급	2급	2급	2급	2급	2급	2급	2급	2급
	2402	2급	2급	2급					2급	2급	2급	2급	2급	2급	2급	2급	2급	2급	2급	2급	2급
	2501	2급	2급	2급					2급	2급	2급	2급	2급	2급	2급	2급	2급	2급	2급	2급	2급
	3102	2급	2급	2급	2급	2급			2급	2급	2급	2급	2급	2급	2급	2급	2급	2급	2급		2급
	3103	2급	2급	2급	2급	2급			2급	2급	2급	2급	2급	2급	2급	2급	2급	2급	2급		2급
	4110	2급	2급	2급	2급	2급	2급	2급			2급	2급	2급	2급	2급	2급	2급	2급	2급	2급	2급
	4204	2급	2급	2급	2급	2급	2급	2급			2급	2급	2급	2급	2급	2급	2급	2급	2급	2급	2급
	5104	2급	2급	2급	2급	2급	2급	2급	2급	2급		2급	2급	2급	2급	2급	2급	2급	2급	2급	2급
	5201	2급	2급	2급	2급	2급	2급	2급	2급	2급	2급		2급	2급	2급	2급	2급	2급	2급	2급	2급
	7109	2급	2급	2급	2급	2급	2급	2급	2급	2급	2급	2급	2급	2급	1급 3항	1급 3항	1급 3항	1급 2항	2급	2급	2급
	8105	2급	2급	2급	2급	2급	2급	2급	2급	2급	2급	2급	2급	2급	1급 2항	2급	2급		1급 3항	1급 3항	
	8106	2급	2급	2급	2급	2급	2급	2급	2급	2급	2급	2급	2급	2급	1급 3항	1급 3항	1급 3항				

7. 4급에 해당하는 상이가 둘인 경우의 종합판정기준표

상이등급 분류번호		4급												
		1107	1108	2102	2403	4111	4205	5105	6102	7110	7111	8108	8109	8125
4급	1107			2급	2급	2급	2급	2급	2급	2급	2급	2급	2급	2급
	1108			2급	2급	2급	2급	2급	2급	2급	2급	2급	2급	2급
	2102	2급	2급			2급	2급	2급	2급	2급	2급	2급	2급	2급
	2403	2급	2급			2급	2급	2급	2급	2급	2급	2급	2급	2급
	4111	2급	2급	2급	2급			2급	2급	2급	2급	2급	2급	2급
	4205	2급	2급	2급	2급			2급	2급	2급	2급	2급	2급	2급
	5105	2급	2급	2급	2급	2급	2급		2급	2급	2급	2급	2급	2급
	6102	2급	2급	2급	2급	2급	2급	2급		2급	2급	2급	2급	2급
	7110	2급	2급	2급	2급	2급	2급	2급	2급	1급2항	1급3항	1급3항	2급	1급3항
	7111	2급	2급	2급	2급	2급	2급	2급	2급	1급3항	1급3항	2급	2급	1급3항
	8108	2급	2급	2급	2급	2급	2급	2급	2급	1급3항	2급	1급2항	1급3항	
	8109	2급	2급	2급	2급	2급	2급	2급	2급	2급	2급	1급3항	1급3항	
	8125	2급	2급	2급	2급	2급	2급	2급	2급	1급3항	1급3항			

8. 4급과 5급에 해당하는 상이의 종합판정기준표

상이등급 분류번호		5급																			
		1109	1110	2103	2404	2502	3104	3110	4112	4206	5106	5202	6103	6104	7112	7113	7114	8110	8111	8112	8301
4급	1107			3급	3급	3급	3급	3급	3급	3급	3급	3급	3급	3급	3급	3급	3급	3급	3급	3급	3급
	1108			3급	3급	3급	3급	3급	3급	3급	3급	3급	3급	3급	3급	3급	3급	3급	3급	3급	3급
	2102	3급	3급	3급			3급	3급	3급	3급	3급	3급	3급	3급	3급	3급	3급	3급	3급	3급	3급
	2403	3급	3급	3급			3급	3급	3급	3급	3급	3급	3급	3급	3급	3급	3급	3급	3급	3급	3급
	4111	3급	3급	3급	3급	3급	3급	3급			3급	3급	3급	3급	3급	3급	3급	3급	3급	3급	3급
	4205	3급	3급	3급	3급	3급	3급	3급			3급	3급	3급	3급	3급	3급	3급	3급	3급	3급	3급
	5105	3급	3급	3급	3급	3급	3급	3급	3급	3급		3급	3급	3급	3급	3급	3급	3급	3급	3급	3급
	6102	3급	3급	3급	3급	3급	3급	3급	3급	3급	3급	3급			3급	3급	3급	3급	3급	3급	3급
	7110	3급	3급	3급	3급	3급	3급	3급	3급	3급	3급	3급	3급	3급		1급 3항	1급 3항	1급 3항	2급	2급	2급
	7111	3급	3급	3급	3급	3급	3급	3급	3급	3급	3급	3급	3급	3급	1급 3항	1급 3항		2급	2급	2급	2급
	8108	3급	3급	3급	3급	3급	3급	3급	3급	3급	3급	3급	3급	3급	1급 3항	2급	2급		1급 3항	1급 3항	
	8109	3급	3급	3급	3급	3급	3급	3급	3급	3급	3급	3급	3급	3급	2급	2급	2급	1급 3항	2급		
	8125	3급	3급	3급	3급	3급	3급	3급	3급	3급	3급	3급	3급	3급	1급 3항	2급	2급				

9. 4급과 6급1항에 해당하는 상이의 종합판정기준표

상이등급 분류번호		6급1항																											
		1111	1112	2104	2405	2406	2503	4113	4207	5107	5203	6105	6106	7115	7117	7118	7119	7201	7301	7302	7303	7314	8114	8115	8116	8117	8202	8302	8310
4급	1107			3급				3급	3급	3급	3급			3급	3급	3급	3급	3급	3급	3급	3급	3급	3급	3급	3급	3급	3급	3급	3급
	1108			3급				3급	3급	3급	3급			3급	3급	3급	3급	3급	3급	3급	3급	3급	3급	3급	3급	3급	3급	3급	3급
	2102	3급	3급							3급	3급																		
	2403	3급	3급							3급	3급																		
	4111	3급	3급	3급				3급	3급	3급	3급			3급	3급	3급			3급			3급	3급	3급	3급			3급	3급
	4205	3급	3급	3급				3급	3급	3급	3급			3급	3급	3급			3급			3급	3급	3급	3급			3급	3급
	5105	3급	3급	3급	3급	3급	3급	3급	3급		3급	3급	3급	3급	3급	3급	3급	3급	3급	3급	3급	3급	3급	3급	3급	3급	3급	3급	3급
	6102	3급	3급					3급	3급	3급				3급		3급		3급				3급	3급		3급		3급		3급
	7110	3급	3급	3급				3급	3급	3급	3급	3급	3급	3급	3급	3급	3급	3급	3급	3급		3급	3급	3급	3급	3급	3급	2급	3급
	7111	3급	3급	3급				3급	3급	3급	3급	3급	3급	3급	3급	3급	3급	3급	3급	3급	3급	3급	3급	3급	3급	3급	3급	3급	3급
	8108	3급	3급	3급				3급	3급	3급	3급	3급	3급	3급	3급	3급	3급	3급	3급	3급	3급	3급	3급	3급	3급	3급	3급		3급
	8109	3급	3급	3급				3급	3급	3급	3급	3급	3급	3급	3급	3급	3급	3급	3급	3급	3급	3급	3급	3급	3급	3급	3급	3급	3급
	8125	3급	3급	3급				3급	3급	3급	3급	3급	3급	3급	3급	3급	3급	3급	3급	3급	3급	3급	3급	3급	3급	3급	3급		

10. 5급에 해당하는 상이가 둘인 경우의 종합판정기준표

상이등급 분류번호		5급																			
		1109	1110	2103	2404	2502	3104	3110	4112	4206	5106	5202	6103	6104	7112	7113	7114	8110	8111	8112	8301
5급	1109			3급	3급	3급	3급	3급	3급	3급	3급	3급	3급	3급	3급	3급	3급	3급	3급	3급	3급
	1110			3급	3급	3급	3급	3급	3급	3급	3급	3급	3급	3급	3급	3급	3급	3급	3급	3급	3급
	2103	3급	3급		3급	3급	3급	3급	3급	3급	3급	3급	3급	3급	3급	3급	3급	3급	3급	3급	3급
	2404	3급	3급	3급			3급	3급	3급	3급	3급	3급	3급	3급	3급	3급	3급	3급	3급	3급	3급
	2502	3급	3급	3급			3급	3급	3급	3급	3급	3급	3급	3급	3급	3급	3급	3급	3급	3급	3급
	3104	3급	3급	3급	3급	3급			3급	3급	3급	3급	3급	3급	3급	3급	3급	3급	3급	3급	3급
	3110	3급	3급	3급	3급	3급			3급	3급	3급	3급	3급	3급	3급	3급	3급	3급	3급	3급	3급
	4112	3급	3급	3급	3급	3급	3급	3급			3급	3급	3급	3급	3급	3급	3급	3급	3급	3급	3급
	4206	3급	3급	3급	3급	3급	3급	3급			3급	3급	3급	3급	3급	3급	3급	3급	3급	3급	3급
	5106	3급	3급	3급	3급	3급	3급	3급	3급	3급		3급	3급	3급	3급	3급	3급	3급	3급	3급	3급
	5202	3급	3급	3급	3급	3급	3급	3급	3급	3급	3급		3급	3급	3급	3급	3급	3급	3급	3급	3급
	6103	3급	3급	3급	3급	3급	3급	3급	3급	3급	3급	3급			3급	3급	3급	3급	3급	3급	3급
	6104	3급	3급	3급	3급	3급	3급	3급	3급	3급	3급	3급			3급	3급	3급	3급	3급	3급	3급
	7112	3급	3급	3급	3급	3급	3급	3급	3급	3급	3급	3급	3급	3급		1급 3항	1급 3항	1급 3항	3급	3급	3급
	7113	3급	3급	3급	3급	3급	3급	3급	3급	3급	3급	3급	3급	3급	1급 3항	1급 3항	1급 3항	3급	3급	3급	3급
	7114	3급	3급	3급	3급	3급	3급	3급	3급	3급	3급	3급	3급	3급	1급 3항	1급 3항	1급 3항	3급	3급	3급	3급
	8110	3급	3급	3급	3급	3급	3급	3급	3급	3급	3급	3급	3급	3급	1급 3항	3급	3급		3급	3급	
	8111	3급	3급	3급	3급	3급	3급	3급	3급	3급	3급	3급	3급	3급	3급	3급	3급	3급	1급 3항	1급 3항	3급
	8112	3급	3급	3급	3급	3급	3급	3급	3급	3급	3급	3급	3급	3급	3급	3급	3급	3급	1급 3항	1급 3항	3급
	8301	3급	3급	3급	3급	3급	3급	3급	3급	3급	3급	3급	3급	3급	3급	3급	3급		3급	3급	

11. 5급과 6급1항에 해당하는 상이의 종합판정기준표

상이등급 분류번호		6급1항																											
		1111	1112	2104	2405	2406	2503	4113	4207	5107	5203	6105	6106	7115	7117	7118	7119	7201	7301	7302	7303	7314	8114	8115	8116	8117	8202	8302	8310
5급	1109			3급	4급	4급	4급	4급	4급	4급	4급	4급	4급	4급	4급	3급	4급	4급	4급	4급	4급	4급	4급	4급	4급	4급	4급	4급	4급
	1110			3급	4급	4급	4급	4급	4급	4급	4급	4급	4급	4급	4급	3급	4급	4급	4급	4급	4급	4급	4급	4급	4급	4급	4급	4급	4급
	2103	3급	3급		4급	4급	4급	4급	4급	4급	4급	4급	4급	4급	4급	4급	4급	4급	4급	4급	4급	4급	4급	4급	4급	4급	4급	4급	4급
	2404	4급	4급	4급				4급	4급	4급	4급	4급	4급	4급	4급	4급	4급	4급	4급	4급	4급	4급	4급	4급	4급	4급	4급	4급	4급
	2502	4급	4급	4급				4급	4급	4급	4급	4급	4급	4급	4급	4급	4급	4급	4급	4급	4급	4급	4급	4급	4급	4급	4급	4급	4급
	3104	4급	4급	4급	4급	4급	4급	4급	4급	4급	4급	4급	4급	4급	4급	4급	4급	4급	4급	4급	4급	4급	4급	4급	4급	4급	4급	4급	4급
	3110	4급	4급	4급	4급	4급	4급	4급	4급	4급	4급	4급	4급	4급	4급	4급	4급	4급	4급	4급	4급	4급	4급	4급	4급	4급	4급	4급	4급
	4112	4급	4급	4급	4급	4급	4급			4급	4급	4급	4급	4급	4급	4급	4급	4급	4급	4급	4급	4급	4급	4급	4급	4급	4급	4급	4급
	4206	4급	4급	4급	4급	4급	4급			4급	4급	4급	4급	4급	4급	4급	4급	4급	4급	4급	4급	4급	4급	4급	4급	4급	4급	4급	4급
	5106	4급	4급	4급	4급	4급	4급	4급	4급		4급	4급	4급	4급	4급	4급	4급	4급	4급	4급	4급	4급	4급	4급	4급	4급	4급	4급	4급
	5202	4급	4급	4급	4급	4급	4급	4급	4급	4급		4급	4급	4급	4급	4급	4급	4급	4급	4급	4급	4급	4급	4급	4급	4급	4급	4급	4급
	6103	4급	4급	4급	4급	4급	4급	4급	4급	4급	4급			4급	4급	4급	4급	4급	4급	4급	4급	4급	4급	4급	4급	4급	4급	4급	4급
	6104	4급	4급	4급	4급	4급	4급	4급	4급	4급	4급			4급	4급	4급	4급	4급	4급	4급	4급	4급	4급	4급	4급	4급	4급	4급	4급
	7112	4급	4급	4급	4급	4급	4급	4급	4급	4급	4급	4급	4급	3급	3급	3급	3급	4급	3급	3급		4급	4급	4급	4급	4급	4급	4급	4급
	7113	4급	4급	4급	4급	4급	4급	4급	4급	4급	4급	4급	4급	3급	3급	3급	3급	4급	3급	3급	4급	4급	4급	4급	4급	4급	4급	4급	4급
	7114	4급	4급	4급	4급	4급	4급	4급	4급	4급	4급	4급	4급	3급	3급	3급	4급	4급	3급	3급	4급	4급	4급	4급	4급	4급	4급	4급	4급
	8110	4급	4급	4급	4급	4급	4급	4급	4급	4급	4급	4급	4급	4급	4급	4급	4급	4급	4급	4급	4급	4급	3급	3급	3급	3급	4급		4급
	8111	4급	4급	4급	4급	4급	4급	4급	4급	4급	4급	4급	4급	4급	4급	4급	4급	4급	4급	4급	4급	4급	3급	3급	3급	3급	4급	3급	4급
	8112	4급	4급	4급	4급	4급	4급	4급	4급	4급	4급	4급	4급	4급	4급	4급	4급	4급	4급	4급	4급	4급	3급	3급	3급	4급	4급	3급	4급
	8301	4급	4급	4급	4급	4급	4급	4급	4급	4급	4급	4급	4급	4급	4급	4급	4급	4급	4급	4급	4급	4급	3급	3급	3급	4급	4급		

12. 5급과 6급2항에 해당하는 상이의 종합판정기준표

상이등급 분류번호		6급2항																																								
		1113	1114	1118	1301	2105	2201	2302	2407	2408	2504	3105	3107	4114	4208	5108	5205	6107	6108	6201	6202	7120	7121	7122	7123	7202	7203	7304	7305	7306	7307	7308	7309	8118	8119	8120	8121	8203	8204	8303	8304	8305
5급	1109						4급				4급										4급		4급												4급					4급		
	1110						4급				4급										4급		4급												4급					4급		
	2103	4급	4급				4급				4급										4급																					
	2404	4급	4급																		4급																					
	2502	4급	4급																		4급																					
	3104	4급																			4급																					
	3110	4급																			4급																					
	4112	4급																			4급		4급												4급					4급		
	4206	4급																			4급		4급												4급					4급		
	5106	4급																																								
	5202	4급																			4급																					
	6103	4급																			4급														4급							
	6104	4급																			4급														4급							
	7112	4급																			4급	4급	4급	4급	4급	4급	4급	4급			4급	4급	4급		4급					4급	4급	
	7113	4급																			4급	4급	4급	4급	4급	4급	4급	4급	4급	4급	4급	4급	4급		4급					4급	4급	
	7114	4급																			4급	4급	4급	4급	4급	4급	4급	4급	4급	4급	4급	4급	4급		4급					4급	4급	
	8110	4급																			4급		4급								4급	4급	4급	4급	4급	4급	4급	4급	4급			4급
	8111	4급																			4급		4급								4급	4급	4급	4급	4급	4급	4급	4급	4급	4급	4급	4급
	8112	4급																			4급		4급								4급	4급	4급	4급	4급	4급	4급	4급	4급	4급	4급	4급
	8301	4급																			4급		4급								4급	4급	4급	4급	4급		4급	4급	4급			

13. 6급1항에 해당하는 상이가 둘인 경우의 종합판정기준표

상이등급 분류번호		6급1항																											
		1111	1112	2104	2405	2406	2503	4113	4207	5107	5203	6105	6106	7115	7117	7118	7119	7201	7301	7302	7303	7314	8114	8115	8116	8117	8202	8302	8310
6급1항	1111			5급	5급	5급	5급	5급	5급	5급	5급	5급	5급	5급	5급	5급	5급	5급	5급	5급	5급	5급	5급	5급	5급	5급	5급	5급	5급
	1112			5급	5급	5급	5급	5급	5급	5급	5급	5급	5급	5급	5급	5급	5급	5급	5급	5급	5급	5급	5급	5급	5급	5급	5급	5급	5급
	2104	5급	5급		5급	5급	5급	5급	5급	5급	5급	5급	5급	5급	5급	5급	5급	5급	5급	5급	5급	5급	5급	5급	5급	5급	5급	5급	5급
	2405	5급	5급	5급				5급	5급	5급	5급	5급	5급	5급	5급	5급	5급	5급	5급	5급	5급	5급	5급	5급	5급	5급	5급	5급	5급
	2406	5급	5급	5급				5급	5급	5급	5급	5급	5급	5급	5급	5급	5급	5급	5급	5급	5급	5급	5급	5급	5급	5급	5급	5급	5급
	2503	5급	5급	5급				5급	5급	5급	5급	5급	5급	5급	5급	5급	5급	5급	5급	5급	5급	5급	5급	5급	5급	5급	5급	5급	5급
	4113	5급	5급	5급	5급	5급	5급			5급	5급	5급	5급	5급	5급	5급	5급	5급	5급	5급	5급	5급	5급	5급	5급	5급	5급	5급	5급
	4207	5급	5급	5급	5급	5급	5급			5급	5급	5급	5급	5급	5급	5급	5급	5급	5급	5급	5급	5급	5급	5급	5급	5급	5급	5급	5급
	5107	5급	5급	5급	5급	5급	5급	5급	5급		5급	5급	5급	5급	5급	5급	5급	5급	5급	5급	5급	5급	5급	5급	5급	5급	5급	5급	5급
	5203	5급	5급	5급	5급	5급	5급	5급	5급	5급		5급	5급	5급	5급	5급	5급	5급	5급	5급	5급	5급	5급	5급	5급	5급	5급	5급	5급
	6105	5급	5급	5급	5급	5급	5급	5급	5급	5급	5급			5급	5급	5급	5급	5급	5급	5급	5급	5급	5급	5급	5급	5급	5급	5급	5급
	6106	5급	5급	5급	5급	5급	5급	5급	5급	5급	5급			5급	5급	5급	5급	5급	5급	5급	5급	5급	5급	5급	5급	5급	5급	5급	5급
	7115	5급	5급	5급	5급	5급	5급	5급	5급	5급	5급	5급	5급	3급	4급	3급	4급	4급	4급	4급	4급	5급	4급	5급	4급	5급	5급	5급	5급
	7117	5급	5급	5급	5급	5급	5급	5급	5급	5급	5급	5급	5급	4급	5급	4급	5급	5급	5급	5급	4급	5급	5급	5급	5급	5급	5급	5급	5급
	7118	5급	5급	5급	5급	5급	5급	5급	5급	5급	5급	5급	5급	3급	4급	4급	5급	4급	5급	5급	4급	5급	4급	5급	4급	5급	5급	5급	5급
	7119	5급	5급	5급	5급	5급	5급	5급	5급	5급	5급	5급	5급	4급	5급	5급	5급	5급	5급	5급	5급	5급	5급	5급	5급	5급	5급	5급	5급
	7201	5급	5급	5급	5급	5급	5급	5급	5급	5급	5급	5급	5급	4급	5급	4급	5급	4급	4급	4급	4급	5급	5급	5급	5급	5급	5급	5급	5급
	7301	5급	5급	5급	5급	5급	5급	5급	5급	5급	5급	5급	5급	4급	5급	5급	5급	4급	3급	3급	4급	4급	5급	5급	5급	5급	5급	5급	5급
	7302	5급	5급	5급	5급	5급	5급	5급	5급	5급	5급	5급	5급	4급	5급	5급	5급	4급	3급	3급	4급	4급	5급	5급	5급	5급	5급	5급	5급
	7303	5급	5급	5급	5급	5급	5급	5급	5급	5급	5급	5급	5급	4급	4급	4급	5급	4급	4급	4급		5급	5급	5급	5급	5급	5급	5급	5급
	7314	5급	5급	5급	5급	5급	5급	5급	5급	5급	5급	5급	5급	5급	5급	5급	5급	5급	4급	4급	5급	4급	5급	5급	5급	5급	5급	5급	5급
	8114	5급	5급	5급	5급	5급	5급	5급	5급	5급	5급	5급	5급	4급	5급	4급	5급	5급	5급	5급	5급	5급	3급	4급	3급	4급	4급	4급	5급
	8115	5급	5급	5급	5급	5급	5급	5급	5급	5급	5급	5급	5급	5급	5급	5급	5급	5급	5급	5급	5급	5급	4급	5급	4급	5급	5급	5급	5급
	8116	5급	5급	5급	5급	5급	5급	5급	5급	5급	5급	5급	5급	4급	5급	4급	5급	5급	5급	5급	5급	5급	3급	4급	4급	5급	4급	4급	5급
	8117	5급	5급	5급	5급	5급	5급	5급	5급	5급	5급	5급	5급	5급	5급	5급	5급	5급	5급	5급	5급	5급	4급	5급	5급	5급	5급	5급	5급
	8202	5급	5급	5급	5급	5급	5급	5급	5급	5급	5급	5급	5급	5급	5급	5급	5급	5급	5급	5급	5급	5급	4급	5급	4급	5급	4급	4급	5급
	8302	5급	5급	5급	5급	5급	5급	5급	5급	5급	5급	5급	5급	5급	5급	5급	5급	5급	5급	5급	5급	5급	4급	5급	4급	5급	4급		5급
	8310	5급	5급	5급	5급	5급	5급	5급	5급	5급	5급	5급	5급	5급	5급	5급	5급	5급	5급	5급	5급	5급	5급	5급	5급	5급	5급	5급	5급

14. 6급1항과 6급2항에 해당하는 상이의 종합판정기준표

상이등급 분류번호		6급2항																																								
		1113	1114	1118	1301	2105	2201	2302	2407	2408	2504	3105	3107	4114	4208	5108	5205	6107	6108	6201	6202	7120	7121	7122	7123	7202	7203	7204	7205	7206	7207	7208	7209	8118	8119	8120	8121	8203	8204	8303	8304	8305
6급1항	1111							5급			5급																															
	1112	2급			5급		5급	5급			5급	5급	5급								5급		5급		5급	5급	5급	5급	5급	5급	5급	5급	5급		5급		5급		5급		5급	
	2104	5급	5급				5급				5급										5급		5급			5급	5급	5급	5급	5급		5급	5급		5급				5급			
	2405										5급					5급																										
	2406										5급					5급																										
	2503										5급					5급																										
	4113	5급																			5급					5급	5급	5급	5급	5급		5급	5급						5급			
	4207	5급																			5급					5급	5급	5급	5급	5급		5급	5급						5급			
	5107					5급			5급	5급	5급																															
	5203	5급																			5급		5급			5급	5급	5급	5급	5급	5급				5급				5급	5급		
	6105																																							5급		
	6106																																							5급		
	7115	5급																			5급	5급	4급	5급	5급	5급	5급	4급	5급	5급	5급	5급	5급		5급	5급			5급	5급		
	7117	5급																			5급	5급	5급	5급	5급	5급	5급	5급	5급	5급	5급	5급	5급		5급				5급	5급	5급	
	7118	5급																			5급	5급	4급	5급	5급	5급	5급	5급	5급	5급	5급	5급	5급		5급	5급	5급		5급	5급	5급	5급
	7119																				5급	5급	5급	5급	5급	5급	5급	5급	5급	5급	5급	5급	5급		5급	5급	5급		5급	5급		
	7201																				5급	5급	5급	5급	5급	5급	5급	5급	5급	5급	5급	5급	5급		5급	5급			5급	5급	5급	5급
	7301	5급																			5급	5급	5급	4급	5급	5급	5급	4급	4급	4급	4급	4급	4급		5급	5급	5급		5급	5급	5급	
	7302																				5급	5급	5급	4급	5급	5급	5급	4급	4급	4급	4급	4급	4급		5급	5급			5급	5급	5급	
	7303																				5급	5급	5급	4급	5급	5급	5급	4급			4급		4급		5급	5급			5급	5급	5급	5급
	7314	5급																			5급	5급	5급	5급	5급	5급	5급	5급	5급	5급	5급	5급	5급		5급	5급	5급		5급	5급		
	8114	5급																			5급		5급	5급		5급	5급	5급	5급	5급	5급	5급	5급	5급	4급	5급	5급		5급	5급	5급	5급
	8115	5급																			5급		5급	5급		5급	5급	5급	5급	5급	5급			5급	5급	5급	5급		5급	5급	5급	5급
	8116	5급																5급	5급		5급		5급	5급	5급	5급	5급	5급	5급	5급	5급	5급	5급	5급	4급	5급	5급		5급	5급	5급	5급
	8117																	5급	5급		5급		5급	5급		5급	5급	5급	5급	5급	5급	5급	5급	5급	5급	5급	5급		5급	5급	5급	5급
	8202																	5급	5급		5급		5급	5급			5급				5급	5급	5급	5급	5급	5급	5급		5급	5급	5급	5급
	8302	5급																			5급		5급	5급		5급	5급	5급	5급	5급	5급	5급	5급	5급	5급	5급	5급		5급			
	8310	5급																5급	5급		5급		5급	5급	5급	5급	5급	5급	5급	5급	5급	5급	5급	5급	5급	5급	5급	5급	5급		5급	5급

15. 6급2항에 해당하는 상이가 둘인 경우의 종합판정기준표

상이등급		6급2항																																								
분류번호		1113	1114	1118	1301	2105	2201	2302	2407	2408	2504	3105	3107	4114	4208	5108	5205	6107	6108	6201	6202	7120	7121	7122	7123	7202	7203	7304	7305	7306	7307	7308	7309	8118	8119	8120	8121	8203	8204	8303	8304	8305
6급2항	1113	6급			6급	6급	6급	6급	6급	6급	6급	6급	6급	6급	6급	6급	6급	6급	6급	6급	6급	6급	6급	6급	6급	6급	6급	6급	6급	6급	6급	6급	6급	6급	6급	6급	6급	6급	6급	6급	6급	6급
	1114				6급	6급	6급	6급	6급	6급	6급	6급	6급	6급	6급	6급	6급	6급	6급	6급	6급	6급	6급	6급	6급	6급	6급	6급	6급	6급	6급	6급	6급	6급	6급	6급	6급	6급	6급	6급	6급	6급
	1118				6급	6급	6급	6급	6급	6급	6급	6급	6급	6급	6급	6급	6급	6급	6급	6급	6급	6급	6급	6급	6급	6급	6급	6급	6급	6급	6급	6급	6급	6급	6급	6급	6급	6급	6급	6급	6급	6급
	1301	6급	6급	6급		6급	6급	6급	6급	6급	6급	6급	6급	6급	6급	6급	6급	6급	6급	6급	6급	6급	6급	6급	6급	6급	6급	6급	6급	6급	6급	6급	6급	6급	6급	6급	6급	6급	6급	6급	6급	6급
	2105	6급	6급	6급	6급		6급	6급			6급	6급	6급	6급	6급	6급	6급	6급	6급	6급	6급	6급	6급	6급	6급	6급	6급	6급	6급	6급	6급	6급	6급	6급	6급	6급	6급	6급	6급	6급	6급	6급
	2201	6급	6급	6급	6급	6급		6급	6급	6급	6급	6급	6급	6급	6급	6급	6급	6급	6급	6급	6급	6급	6급	6급	6급	6급	6급	6급	6급	6급	6급	6급	6급	6급	6급	6급	6급	6급	6급	6급	6급	6급
	2302	6급	6급	6급	6급	6급	6급		6급	6급	6급	6급	6급	6급	6급	6급	6급	6급	6급	6급	6급	6급	6급	6급	6급	6급	6급	6급	6급	6급	6급	6급	6급	6급	6급	6급	6급	6급	6급	6급	6급	6급
	2407	6급	6급	6급	6급		6급	6급			6급	6급	6급	6급	6급	6급	6급	6급	6급	6급	6급	6급	6급	6급	6급	6급	6급	6급	6급	6급	6급	6급	6급	6급	6급	6급	6급	6급	6급	6급	6급	6급
	2408	6급	6급	6급	6급		6급	6급			6급	6급	6급	6급	6급	6급	6급	6급	6급	6급	6급	6급	6급	6급	6급	6급	6급	6급	6급	6급	6급	6급	6급	6급	6급	6급	6급	6급	6급	6급	6급	6급
	2504	6급	6급	6급	6급	6급	6급	6급	6급	6급		6급	6급	6급	6급	6급	6급	6급	6급	6급	6급	6급	6급	6급	6급	6급	6급	6급	6급	6급	6급	6급	6급	6급	6급	6급	6급	6급	6급	6급	6급	6급
	3105	6급	6급	6급	6급	6급	6급	6급	6급	6급	6급			6급	6급	6급	6급	6급	6급	6급	6급	6급	6급	6급	6급	6급	6급	6급	6급	6급	6급	6급	6급	6급	6급	6급	6급	6급	6급	6급	6급	6급
	3107	6급	6급	6급	6급	6급	6급	6급	6급	6급	6급			6급	6급	6급	6급	6급	6급	6급	6급	6급	6급	6급	6급	6급	6급	6급	6급	6급	6급	6급	6급	6급	6급	6급	6급	6급	6급	6급	6급	6급
	4114	6급	6급	6급	6급	6급	6급	6급	6급	6급	6급	6급	6급	6급	6급	6급	6급	6급	6급	6급	6급	6급	6급	6급	6급	6급	6급	6급	6급	6급	6급	6급	6급	6급	6급	6급	6급	6급	6급	6급	6급	6급
	4208	6급	6급	6급	6급	6급	6급	6급	6급	6급	6급	6급	6급	6급		6급	6급	6급	6급	6급	6급	6급	6급	6급	6급	6급	6급	6급	6급	6급	6급	6급	6급	6급	6급	6급	6급	6급	6급	6급	6급	6급
	5108	6급	6급	6급	6급	6급	6급	6급	6급	6급	6급	6급	6급	6급	6급		6급	6급	6급	6급	6급	6급	6급	6급	6급	6급	6급	6급	6급	6급	6급	6급	6급	6급	6급	6급	6급	6급	6급	6급	6급	6급
	5205	6급	6급	6급	6급	6급	6급	6급	6급	6급	6급	6급	6급	6급	6급	6급		6급	6급	6급	6급	6급	6급	6급	6급	6급	6급	6급	6급	6급	6급	6급	6급	6급	6급	6급	6급	6급	6급	6급	6급	6급
	6107	6급	6급	6급	6급	6급	6급	6급	6급	6급	6급	6급	6급	6급	6급	6급	6급			6급	6급	6급	6급	6급	6급	6급	6급	6급	6급	6급	6급	6급	6급	6급	6급	6급	6급	6급	6급	6급	6급	6급
	6108	6급	6급	6급	6급	6급	6급	6급	6급	6급	6급	6급	6급	6급	6급	6급	6급			6급	6급	6급	6급	6급	6급	6급	6급	6급	6급	6급	6급	6급	6급	6급	6급	6급	6급	6급	6급	6급	6급	6급
	6201	6급	6급	6급	6급	6급	6급	6급	6급	6급	6급	6급	6급	6급	6급	6급	6급	6급	6급		6급	6급	6급	6급	6급	6급	6급	6급	6급	6급	6급	6급	6급	6급	6급	6급	6급	6급	6급	6급	6급	6급
	6202	6급	6급	6급	6급	6급	6급	6급	6급	6급	6급	6급	6급	6급	6급	6급	6급	6급	6급	6급		6급	6급	6급	6급	6급	6급	6급	6급	6급	6급	6급	6급	6급	6급	6급	6급	6급	6급	6급	6급	6급
	7120	6급	6급	6급	6급	6급	6급	6급	6급	6급	6급	6급	6급	6급	6급	6급	6급	6급	6급	6급	6급	6급	6급	6급	6급	6급	6급	6급	6급	6급	6급	6급	6급	6급	6급	6급	6급	6급	6급	6급	6급	6급
	7121	6급	6급	6급	6급	6급	6급	6급	6급	6급	6급	6급	6급	6급	6급	6급	6급	6급	6급	6급	6급	6급	4급	5급	5급	5급	5급	5급	5급	5급	5급	5급	5급	6급	5급	5급	5급	6급	6급	5급	5급	5급
	7122	6급	6급	6급	6급	6급	6급	6급	6급	6급	6급	6급	6급	6급	6급	6급	6급	6급	6급	6급	6급	6급	5급	4급	5급	5급	5급	4급	5급	5급	4급	4급	4급	6급	5급	5급	6급	6급	6급	5급	6급	6급
	7123	6급	6급	6급	6급	6급	6급	6급	6급	6급	6급	6급	6급	6급	6급	6급	6급	6급	6급	6급	6급	6급	5급	5급	5급	5급	5급	5급	5급	5급	5급	5급	5급	6급	5급	6급	6급	6급	6급	6급	6급	6급
	7202	6급	6급	6급	6급	6급	6급	6급	6급	6급	6급	6급	6급	6급	6급	6급	6급	6급	6급	6급	6급	6급	5급	5급	5급		5급	5급	5급	5급	5급	6급	6급	6급	6급	5급	6급	6급	5급	6급	5급	6급
	7203	6급	6급	6급	6급	6급	6급	6급	6급	6급	6급	6급	6급	6급	6급	6급	6급	6급	6급	6급	6급	6급	5급	5급	5급	5급	5급	5급	5급	5급	5급	5급	5급	6급	6급	6급	6급	6급	6급	6급	6급	6급
	7304	6급	6급	6급	6급	6급	6급	6급	6급	6급	6급	6급	6급	6급	6급	6급	6급	6급	6급	6급	6급	6급	5급	4급	5급	5급	5급		5급	5급	4급	4급	4급	6급	5급	5급	5급	6급	6급	5급	5급	5급
	7305	6급	6급	6급	6급	6급	6급	6급	6급	6급	6급	6급	6급	6급	6급	6급	6급	6급	6급	6급	6급	6급	5급	5급	5급	5급	5급	5급			5급		5급	6급	5급	5급	5급	6급	6급	5급	5급	6급
	7306	6급	6급	6급	6급	6급	6급	6급	6급	6급	6급	6급	6급	6급	6급	6급	6급	6급	6급	6급	6급	6급	5급	5급	5급	5급	5급	5급			5급		5급	6급	5급	5급	5급	6급	6급	5급	5급	6급
	7307	6급	6급	6급	6급	6급	6급	6급	6급	6급	6급	6급	6급	6급	6급	6급	6급	6급	6급	6급	6급	6급	5급	4급	5급	5급	5급	4급	5급	5급	4급	5급	5급	6급	5급	6급	6급	6급	6급	5급	5급	5급
	7308	6급	6급	6급	6급	6급	6급	6급	6급	6급	6급	6급	6급	6급	6급	6급	6급	6급	6급	6급	6급	6급	5급	4급	5급	6급	5급	4급			5급	5급	5급	6급	5급	6급	6급	6급	6급	5급	5급	6급
	7309	6급	6급	6급	6급	6급	6급	6급	6급	6급	6급	6급	6급	6급	6급	6급	6급	6급	6급	6급	6급	6급	5급	4급	5급	6급	5급	4급	5급	5급	5급	5급	5급	6급	5급	6급	6급	6급	6급	5급	5급	6급
	8118	6급	6급	6급	6급	6급	6급	6급	6급	6급	6급	6급	6급	6급	6급	6급	6급	6급	6급	6급	6급	6급	6급	6급	6급	6급	6급	6급	6급	6급	6급	6급	6급	6급	6급	6급	6급	6급	6급	6급	6급	6급
	8119	6급	6급	6급	6급	6급	6급	6급	6급	6급	6급	6급	6급	6급	6급	6급	6급	6급	6급	6급	6급	6급	5급	5급	5급	6급	6급	5급	5급	5급	5급	5급	5급	6급	4급	5급	5급	6급	5급	5급	5급	5급
	8120	6급	6급	6급	6급	6급	6급	6급	6급	6급	6급	6급	6급	6급	6급	6급	6급	6급	6급	6급	6급	6급	5급	5급	6급	5급	6급	5급	5급	5급	6급	6급	6급	6급	5급	5급	5급	5급	5급	5급	5급	5급
	8121	6급	6급	6급	6급	6급	6급	6급	6급	6급	6급	6급	6급	6급	6급	6급	6급	6급	6급	6급	6급	6급	5급	6급	6급	6급	6급	5급	5급	5급	6급	6급	6급	6급	5급	5급	5급	6급	5급	5급	5급	5급
	8203	6급	6급	6급	6급	6급	6급	6급	6급	6급	6급	6급	6급	6급	6급	6급	6급	6급	6급	6급	6급	6급	6급	6급	6급	6급	6급	6급	6급	6급	6급	6급	6급	6급	6급	5급	6급		6급	6급	6급	6급
	8204	6급	6급	6급	6급	6급	6급	6급	6급	6급	6급	6급	6급	6급	6급	6급	6급	6급	6급	6급	6급	6급	6급	6급	6급	5급	6급	6급	6급	6급	6급	6급	6급	6급	5급	5급	5급	6급	5급	5급	5급	5급
	8303	6급	6급	6급	6급	6급	6급	6급	6급	6급	6급	6급	6급	6급	6급	6급	6급	6급	6급	6급	6급	6급	5급	5급	6급	6급	6급	5급	5급	5급	5급	5급	5급	6급	5급	5급	5급	6급	5급			
	8304	6급	6급	6급	6급	6급	6급	6급	6급	6급	6급	6급	6급	6급	6급	6급	6급	6급	6급	6급	6급	6급	5급	6급	6급	5급	6급	5급	5급	5급	5급	5급	5급	6급	5급	5급	5급	6급	5급			6급
	8305	6급	6급	6급	6급	6급	6급	6급	6급	6급	6급	6급	6급	6급	6급	6급	6급	6급	6급	6급	6급	6급	5급	6급	6급	6급	6급	5급	6급	6급	5급	6급	6급	6급	5급	5급	5급	6급	5급		6급	6급

* 종합판정결과 6급은 6급 1항을 말한다.

Ⅲ. 신체상이가 셋 이상인 사람에 대한 상이처 종합판정기준

1. 6급 2항 이상의 신체상이가 셋 이상인 사람에 대한 종합판정기준표

우선 종합판정 상이등급 / 세번째 상이등급	2급	3급	4급	5급	6급1항
3급	1급3항				
4급	1급3항	2급			
5급		2급	3급		
6급1항			3급	4급	
6급2항				4급	5급

비 고: 위 표에서 "우선 종합판정 상이등급"이란 셋 이상의 상이처 중 상이정도가 가장 높은 상이등급과 나머지 상이등급 중 하나의 등급을 선택하여 Ⅱ의 기준에 따라 종합판정한 상이등급을 말한다.

2. 상이계열을 달리하는 6급3항 및 7급의 신체상이가 셋 이상인 사람은 각각 6급2항 및 6급3항으로 판정한다.

Ⅳ. 상이등급의 판정을 받지 못한 사람(영 제3조제1항제2호에 해당하는 사람만 해당한다)으로서 신체상이가 둘 이상인 사람에 대한 상이처 종합판정기준

상이계열을 달리 하는 신체상이(질병은 제외한다)가 둘 이상인 사람에 대해서는 각각의 신체상이를 종합하여 상이등급 7급으로 판정할 수 있다. 다만, 하나의 상이를 각각 다른 관점에서 평가하거나 하나의 상이가 원인이 되어 다른 상이가 파생하는 경우는 종합판정을 하지 않는다.

■ 국가유공자 등 예우 및 지원에 관한 법률 시행규칙 [별표 5의2] <개정 2025. 4. 18.>

생활조정수당 지급 신청, 교육지원 신청, 요양지원 보조금 지급 신청 및 주택 우선 공급 신청 시 확인 서류

(제8조의7제2항, 제11조의2제2항, 제16조의2제2항 및 제16조의3제2항 관련)

1. 주민등록표 등본·초본
2. 국민기초생활수급자증명서
3. 차상위본인부담경감증명서
4. 장애인증명서
5. 임야대장
6. 토지대장
7. 토지등기사항증명서
8. 개별공시지가확인서
9. 건축물대장
10. 건물등기사항증명서
11. 주택가격확인서
12. 선박원부
13. 자동차등록원부
14. 사업자등록증명
15. 임대사업자등록증
16. 휴업사실증명
17. 폐업사실증명
18. 소득금액증명
19. 납세사실증명
20. 납세증명서
21. 지방세세목별과세(납세)증명서
22. 공무원연금내역서
23. 산재보험급여지급확인원
24. 출입국에관한사실증명
25. 국내거소신고사실증명
26. 건강보험자격득실확인서
27. 입금계좌 확인정보(통장 사본)
28. 자동차등록증
29. 자활근로자확인서
30. 장애인연금(경증)장애수당장애아동수당수급자확인서
31. 차상위계층확인서
32. 본인부담금감경대상자증명서(제16조의2제2항의 경우만 해당한다)

■ 국가유공자 등 예우 및 지원에 관한 법률 시행규칙 [별표 6] <개정 2023. 6. 5.>

국가보훈등록증(제17조제1항 관련)

1. 국가유공자, 국가유공자 유족, 독립유공자, 독립유공자 유족의 경우

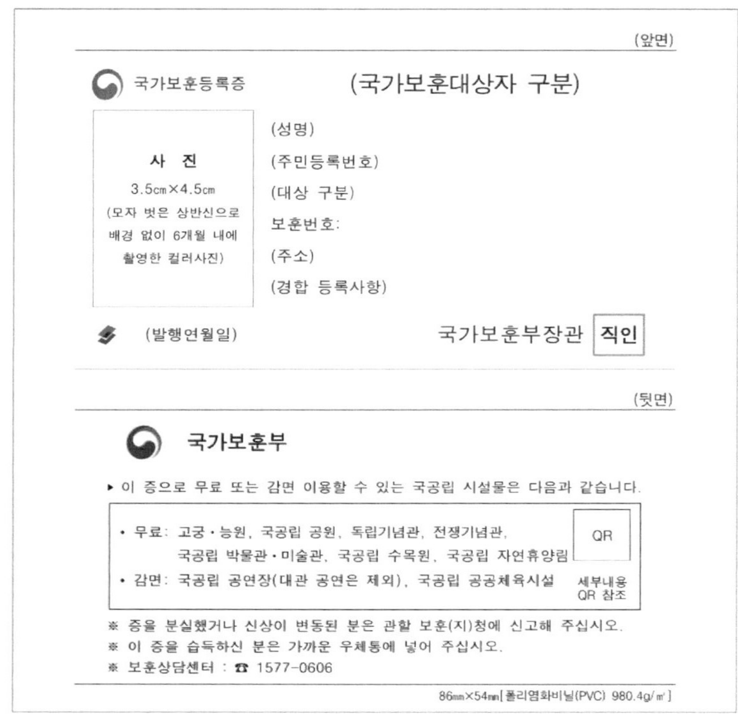

(앞면)

국가보훈등록증 (국가보훈대상자 구분)

사 진 3.5㎝×4.5㎝ (모자 벗은 상반신으로 배경 없이 6개월 내에 촬영한 컬러사진)	(성명) (주민등록번호) (대상 구분) 보훈번호: (주소) (경합 등록사항)

(발행연월일) 국가보훈부장관 직인

(뒷면)

국가보훈부

▸ 이 증으로 무료 또는 감면 이용할 수 있는 국공립 시설물은 다음과 같습니다.

• 무료: 고궁·능원, 국공립 공원, 독립기념관, 전쟁기념관, 국공립 박물관·미술관, 국공립 수목원, 국공립 자연휴양림
• 감면: 국공립 공연장(대관 공연은 제외), 국공립 공공체육시설

QR 세부내용 QR 참조

※ 증을 분실했거나 신상이 변동된 분은 관할 보훈(지)청에 신고해 주십시오.
※ 이 증을 습득하신 분은 가까운 우체통에 넣어 주십시오.
※ 보훈상담센터 : ☎ 1577-0606

86㎜×54㎜[폴리염화비닐(PVC) 980.4g/㎡]

2. 국가유공자에 준하는 군경·공무원 및 그 유족의 경우

가. 2023년 7월 18일 이후에 발급하는 경우

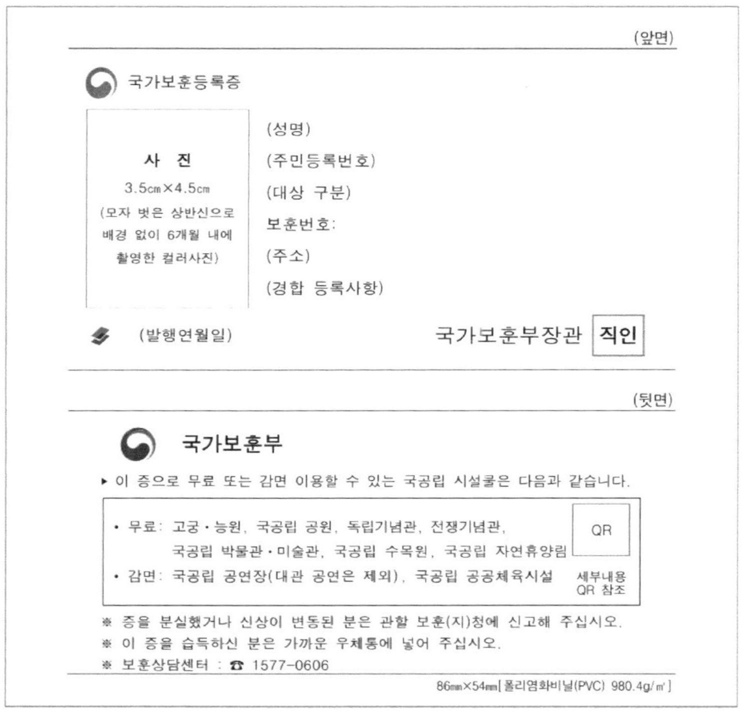

(앞면)

국가보훈등록증

사 진 3.5㎝×4.5㎝ (모자 벗은 상반신으로 배경 없이 6개월 내에 촬영한 컬러사진)	(성명) (주민등록번호) (대상 구분) 보훈번호: (주소) (경합 등록사항)

(발행연월일) 국가보훈부장관 직인

(뒷면)

국가보훈부

▸ 이 증으로 무료 또는 감면 이용할 수 있는 국공립 시설물은 다음과 같습니다.

• 무료: 고궁·능원, 국공립 공원, 독립기념관, 전쟁기념관, 국공립 박물관·미술관, 국공립 수목원, 국공립 자연휴양림
• 감면: 국공립 공연장(대관 공연은 제외), 국공립 공공체육시설

QR 세부내용 QR 참조

※ 증을 분실했거나 신상이 변동된 분은 관할 보훈(지)청에 신고해 주십시오.
※ 이 증을 습득하신 분은 가까운 우체통에 넣어 주십시오.
※ 보훈상담센터 : ☎ 1577-0606

86㎜×54㎜[폴리염화비닐(PVC) 980.4g/㎡]

나. 2023년 7월 18일 전에 발급하는 경우

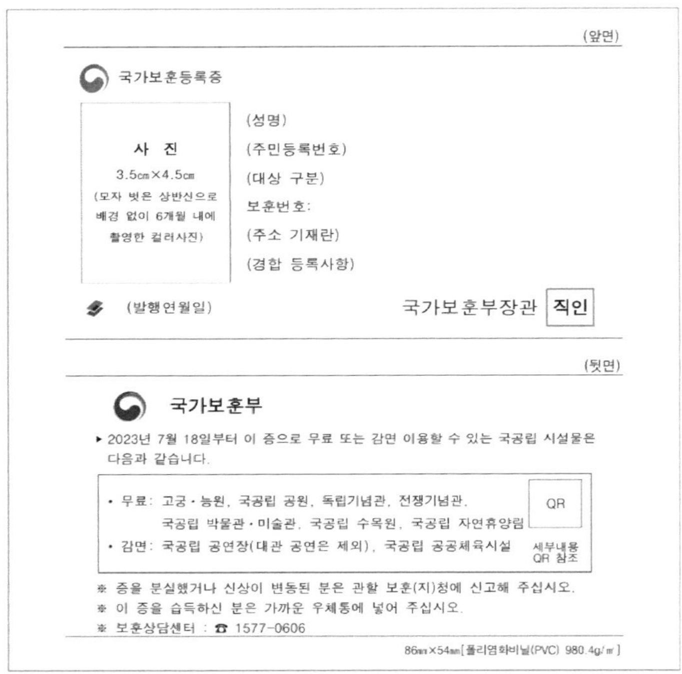

(앞면)

국가보훈등록증

사 진 3.5㎝×4.5㎝ (모자 벗은 상반신으로 배경 없이 6개월 내에 촬영한 컬러사진)	(성명) (주민등록번호) (대상 구분) 보훈번호: (주소 기재란) (경합 등록사항)

(발행연월일) 국가보훈부장관 직인

(뒷면)

국가보훈부

▸ 2023년 7월 18일부터 이 증으로 무료 또는 감면 이용할 수 있는 국공립 시설물은 다음과 같습니다.

• 무료: 고궁·능원, 국공립 공원, 독립기념관, 전쟁기념관, 국공립 박물관·미술관, 국공립 수목원, 국공립 자연휴양림 • 감면: 국공립 공연장(대관 공연은 제외), 국공립 공공체육시설	QR 세부내용 QR 참조

※ 증을 분실했거나 신상이 변동된 분은 관할 보훈(지)청에 신고해 주십시오.
※ 이 증을 습득하신 분은 가까운 우체통에 넣어 주십시오.
※ 보훈상담센터 : ☎ 1577-0606

86㎜×54㎜[폴리염화비닐(PVC) 980.4g/㎡]

3. 국가보훈등록증 기재사항 작성방법 등

가. 대상 구분란에는 법 제4조제1항 각 호에 따른 적용 대상 국가유공자 또는 그 선순위 유족과 법 제6조의4에 따른 상이등급(국가유공자 본인만 해당한다)을 기재한다.

나. 다음 사항을 추가등록하는 경우에는 이를 모두 경합 등록사항란에 기재한다.

1) 법 제4조제1항 각 호에 따른 적용 대상 중 대상 구분란에 기재되어 있는 적용 대상 외의 다른 적용 대상 국가유공자 또는 그 선순위 유족

2) 「5·18민주유공자예우 및 단체설립에 관한 법률」 제4조 각 호에 따른 5·18민주유공자 또는 그 선순위 유족

3) 「고엽제후유의증 등 환자지원 및 단체설립에 관한 법률」 제2조제3호에 따른 고엽제후유의증환자나 같은 조 제4호에 따른 고엽제후유증 2세환자

4) 「국가유공자 등 예우 및 지원에 관한 법률」(법률 제11041호로 개정되기 전의 것을 말한다) 제73조의2에 따른 국가유공자에 준하는 군경·공무원 또는 그 선순위 유족

5) 「보훈보상대상자 지원에 관한 법률」 제2조제1항 각 호에 따른 보훈보상대상자 또는 그 선순위 유족

6) 「제대군인지원에 관한 법률」 제2조제1항제2호에 따른 장기복무 제대군인이나 같은 항 제3호에 따른 중기복무 제대군인

7) 「특수임무유공자 예우 및 단체설립에 관한 법률」 제3조 각 호에 따른 특수임무유공자 또는 그 선순위 유족

다. 앞면과 뒷면에 색변환 잉크, 미세선 문양 등 위조방지용 디자인 및 비표를 넣는다.

라. 모바일 국가보훈등록증 발급에 필요한 보안사항을 전자적 방식으로 저장한 집적회로 칩을 넣는다.

■ 국가유공자 등 예우 및 지원에 관한 법률 시행규칙 [별표 7] <신설 2023. 6. 5.>

모바일 국가보훈등록증(제17조제1항 관련)

1. 국가유공자, 국가유공자 유족, 독립유공자, 독립유공자 유족의 경우

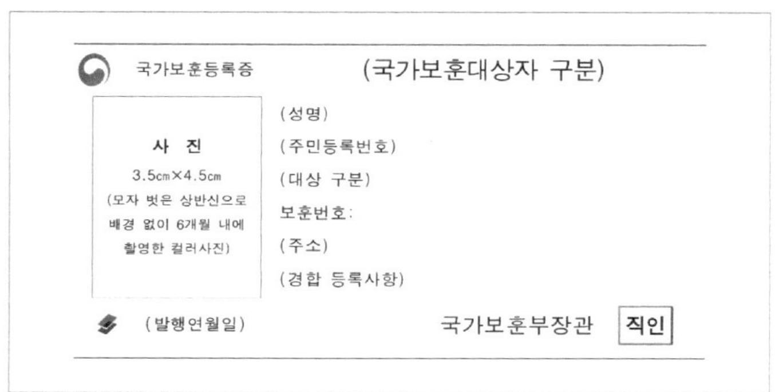

국가보훈등록증 (국가보훈대상자 구분)

사 진
3.5㎝×4.5㎝
(모자 벗은 상반신으로 배경 없이 6개월 내에 촬영한 컬러사진)

(성명)
(주민등록번호)
(대상 구분)
보훈번호:
(주소)
(경합 등록사항)

(발행연월일) 국가보훈부장관 직인

2. 국가유공자에 준하는 군경·공무원 및 그 유족의 경우

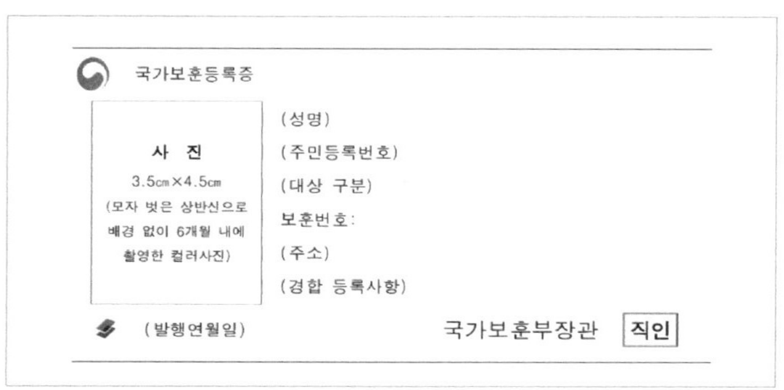

국가보훈등록증

사 진
3.5㎝×4.5㎝
(모자 벗은 상반신으로 배경 없이 6개월 내에 촬영한 컬러사진)

(성명)
(주민등록번호)
(대상 구분)
보훈번호:
(주소)
(경합 등록사항)

(발행연월일) 국가보훈부장관 직인

3. 모바일 국가보훈등록증 기재사항 작성방법 등

가. 대상 구분란에는 법 제4조제1항 각 호에 따른 적용 대상 국가유공자 또는 그 선순위 유족과 법 제6조의4에 따른 상이등급(국가유공자 본인만 해당한다)을 기재한다.

나. 다음 사항을 추가등록하는 경우에는 이를 모두 경합 등록사항란에 기재한다.

1) 법 제4조제1항 각 호에 따른 적용 대상 중 대상 구분란에 기재되어 있는 적용 대상 외의 다른 적용 대상 국가유공자 또는 그 선순위 유족

2) 「5·18민주유공자예우 및 단체설립에 관한 법률」 제4조 각 호에 따른 5·18민주유공자 또는 그 선순위 유족

3) 「고엽제후유의증 등 환자지원 및 단체설립에 관한 법률」 제2조제3호에 따른 고엽제후유의증환자나 같은 조 제4호에 따른 고엽제후유증 2세환자

4) 「국가유공자 등 예우 및 지원에 관한 법률」(법률 제11041호로 개정되기 전의 것을 말한다) 제73조의2에 따른 국가유공자에 준하는 군경·공무원 또는 그 선순위 유족

5) 「보훈보상대상자 지원에 관한 법률」 제2조제1항 각 호에 따른 보훈보상대상자 또는 그 선순위 유족

6) 「제대군인지원에 관한 법률」 제2조제1항제2호에 다른 장기복무 제대군인이나 같은 항 제3호에 따른 중기복무 제대군인

7) 「특수임무유공자 예우 및 단체설립에 관한 법률」 제3조 각 호에 따른 특수임무유공자 또는 그 선순위 유족

■ 국가유공자 등 예우 및 지원에 관한 법률 시행규칙 [별지 제1호서식] <개정 2023. 6. 5.>

국가사회발전 특별공로자 등 추천서

※ [ ]에는 해당되는 곳에 √ 표를 합니다.

[ ] 국가사회발전특별공로순직자 [ ] 국가사회발전특별공로상이자 [ ] 국가사회발전특별공로자

추천 대상자	성명	주민등록번호 -
	주소 (전화번호 : , e-mail :)	
	공로 당시 소속(직업)	공로 당시 직책
	현재 소속(직업)	현재 직책
	과거 포상기록(일자)	과거 포상기록(내용)
	공적요지	

신청인	공로자와의 관계	성명	주민등록번호 -
	주 소 (전화번호 : , e-mail :)		

「국가유공자 등 예우 및 지원에 관한 법률 시행령」 제6조 및 같은 법 시행규칙 제2조에 따라 위와 같이 추천합니다.

년 월 일

추천기관의 장 (직인)

국가보훈부장관 귀하

추천기관 제출서류	1. 공적서 1통 2. 공적을 입증할 수 있는 서류 1통

처 리 절 차

보훈심사 신체검사	→	결과 이송	→	차관회의	→	국무회의	→	대상 결정
국가보훈부		국가보훈부 → 추천기관		추천기관		추천기관		국가보훈부

210mm×297mm(백상지 80g/㎡ 또는 중질지 80g/㎡)

[별지 제2호서식] <개정 2023. 6. 5.>

정부24(www.gov.kr)에서도 신청할 수 있습니다.

국가유공자(유족) 등 등록신청서

※ [ ]에는 해당하는 곳에 √표시를 합니다. (앞쪽)

접수번호	접수일시	처리기간	20일 (사실확인 및 심사기간 제외, 무공·보국수훈자는 14일)

국가 유공자	성명	주민등록번호 -
	군별(소속)	
	군번	계급(직급)
	입대일(임용일) 년 월 일	
	전공사상·포상일 년 월 일	전공사상·포상훈격 [ ]전상 [ ]공상 [ ]전사 [ ]순직 [ ]포상 (훈격:)
	전역일(퇴직일) 년 월 일	

신청인	국가유공자와의 관계	성명	주민등록번호 -
	주소		
	전화번호		휴대전화번호

유족 및 가족사항 (신청인 포함)	국가유공자와의 관계	성명	주민등록번호	비고
			-	
			-	
			-	
			-	
			-	

「국가유공자 등 예우 및 지원에 관한 법률」 제6조제1항, 같은 법 시행령 제8조제1항·제16조제1항 및 같은 법 시행규칙 제3조·제7조제1항에 따라 위와 같이 등록을 신청합니다.

년 월 일

신청인 (서명 또는 인)

지방보훈청장
보훈지청장 귀하
제주특별자치도지사

☞ **뒤쪽에 제출 서류 및 동의서가 있습니다.**

210mm×297mm[백상지(80g/㎡) 또는 중질지(80g/㎡)]

(뒤쪽)

신청인 제출 서류	1. 가족관계기록사항에 관한 증명서 1부 2. 제적등본(가족관계기록사항에 관한 증명서를 통해 국가유공자와의 관계를 확인할 수 없는 경우에만 제출합니다) 1부 3. 사진(3.5cm×4.5cm) 1장[전자문서로 신청하는 경우에는 50킬로바이트 이하 디지털사진파일(JPG파일)을 제출하시기 바랍니다] 4. 4·19혁명부상자 및 4·19혁명사망자의 유족: 4·19혁명 당시 혁명참가자가 소속하였던 단체나 학교의 장이 발행한 4·19혁명참가확인서와 4·19혁명으로 인하여 사망하였거나 상이를 입었음을 증명할 수 있는 서류 각 1부 5. 국가유공자와 사실혼 관계에 있는 사람: 그 사실혼 관계를 증명할 수 있는 서류 1부 6. 국가유공자를 주로 부양하거나 양육한 사실이 있는 사람: 그 사실을 증명할 수 있는 서류 1부 7. 같은 순위 유족 간의 협의에 따라 보상금 수급자나 선순위 유족으로 지정된 사람: 별지 제12호서식의 보상금 수급자 지정서 또는 별지 제13호서식의 선순위 유족 지정협의서 1부 8. 군인, 경찰·소방 공무원 등으로서 전역하거나 퇴직한 사람: 전역일자 또는 퇴직일자를 확인할 수 있는 서류 1부 9. 군인, 경찰·소방 공무원 등으로서 6개월 이내에 전역이나 퇴직하려는 사람: 전역예정일자 또는 퇴직예정일자를 확인할 수 있는 서류 1부 10. 자녀 간의 협의에 따라 6·25전몰군경자녀수당 수급자로 지정된 사람: 별지 제13호의5서식의 6·25전몰군경자녀수당 수급자 지정서	수수료 없음
담당 공무원 확인사항	1. 주민등록표 등본 2. 무공수훈자, 보국수훈자 및 4·19혁명공로자의 경우 행정안전부장관이 발급하는 상훈수여 증명서 3. 병적증명서(군인으로 전역한 경우에만 제출합니다)	

행정정보 공동이용 동의서

본인은 이 건 업무처리와 관련하여 담당 공무원이 「전자정부법」 제36조제1항에 따른 행정정보의 공동이용을 통해 담당 공무원 확인사항을 확인하는 것에 동의합니다.

* 동의하지 않는 경우에는 직접 관련 서류를 제출해야 합니다.

* 동의함 [ ] 동의하지 않음[ ] 신청인 (서명 또는 인)

개인정보 수집 및 이용 동의서

이 건 업무처리와 관련하여 「한국보훈복지의료공단법」 제7조에 따른 보훈병원으로부터 전자의무기록을 제공받아 상이등급 판정을 위한 신체검사 및 심사 업무에 이용하는 것에 동의합니다.

* 동의하지 않는 경우에는 신청인이 직접 관련 자료를 제출해야 합니다.

* 동의함[ ] 동의하지 않음[ ] 신청인 (서명 또는 인)

처리절차

신청인	처리기관 국가보훈부	관련기관 소속기관 (각 군 본부, 지방경찰청, 소방청, 공무원연금공단 등)
신청서 작성 →	접 수[관할 보훈(지)청] →	관련 사실 확인 요청 ↓
통 보 ←	보훈심사(보훈심사위원회) 신체검사(보훈병원) 등급판정(보훈심사위원회) 등록여부결정[관할 보훈(지)청] ←	관련 사실 확인

신규신체검사 또는 재확인신체검사

소견 승인 [ ] 불승인 [ ] 사유

확인

담당	주무	과장	(지)청장

■ 국가유공자 등 예우 및 지원에 관한 법률 시행규칙 [별지 제3호서식] <개정 2023. 6. 5.>

국가유공자 요건 관련 사실 확인서(1)

제 호			(군인·경찰·소방공무원 사망자용)
사망자	성명	군번	계급(직급)	주민등록번호 -
	주소			
	소속		입대(임용)년월일	
	사망 장소		사망연월일	
	사망원인 및 최초 질병·부상명			
유족	사망자와의 관계	성명	주민등록번호 -	
	주소 (전화번호 : , e-mail :)			

사망 경위(육하원칙에 따라 자세히 기술합니다)

확인자 소속	직위	계급(직급)	성명 (서명 또는 인)

「국가유공자 등 예우 및 지원에 관한 법률」 제6조제3항, 같은 법 시행령 제9조제4항 및 같은 법 시행규칙 제18조제1호에 따라 위의 사실을 확인합니다.

년 월 일

○ ○ 기관의 장 직인

국가보훈부장관 귀하

첨부서류	1. 병상기록(진단서 포함) 1부 2. 그 밖에 요건과 관련된 사실을 증명할 수 있는 서류 1부

210mm×297mm(백상지 (80g/㎡)

■ 국가유공자 등 예우 및 지원에 관한 법률 시행규칙 [별지 제4호서식] <개정 2023. 6. 5.>

국가유공자 요건 관련 사실 확인서(2)

제 호			(군인·경찰·소방공무원 상이자용)
성명	군번	계급(직급)	주민등록번호 -
주소 (전화번호 : , e-mail :)			
상이 당시 소속		입대(임용)연월일	
상이연월일		상이 장소	
상이 원인			
최초 질병·부상명			
현재 질병·부상명			
전역·퇴직 시 소속		전역·퇴직 근거	전역·퇴직일
상이 경위(육하원칙에 따라 자세히 기술합니다)			
확인자 소속	직위	계급(직급)	성명 (서명 또는 인)

「국가유공자 등 예우 및 지원에 관한 법률」 제6조제3항, 같은 법 시행령 제9조제4항 및 같은 법 시행규칙 제18조제1호에 따라 위의 사실을 확인합니다.

년 월 일

○ ○ 기관의 장 직인

국가보훈부장관 귀하

첨부서류	1. 병상기록(진단서 포함) 1부 2. 그 밖에 요건과 관련된 사실을 증명할 수 있는 서류 1부

210mm×297mm(백상지 (80g/㎡)

■ 국가유공자 등 예우 및 지원에 관한 법률 시행규칙 [별지 제5호서식] <개정 2023. 6. 5.>

국가유공자 요건 관련 사실 확인서(3)

제 호				(공무원 사망자용)
사망자	성명	직위	직급	주민등록번호 -
	주소			
	소속		임용연월일	
	사망 장소		사망연월일	
	사망원인 및 최초 질병·부상명			
유족	사망자와의 관계	성명	주민등록번호 -	
	주소 (전화번호 : , e-mail :)			
사망 경위(육하원칙에 따라 자세히 기술합니다)				
확인자 소속	직위	직급	성명 (서명 또는 인)	

「국가유공자 등 예우 및 지원에 관한 법률」 제6조제3항, 같은 법 시행령 제9조제4항 및 같은 법 시행규칙 제18조제1호에 따라 위의 사실을 확인합니다.

년 월 일

○ ○ 기관의 장 직인

국가보훈부장관 귀하

첨부서류	1. 병상기록(진단서 포함) 1부 2. 공무상 요양승인 결정서 사본 1부. 3. 사망경위조사서 1부. 4. 건강진단 결과통보서 사본 1부 5. 그 밖에 요건과 관련된 사실을 증명할 수 있는 서류 1부

210mm×297mm(백상지 80g/㎡)

■ 국가유공자 등 예우 및 지원에 관한 법률 시행규칙 [별지 제6호서식] <개정 2023. 6. 5.>

국가유공자 요건 관련 사실 확인서(4)

제　　호			(공무원 상이자용)
성명	직위	직급	주민등록번호　　　　-
주소 (전화번호 :　　　　　, e-mail :　　　　　)			
상이 당시 소속		임용연월일	
상이연월일		상이 장소	
상이 원인			
최초 질병·부상명			
현재 질병·부상명			
퇴직 시 소속		퇴직일	
상이 경위(육하원칙에 따라 자세히 기술합니다)			
확인자 소속	직위	직급	성명　　(서명 또는 인)

「국가유공자 등 예우 및 지원에 관한 법률」 제6조제3항, 같은 법 시행령 제9조제4항 및 같은 법 시행규칙 제18조제1호에 따라 위의 사실을 확인합니다.

년　　월　　일

○ ○ 기관의 장 [직인]

국가보훈부장관 귀하

첨부서류	1. 병상기록(진단서 포함) 1부 2. 공무상 요양승인 결정서 사본 1부 3. 질병·부상 경위조사서 1부 4. 장애경위조사서 1부 5. 건강진단 결과통보서 사본 1부 6. 그 밖에 요건과 관련된 사실을 증명할 수 있는 서류 1부

210mm×297mm(백상지 80g/㎡)

■ 국가유공자 등 예우 및 지원에 관한 법률 시행규칙 [별지 제7호서식] <개정 2024. 8. 14.>

정부24(www.gov.kr)에서도 신청할 수 있습니다.

신상변동신고서

(앞쪽)

접수번호	접수일	처리기간 1일

신고인	대상구분	보훈번호	
	국가유공자와의 관계	성명	생년월일
	주소 (전화번호:　　　　휴대전화번호:　　　　)		

변동 내용	구분	국가유공자와의 관계	성명	사유	사유 발생일 또는 소멸일
	사망하거나 국적을 상실한 경우, 국가유공자의 유족이나 가족에 해당되거나 해당되지 않게 된 경우				
	보상금 수급자 또는 선순위 유족의 변동이 있는 경우				
	6·25전몰군경자녀수당 수급자의 변동이 있는 경우				
	보상 정지 또는 법 적용 대상으로부터 배제 사유가 발생한 경우				
	1년 이상 계속하여 행방불명이거나 그 사유가 소멸된 경우	성명	행방불명일	소재 확인일	비고
	성명·주소, 생년월일 및 그 밖의 신상 변동이 있는 경우	개명: 개명 전 성명 / 개명 후 성명	그 밖의 변동 사항: 변동 전	변동 후	변동 사유

「국가유공자 등 예우 및 지원에 관한 법률」 제6조의2 및 같은 법 시행규칙 제4조제2항에 따라 위와 같이 신상변동을 신고합니다.

년　　월　　일

신고인　　　　(서명 또는 인)

지방보훈청장
보훈지청장 귀하
제주특별자치도지사

210mm×297mm[백상지(80g/㎡) 또는 중질지(80g/㎡)]

(뒤쪽)

신고인 제출서류	1. 사망한 경우: 사망을 증명할 수 있는 서류 1통 2. 국적을 상실한 경우: 제적등본 등 외국국적 취득을 증명할 수 있는 서류 또는 가족관계기록사항에 관한 증명서 1통 3. 국가유공자의 유족 또는 가족에 해당되거나 해당되지 아니하게 된 경우: 제적등본 등 그 사실을 증명할 수 있는 서류 또는 가족관계기록사항에 관한 증명서 1통 4. 보상 정지 또는 법 적용 배제의 사유가 발생한 경우: 판결문 등본 1통 5. 1년 이상 계속하여 행방불명이거나 그 사유가 소멸된 경우: 그 사실을 증명할 수 있는 서류 1통 6. 성명·주소(국내에서 주소가 변동된 경우는 제외합니다) 또는 생년월일의 변동이 있는 경우: 제적등본 등 그 사실을 증명할 수 있는 서류 또는 가족관계기록사항에 관한 증명서 1통 7. 다음 각 목의 경우: 사진(3.5cm×4.5cm) 1장[인터넷으로 접수하는 경우에는 50킬로바이트 이하의 디지털사진파일(JPG파일)] 가. 보상금을 지급받고 있는 사람의 사망 등으로 인하여 다음 순위자가 보상금을 지급받으려는 경우 나. 6·25전몰군경자녀수당을 지급받고 있는 사람의 사망 등으로 그 수당 수급자의 변동이 있는 경우 8. 국가유공자 등의 군 기록 등에 변경이 있는 경우: 그 사실을 증명할 수 있는 서류 1통 9. 국가유공자를 주로 부양하거나 양육한 사람으로 인하여 보상금 수급자나 선순위 유족의 변동이 있거나 6·25전몰군경자녀수당 수급자의 변동이 있는 경우: 국가유공자를 주로 부양하거나 양육한 사실을 증명할 수 있는 서류 1통 10. 같은 순위 유족 간의 협의에 따라 보상금 수급자나 선순위 유족을 지정한 경우: 보상금 수급자 지정서 또는 선순위 유족 지정협의서 1통 11. 자녀 간의 협의에 따라 6·25전몰군경자녀수당 수급자를 지정한 경우: 별지 제13호의5서식의 6·25전몰군경자녀수당 수급자 지정서 1통 ※ 제3호, 제5호 및 제6호에 해당하는 서류는 담당 공무원 확인사항만으로 확인이 불가능한 경우에만 제출합니다.	수수료 없음
담당 공무원 확인사항	주민등록표 등본(국가유공자의 유족 또는 가족에 해당되거나 해당되지 않게 된 경우, 1년 이상 계속하여 행방불명이거나 그 사유가 소멸된 경우, 성명 또는 생년월일의 변동이 있는 경우만 해당합니다)	

행정정보 공동이용 동의서

본인은 이 건 업무처리와 관련하여 담당 공무원이 「전자정부법」 제36조제1항에 따른 행정정보의 공동이용을 통하여 위의 확인사항을 확인하는 것에 동의합니다.

* 동의하지 않는 경우에는 직접 관련 서류를 제출하여야 합니다.
* 동의함 [ ] 동의하지 않음[ ]

신고인 (서명 또는 인)

자력정리	전산 (서명 또는 인)

처리절차

신고서 작성 (신고인) → 접수 (보훈(지)청) → 기록정리 (보훈(지)청)

확인

담당	주무	과장	(지)청장

■ 국가유공자 등 예우 및 지원에 관한 법률 시행규칙 [별지 제8호서식] <개정 2023. 6. 16.>

민원24(www.minwon.go.kr)에서도 신청할 수 있습니다.

재심·재판정신체검사 신청서

※ [ ]에는 해당되는 곳에 √표를 합니다. (앞 쪽)

[ ] 재심신체검사 [ ] 재판정신체검사

접수번호	접수일	처리기간 1일

신청인	보훈번호	성명	주민등록번호 -
	주소 (전화번호 :)		
전·공상 등 확인 상이처			

신체검사 결과	최초 신체검사		최종 신체검사	
	검사일		검사일	
	종합판정	급 항 호	종합판정	급 항 호
	등급 및 분류번호	급 항 호 급 항 호 급 항 호	등급 및 분류번호	급 항 호 급 항 호 급 항 호
	심사위원 소견			
신청사유				

「국가유공자 등 예우 및 지원에 관한 법률」 제6조의3, 같은 법 시행령 제15조·제17조 및 같은 법 시행규칙 제7조제2항에 따라 신체검사를 신청합니다.

년 월 일

신청인 (서명 또는 인)

지방보훈청장
보훈지청장 귀하

수수료 없음

개인정보 수집 및 이용 동의

이 업무처리와 관련하여 보훈병원의 전자의무기록을 해당 병원으로부터 제공받아 상이등급 판정을 위한 신체검사 및 심사업무에 이용하는 것에 동의합니다. ·동의하지 않는 경우 직접 관련 자료를 제출하셔야 함을 알려드립니다.

신청인 (서명 또는 인)

210mm×297mm(백상지 80g/㎡ 또는 중질지 80g/㎡)

(뒤 쪽)

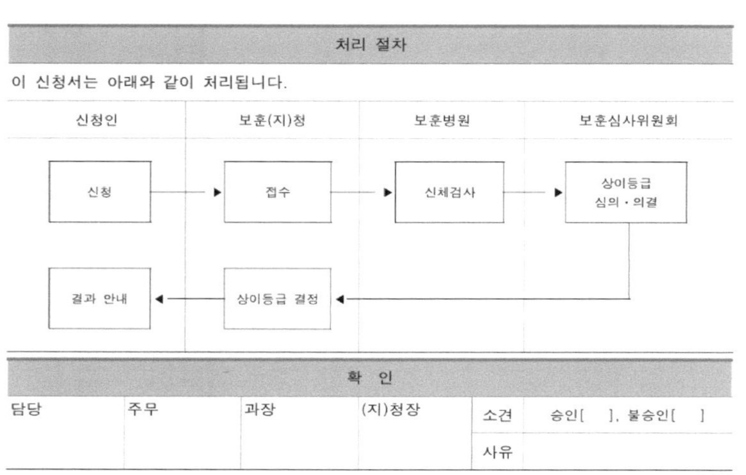

처리 절차

이 신청서는 아래와 같이 처리됩니다.

확 인

담당	주무	과장	(지)청장	소견	승인[ ], 불승인[ ]
				사유	

■ 국가유공자 등 예우 및 지원에 관한 법률 시행규칙 [별지 제9호서식] <개정 2025. 12. 16.>

국가보훈 장해진단서

장해진단 대상자	성명	생년월일(성별)	① 신분증을 통한 본인 확인란 확인 완료 [ ]
	주소	전화번호	

② 전상 · 공상 인정상이처		부상(발병)일	. . .
③ 병명(최종진단명)		④ 장해확정일	. . .
질병코드			

⑤ 검사소견 및 주요 치료 내용

⑥ 장해 내용 및 상태(치료종결 및 장해확정 여부에 대한 소견을 포함합니다)

「국가유공자 등 예우 및 지원에 관한 법률」 제6조의3제8항 및 같은 법 시행규칙 제7조에 따라 위와 같이 장해상태를 진단합니다.

년 월 일

의료기관 명칭	직 인	장해진단 의사 성명	(서명 또는 인)
의료기관 주소		의사 면허번호	
		전문의 자격번호	
		전문의 과목	

첨부서류	1. 소견서(국가보훈부장관이 정하는 바에 따라 장해상태를 구체적으로 적은 것을 말합니다) 2. 「의료법 시행규칙」 제15조제1항에 따른 진료기록부 3. 그 밖에 방사선 사진 등 국가보훈 장해진단서에 기록된 장해상태를 확인할 수 있는 서류나 국가보훈부장관이 질병별로 정하여 고시하는 서류

유의사항 및 작성방법

1. 장해진단서는 장해진단 대상 분야 전문의가 작성하고 서명 또는 날인하며, 대상 분야가 2 이상인 경우 각 해당 분야에 대해서 작성합니다.
2. ①란에는 진단의사가 직접 진단 대상자와 대면하여 그 인적사항을 신분증(주민등록증, 기간 만료 전 여권, 운전면허증, 공무원증, 국립·공립대학 학생증, 군무원증, 건강보험증, 외국인등록증 등 국가공인 신분증을 말함)과 대조하여 진단 대상자가 본인임을 확인한 경우에만 확인란에 √나 ○표시를 합니다. 이 경우 장해진단 대상자는 진단의사에게 본인의 신분증을 보여줘야 합니다.
3. ②란에는 국가보훈부장관이 전상 · 공상 관련 상이처로 인정한 병명을 기재(장애진단 대상자가 소지한 공문 또는 전상·공상 인정상이처 확인증 등의 서류를 참조합니다)합니다. 다만, 공무원 재해보상만 신청하는 경우에는 작성하지 않아도 됩니다
4. ③란에는 장해의 원인이 되는 질병의 명칭(최종진단명)을 기재합니다.
5. ④란에는 요양 종료 또는 보존적 치료단계로 그 증상이 악화 또는 호전되지 않는 상태로 6개월이 경과되고, 그 증상이 자연적으로 최종상태에 이르게 된 날을 기재합니다.
6. ⑤란에는 치료 기간, 치료 경과, 수술명 및 수술일을 포함하여 기재합니다.
7. ⑥란에는 임상증상 등 장해상태를 적고, 필요한 경우에는 도표·그림으로 표시합니다. 다만, 상이(장해)등급은 적지 않습니다.

210㎜×297㎜[백상지(80g/㎡) 또는 중질지(80g/㎡)]

■ 국가유공자 등 예우 및 지원에 관한 법률 시행규칙 [별지 제10호서식] <개정 2023. 6. 16.>

신체검사 의사 소견서

※ [ ]에는 해당되는 곳에 √표를 합니다.

신검 대상자 기본 사항			
관할 보훈(지)청		보훈번호 (접수번호)	
성명		주민등록번호	
신검종류 (실시 구분)	[ ]신 규 [ ]재 심 [ ]재확인 [ ]재판정	상이등급(현재)	
신검장소		신검일	
주소	(전화번호:)		

전·공상 내용			
상이(질병)일		상이(질병)사유	
상이처(질병명)			

신체검사 의사 소견				
상이 정도	등급 및 분류번호			
	신체 장애 정도			
검진 소견				
직권 재판정	해당 여부	[ ] 해 당 [ ] 비 해 당	재판정 주기	
소속 병원			신검 과목	
면허 번호			담당 의사	(서명 또는 인)

「국가유공자 등 예우 및 지원에 관한 법률」 제6조의4, 같은 법 시행령 제19조제1항 및 같은 법 시행규칙 제8조의5에 따라 검진 소견을 통보합니다.

○○보훈병원장 직인

보훈심사위원회위원장 귀하

210mm×297mm(백상지 80g/㎡)

■ 국가유공자 등 예우 및 지원에 관한 법률 시행규칙 [별지 제11호서식] <개정 2021. 9. 27.> 민원24(www.minwon.go.kr)에서도 신청할 수 있습니다.

전상·공상 추가 인정 신청서

※ [ ]에는 해당되는 곳에 √표를 합니다.

접수번호		접수일		처리기간	4일
신청인	보훈번호		성명	생년월일	
	주소 (전화번호 : , 휴대폰 :)				
소속기관 기 통보내용	발행일		발행번호	발행자	
	기 확인 최초 질병·부상명			확인방법	[ ] 병상일지 [ ] 인우증명 [ ] 기타기록
추가확인이 필요한 상이처		상이부위		장애정도	
근무 및 치료내역	군별(소속)		군번	계급(직급)	
	입대일 (임용일)		부상일	전역일 (퇴직일)	
	부상 장소 및 사유		당시 소속 (직책)	부상부위	
	최초 치료병원		전원병원 (轉院病院)(1)	전원병원(2)	
	치료기간		치료기간	치료기간	
	치료과목		치료과목	치료과목	

「국가유공자 등 예우 및 지원에 관한 법률」 제6조의5 및 같은 법 시행규칙 제18조제2호에 따라 상이의 추가 인정을 신청합니다.

년 월 일

신청인 (서명 또는 인)

지방보훈청장
보훈지청장 귀하

	수수료 없 음

개인정보 수집 및 이용 동의

이 업무처리와 관련하여 보훈병원의 전자의무기록을 해당 병원으로부터 제공받아 상이등급 판정을 위한 신체검사 및 심사업무에 이용하는 것에 동의합니다. ＊동의하지 않는 경우 직접 관련 자료를 제출하셔야 함을 알려드립니다.

신청인 (서명 또는 인)

처 리 절 차

신청서 접수	→	관련사실 확인	→	보훈심사	→	신체검사	→	상이등급판정	→	등록결정
보훈(지)청		소속기관		보훈심사위원회		보훈병원		보훈심사위원회		보훈(지)청

210mm×297mm(백상지 80g/㎡ 또는 중질지 80g/㎡)

보상금 수급자 지정서

※ 색상이 어두운 칸은 신청인이 작성하지 않습니다. (앞쪽)

접수번호	접수일	처리기간 10일

보상금 수급자로 지정된 사람	대상구분	보훈번호	
	국가유공자와의 관계	성명	생년월일
	주소 (전화번호: 휴대전화번호:)		

협의자				
	1	국가유공자와의 관계	성명 (서명 또는 인)	생년월일
		주소		
	2	국가유공자와의 관계	성명 (서명 또는 인)	생년월일
		주소		
	3	국가유공자와의 관계	성명 (서명 또는 인)	생년월일
		주소		
	4	국가유공자와의 관계	성명 (서명 또는 인)	생년월일
		주소		
	5	국가유공자와의 관계	성명 (서명 또는 인)	생년월일
		주소		

본인들은 「국가유공자 등 예우 및 지원에 관한 법률」 제13조제2항제1호 및 같은 법 시행령 제24조에 따라 보상금을 받을 사람에 대하여 협의한 결과 위의 사람을 보상금 수급자로 지정했습니다.

년 월 일

지방보훈청장
보훈지청장 귀하
제주특별자치도지사

신청인 제출서류	다음 각 호의 어느 하나에 해당하는 서류 1. 다음 각 목의 구분에 따른 인감증명서(보상금 수급자 지정 용도) 1부. 이 경우 인감증명서는 「본인서명사실 확인 등에 관한 법률」 제2조제3호에 따른 본인서명사실확인서 또는 같은 법 제7조제7항에 따른 전자본인서명확인서 발급증으로 갈음할 수 있습니다. 가. 협의자가 성년인 경우: 협의자의 인감증명서 나. 협의자가 미성년인 경우: 협의자의 법정대리인의 인감증명서 2. 협의자가 외국에 거주 중이거나 그 밖에 부득이한 사유로 「공증인법」에 따른 공정증서를 제출할 경우 공정증서 원본 1부. 이 경우 협의자의 인감증명서 및 날인(서명)을 생략할 수 있습니다.	수수료 없음

210㎜×297㎜[(백상지(80g/㎡) 또는 중질지(80g/㎡)]

(뒤쪽)

보상금 수급자 지정 순위 및 협의 방법

1. 보상금 수급자 지정 순위
   가. 보상금을 받을 유족의 순위는 독립유공자 유족의 경우 「독립유공자예우에 관한 법률」 제12조제3항에 따라 같은 법 제5조제1항 각 호의 순위로 하고, 국가유공자 유족의 경우 「국가유공자 등 예우 및 지원에 관한 법률」 제13조제1항에 따라 같은 법 제5조제1항 각 호의 순위로 합니다.
   나. 가목에 따라 보상금을 받을 유족 중 같은 순위자가 2명 이상인 경우에는 독립유공자 유족의 경우 「독립유공자예우에 관한 법률」 제12조제2항·제4항·제5항 및 같은 법 시행령 제5조의2에 규정된 순위 및 방법에 따라 보상금을 지급하고, 국가유공자 유족의 경우 「국가유공자 등 예우 및 지원에 관한 법률」 제13조제2항부터 제4항까지에 규정된 순위 및 방법에 따라 보상금을 지급합니다.
2. 보상금 수급자 지정 방법
   「독립유공자예우에 관한 법률」 제12조제4항제2호 또는 「국가유공자 등 예우 및 지원에 관한 법률」 제13조제2항제1호에 따라 같은 순위 유족 간의 협의에 의하여 같은 순위 유족 중 1명을 보상금을 받을 사람으로 지정하는 경우에는 지정된 사람이 보상금 수급자 지정서에 같은 순위 유족 모두의 인감증명서 등 앞쪽의 신청인 제출서류를 첨부하여 제출해야 합니다.

처리절차

이 지정서는 아래와 같이 처리됩니다.

지정서 작성	→	접수	→	기록 정리
신청인		관할 보훈(지)청 제주특별자치도		관할 보훈(지)청 제주특별자치도

확인

담당	주무	과장	(지)청장

■ 국가유공자 등 예우 및 지원에 관한 법률 시행규칙 [별지 제12호의2서식] <개정 2023. 9. 5.>

보상금 등 분할 지급 신청서

※ [ ]에는 해당되는 곳에 √표시를 하여, 색상이 어두운 칸은 신청인이 작성하지 않습니다.

접수번호	접수일	처리기간 즉시

신청인	대상구분	보훈번호	
	국가유공자와의 관계	성명	생년월일
	주소 (전화번호: 휴대전화번호:)		

지급구분	[ ] 계좌입금	금융기관명
	[ ] 압류방지 전용계좌(호국보훈지킴이) 입금	신청인 명의의 계좌번호
	[ ] 현금지급	

「국가유공자 등 예우 및 지원에 관한 법률」 제13조제2항제3호, 같은 법 시행령 제24조의3제1항 및 같은 법 시행규칙 제8조의6에 따라 위와 같이 신청합니다.

년 월 일

신청인 (서명 또는 인)

지방보훈청장
보훈지청장 귀하
제주특별자치도지사

담당 공무원 확인사항	입금계좌 확인정보(통장 사본)	수수료 없음

행정정보 공동이용 동의서

본인은 이 건 업무처리와 관련하여 담당 공무원이 「전자정부법」 제36조제1항에 따른 행정정보의 공동이용을 통하여 위의 담당 공무원 확인사항을 확인하는 것에 동의합니다.

※ 동의하지 않는 경우에는 신청인이 직접 해당 서류를 제출해야 합니다.

신청인 (서명 또는 인)

처리절차

이 신청서는 아래와 같이 처리됩니다.

신청서 작성	→	접수	→	지급 여부 결정	→	통지
신청인		관할 보훈(지)청 제주특별자치도		관할 보훈(지)청 제주특별자치도		신청인

확인

담당	주무	과장	(지)청장

210mm×297mm[(백상지(80g/㎡) 또는 중질지(80g/㎡)]

■ 국가유공자 등 예우 및 지원에 관한 법률 시행규칙 [별지 제13호서식] <개정 2020. 1. 21.>

선순위 유족 지정협의서

(□등록, 변동신고 □위탁병원 진료)

(앞쪽)

접수번호	접수일	처리기간 10일

선순위 유족으로 지정된 사람	대상구분	국가유공자와의 관계	성명
	보훈번호	생년월일	성별
	주 소 (전화번호 : , e-mail :)		

협의자				
	1	국가유공자와의 관계	성명 (인)	생년월일 -
		주 소		
	2	국가유공자와의 관계	성명 (인)	생년월일 -
		주 소		
	3	국가유공자와의 관계	성명 (인)	생년월일 -
		주 소		
	4	국가유공자와의 관계	성명 (인)	생년월일 -
		주 소		
	5	국가유공자와의 관계	성명 (인)	생년월일 -
		주 소		

본인들은 「국가유공자 등 예우 및 지원에 관한 법률」 제6조·제6조의2·제42조제7항제3호 및 같은 법 시행령 제8조·제64조제5항에 따라 위의 사람을 선순위 유족으로 지정하도록 협의하였습니다.

년 월 일

지방보훈청장
보훈지청장 귀하

신청인 제출서류	1. 협의자(미성년자인 경우에는 법정대리인을 말한다)의 인감증명서(선순위 유족 지정 용도) ※ 인감증명서는 본인서명사실확인서 또는 전자본인서명확인서 발급증으로 갈음할 수 있습니다. 2. 「공증인법」에 따른 공정증서를 제출할 경우 공정증서 원본 1부	수수료 없 음

210mm×297mm(백상지 80g/㎡ 또는 중질지 80g/㎡)

(뒤쪽)

유의사항	1. 유족의 등록신청 순위는 「국가유공자 등 예우 및 지원에 관한 법률」에 규정된 순위에 따릅니다. 가. 유족의 순위 ① 배우자(사실혼 관계에 있는 배우자 포함) ② 자녀 ③ 부모 ④ 성년인 직계 비속이 없는 조부모 ⑤ 60세 미만의 직계존속과 성년인 형제자매가 없는 미성년 제매 나. 유족 중 같은 순위에 해당하는 사람이 2명 이상인 경우에는 나이 많은 사람을 나이 적은 사람에 우선하되, 국가유공자를 주로 부양하거나 양육한 사람을 우선한다. 다만, 같은 순위 유족 간의 협의에 의하여 같은 순위 유족 중 1명을 지정하는 경우에는 그 사람을 선순위 유족으로 등록한다. 2. 제1호나목 단서에 따른 협의에 의한 선순위 유족 지정 방법은 다음과 같습니다. 가. 같은 순위 유족 모두의 협의에 의하여 같은 순위 유족 중 1명을 선순위자로 지정한 경우에는 지정된 사람이 등록신청서 또는 신상변동신고서에 선순위 유족 지정협의서를 첨부하여 제출한다. 나. 같은 순위 유족이 성년인 경우에는 본인의 인감증명서(본인서명사실확인서 또는 전자본인서명확인서 발급증)를, 미성년자인 경우에는 그 법정대리인의 인감증명서(본인서명사실확인서 또는 전자본인서명확인서 발급증)를 첨부한다. 다. 「공증인법」에 따른 공정증서를 제출했을 경우, 인감증명서(본인서명사실확인서 또는 전자본인서명확인서 발급증) 및 협의자의 날인(서명)을 생략할 수 있다. 3. 국가유공자 부모유족 중 위탁병원 진료비용 감면대상자 선순위 유족 지정 방법은 다음과 같습니다. 가. 부모유족 간의 협의에 의하여 1명을 지정한 경우에는 그 사람을 우선하며, 협의에 의한 선순위 유족 지정 방법은 제2호를 준용한다. 나. 부모유족 간 협의가 되지 않을 경우에는 장애여부, 질환유무, 생활수준 등을 종합적으로 고려하여 의료지원이 더 필요한 사람을 우선한다.

처 리 절 차

이 지정협의서는 아래와 같이 처리됩니다.

지정협의서 작성	➔	접　수	➔	결　정
신청인		보훈(지)청		보훈(지)청

확　인

담당	주무	과장	(지)청장

■ 국가유공자 등 예우 및 지원에 관한 법률 시행규칙 [별지 제13호의2서식] <개정 2025. 4. 18.>

생활조정수당 지급 신청서

※ 뒤쪽의 유의사항을 읽고 작성하여 주시기 바라며, [ ]에는 해당되는 곳에 √표시를 합니다.
※ 색상이 어두운 칸은 신청인이 작성하지 않습니다.

(앞쪽)

접수번호	접수일	처리기간 30일

신청인	보훈번호	국가유공자와의 관계	성명
	주소 (전화번호 :)		

	신청인과의 관계	성명	주민등록번호	직업
가구원			-	
			-	
			-	
			-	
			-	
			-	

「국가유공자 등 예우 및 지원에 관한 법률」 제14조의2제1항, 같은 법 시행령 제25조의2제1항 및 같은 법 시행규칙 제8조의7제1항에 따라 생활조정수당 지급을 신청합니다.

년　　월　　일

신청인　　　　(서명 또는 인)

지방보훈청장
보훈지청장 귀하
제주특별자치도지사

비고

가구원은 「주민등록법 시행령」 제6조제1항에 따른 세대별 주민등록표에 신청인과 함께 등재된 가족, 세대별 주민등록표에 함께 등재되지 않은 신청인의 배우자(사실상의 혼인관계에 있는 사람을 포함합니다), 30세 ㅁ 만 미혼자녀 등을 의미하나, 그 중 현역군인, 실종선고 절차가 진행 중인 사람 등은 가구원에서 제외됩니다(보다 구체적인 내용은 「국가유공자 등 예우 및 지원에 관한 법률 시행령」 제25조의3을 참조하시기 바랍니다).

신청인 제출서류	1. 본인 및 그 가구원에 대한 별지 제13호의3서식의 소득·재산 신고서 1부 2. 본인 및 그 가구원에 대한 별지 제13호의4서식의 금융정보 등 제공 동의서 1부	수수료 없음

210mm×297mm(백상지 80g/㎡ 또는 중질지 80g/㎡)

(뒤쪽)

담당 공무원 확인사항	1. 주민등록표 등본·초본 2. 국민기초생활수급자증명서 3. 차상위본인부담경감증명서 4. 장애인증명서 5. 임야대장 6. 토지대장 7. 토지등기사항증명서 8. 개별공시지가확인서 9. 건축물대장 10. 건물등기사항증명서 11. 주택가격확인서 12. 선박원부 13. 자동차등록원부 14. 사업자등록증명 15. 임대사업자등록증 16. 휴업사실증명 17. 폐업사실증명 18. 소득금액증명 19. 납세사실증명 20. 납세증명서 21. 지방세세목별과세(납세)증명서 22. 공무원연금내역서 23. 산재보험급여지급확인원 24. 출입국에관한사실증명 25. 국내거소신고사실증명 26. 건강보험자격득실확인서 27. 입금계좌 확인정보(통장 사본) 28. 자동차등록증 29. 자활근로자확인서 30. 장애인연금(경증)장애수당장애아동수당수급자확인서 31. 차상위계층확인서
본인정보 제공 요구	[ ] 가족관계증명서에 대한 상세증명서(이미 보관 중인 자료를 통하여 가족관계를 확인할 수 없는 경우만 해당합니다) ※ 「민원 처리에 관한 법률」에 따라 본인정보 제공 요구를 통하여 이 사무를 처리하기를 동의하는 경우 √ 표시를 해주시기 바랍니다.

본인정보 제공 요구서

「민원 처리에 관한 법률」 제10조의2에 따라 공동이용을 위한 본인정보를 위와 같이 신청합니다.

신청인 성명 생년월일 (서명 또는 인)

법원행정처장 귀하

행정정보 공동이용 및 본인정보 제공 요구 동의서

[ ] 1. 본인(신청인 및 그 가구원 각각을 의미합니다. 이하 같습니다)은 이 건 업무처리와 관련하여 담당 공무원이 「전자정부법」 제36조제1항에 따른 행정정보의 공동이용을 통하여 위의 담당 공무원 확인사항을 확인하는 것에 동의합니다.

※ 동의하지 않는 경우에는 신청인이 직접 해당 서류를 제출해야 합니다.

[ ] 2. 본인은 이 건 업무처리와 관련하여 「민원 처리에 관한 법률」 제10조의2에 따른 본인정보 제공 요구를 통하여 민원처리기관의 담당자가 전자적으로 본인에 관한 행정정보를 확인하는 것에 동의합니다(정보요구 대상기관: 법원행정처).

※ 동의하지 않는 경우 신청인이 직접 해당 서류를 제출해야 합니다.

신청인 (서명 또는 인)
가구원 (서명 또는 인)
가구원 (서명 또는 인)
가구원 (서명 또는 인)
가구원 (서명 또는 인)
가구원 (서명 또는 인)

※ 14세 미만 아동인 경우 법정대리인의 동의가 필요합니다.

법정대리인 성 명 (서명 또는 인)

유의사항

1. 지방보훈청장, 보훈지청장 또는 제주특별자치도지사는 「국가유공자 등 예우 및 지원에 관한 법률」 제14조의3제4호에 따라 생활조정수당수급희망자와 그 가구원이 생활조정수당 지급 여부의 결정에 필요한 서류 또는 자료의 제출을 거부하거나 조사·질문을 거부·방해 또는 기피하는 경우에는 생활조정수당 지급 신청을 각하하거나 지급을 중지할 수 있으며, 필요한 서류 또는 자료의 제출이나 보완을 하지 않는 경우 「민원 처리에 관한 법률 시행령」 제25조제1항에 따라 지급 신청을 반려할 수 있습니다.
2. 「국가유공자 등 예우 및 지원에 관한 법률 시행규칙」 제8조의7제3항에 따라 신청서를 받은 날부터 30일 이내에 생활조정수당 지급 여부에 관한 사항을 통지합니다. 다만, 소득·재산 등의 조사에 장기간이 걸리는 등 불가피한 경우에는 30일의 범위에서 그 기간을 연장할 수 있습니다.
3. 생활조정수당수급희망자 및 그 가구원은 소득 및 재산사항을 성실히 신고해야 합니다.

처리절차

이 신청서는 아래와 같이 처리됩니다.

신청서 작성	→	접수	→	확인·조사	→	생활조정수당 지급 여부 결정	→	통지
신청인		관할 보훈(지)청 제주특별자치도		관할 보훈(지)청 제주특별자치도		관할 보훈(지)청 제주특별자치도		신청인

확인

담당	주무	과장	(지)청장

■ 국가유공자 등 예우 및 지원에 관한 법률 시행규칙 [별지 제13호의3서식] <개정 2025. 4. 18.>

소득·재산 신고서

※ [ ]에는 해당하는 곳에 √ 표시를 하며, 색상이 어두운 칸은 신고인이 작성하지 않습니다.

		성명[1]				
소득사항		보훈급여금 등 (간호·조정수당 제외)	담당 공무원 기재			
	재산소득	임대소득	원	원	원	원
		이자소득	자산 조회결과 적용			
		연금소득	금융재산 조회결과 적용			
	근로소득	상시근로	원	원	원	원
		일용근로	원	원	원	원
	사업소득	농업소득 (주재배작물명)	원 ( )	원 ( )	원 ( )	원 ( )
		임업소득	원	원	원	원
		어업소득	원	원	원	원
		기타(자영업)	원	원	원	원
	기타소득	사적이전소득 (무료임대)	원	원	원	원
		공적이전소득[2]	자산 조회결과 적용			
		기타 (지방자치단체지원금 등)	원	원	원	원

구분	항목	내용	항목	내용
재산사항	건축물 (주택, 건물, 시설물)	자산 조회결과 적용	토지	자산 조회결과 적용
	선 박	자산 조회결과 적용	임목재산	자산 조회결과 적용
	항공기	자산 조회결과 적용	어업권	자산 조회결과 적용
	자동차	차량명( ), 용도 [ ] 생업용 [ ] 보철용 [ ] 자가용		
	임차보증금	전·월세보증금(백만원), 상가보증금(백만원), 기타(백만원)		
	금융재산	금융재산 조회결과 적용		
	동 산	소(마리, 원),돼지(마리, 원)	분양권	원
		기타가축(마리, 원),종묘(원)	조합원입주권	원
		기계·기구류(원),기타(원)	회원권	자산 조회결과 적용
부채	금융기관 대출금	금융재산 조회결과 적용	금융기관 외 기관 대출금	원
	임대보증금	원		
	공증사채	판결문, 화해, 조정조서에 의한 사채(원)		

「국가유공자 등 예우 및 지원에 관한 법률」 제14조의3제1항·제22조제4항·제63조의2제2항·제68조제3항, 같은 법 시행령 제25조의2·제34조의2·제84조의3·제87조제2항 및 같은 법 시행규칙 제8조의7·제11조의2·제16조의2·제16조의3에 따라 신고서를 제출합니다.

년 월 일

신고인 (서명 또는 인)

지방보훈청장
보훈지청장 귀하
제주특별자치도지사

비고

1. 별지 제13호의2서식, 별지 제17호의2서식, 별지 제53호서식 또는 별지 제53호의2서식에 작성한 신청인 및 그 가구원 중 소득·재산이 있는 사람의 성명을 적되, 대상자가 4명을 넘는 경우에는 신고서를 추가로 작성합니다.
2. "공적이전소득"이란 법령 등에 따라 정기적으로 지급되는 각종 수당·연금·급여 및 그 밖의 금품을 말합니다.

210㎜×297㎜[백상지(80g/㎡) 또는 중질지(80g/㎡)]

■ 국가유공자 등 예우 및 지원에 관한 법률 시행규칙 [별지 제13호의4서식] <개정 2025. 4. 18.>

금융정보 등(금융 · 신용 · 보험정보) 제공 동의서

※ 뒤쪽의 유의사항을 읽고 작성하여 주시기 바라며, [ ]에는 해당하는 곳에 √표시를 합니다. (앞쪽)

신청인	대상구분	보훈번호	성명
	주소		전화번호

동의인 (신청인 및 가구원)	신청인과의 관계	성명	주민등록번호	금융정보 등의 제공을 동의함[1] (서명 또는 인)	금융정보 등의 제공사실을 동의자에게 통보하지 않음[2] ※ 부동의 시 우편통보(주소·전화번호 기재)	
					서명 또는 인	주소 및 전화번호
			-			
			-			
			-			
			-			
			-			
			-			
			-			
			-			

정보 제공 목적	[ ] 생활조정수당 수급 대상 여부 확인 [ ] 교육지원 대상자 선정 [ ] 요양지원 보조금 지급 대상자 선정 [ ] 주택의 우선 공급 대상자 선정

「국가유공자 등 예우 및 지원에 관한 법률」 제14조의2제2항 · 제14조의4 · 제22조제4항 · 제63조의2제2항 · 제68조제3항, 같은 법 시행령 제25조의5 · 제34조의2 · 제84조의3 · 제87조제2항 및 같은 법 시행규칙 제8조의7 · 제11조의2 · 제16조의2 · 제16조의3에 따라 금융회사 등과 신용정보집중기관이 신청인 및 그 가구원 등의 금융정보 등을 국가보훈부장관에게 제공하는 것에 동의합니다.

년 월 일

금융회사 등의 장
신용정보집중기관의 장 귀하

비고

1. 지원 대상자 선정에 필요한 금융재산 조사를 위하여 금융회사 등과 신용정보집중기관이 신청인 및 그 가구원의 금융정보 등을 국가보훈부장관에게 제공하는 것에 동의합니다.
2. 금융회사 등과 신용정보집중기관이 금융정보 등을 국가보훈부장관에게 제공한 사실을 동의자에게 통보하지 않는 것에 동의하는 경우 해당 란에 서명하거나 도장을 찍고, 통보를 원하는 경우에는 해당 란에 통보받을 주소와 전화번호를 적습니다(만약 동의하지 않으면 금융회사 등과 신용정보집중기관이 금융정보 등의 제공사실을 정보제공 동의자 개인에게 우편으로 송부하게 됩니다).
3. 대상 금융회사 등의 명칭 및 금융정보 등의 제공 범위: 뒤쪽 참조
4. 정보제공 목적: 「국가유공자 등 예우 및 지원에 관한 법률」에 따른 지원 대상자 선정
5. 금융정보 등 제공 동의의 유효기간: 동의서 제출 후 지원 대상자 결정 전까지 또는 지원대상자로 결정된 경우에는 해당 지원이 종료될 때까지

210mm×297mm[백상지(80g/㎡) 또는 중질지(80g/㎡)]

(뒤쪽)

금융회사 등의 명칭

1. 「금융실명거래 및 비밀보장에 관한 법률」에 따른 다음 각 목의 금융회사 등
   가. 「은행법」에 따른 은행
   나. 「중소기업은행법」에 따른 중소기업은행
   다. 「한국산업은행법」에 따른 한국산업은행
   라. 「한국수출입은행법」에 따른 한국수출입은행
   마. 「한국은행법」에 따른 한국은행
   바. 「자본시장과 금융투자업에 관한 법률」에 따른 투자매매업자 · 투자중개업자 · 집합투자업자 · 신탁업자 · 증권금융회사 · 종합금융회사 및 명의개서대행회사
   사. 「상호저축은행법」에 따른 상호저축은행 및 상호저축은행중앙회
   아. 「농업협동조합법」에 따른 조합, 중앙회 및 농협은행
   자. 「수산업협동조합법」에 따른 조합, 중앙회 및 수협은행
   차. 「신용협동조합법」에 따른 신용협동조합 및 신용협동조합중앙회
   카. 「새마을금고법」에 따른 금고 및 중앙회
   타. 「보험업법」에 따른 보험회사
   파. 「우체국예금 · 보험에 관한 법률」에 따른 체신관서
   하. 「금융실명거래 및 비밀보장에 관한 법률 시행령」 제2조 각 호의 기관
2. 「신용정보의 이용 및 보호에 관한 법률」 제25조의 신용정보집중기관

금융정보 등의 범위

1. 금융정보
   가. 보통예금, 저축예금, 자유저축예금 등 요구불예금: 최근 3개월 이내의 평균 잔액
   나. 정기예금, 정기적금, 정기저축 등 저축성예금: 잔액 또는 총 납입액
   다. 주식, 수익증권, 출자금, 출자지분, 부동산신탁, 연금신탁: 최종시세가액. 이 경우 비상장주식의 가액 평가는 「상속세 및 증여세법 시행령」 제54조제1항을 준용합니다.
   라. 채권, 어음, 수표, 채무증서, 신주인수권 증서, 양도성 예금증서: 액면가액
   마. 연금저축: 정기적으로 지급된 금액 또는 최종 잔액
2. 신용정보
   가. 대출 현황 및 연체 내용
   나. 신용카드 미결제금액
3. 보험정보
   가. 보험증권: 해약하는 경우 지급받게 될 환급금 또는 최근 1년 이내에 지급된 보험금
   나. 연금보험: 해약하는 경우 지급받게 될 환급금 또는 정기적으로 지급된 금액

유의사항

지방보훈청장, 보훈지청장 또는 제주특별자치도지사는 「국가유공자 등 예우 및 지원에 관한 법률」 제14조의3제4항에 따라 신청인과 그 가구원이 해당 지원 대상자 자격 확인을 위하여 필요한 서류나 그 밖에 소득 · 재산 등에 관한 자료의 제출을 거부하거나 조사 · 질문을 거부 · 방해 또는 기피하는 경우에는 해당 지원 신청을 각하하거나 해당 지원을 중지할 수 있습니다.

■ 국가유공자 등 예우 및 지원에 관한 법률 시행규칙 [별지 제13호의5서식] <신설 2023. 1. 5.>

6·25전몰군경자녀수당 수급자 지정서

(앞쪽)

접수번호	접수일	처리기간 10일

6·25전몰군경 자녀수당 수급자로 지정된 사람	대상구분	보훈번호	
	국가유공자와의 관계	성명	생년월일
	주소		
	(전화번호:	휴대전화번호:)	

협의자				
	1	국가유공자와의 관계	성명 (서명 또는 인)	생년월일
		주소		
	2	국가유공자와의 관계	성명 (서명 또는 인)	생년월일
		주소		
	3	국가유공자와의 관계	성명 (서명 또는 인)	생년월일
		주소		
	4	국가유공자와의 관계	성명 (서명 또는 인)	생년월일
		주소		
	5	국가유공자와의 관계	성명 (서명 또는 인)	생년월일
		주소		

본인들은 「국가유공자 등 예우 및 지원에 관한 법률」 제16조의3제1항제1호 및 같은 법 시행령 제27조의3제1항에 따라 6·25전몰군경자녀수당을 받을 사람에 대하여 협의한 결과 위의 사람을 6·25전몰군경자녀수당 수급자로 지정했습니다.

년 월 일

지방보훈청장
보훈지청장 귀하
제주특별자치도지사

신청인 제출서류	1. 협의자의 인감증명서(6·25전몰군경자녀수당 수급자 지정 용도를 말합니다) ※ 인감증명서는 본인서명사실확인서 또는 전자본인서명확인서 발급증으로 갈음할 수 있습니다. 2. 「공증인법」에 따른 공정증서를 제출할 경우 공정증서 원본 1부	수수료 없음

210mm×297mm[(백상지(80g/㎡) 또는 중질지(80g/㎡)]

(뒤쪽)

6·25전몰군경자녀수당수급자 지정 순위 및 협의 방법

1. 6·25전몰군경자녀수당을 지급받을 자녀가 2명 이상인 경우에는 「국가유공자 등 예우 및 지원에 관한 법률」 제16조의3에 규정된 순위에 따라 아래와 같이 6·25전몰군경자녀수당을 지급합니다.
   ① 순위: 자녀 간 협의에 의하여 자녀 중 1명을 6·25전몰군경자녀수당 수급자로 지정한 경우에는 그 사람에게 6·25전몰군경자녀수당을 지급합니다.
   ② 순위: ① 순위에 해당하는 사람이 없는 경우에는 전사하거나 순직한 전몰군경 또는 순직군경을 주로 부양한 자녀에게 6·25전몰군경자녀수당을 지급합니다.
   ③ 순위: ① 순위와 ② 순위에 해당하는 사람이 없는 경우에는 6·25전몰군경자녀수당을 자녀에게 균등하게 분할하여 지급합니다.

2. 자녀 간 협의에 의하여 6·25전몰군경자녀수당 수급자를 지정하는 방법은 다음과 같습니다.
   가. 자녀 모두의 협의에 따라 자녀 중 1명을 6·25전몰군경자녀수당 수급자로 지정한 경우에는 지정된 사람이 6·25전몰군경자녀수당 수급자 지정서를 제출합니다.
   나. 6·25전몰군경자녀수당 수급자 지정서에 협의자 모두의 인감증명서(본인서명사실확인서 또는 전자본인서명확인서 발급증)를 첨부합니다.
   다. 외국에 거주 중인 자녀가 있는 등 6·25전몰군경자녀수당 수급자 지정서를 제출할 수 없는 부득이한 사정으로 협의자가 「공증인법」에 따른 공정증서를 제출했을 경우에는 인감증명서(본인서명사실확인서 또는 전자본인서명확인서 발급증) 및 협의자의 날인(서명)을 생략할 수 있습니다.

처리절차

이 지정서는 아래와 같이 처리됩니다.

지정서 작성	→	접수	→	기록 정리
신청인		보훈(지)청 또는 제주특별자치도		보훈(지)청 또는 제주특별자치도

확인

담당	주무	과장	(지)청장

■ 국가유공자 등 예우 및 지원에 관한 법률 시행규칙 [별지 제13호의6서식] <신설 2023. 1. 5.>

6·25전몰군경자녀수당 분할 지급 신청서

※ [ ]에는 해당되는 곳에 √표를 합니다.

접수번호	접수일	처리기간	즉시
신청인	대상구분	보훈번호	
	국가유공자와의 관계	성명	생년월일
	주소 (전화번호: 휴대전화번호:)		
지급구분	[ ] 계좌입금 [ ] 압류방지 전용계좌(호국보훈지킴이) 입금 [ ] 현금지급	금융기관명 신청인 명의의 계좌번호	

「국가유공자 등 예우 및 지원에 관한 법률」 제16조의3제1항제3호, 같은 법 시행령 제27조의3제5항 및 같은 법 시행규칙 제8조의8에 따라 위와 같이 신청합니다.

년 월 일

신청인 (서명 또는 인)

지방보훈청장
보훈지청장 귀하
제주특별자치도지사

담당공무원 확인사항	입금계좌 확인정보(예금통장 사본)	수수료 없음

행정정보 공동이용 동의서

본인은 6·25전몰군경자녀수당 분할 지급 신청과 관련하여 담당 공무원이 「전자정부법」 제36조제1항에 따라 위의 행정정보의 공동이용 항목의 행정정보에 대하여 확인하는 것에 동의합니다. **[ ] 동의함 [ ] 동의하지 않음**

※ 만일, 본인이 위 행정정보 이용에 대해 동의하지 않거나 행정정보 공동이용을 통하여 확인할 수 없는 경우에는 해당 서류를 신청인이 직접 제출해야 합니다.

신청인 (서명 또는 인)

처리절차

이 신청서는 아래와 같이 처리됩니다.

신청서 작성	→	접수	→	지급 여부 결정	→	통지
신청인		보훈(지)청 또는 제주특별자치도		보훈(지)청 또는 제주특별자치도		신청인

확인

담당	주무	과장	(지)청장

210mm×297mm[(백상지(80g/㎡) 또는 중질지(80g/㎡)]

■ 국가유공자 등 예우 및 지원에 관한 법률 시행규칙 [별지 제13호의7서식] <신설 2023. 9. 5.>

6·25전몰군경자녀수당 추가지원금 지급 신청서

※ [ ]에는 해당되는 곳에 √표시를 하며, 색상이 어두운 칸은 신청인이 작성하지 않습니다.

접수번호	접수일	처리기간	1일
신청인	대상구분	보훈번호	
	국가유공자와의 관계	성명	생년월일
	주소 (전화번호: 휴대전화번호:)		
신청 자격 구분	[ ] 차상위계층 [ ] 주거급여수급권자 [ ] 교육급여수급권자	[ ] 생계급여수급권자 [ ] 의료급여수급권자	

「국가유공자 등 예우 및 지원에 관한 법률」 제16조의3제3항, 같은 법 시행령 제27조의3제7항 및 같은 법 시행규칙 제8조의9에 따라 6·25전몰군경자녀수당 추가지원금을 위와 같이 신청합니다.

년 월 일

신청인 (서명 또는 인)

지방보훈청장
보훈지청장 귀하
제주특별자치도지사

담당 공무원 확인사항	1. 국민기초생활수급자증명서 2. 자활근로자확인서 3. 장애인연금(경증)장애수당장애아동수당수급자확인서 4. 차상위계층확인서 5. 차상위본인부담경감대상자증명서	수수료 없음

행정정보 공동이용 동의서

본인은 이 건 업무처리와 관련하여 담당 공무원이 「전자정부법」 제36조제1항에 따른 행정정보의 공동이용을 통하여 위의 담당 공무원 확인사항을 확인하는 것에 동의합니다.

※ 동의하지 않는 경우에는 신청인이 직접 해당 서류를 제출해야 합니다.

신청인 (서명 또는 인)

처리절차

이 신청서는 아래와 같이 처리됩니다.

신청서 작성	→	접수	→	확인	→	추가지원금 지급 여부 결정	→	통지
신청인		관할 보훈(지)청 제주특별자치도		관할 보훈(지)청 제주특별자치도		관할 보훈(지)청 제주특별자치도		신청인

확인

담당	주무	과장	(지)청장

210mm×297mm[(백상지(80g/㎡) 또는 중질지(80g/㎡)]

■ 국가유공자 등 예우 및 지원에 관한 법률 시행규칙 [별지 제14호서식] <개정 2023. 9. 5.> 정부24(www.gov.kr)에서도 신청할 수 있습니다.

[ ] 사망일시금 / [ ] 미지급 보훈급여금 지급 신청서

※ [ ]에는 해당되는 곳에 √표시를 하며, 색상이 어두운 칸은 신청인이 작성하지 않습니다. (앞쪽)

접수번호	접수일	처리기간	1일

보훈급여금을 지급받던 사람	대상구분		보훈번호	
	성명		생년월일	
	주소 (전화번호:		휴대전화번호:)	
	구분	[ ]사망 [ ]행방불명	신상변동일	
신청인	보훈급여금을 지급받던 사람과의 관계	성명	주민등록번호 -	
	주소 (전화번호:		휴대전화번호:)	
	금융기관명		신청인 명의의 계좌번호	
	보훈급여금 미지급기간	년 월부터	년 월까지	

「국가유공자 등 예우 및 지원에 관한 법률」 제17조·제18조, 같은 법 시행령 제28조제2항·제30조 및 같은 법 시행규칙 제9조·제9조의2에 따라 위와 같이 지급을 신청합니다.

년 월 일

신청인 (서명 또는 인)

지방보훈청장
보훈지청장 귀하
제주특별자치도지사

신청인 제출서류	뒤쪽 참조	수수료 없음

210mm×297mm[(백상지(80g/㎡) 또는 중질지(80g/㎡)]

(뒤쪽)

신청인 제출서류	1. 사망일시금의 지급을 신청하는 경우 가. 사망을 증명할 수 있는 서류(「국가유공자 등 예우 및 지원에 관한 법률 시행규칙」 제4조제2항에 따른 신상 변동신고 시 제출하지 않은 경우만 해당합니다) 1통 나. 사망자와 생활을 같이 하고 있었음을 증명할 수 있는 서류(신청인이 「국가유공자 등 예우 및 지원에 관한 법률」 제17조제1항 후단 및 같은 조 제2항에 따른 친족 중 상속인이 될 사람인 경우로서 주민등록표 등본을 통하여 그 사실을 확인할 수 없는 경우만 해당합니다) 1통 다. 장례를 행한 사람임을 확인할 수 있는 서류(「국가유공자 등 예우 및 지원에 관한 법률」 제17조제3항에 따른 장제를 행하는 사람만 해당합니다) 1통 2. 미지급 보훈급여금의 지급을 신청하는 경우 가. 보훈급여금을 받을 사람이 사망한 경우: 제1호가목 및 나목의 서류 나. 보훈급여금을 받을 사람이 1년 이상 계속하여 행방불명인 경우: 그 사실을 증명할 수 있는 서류(「국가유공자 등 예우 및 지원에 관한 법률 시행규칙」 제4조제2항에 따른 신상 변동신고 시 제출하지 않은 경우로서 주민등록표 등본을 통하여 그 사실을 확인할 수 없는 경우만 해당합니다) 1통	수수료 없음
담당 공무원 확인사항	1. 주민등록표 등본(「국가유공자 등 예우 및 지원에 관한 법률」 제17조제1항 후단 및 같은 조 제2항에 따른 친족 중 상속인이 될 사람이 사망일시금 또는 미지급 보훈급여금의 지급을 신청하는 경우에만 확인합니다) 2. 입금계좌 확인정보(통장 사본)	

행정정보 공동이용 동의서

본인은 이 건 업무처리와 관련하여 담당 공무원이 「전자정부법」 제36조제1항에 따른 행정정보의 공동이용을 통하여 위의 담당 공무원 확인사항을 확인하는 것에 동의합니다.

※ 동의하지 않는 경우에는 신청인이 직접 해당 서류를 제출해야 합니다.

신청인 (서명 또는 인)

처리절차

이 신청서는 아래와 같이 처리됩니다.

신청서 작성	→	접수	→	신상변동 (신고서 등 확인)	→	지급 결정	→	지급
신청인		관할 보훈(지)청 제주특별자치도		관할 보훈(지)청 제주특별자치도		관할 보훈(지)청 제주특별자치도		관할 보훈(지)청 제주특별자치도

확인

담당	주무	과장	(지)청장

■ 국가유공자 등 예우 및 지원에 관한 법률 시행규칙 [별지 제15호서식] <개정 2023. 9. 5.> 정부24(www.gov.kr)에서도 신청할 수 있습니다.

예금계좌 지정 등 신청서

※ [ ]에는 해당되는 곳에 √표시를 하며, 색상이 어두운 칸은 신청인이 작성하지 않습니다.

접수번호	접수일	처리기간 즉시

신청인	대상구분	보훈번호	
	국가유공자와의 관계	성명	생년월일
	주소 (전화번호: 휴대전화번호:)		

지급받을 보훈급여금 등의 종류	[ ] 보훈급여금	[ ] 수업료 등 지원금 및 학습보조비
	[ ] 직업재활훈련비·직업능력개발훈련비	[ ] 능력개발 지원비 및 장려금
	[ ] 기타( )	

지급구분	[ ] 계좌입금	금융기관명
	[ ] 압류방지 전용계좌(호국보훈지킴이) 입금	신청인 명의의 계좌번호
	[ ] 현금지급	

「국가유공자 등 예우 및 지원에 관한 법률」 제17조의2, 같은 법 시행령 제32조의2 및 같은 법 시행규칙 제10조제1항에 따라 위와 같이 신청합니다.

년 월 일

신청인 (서명 또는 인)

지방보훈청장
보훈지청장 귀하
제주특별자치도지사

담당 공무원 확인사항	입금계좌 확인정보(통장 사본)	수수료 없음

행정정보 공동이용 동의서

본인은 이 건 업무처리와 관련하여 담당 공무원이 「전자정부법」 제36조제1항에 따른 행정정보의 공동이용을 통하여 위의 담당 공무원 확인사항을 확인하는 것에 동의합니다.

※ 동의하지 않는 경우에는 신청인이 직접 해당 서류를 제출해야 합니다.

신청인 (서명 또는 인)

처리절차

이 신청서는 아래와 같이 처리됩니다.

신청서 작성	→	접수	→	지급
신청인		관할 보훈(지)청 제주특별자치도		관할 보훈(지)청 제주특별자치도

확인

담당	주무	과장	(지)청장

210mm×297mm[(백상지(80g/㎡) 또는 중질지(80g/㎡)]

■ 국가유공자 등 예우 및 지원에 관한 법률 시행규칙 [별지 제16호서식] <개정 2023. 9. 5.> 정부24(www.gov.kr)에서도 신청할 수 있습니다.

예금계좌 등 변경 신청서

※ [ ]에는 해당되는 곳에 √표시를 하며, 색상이 어두운 칸은 신청인이 작성하지 않습니다.

접수번호	접수일	처리기간 즉시

신청인	대상구분	보훈번호	
	국가유공자와의 관계	성명	생년월일
	주소 (전화번호: 휴대전화번호:)		

변경구분	[ ] 예금계좌 변경	금융기관명
	[ ] 계좌입금으로 변경	
	[ ] 압류금지 전용계좌(호국보훈지킴이)로 변경	신청인 명의의 계좌번호
	[ ] 현금지급으로 변경	
변경지급 희망시기		

「국가유공자 등 예우 및 지원에 관한 법률」 제17조의2, 같은 법 시행령 제32조의2 및 같은 법 시행규칙 제10조제2항에 따라 위와 같이 신청합니다.

년 월 일

신청인 (서명 또는 인)

지방보훈청장
보훈지청장 귀하
제주특별자치도지사

담당공무원 확인사항	입금계좌 확인정보(통장 사본)	수수료 없음

행정정보 공동이용 동의서

본인은 이 건 업무처리와 관련하여 담당 공무원이 「전자정부법」 제36조제1항에 따른 행정정보의 공동이용을 통하여 위의 담당 공무원 확인사항을 확인하는 것에 동의합니다.

※ 동의하지 않는 경우에는 신청인이 직접 해당 서류를 제출해야 합니다.

신청인 (서명 또는 인)

처리절차

이 신청서는 아래와 같이 처리됩니다.

신청서 작성	→	접수	→	변경사항 승인	→	지급
신청인		관할 보훈(지)청 제주특별자치도		관할 보훈(지)청 제주특별자치도		관할 보훈(지)청 제주특별자치도

확인

담당	주무	과장	(지)청장

210mm×297mm[(백상지(80g/㎡) 또는 중질지(80g/㎡)]

■ 국가유공자 등 예우 및 지원에 관한 법률 시행규칙 [별지 제17호서식] <개정 2023. 9. 5.> 정부24(www.gov.kr)에서도 신청할 수 있습니다.

대리수령인 지정승인 신청서

※ 색상이 어두운 칸은 신청인이 작성하지 않습니다. (앞쪽)

접수번호	접수일	처리기간	즉시

구분			
신청인 (보훈급여금 수급권자)	대상구분	보훈번호	
	성명	생년월일	
	주소 (전화번호: 휴대전화번호:)		
	신청사유	대리수령인 지정기간 . 월부터 . 월까지(개월간)	
대리 수령인	신청인과의 관계	성명	주민등록번호 -
	주소 (전화번호: 휴대전화번호:)		

「국가유공자 등 예우 및 지원에 관한 법률 시행령」 제33조 및 「국가유공자 등 예우 및 지원에 관한 법률 시행규칙」 제11조에 따라 위와 같이 대리수령인 지정승인을 신청합니다.

년 월 일

신청인 (서명 또는 인)

지방보훈청장
보훈지청장 귀하
제주특별자치도지사

⬇ ※ 아래는 작성하지 않습니다. ⬇

제 호

대리수령인 지정 승인서

구분			
신청인	대상구분	보훈번호	성명
	대리수령 지정기간 . 월부터 . 월까지(개월간)		
대리 수령인	신청인과의 관계	성명	주민등록번호 -
	전화번호	휴대전화번호	

「국가유공자 등 예우 및 지원에 관한 법률 시행령」 제33조에 따라 위와 같이 대리수령인 지정을 승인합니다.

년 월 일

지방보훈청장
보훈지청장 직인
제주특별자치도지사

귀하

210㎜×297㎜[(백상지(80g/㎡) 또는 중질지(80g/㎡)]

(뒤쪽)

신청인 제출서류	1. 보훈급여금을 받을 사람이 해외에 거주하는 경우: 재외공관장의 확인서 또는 해외 거주사실을 증명할 수 있는 서류 1부 2. 보훈급여금을 받을 사람이 질병이나 그 밖의 부득이한 사유가 있는 경우: 의사의 진단서나 그 밖에 부득이한 사유를 증명할 수 있는 서류(대리수령인이 보훈급여금을 받는 사람의 배우자·자녀 또는 부모인 경우나 며느리 또는 손자녀로서 보훈급여금을 받는 사람과 동거하고 있는 사람인 경우에는 제출하지 않을 수 있습니다) 1부

처리절차

이 신청서는 아래와 같이 처리됩니다.

신청서 작성	→	접수	→	승인 여부 검토 및 결재	→	승인 여부 통지
신청인		관할 보훈(지)청 제주특별자치도		관할 보훈(지)청 제주특별자치도		관할 보훈(지)청 제주특별자치도

확인

담당	주무	과장	(지)청장

■ 국가유공자 등 예우 및 지원에 관한 법률 시행규칙 [별지 제17호의2서식] <개정 2025. 4. 18.>

교육지원 신청서

※ 뒤쪽의 유의사항을 읽고 작성하여 주시기 바라며, [ ]에는 해당되는 곳에 √ 표시를 합니다.
※ 색상이 어두운 칸은 신청인이 작성하지 않습니다.

(앞쪽)

접수번호	접수일	처리기간 30일

<table>
<tr><td rowspan="3">신청인</td><td>대상구분</td><td colspan="2">보훈번호</td></tr>
<tr><td>국가유공자와의 관계</td><td>성명</td><td>생년월일</td></tr>
<tr><td colspan="3">주소
(전화번호: 휴대전화번호:)</td></tr>
</table>

<table>
<tr><td rowspan="5">교육지원 희망자</td><td>국가유공자와의 관계</td><td>성명</td><td>주민등록번호</td><td>주소</td></tr>
<tr><td></td><td></td><td>-</td><td>(전화번호 :)</td></tr>
<tr><td></td><td></td><td>-</td><td>(전화번호 :)</td></tr>
<tr><td></td><td></td><td>-</td><td>(전화번호 :)</td></tr>
<tr><td></td><td></td><td>-</td><td>(전화번호 :)</td></tr>
</table>

<table>
<tr><td rowspan="8">가구원</td><td>교육지원 희망자와의 관계</td><td>성명</td><td>주민등록번호</td><td>직업</td></tr>
<tr><td></td><td></td><td>-</td><td></td></tr>
<tr><td></td><td></td><td>-</td><td></td></tr>
<tr><td></td><td></td><td>-</td><td></td></tr>
<tr><td></td><td></td><td>-</td><td></td></tr>
<tr><td></td><td></td><td>-</td><td></td></tr>
<tr><td></td><td></td><td>-</td><td></td></tr>
<tr><td></td><td></td><td>-</td><td></td></tr>
</table>

「국가유공자 등 예우 및 지원에 관한 법률」 제22조제4항, 같은 법 시행령 제34조의2제3항 및 같은 법 시행규칙 제11조의2제1항에 따라 교육지원을 신청합니다.

년 월 일

신청인 (서명 또는 인)

지방보훈청장
보훈지청장 귀하
제주특별자치도지사

비고

가구원은 「주민등록법 시행령」 제6조제1항에 따른 세대별 주민등록표에 신청인과 함께 등재된 가족, 세대별 주민등록표에 함께 등재되지 않은 신청인의 배우자(사실상의 혼인관계에 있는 사람을 포함합니다), 30세 미만 미혼자녀 등을 의미하나, 그 중 현역군인, 실종선고 절차가 진행 중인 사람 등은 가구원에서 제외됩니다(보다 구체적인 내용은 「국가유공자 등 예우 및 지원에 관한 법률 시행령」 제25조의3을 참조하시기 바랍니다).

210㎜×297㎜[백상지(80g/㎡) 또는 중질지(80g/㎡)]

(뒤쪽)

<table>
<tr><td>신청인 제출서류</td><td>1. 본인 및 그 가구원에 대한 별지 제13호의3서식의 소득・재산 신고서 1부
2. 본인 및 그 가구원에 대한 별지 제13호의4서식의 금융정보 등 제공 동의서 1부</td><td>수수료 없음</td></tr>
<tr><td>담당 공무원 확인사항</td><td colspan="2">1. 주민등록표 등본・초본
2. 국민기초생활수급자증명서
3. 차상위본인부담경감증명서
4. 장애인증명서
5. 임야대장
6. 토지대장
7. 토지등기사항증명서
8. 개별공시지가확인서
9. 건축물대장
10. 건물등기사항증명서
11. 주택가격확인서
12. 선박원부
13. 자동차등록원부
14. 사업자등록증명
15. 임대사업자등록증
16. 휴업사실증명
17. 폐업사실증명
18. 소득금액증명
19. 납세사실증명
20. 납세증명서
21. 지방세세목별과세(납세)증명서
22. 공무원연금내역서
23. 산재보험급여지급확인원
24. 출입국에관한사실증명
25. 국내거소신고사실증명
26. 건강보험자격득실확인서
27. 입금계좌 확인정보(통장 사본)
28. 자동차등록증
29. 자활근로자 확인서
30. 장애인연금(경증)장애수당장애아동수당수급자 확인서
31. 차상위계층확인서</td></tr>
<tr><td>본인정보 제공 요구</td><td colspan="2">[ ] 가족관계증명서에 대한 상세증명서(이미 보관 중인 자료를 통하여 가족관계를 확인할 수 없는 경우만 해당합니다)
※ 「민원 처리에 관한 법률」에 따라 본인정보 제공 요구를 통하여 위 사무를 처리하기를 동의하는 경우 √ 표시를 해주시기 바랍니다.</td></tr>
</table>

본인정보 제공 요구서

「민원 처리에 관한 법률」 제10조의2에 따라 공동이용을 위한 본인정보를 위와 같이 신청합니다.

신청인 성명
생년월일 (서명 또는 인)

법원행정처장 귀하

행정정보 공동이용 및 본인정보 제공 요구 동의서

[ ] 1. 본인(신청인 및 그 가구원 각각을 의미합니다. 이하 같습니다)은 이 건 업무처리와 관련하여 담당 공무원이 「전자정부법」 제36조제1항에 따른 행정정보의 공동이용을 통하여 위의 담당 공무원 확인사항을 확인하는 것에 동의합니다.
※ 동의하지 않는 경우에는 신청인이 직접 해당 서류를 제출해야 합니다.

[ ] 2. 본인은 이 건 업무처리와 관련하여 「민원 처리에 관한 법률」 제10조의2에 따른 본인정보 제공 요구를 통하여 민원처리기관의 담당자가 전자적으로 본인에 관한 행정정보를 확인하는 것에 동의합니다(정보요구 대상기관: 법원행정처).
※ 동의하지 않는 경우 신청인이 직접 해당 서류를 제출해야 합니다.

신청인 (서명 또는 인)
가구원 (서명 또는 인)
가구원 (서명 또는 인)
가구원 (서명 또는 인)
가구원 (서명 또는 인)

※ 14세 미만 아동인 경우 법정대리인의 동의가 필요합니다.

법정대리인 성 명 (서명 또는 인)

유의사항

1. 지방보훈청장, 보훈지청장 또는 제주특별자치도지사는 「국가유공자 등 예우 및 지원에 관한 법률」 제14조의3제4항 및 제22조제4항에 따라 교육지원희망자와 그 가구원이 교육지원 여부의 결정에 필요한 서류 또는 자료의 제출을 거부하거나 조사・질문을 거부・방해 또는 기피하는 경우에는 교육지원 신청을 각하하거나 지원을 중지할 수 있으며, 필요한 서류 또는 자료의 제출이나 보완을 하지 않는 경우 「민원 처리에 관한 법률 시행령」 제25조제1항에 따라 지원 신청을 반려할 수 있습니다.
2. 「국가유공자 등 예우 및 지원에 관한 법률 시행규칙」 제11조의2제3항에 따라 신청서를 받은 날부터 30일 이내에 교육지원 여부에 관한 사항을 통지합니다. 다만, 소득・재산 등의 조사에 장기간이 걸리는 등 불가피한 경우에는 30일의 범위에서 그 기간을 연장할 수 있습니다.
3. 교육지원희망자 및 그 가구원은 소득 및 재산사항을 성실히 신고해야 합니다.

처리절차

이 신청서는 아래와 같이 처리됩니다.

신청서 작성	→	접수	→	확인・조사	→	교육지원 여부 결정	→	통지
신청인		관할 보훈(지)청 제주특별자치도		관할 보훈(지)청 제주특별자치도		관할 보훈(지)청 제주특별자치도		신청인

확인

담당	주무	과장	(지)청장

■ 국가유공자 등 예우 및 지원에 관한 법률 시행규칙 [별지 제18호서식] <개정 2025. 9. 19.> 정부24(www.gov.kr)에서도 신청할 수 있습니다.

제 호

교육지원 대상자 증명서

인적사항	성 명		생년월일	
	주 소			(전화번호 :)
관련사항	대상구분		국가유공자와의 관계	의
	보훈번호		등록지 관할 보훈(지)청	
제출처(학교명)				

위 사람은 「국가유공자 등 예우 및 지원에 관한 법률」 제22조에 따른 교육지원 대상자임을 증명합니다.

년 월 일

지 방 보 훈 청 장
보 훈 지 청 장 직인
제주특별자치도지사

이 증명서는 해당 학교 졸업 시까지 유효합니다.

※ 위 학생에게 퇴학ㆍ정학ㆍ휴학ㆍ복학 등 취학사항의 변동이 있을 때에는 그 사유가 발생한 날부터 10일 이내에 「국가유공자 등 예우 및 지원에 관한 법률 시행규칙」 별지 제23호서식에 따른 취학사항 변동 통지서를 관할 보훈(지)청으로 보내주시기 바랍니다.

우편번호 - / 주소 / 전화 ( ) - / 전송 ( ) -
담당부서명 과장 주무 담당자 (전자우편)

210mm×297mm(백상지 80g/㎡)

■ 국가유공자 등 예우 및 지원에 관한 법률 시행규칙 [별지 제19호서식] <개정 2025. 9. 19.> 정부24(www.gov.kr)에서도 신청할 수 있습니다.

제 호

대학수업료등 면제대상자 증명서

인적사항	성 명		생년월일	
	주 소			(전화번호 :)
관련사항	대상구분		국가유공자와의 관계	의
	보훈번호		학교소재지 관할 보훈(지)청	
제출처(학교명)			용도	(입학금, 수업료) 면제용
이미 면제받은 수혜 내역		입학금([ ]받음, [ ]안받음) 학기 수( ) 또는 학점( )		

위 사람은 「국가유공자 등 예우 및 지원에 관한 법률」 제25조에 따른 대학 수업료 등의 면제 대상자임을 증명합니다. 다만, 「국가유공자 등 예우 및 지원에 관한 법률」 제25조제5항 및 같은 법 시행령 제42조제3항에 따라 직전 학기 평균 성적이 만점의 70퍼센트 미만이거나 국가보훈부장관 또는 해당 대학 등의 장이 국가유공자의 가족 또는 유족으로서 품위를 손상하였다고 인정하는 경우에는 수업료 등을 면제하지 않습니다.

년 월 일

지 방 보 훈 청 장
보 훈 지 청 장 직인
제주특별자치도지사

이 증명서는 해당 학교 졸업 시까지 유효합니다.

※ 위 학생에게 퇴학ㆍ정학ㆍ휴학ㆍ복학 등 취학사항의 변동이 있을 때에는 그 사유가 발생한 날부터 10일 이내에 「국가유공자 등 예우 및 지원에 관한 법률 시행규칙」 별지 제23호서식에 따른 취학사항 변동 통지서를 관할 보훈(지)청으로 보내주시기 바랍니다.

우편번호 - / 주소 / 전화 ( ) - / 전송 ( ) -
담당부서명 과장 주무 담당자 (전자우편)

210mm×297mm(백상지 80g/㎡)

■ 국가유공자 등 예우 및 지원에 관한 법률 시행규칙 [별지 제20호서식] <개정 2025. 9. 19.>

대학수업료등 보조금 지급 신청서

※ 색상이 어두운 칸은 신청인이 적지 않습니다.

접수번호	접수일	처리기간	30일

신청인	학교명	대표자 성명
	소재지 (전화번호 :)	사업자등록번호

사업목적	국가유공자 자녀 등의 면학정신 함양
사업내용	국가유공자 자녀 등의 대학 수업료 등 면제

필요경비	필요경비 총액	신청금액	자기자본의 부담액
송금계좌	예금주	은행명	계좌번호

「국가유공자 등 예우 및 지원에 관한 법률」 제25조제3항, 같은 법 시행령 제42조제6항 및 같은 법 시행규칙 제18조제5호에 따라 위와 같이 보조금의 지급을 신청합니다.

년 월 일

신청인 (서명 또는 인)

지방보훈청장
보훈지청장 귀하
제주특별자치도지사

첨부서류	「국가유공자 등 예우 및 지원에 관한 법률 시행규칙」 별지 제21호서식의 국가유공자 자녀 등 성적통지서 1부	수수료 없 음

처리절차

신청서 작성	→	접 수	→	확인	→	지급결정	→	신청인에게 지급
신청인		처 리 기 관 [보훈(지)청]		처 리 기 관 [보훈(지)청]		처 리 기 관 [보훈(지)청]		

확 인

담당	주무	과장	(지)청장

210mm×297mm(백상지 80g/㎡ 또는 중질지 80g/㎡)

■ 국가유공자 등 예우 및 지원에 관한 법률 시행규칙 [별지 제21호서식] <개정 2025. 9. 19.>

국가유공자 자녀 등 성적통지서

교육기관명 :

보훈번호	성명	생년월일	학과	학년	평균성적	평가인정 학습과목 (과정명)	신청학점	수업료 등 금액			신청금액 (수업료 등 금액의 반액)	비고
								입학금	수업료	계		

※ 「국가유공자 등 예우 및 지원에 관한 법률」 제22조의2제3호 및 제4호에 해당하는 교육기관 중 학점을 기준으로 등록 신청하는 경우에는 평가인정 학습과목, 과정명(학사 또는 전문학사 과정 등)과 신청학점을 적습니다.

※ 국가유공자 자녀 등이 학기 개시일 이전 휴학한 경우에는 해당 국가유공자 자녀 등이 복학하는 시점에 수업료 등 면제 금액에 대하여 보조금을 신청하여 주시기 바랍니다.

210mm×297mm(백상지 80g/㎡ 또는 중질지 80g/㎡)

■ 국가유공자 등 예우 및 지원에 관한 법률 시행규칙 [별지 제22호서식] <개정 2025. 9. 19.>

수업료등 지급 신청서

※ 색상이 어두운 칸은 신청인이 적지 않습니다.

접수번호	접수일	처리기간	15일

신청인 인적사항	대상구분	보훈번호	성명
	국가유공자와의 관계	국가유공자 등록신청일	국가유공자 결정일
	주소		
			(전화번호:)

교육지원 대상자

국가유공자와의 관계	학생명	학교명	학과(학부)	학년	입학 연월일	다른 법령에 따른 감면·보조액

수업료 등 납부액	학생명	신청인 부담 납부기간	학년	학기	직전학기 성적	납부(신청)액
		년 월 ~ 년 월				
		년 월 ~ 년 월				
		년 월 ~ 년 월				
		년 월 ~ 년 월				
	합 계					

금융기관	입금 계좌번호	예금주

「국가유공자 등 예우 및 지원에 관한 법률」 제25조제4항, 같은 법 시행령 제42조의2제1항 및 같은 법 시행규칙 제18조제7호에 따라 수업료등의 지급을 신청합니다.

년 월 일

신청인 (서명 또는 인)

지방보훈청장
보훈지청장 귀하
제주특별자치도지사

신청인 제출서류	1. 수업료등 납부영수증 또는 수업료등의 납부 사실을 확인할 수 있는 서류 2. 성적증명서(대학생인 경우만 해당합니다)	수수료 없 음

처리절차

신청서 작성 (신청인) → 접수 (처리기관 [보훈(지)청]) → 확인 (처리기관 [보훈(지)청]) → 지급결정 (처리기관 [보훈(지)청]) → 신청인에게 지급

확 인

담당	주무	과장	(지)청장

■ 국가유공자 등 예우 및 지원에 관한 법률 시행규칙 [별지 제22호의2서식] <개정 2025. 9. 19.>

외국교육기관 수업료등 보조금 지급 신청서

※ 색상이 어두운 칸은 신청인이 적지 않습니다.

접수번호	접수일	처리기간	30일

신청인 인적사항	대상구분	보훈번호	성명
	생년월일	주소	
			(전화번호:)

교육지원 대상자

국가유공자와의 관계	학생명	학교명	학과(학부)	학년	입학 연월일	직전학기 성적	다른 법령에 따른 감면·보조액

금융기관	입금 계좌번호	예금주

「국가유공자 등 예우 및 지원에 관한 법률」 제25조의2, 같은 법 시행령 제42조의3 및 같은 법 시행규칙 제18조제8호에 따라 위와 같이 보조금의 지급을 신청합니다.

년 월 일

신청인 (서명 또는 인)

지방보훈청장
보훈지청장 귀하
제주특별자치도지사

신청인 제출서류	1. 수업료등 납부영수증 또는 수업료등의 납부 사실을 확인할 수 있는 서류 2. 성적증명서(대학생인 경우만 해당합니다)	수수료 없 음

처리절차

신청서 작성 (신청인) → 접수 (처리기관 [보훈(지)청]) → 확인 (처리기관 [보훈(지)청]) → 지급결정 (처리기관 [보훈(지)청]) → 신청인에게 지급

확 인

담당	주무	과장	(지)청장

■ 국가유공자 등 예우 및 지원에 관한 법률 시행규칙 [별지 제23호서식] <개정 2025. 9. 19.>

학교명

수 신

(경유)

제 목 **취학사항 변동 통지서**

「국가유공자 등 예우 및 지원에 관한 법률 시행령」 제44조 및 「국가유공자 등 예우 및 지원에 관한 법률 시행규칙」 제18조제9호에 따라 우리 학교에 재학 중인 아래 학생에 대한 취학 사항 변동 내용을 통보합니다.

인적사항	보훈번호	성 명	생년월일	학년・학과(반)
변동사항	변동 연월일	변동 내용		
		[ ]퇴학 [ ]정학 [ ]휴학 [ ]복학 [ ]사망 [ ]기타		
변동사유				

끝.

발 신 명 의 직인

기안자 직위(직급) 서명 검토자 직위(직급) 서명 결재권자 직위(직급) 서명

협조자

시행 처리과-일련번호(시행) 접수 처리과명-일련번호(접수)

우 주소 / 홈페이지 주소

전화번호 ( ) 팩스번호 ( ) / 기안자의 전자우편주소 / 공개구분

210mm×297mm(백상지 80g/㎡ 또는 중질지 80g/㎡)

■ 국가유공자 등 예우 및 지원에 관한 법률 시행규칙 [별지 제25호서식] <개정 2025. 9. 19.> 정부24(www.gov.kr)에서도 신청할 수 있습니다.

제 호

취업지원 대상자증명서

취업지원 대상자	보훈번호		국가유공자와의 관계	
	성명		생년월일 (성별)	( )
	주소		전화 번호	
용도		채용시험 가점	가점비율	%
제출처				

위 사람은 「국가유공자 등 예우 및 지원에 관한 법률」 제31조 및 같은 법 시행령 제49조에 따라 가점을 받을 수 있는 취업지원 대상자임을 증명합니다.

년 월 일

지방보훈청장
보 훈 지 청 장
제주특별자치도지사 직인

※ 유의사항

1. 취업지원 실시기관이 위 취업지원 대상자를 채용 또는 고용한 경우에는 「국가유공자 등 예우 및 지원에 관한 법률」 제37조제1호 및 같은 법 시행령 제61조의2에 따라 취업한 날부터 10일 이내에 그 취업 사실을 소재지 관할 지방보훈청장 또는 보훈지청장에게 통보해야 합니다.
2. 취업 사실을 통보하실 때는 국가보훈부 취업정보시스템(http://job.mpva.go.kr)에서 제공하는 「국가유공자 등 예우 및 지원에 관한 법률 시행규칙」 별지 제39호서식의 취업자 통보서를 이용하실 수 있습니다.

우 주소 전화 전송

담당부서명: 과장: 주무: 담당자: 전자우편주소:

210mm×297mm(백상지 80g/㎡)

■ 국가유공자 등 예우 및 지원에 관한 법률 시행규칙 [별지 제26호서식] <개정 2025. 9. 19.>

일반직공무원 및 일반군무원 특별채용 대상자 추천 신청서

※ 색상이 어두운 칸은 신청인이 적지 않으며, [ ]에는 해당하는 곳에 √ 표시를 합니다. (앞쪽)

접수번호	접수일	처리기간 즉시

구분				
신청인	보훈번호	성명	생년월일 (성별) ( )	
	관할 보훈(지)청		국가유공자 와의 관계	
	전화번호(또는 휴대전화번호)		전자우편주소	
	주소(우편번호:)			

최종 학력	학교 년	전공(부전공)	졸업성적
	[ ]졸업(예정) [ ]중퇴 [ ]휴학 [ ]수료 [ ]검정고시 [ ]독학사		/

직업훈련	훈련기관	훈련과목	훈련기간	병역사항	[ ]필 [ ]미필 [ ]면제
			~	복무기간	년 월

자격ㆍ면허	1	운전면허[ ]종, [ ]대형 [ ]보통	2	
	3		4	

외국어 능력	외국어명	수준	공인시험	등급ㆍ점수	취득일자
		[ ]상 [ ]중 [ ]하			
		[ ]상 [ ]중 [ ]하			

주요 경력	취업처	직위	담당직렬	재직기간	퇴직사유
				년 월	
				년 월	

취업 희망 조건	순위	희망직렬	희망근무지역	희망직무내용(구체적으로)
	1			
	2			

기타 희망 및 특기사항 (질병 등 건강상태)

「국가유공자 등 예우 및 지원에 관한 법률」 제31조의2, 같은 법 시행령 제49조의2제1호 및 같은 법 시행규칙 제18조제11호에 따라 위와 같이 신청서를 제출합니다.

년 월 일

신청인 (서명 또는 인)

지방보훈청장
보훈지청장 귀하
제주특별자치도지사

신청인 제출서류	이력서	수수료 없음

210mm×297mm(백상지 80g/㎡ 또는 중질지 80g/㎡)

(뒤쪽)

취업지원 대상여부 및 취업 추진사항 (*공무원이 기재하는 항목입니다)

대상여부	[ ]대상 [ ]비대상	취업인원	보훈특별고용(명), 특별채용(명), 가점(명)	취업횟수	회

취업 추진사항

연번	연월일	직렬 확보 및 상담안내ㆍ내용	담당자

처리절차

신청인		처리기관(담당부서) 보훈(지)청(취업담당부서)
신청서 작성	→	접수 및 대상여부 확인
		↓
		취업상담
		↓
		추천 요구직렬 안내
		↓
특별채용 시험 응시	←	채용 대상자 추천
↓		
취업		

확 인

담당	주무	과장	(지)청장

■ 국가유공자 등 예우 및 지원에 관한 법률 시행규칙 [별지 제27호서식] <개정 2025. 9. 19.>

취업희망 신청서

※ 색상이 어두운 칸은 신청인이 적지 않으며, [ ]에는 해당하는 곳에 √ 표시를 합니다. (앞쪽)

접수번호	접수일	처리기간	즉시

구분		
신청인	보훈번호	성명
	생년월일 (성별) ( )	관할 보훈(지)청
	국가유공자와의 관계	전자우편주소
	전화번호(또는 휴대전화번호)	
	주소(우편번호:)	

최종 학력	학교 년	전공(부전공)	졸업성적
	[ ]졸업(예정) [ ]중퇴 [ ]휴학 [ ]수료 [ ]검정고시 [ ]독학사		/

직업 훈련	훈련기관	훈련과목	훈련기간	병역사항	[ ]필 [ ]미필 [ ]면제
			~	복무기간	년 월

자격 면허			
	1	운전면허[ ]종, [ ]대형 [ ]보통	2
	3		4

외국어 능력	외국어명	수준	공인시험	등급·점수	취득일
		[ ]상 [ ]중 [ ]하			
		[ ]상 [ ]중 [ ]하			

주요 경력	취업처	직위	담당직종	재직기간	퇴직사유
				년 월	
				년 월	

취업 희망 조건	순위	희망직종	희망근무지역	희망직무내용(구체적으로)
	1			
	2			

기타 희망 및 특기사항 (질병 등 건강상태)

「국가유공자 등 예우 및 지원에 관한 법률」 제31조의2, 같은 법 시행령 제49조의2제2호 및 같은 법 시행규칙 제18조제12호에 따라 위와 같이 신청서를 제출합니다.

년 월 일

신청인 (서명 또는 인)

지방보훈청장
보훈지청장 귀하
제주특별자치도지사

신청인 제출서류	이력서	수수료 없음

210mm×297mm(백상지 80g/㎡ 또는 중질지 80g/㎡)

(뒤쪽)

취업지원 대상여부 및 취업 추진사항 (*공무원이 기재하는 항목입니다)

대상여부	[ ]대상 [ ]비대상	취업인원 보훈특별고용(명), 특별채용(명), 개점(명)	취업횟수 회

취업 추진사항

연번	연월일	직종 확보 및 상담 안내·내용	담당자

처리절차

신청인	처리기관(담당부서) 보훈(지)청(취업담당부서)
신청서 작성 →	접수 및 대상 여부 확인
	↓ 취업 상담
	↓ 취업 추진
취업 통지 ←	
↓ 취업	↓ 보훈특별고용(업체)

확 인

담당	주무	과장	(지)청장

■ 국가유공자 등 예우 및 지원에 관한 법률 시행규칙 [별지 제28호서식] <개정 2025. 9. 19.>

기관명

수 신

(경유)

제 목 **일반직공무원 및 일반군무원 특별채용대상자 추천서 송부**

「국가유공자 등 예우 및 지원에 관한 법률」 제32조제2항 및 같은 법 시행령 제51조제2항에 따라 일반직공무원 및 일반군무원 특별채용대상자 추천서를 아래와 같이 송부합니다.

제 호		일반직공무원 및 일반군무원 특별채용대상자 추천서		
특별채용 의무자	기관명			
	기관장명		전화번호	
	소재지			
취업지원 대상자	보훈번호		국가유공자와의 관계	
	성명		생년월일(성별)	( )
	주소		전화번호	
	학력		자격·면허	
	전공		직렬	
붙임: 「국가유공자 등 예우 및 지원에 관한 법률 시행규칙」 별지 제29호서식의 일반직공무원 및 일반군무원 특별채용 통보서 1부.				
※ 유의사항: 위 취업지원 대상자를 채용한 때에는 「국가유공자 등 예우 및 지원에 관한 법률 시행령」 제51조제4항 및 제61조의2에 따라 취업한 날부터 10일 이내에 붙임의 일반직공무원 및 일반군무원 특별채용 통보서를 관할 지방보훈청장 또는 보훈지청장에게 송부하여야 합니다.				

끝.

발 신 명 의 직인

기안자 직위(직급) 서명 검토자 직위(직급) 서명 결재권자 직위(직급) 서명

협조자

시행 처리과-일련번호(시행) 접수 처리과명-일련번호(접수)

우 주소 / 홈페이지 주소

전화번호 ( ) 팩스번호 ( ) / 기안자의 전자우편주소 / 공개구분

210mm×297mm(백상지 80g/㎡ 또는 중질지 80g/㎡)

■ 국가유공자 등 예우 및 지원에 관한 법률 시행규칙 [별지 제29호서식] <개정 2025. 9. 19.>

기관명

수 신

(경유)

제 목 **일반직공무원 및 일반군무원 특별채용 통보서 송부**

「국가유공자 등 예우 및 지원에 관한 법률」 제32조제2항 및 같은 법 시행령 제51조제4항에 따라 일반직공무원 및 일반군무원 특별채용 통보서를 아래와 같이 송부합니다.

일반직공무원 및 일반군무원 특별채용 통보서					
특별채용 의무자	기관명				
	기관장명		전화번호		
	소재지				
취업지원 대상자	보훈번호		국가유공자와의 관계		
	성명		생년월일(성별)	( )	
	주소			전화번호	
채용 결과	근무처		직급 등	채용일	
	월 임금		특별채용 대상자 추천번호	제 호	
※ 유의사항: 월 임금은 기본급, 상여금, 수당 등 모든 급여를 합산한 월 평균금액을 말합니다.					

끝.

발 신 명 의 직인

기안자 직위(직급) 서명 검토자 직위(직급) 서명 결재권자 직위(직급) 서명

협조자

시행 처리과-일련번호(시행) 접수 처리과명-일련번호(접수)

우 주소 / 홈페이지 주소

전화번호 ( ) 팩스번호 ( ) / 기안자의 전자우편주소 / 공개구분

210mm×297mm(백상지 80g/㎡ 또는 중질지 80g/㎡)

■ 국가유공자 등 예우 및 지원에 관한 법률 시행규칙 [별지 제30호서식] <개정 2025. 9. 19.>

행정기관명

수 신

(경유)

제 목 **일반직공무원 및 일반군무원 채용실태 통보서 제출**

「국가유공자 등 예우 및 지원에 관한 법률」 제33조 및 같은 법 시행령 제52조에 따라 일반직공무원 및 일반군무원 채용실태 통보서를 아래와 같이 제출합니다.

※지(방)청	※기관번호	일반직공무원 및 일반군무원 채용실태 통보서	※기관구분

기 본 사 항					
	※기관코드		기관명		대표자
	주 소				우편번호
	전화번호		팩스번호		

취업지원 대상자 채용현황										
㉮ 특별채용 대상 정원	계	방호	운전	간호조무	위생	조리	우정	시설관리	기타	
㉯ 채용의무비율	㉰ 법정인원 (㉮×㉯)	㉱ 취업지원대상자 채용인원	미채용인원 (㉰－㉱)	채 용 률 (㉱÷㉰)						
				%						

일반직 공무원등 채용계획	인 원	직 렬	채용예정월	근무지역	자격 및 특기사항

채용한 취업지원 대상자 명단	성명	생년월일	직렬	채용일	월임금 (만원)	보훈번호	※국가유공자와의 관계

1. 월임금은 기본급, 상여금, 수당 등 일체의 급여를 합산한 월평균 금액입니다.
2. 명단 기재란 부족 시 별지를 사용하고, ※란은 기재를 생략합니다.

끝.

발 신 명 의 직인

기안자 직위(직급) 서명 검토자 직위(직급) 서명 결재권자 직위(직급) 서명
협조자
시행 처리과-일련번호(시행일) 접수 처리과명-일련번호(접수일)
우 주소 / 홈페이지 주소
전화번호 ( ) 팩스번호 ( ) / 기안자의 전자우편주소 / 공개구분

210mm×297mm(백상지 80g/㎡ 또는 중질지 80g/㎡)

■ 국가유공자 등 예우 및 지원에 관한 법률 시행규칙 [별지 제31호서식] <개정 20 8. 12. 13.>

업체(사립학교)명

수 신

(경유)

제 목 **업체(사립학교)등 신고서 제출**

「국가유공자 등 예우 및 지원에 관한 법률」 제33조의3제2항 및 같은 법 시행령 제54조제1항에 따라 업체(사립학교)등 신고서를 아래와 같이 제출합니다.

※지(방)청	※일련번호	업체(사립학교)등 신고서	※업체구분

(1) 기본사항						
업종구분	그룹명	계열사명	업체명 (학교명)		[ ]본사 [ ]지사	
			대표자		설립일	년 월 일
주소			우편번호		전화번호	사무실 / 팩 스
사업자등록번호	자본금	상장회사여부	주 생산 또는 영업품목			

(2) 직원구성	㉮ 합계	①사무 (일반)	②기술 (기능)	③ 생산	④ 경비	⑤ 노무	⑥ 영업	⑦ 서비스	⑧ 기타	㉯고용 비율	㉰법정인원 (㉮×㉯)
기업체 (사립학교)										%	

(3) 군복무경력 호봉인정		1. 병 2. 부사관 3. 준사관 4. 장교 5. 전부인정 0. 불인정		1. 100%인정 2. 30%이상 3. 30%미만 4. 불인정(사유 :)

(4) 취업지원대상자 고용계획	※접수번호	※접수일	※마감일	※입력일

직종	인원	월임금 (만원)	근무 지역	고용예정 연월	학력	전공	자격 면허	병역	경력	근무 시간

1. 월임금은 기본급, 상여금, 수당 등 일체의 급여를 합산한 월평균 금액(상여금 %)입니다.
2. ※란은 기재를 생략합니다.

끝.

발 신 명 의 직인

기안자 직위(직급) 서명 검토자 직위(직급) 서명 결재권자 직위(직급) 서명
협조자
시행 처리과-일련번호(시행일) 접수 처리과명-일련번호(접수일)
우 주소 / 홈페이지 주소
전화번호 ( ) 팩스번호 ( ) / 기안자의 전자우편주소 / 비공개(7)

210mm×297mm(백상지 80g/㎡ 또는 중질지 80g/㎡)

■ 국가유공자 등 예우 및 지원에 관한 법률 시행규칙 [별지 제32호서식] <개정 2025. 9. 19.>

업체(사립학교)명

수 신

(경유)

제 목 **업체(사립학교)등 실태조사서 제출**

「국가유공자 등 예우 및 지원에 관한 법률」 제33조의3제2항, 같은 법 시행령 제54조제2항 및 「제대군인지원에 관한 법률」 제14조제2항에 따라 업체(사립학교)등 실태조사서를 아래와 같이 제출합니다.

※ [ ]에는 해당되는 곳에 √표를 합니다. (앞쪽)

※ 관할 보훈(지)청	※ 일련번호	업체(사립학교)등 실태조사서	※ 업체 구분

(1) 기본사항	업종 구분	그룹명	계열사명	업체명 (학교명)	[ ]본사 [ ]지사
			대표자	설립일	년 월 일
	주소		우편번호	전화번호	
				팩스번호	
	사업자등록번호	자본금	상장회사 여부	주 생산 또는 영업 품목	

		산정인원			산정 제외 인원 (원천징수인원 중 ㉠~㉢ 외 인원)		
(2) 직원구성 / 고용형태별	㉮ 합계 (㉠~㉢)	㉠ 정규직	㉡ 무기계약직	㉢ 기간제(1년 이상 계약직)	1년 미만 계약직	기타 인원	기타인원 세부내역

	㉮ 합계 (①~⑧)	① 사무	② 기술	③ 생산	④ 경비	⑤ 노무	⑥ 영업	⑦ 서비스	⑧ 기타	㉯고용 비율	㉰법정인원 (㉮×㉯)
(2) 직원구성 / 직종별										%	

	㉱ 합계 (①~⑧)	① 사무	② 기술	③ 생산	④ 경비	⑤ 노무	⑥ 영업	⑦ 서비스	⑧ 기타	미고용 인원 (㉰-㉱)	고용률 (㉱÷㉰)
(3) 취업지원 대상자 고용											

(4) 군복무경력 호봉 인정		1. 병 2. 부사관 3. 준사관 4. 장교 5. 전부인정 0. 불인정		1. 100%인정 2. 30%이상 3. 30%미만 4. 불인정(사유:)

(뒤쪽)

(5) 장기복무 제대군인 방위산업체 고용 현황

구분		합계 (①~⑧)	① 사무	② 기술	③ 생산	④ 경비	⑤ 노무	⑥ 영업	⑦ 서비스	⑧ 기타
직종별 장기복무 제대군인 고용 현황										
방위산업 분야	직종별 직원 구성	합계 (①~⑧)	① 사무	② 기술	③ 생산	④ 경비	⑤ 노무	⑥ 영업	⑦ 서비스	⑧ 기타
	특수직종별 장기복무 제대군인 고용 현황	합계 (①~⑭)	① 운전 및 운송	② 기계	③ 전기·전자	④ 정보통신	⑤ 화학	⑥ 섬유 및 의복	⑦ 탄약	⑧ 광학
			⑨ 항공기 제조 및 정비	⑩ 궤도차량 제조 및 정비	⑪ 총기류 제조 및 정비	⑫ 화포 제조 및 정비	⑬ 군용함정 제조 및 정비	⑭ 유도무기 제조 및 정비		

(6) 채용된 취업지원 대상자 명단

번호	보훈 번호	국가유공자와의 관계	성명	생년 월일	채용 일자	취업 방법	직종	고용 형태	월임금 (천원)	비고
1										
2										
3										

※ 작성방법

1. '(5) 장기복무 제대군인 방위산업체 고용 현황' 관련
   가. 업체등이 「방위사업법」 제3조제9호에 따른 방위산업체에 해당하는 경우만 적습니다.
   나. '직종별 장기복무 제대군인 고용 현황'란에는 방위산업체에 고용된 장기복무 제대군인의 수를 직종별로 적습니다.
   다. '직종별 직원 구성'란에는 방위산업체에 근무하는 직원 중 방위산업(「방위산업 발전 및 지원에 관한 법률」 제2조제2호에 따른 방위산업을 말하며, 이하 라목에서 같습니다) 분야에 근무하는 직원의 수를 직종별로 적습니다.
   라. '특수직종별 장기복무 제대군인 고용 현황'란에는 방위산업체에 근무하는 「제대군인지원에 관한 법률」 제2조제1항제2호에 따른 장기복무 제대군인 중 방위산업 분야에 고용된 장기복무 제대군인의 수를 같은 법 시행령 제18조제2호에 따라 국가보훈부장관이 지정하는 직종별로 적습니다.
2. '(6) 채용된 취업지원 대상자 명단' 관련
   가. '월임금'은 1월부터 실태조사서 제출하는 날이 속하는 달의 직전 달까지의 기본급, 상여금, 수당 등 일체의 급여를 합산한 월평균 금액을 말합니다.
   나. '고용형태'란에는 정규직·무기계약직·기간제로 구분하여 적습니다.
   다. 채용된 취업지원 대상자 명단 작성란이 부족한 경우 별지에 적습니다.

※ 관할 지방보훈청장 또는 보훈지청장 검토 및 처리결과(업체등이 적지 않습니다)

끝.

발 신 명 의 [직인]

기안자 직위(직급) 서명 검토자 직위(직급) 서명 결재권자 직위(직급) 서명

협조자

시행 처리과명-연도별 일련번호(시행일자) 접수 처리과명-연도별 일련번호(접수일자)

우 도로명 주소 / 홈페이지 주소

전화번호( ) 팩스번호( ) / 담당자의 전자우편주소 / 공개 구분

■ 국가유공자 등 예우 및 지원에 관한 법률 시행규칙 [별지 제33호서식] <개정 2025. 9. 19.>

기관명

수 신

(경유)

제 목 **보훈특별고용 대상자 추천서 송부**

「국가유공자 등 예우 및 지원에 관한 법률」 제34조제1항 및 같은 법 시행령 제55조제1항에 따라 보훈특별고용 대상자 추천서를 송부하오니 1개월 이내에 귀 업체등이 고용할 사람을 선택하여 관할 지방보훈청장 또는 보훈지청장에게 통보하여 주시기 바랍니다.

보훈특별고용 대상자 추천서				
고용 의무자	업체등명		추천대상자 중 고용해야 할 인원	
	대표자명		전화번호	
	소 재 지			
추천 대상자 명단	보훈번호		국가유공자와의 관계	
	성명		생년월일 (성별)	( )
	주소	(전화번호:)		
	학력		자격 • 면허	
	전공		고용직종	

붙임: 1. 추천대상자 명단 1부.
2. 「국가유공자 등 예우 및 지원에 관한 법률 시행규칙」 별지 제34호서식의 취업지원 대상자 선정결과 통보서 1부.

※ 유의사항

1. 채용시험 실시 등 부득이한 사유로 1개월 이내에 고용할 사람을 선택하여 통보하기 어려운 경우에는 「국가유공자 등 예우 및 지원에 관한 법률 시행령」 제55조제2항 단서에 따라 관할 지방보훈청장 또는 보훈지청장과 협의하여 2개월의 범위에서 그 기간을 연장할 수 있습니다.
2. 업체등이 「국가유공자 등 예우 및 지원에 관한 법률 시행령」 제55조제4항 각 호에서 정하는 정당한 사유 없이 고용할 사람을 선택하여 통보하지 않은 경우(고용할 것을 명할 인원보다 적은 취업지원 대상자를 선택하여 통보한 경우를 포함합니다)에는 「국가유공자 등 예우 및 지원에 관한 법률」 제34조제3항제2호에 따라 추천대상자 중 관할 지방보훈청장 또는 보훈지청장이 선택한 사람을 고용할 것을 명할 수 있습니다.
3. 붙임 2의 취업지원 대상자 선정결과 통보서 서식은 국가보훈부 취업정보시스템(http://job.mpva.go.kr)에서 제공하고 있습니다.
4. 고용할 사람을 선택하지 않거나 선택한 인원이 고용해야 할 인원보다 적은 경우에는 그 사유서 1부를 첨부하여 제출해야 합니다.

끝.

발 신 명 의 직인

기안자 직위(직급) 서명 검토자 직위(직급) 서명 결재권자 직위(직급) 서명
협조자
시행 처리과-일련번호(시행) 접수 처리과명-일련번호(접수)
우 주소 / 홈페이지 주소
전화번호 ( ) 팩스번호 ( ) / 기안자의 전자우편주소 / 공개구분

210mm×297mm(백상지 80g/㎡ 또는 중질지 80g/㎡)

■ 국가유공자 등 예우 및 지원에 관한 법률 시행규칙 [별지 제33호붙임서식]

추천대상자 명단

보훈번호	국가유공자와의 관계	성명	생년월일 (성별)	주소	전화번호	학력	자격·면허	전공	고용직종

297mm×210mm(백상지 80g/㎡)

■ 국가유공자 등 예우 및 지원에 관한 법률 시행규칙 [별지 제34호서식] <개정 2025. 9. 19.>

기관명

수 신

(경유)

제 목 **취업지원 대상자 선정결과 통보서 송부**

「국가유공자 등 예우 및 지원에 관한 법률」 제34조제2항 및 같은 법 시행령 제55조제2항에 따른 취업지원 대상자 선정결과 통보서를 아래와 같이 송부합니다.

취업지원 대상자 선정결과 통보서					
취업지원 실시기관	업체등명				
	대표자명			전화번호	
	소재지				
선정 대상자 (합격자)	보훈번호	국가유공자와의 관계	성명	생년월일	비고
	계				

끝(고용할 사람을 선택하지 않거나 선택한 인원이 고용해야 할 인원보다 적은 경우에는 그 사유서 1부를 첨부하여 제출해야 합니다).

발 신 명 의 [직인]

기안자 (직위/직급) 서명 검토자 (직위/직급) 서명 결재권자 (직위/직급) 서명
협조자
시행 처리과명-연도별 일련번호(시행일자) 접수 처리과명-연도별 일련번호(접수일자)
우 도로명 주소 / 홈페이지 주소
전화번호( ) 팩스번호( ) / 기안자의 전자우편주소 / 공개 구분

210mm×297mm(백상지 80g/㎡ 또는 중질지 80g/㎡)

■ 국가유공자 등 예우 및 지원에 관한 법률 시행규칙 [별지 제35호서식] <개정 2025. 9. 19.>

기관명

수 신

(경유)

제 목 **보호특별고용통지서 송부**

「국가유공자 등 예우 및 지원에 관한 법률」 제34조제3항 및 같은 법 시행령 제55조제3항에 따른 보훈특별고용통지서를 아래와 같이 송부합니다.

제 호		보훈특별고용통지서		
고용 의무자	업체등명			
	대표자명		전화번호	
	소 재 지			
취업지원 대상자	보훈번호		국가유공자와의 관계	
	성명		생년월일 (성별)	( )
	주소			전화번호
	학력		전공	
	자격·면허		고용직종	
붙임: 「국가유공자 등 예우 및 지원에 관한 법률 시행규칙」 별지 제39호서식의 취업자 통보서 1부.				

※ 유의사항

1. 「국가유공자 등 예우 및 지원에 관한 법률 시행령」 제55조제5항에 따라 위 취업지원 대상자를 30일 이내에 고용하여야 하며, 「국가유공자 등 예우 및 지원에 관한 법률」 제37조제1호 및 같은 법 시행령 제61조의2에 따라 취업한 날부터 10일 이내에 이 보훈특별고용통지서를 발급한 지방보훈청장 또는 보훈지청장에게 붙임의 취업자 통보서[서식은 국가보훈부 취업정보시스템(http://job.mpva.go.kr)에서 제공]를 송부해야 합니다.
2. 정당한 사유 없이 위 기간 내에 고용하지 아니한 경우에는 「국가유공자 등 예우 및 지원에 관한 법률」 제86조제1항에 따라 1천만원 이하의 과태료를 부과하게 됩니다.

끝.

발 신 명 의 [직인]

기안자 직위(직급) 서명 검토자 직위(직급) 서명 결재권자 직위(직급) 서명
협조자
시행 처리과-일련번호(시행) 접수 처리과명-일련번호(접수)
우 주소 / 홈페이지 주소
전화번호 ( ) 팩스번호 ( ) / 기안자의 전자우편주소 / 공개구분

210mm×297mm(백상지 80g/㎡ 또는 중질지 80g/㎡)

■ 국가유공자 등 예우 및 지원에 관한 법률 시행규칙 [별지 제36호서식] <개정 2025. 9. 19.>

기관명

수 신

(경유)

제 목 **취업통지서 송부**

「국가유공자 등 예우 및 지원에 관한 법률」 제34조제4항 및 같은 법 시행령 제55조제6항에 따라 취업통지서를 아래와 같이 송부합니다.

제 호		**취업통지서**		
고용 의무자	업체등명			
	대표자명		전화번호	
	소 재 지			
	고용예정직종		고용통지일	
취업지원 대상자	보훈번호		국가유공자와의 관계	
	성명		생년월일(성별)	( )
※ 유의사항: 이 취업통지서를 받고 정당한 사유 없이 취업하지 않거나 6개월 미만을 근무하고 퇴직한 경우에는 「국가유공자 등 예우 및 지원에 관한 법률」 제34조의2제2항제1호ㆍ제2호 및 같은 법 시행령 제58조제1항제1호ㆍ제2호에 따라 취업하지 않겠다는 의사를 표시한 날 또는 퇴직한 날부터 6개월간 일반직공무원 및 일반군무원 특별채용 또는 보훈특별고용 절차에 따른 취업지원을 제한받을 수 있습니다.				

끝.

발 신 명 의 [직인]

기안자 직위(직급) 서명 검토자 직위(직급) 서명 결재권자 직위(직급) 서명

협조자

시행 처리과-일련번호(시행) 접수 처리과명-일련번호(접수)

우 주소 / 홈페이지 주소

전화번호 ( ) 팩스번호 ( ) / 기안자의 전자우편주소 / 공개구분

210mm×297mm(백상지 80g/㎡ 또는 중질지 80g/㎡)

■ 국가유공자 등 예우 및 지원에 관한 법률 시행규칙 [별지 제37호서식] <개정 2012.6.29>

기관명

수 신

(경유)

제 목 **차별대우 시정요구서 송부**

「국가유공자 등 예우 및 지원에 관한 법률」 제36조제2항에 따라 아래의 취업지원 대상자에 대한 차별대우를 시정할 것을 요구합니다.

차별대우 시정요구서								
취업지원 대상자	보훈번호				국가유공자와의 관계			
	성명				생년월일(성별)		( )	
	주소							
	근무부서		직종		직급 등		채용일 또는 고용일	
시정요구 사항								
붙임 : 차별대우 시정조치 결과 통보서(서식) 1부								
※ 유의사항 : 이 시정요구의 처리기한은 30일 이내이며, 이에 따르지 아니할 경우에는 「국가유공자 등 예우 및 지원에 관한 법률」 제86조제2항에 따라 300만원 이하의 과태료를 부과하게 됨을 알려드립니다.								

끝.

발 신 명 의 [직인]

기안자 직위(직급) 서명 검토자 직위(직급) 서명 결재권자 직위(직급) 서명

협조자

시행 처리과-일련번호(시행) . 접수 처리과명-일련번호(접수)

우 주소 / 홈페이지 주소

전화번호 ( ) 팩스번호 ( ) / 기안자의 전자우편주소 / 공개구분

210mm×297mm(백상지 80g/㎡ 또는 중질지 80g/㎡)

■ 국가유공자 등 예우 및 지원에 관한 법률 시행규칙 [별지 제38호서식] <개정 2012.6.29>

기관명

수 신

(경유)

제 목 **차별대우 시정조치 결과 통보서 송부**

「국가유공자 등 예우 및 지원에 관한 법률」 제36조제3항 및 같은 법 시행령 제61조에 따라 차별대우 시정조치 결과 통보서를 아래와 같이 송부합니다.

차별대우 시정조치 결과 통보서								
취업지원 대상자	보훈번호				국가유공자와의 관계			
	성명				생년월일(성별)		( )	
	주소							
	근무부서		직종		직급 등		월 평균 급여액	
시정요구 사항								
시정조치 내용								

끝.

발 신 명 의 [직인]

기안자 직위(직급) 서명 검토자 직위(직급) 서명 결재권자 직위(직급) 서명

협조자

시행 처리과-일련번호(시행) 접수 처리과명-일련번호(접수)

우 주소 / 홈페이지 주소

전화번호 ( ) 팩스번호 ( ) / 기안자의 전자우편주소 / 공개구분

210mm×297mm(백상지 80g/㎡ 또는 중질지 80g/㎡)

■ 국가유공자 등 예우 및 지원에 관한 법률 시행규칙 [별지 제39호서식] <개정 2025. 9. 19.>

기관명

수 신

(경유)

제 목 **취업자 통보서 송부**

「국가유공자 등 예우 및 지원에 관한 법률」 제37조제1호 및 같은 법 시행령 제61조의2에 따라 취업자 통보서를 아래와 같이 송부합니다.

취업자 통보서						
고용 의무자	업체등명					
	대표자명		전화번호			
	소재지					
취업지원 대상자	보훈번호		국가유공자와의 관계			
	성명		생년월일(성별)	( )	학력	
	주소			전화번호		
고용 결과	근무부서		직급 등		직종	
	고용일		월임금		보훈특별고용 통지서 번호	제 호
	고용형태	[ ] 정규직		[ ] (무기)계약직		
		[ ] 기간제(년 월 일 ~ 년 월 일)		[ ] 정규직전환(전환예정일자) [ ] 무기계약직전환(전환예정일자) [ ] 전환없음		
고용방법		[ ] 보훈특별고용		[ ] 채용시험 가점		

※ 유의사항

1. 월임금: 기본급, 상여금, 수당 등 일체의 급여를 합산한 월평균 금액입니다.
2. 위 취업지원 대상자를 채용 또는 고용한 경우에는 「국가유공자 등 예우 및 지원에 관한 법률」 제37조제1호 및 같은 법 시행령 제61조의2에 따라 취업한 날부터 10일 이내에 이 취업자 통보서를 소재지 관할 지방보훈청장 또는 보훈지청장에게 송부하여 주시기 바랍니다.
3. 취업자 통보서 서식은 국가보훈부 취업정보시스템(http://job.mpva.go.kr)에서 다운받아 사용하실 수 있습니다.

끝.

발 신 명 의 [직인]

기안자 직위(직급) 서명 검토자 직위(직급) 서명 결재권자 직위(직급) 서명

협조자

시행 처리과-일련번호(시행) 접수 처리과명-일련번호(접수)

우 주소 / 홈페이지 주소

전화번호 ( ) 팩스번호 ( ) / 기안자의 전자우편주소 / 공개구분

210mm×297mm(백상지 80g/㎡ 또는 중질지 80g/㎡)

■ 국가유공자 등 예우 및 지원에 관한 법률 시행규칙 [별지 제40호서식] <개정 2024. 8. 14.>

기관명

수 신

(경유)

제 목 **퇴직(해임·해고)자 통보서 송부**

「국가유공자 등 예우 및 지원에 관한 법률」 제37조제2호 및 같은 법 시행령 제61조의2에 따라 퇴직(해임·해고)자 통보서를 아래와 같이 송부합니다.

퇴직(해임·해고)자 통보서					
채용·고용 의무자	기 관 명				
	대표자명		전화번호		
	소 재 지				
취업 지원 대상자	보훈번호		국가유공자와의 관계		
	성명		생년월일(성별)	( )	
	주소		전화번호		
채용일 또는 고용일			퇴직(해임·해고)일		
근무부서		직종		직급 등	
월 평균급여액			근무기간	년 월 일	

퇴직 사유 또는 해임·해고 사유							
제적·사망	[ ]	인수·합병	[ ]	자영	[ ]	근무조건 불만	[ ]
건강이상	[ ]	고용조정(정리해고)	[ ]	퇴직금수령	[ ]	무단결근	[ ]
정년퇴직	[ ]	임금체불(3개월이상)	[ ]	능력개발·교육	[ ]	근무태만(불성실)	[ ]
의원면직	[ ]	용역전환	[ ]	가구원간병	[ ]	부정행위	[ ]
명예퇴직	[ ]	거주이전	[ ]	저임금	[ ]	범죄행위	[ ]
기간만료	[ ]	회사이전	[ ]	능력부족	[ ]	그 밖의 사유	
휴업·폐업	[ ]	전직	[ ]	적성부적합	[ ]	[ ]	

※ 유의사항 : 퇴직 사유가 복합되는 경우에는 주된 한 가지 사유에 √ 표시를 하되, 퇴직한 날부터 10일 이내에 관할 지방보훈청장 또는 보훈지청장에게 송부하여 주시기 바랍니다.

끝.

발 신 명 의 [직인]

기안자 직위(직급) 서명 검토자 직위(직급) 서명 결재권자 직위(직급) 서명

협조자

시행 처리과-일련번호(시행) 접수 처리과명-일련번호(접수)

우 주소 / 홈페이지 주소

전화번호 ( ) 팩스번호 ( ) / 기안자의 전자우편주소 / 공개구분

210mm×297mm(백상지 80g/㎡ 또는 중질지 80g/㎡)

■ 국가유공자 등 예우 및 지원에 관한 법률 시행규칙 [별지 제41호서식] <개정 2012.6.29>

기관명

수 신

(경유)

제 목 **우선직업능력개발훈련 대상자 추천서 송부**

「국가유공자 등 예우 및 지원에 관한 법률」 제38조제2항 및 같은 법 시행령 제61조의3제2항에 따라 우선직업능력개발훈련 대상자를 아래와 같이 추천합니다.

우선직업능력개발훈련 대상자 추천서					
우선직업 능력개발 훈련 대상자	보훈번호			국가유공자와의 관계	
	성명			생년월일(성별)	( )
	주소	(전화번호:)			
	희망 과목	제1희망		제2희망	
추천의견					

끝.

발 신 명 의 [직인]

기안자 직위(직급) 서명 검토자 직위(직급) 서명 결재권자 직위(직급) 서명

협조자

시행 처리과-일련번호(시행) 접수 처리과명-일련번호(접수)

우 주소 / 홈페이지 주소

전화번호 ( ) 팩스번호 ( ) / 기안자의 전자우편주소 / 공개구분

210mm×297mm(백상지 80g/㎡ 또는 중질지 80g/㎡)

■ 국가유공자 등 예우 및 지원에 관한 법률 시행규칙 [별지 제41호의2서식] <개정 2023. 6. 5.>

심리재활서비스 지원 신청서

※ 색상이 어두운 란은 신청인이 적지 않으며, [ ]에는 해당되는 곳에 √ 표를 합니다.

접수번호	접수일시	처리기간 즉시

신청인	대상구분	보훈번호	성명
	국가유공자와의 관계	생년월일	전화번호
	주소 (전자우편주소:)		
심리 상태	[ ] 우울 [ ] 불안 [ ] 수면 [ ] 분노 [ ] 트라우마 [ ] 자살 [ ] 기타		
신청 내용	[ ] 심리상담 [ ] 심리검사 [ ] 정신건강증진 교육 [ ] 기타( )		
신청 사유			

「국가유공자 등 예우 및 지원에 관한 법률」 제44조의2, 같은 법 시행령 제67조의2 및 같은 법 시행규칙 제11조의4에 따라 위와 같이 심리재활서비스 지원을 신청합니다.

년 월 일

신청인 (서명 또는 인)

국가보훈부장관 귀하

첨부서류	없음	수수료 없음

작성방법

1. '심리 상태란' 에는 현재 신청인의 심리 상태에 해당하는 사항을 선택합니다(중복으로 선택할 수 있습니다).
2. '신청 내용란' 에는 지원받기를 희망하는 심리재활서비스의 내용을 선택합니다(중복으로 선택할 수 있습니다).
3. '신청 사유란' 에는 신청 배경, 상담 의뢰 내용 등을 구체적으로 적습니다.

처리절차

이 신청서는 아래와 같이 처리됩니다.

신청서 작성	➔	신청서 접수	➔	지원 대상 확인	➔	심리재활서비스 지원
신청인		국가보훈부		국가보훈부		국가보훈부

210mm×297mm[백상지(80g/㎡) 또는 중질지(80g/㎡)]

■ 국가유공자 등 예우 및 지원에 관한 법률 시행규칙 [별지 제42호서식] <개정 2012.6.29>

지급 보증서

신청인	대상구분	보훈번호
	성명	생년월일(성별) ( )
	주소	전화번호
지급보증 내역	지급보증기간 부터 까지	
	지급보증금액	
	대부종류	
대부재산 표시	소재지(지목, 면적)	
매도자 인적사항	성명	생년월일
	계좌번호	
지급보증 내용	귀하가 「국가유공자 등 예우 및 지원에 관한 법률」에 따라 대부금 지급신청 후 소유권 이전과 근저당권설정등기 등 대부절차를 완료하고 채권서류를 제출하면 지급보증기간 내에 대부금을 지급할 것임을 보증합니다. 이 경우 대부재산의 매도인이 이 증서를 가지고 채무자와 함께 우리 보훈(지)청에 나오시면 위 금액을 직접 매도인에게 지급할 수 있습니다.	

「국가유공자 등 예우 및 지원에 관한 법률」 제56조제1항에 따라 지급보증서를 발급합니다.

년 월 일

지방보훈청장
보훈지청장 직인

기안자 직위(직급) 서명 검토자 직위(직급) 서명 결재권자 직위(직급) 서명

협조자

시행 처리과-일련번호(시행) 접수 처리과명-일련번호(접수)

우 주소 / 홈페이지 주소

전화번호 ( ) 팩스번호 ( ) / 기안자의 전자우편주소 / 공개구분

210mm×297mm(백상지 80g/㎡ 또는 중질지 80g/㎡)

■ 국가유공자 등 예우 및 지원에 관한 법률 시행규칙 [별지 제43호서식] <개정 2025. 4. 18.>

대부 신청서

※ [ ]에는 해당하는 곳에 √ 표시를 하며, 색상이 어두운 칸은 신청인이 작성하지 않습니다.

접수번호	접수일	처리기간	25일

신청인	대상구분	보훈번호	
	성명	생년월일	
	주소	전화번호	
대부 신청	대부종류	[ ] 주택구입 [ ] 주택신축 [ ] 주택임차 [ ] 주택개량 [ ] 농토구입 [ ] 사업 [ ] 생활안정 [ ] 대지구입	
	희망금액 만원	담보	[ ] 부동산 [ ] 보훈급여금 [ ] 신용 [ ] 기타
주거상황	거주실태	[ ] 자가 [ ] 전세 [ ] 월세 [ ] 기타	
	무주택기간	년 월 (세대원 명)	

「국가유공자 등 예우 및 지원에 관한 법률」 제52조제1항, 같은 법 시행령 제69조제1항 및 같은 법 시행규칙 제11조의5에 따라 위와 같이 대부를 신청합니다.

년 월 일

신청인 (서명 또는 인)

지방보훈청장
보훈지청장 귀하
제주특별자치도지사

구분	서류	수수료
신청인 제출서류	무주택증명서류(주택대부를 신청하는 경우만 해당합니다) 1부	수수료 없음
본인정보 제공 요구 서류	[ ] 가족관계증명서에 대한 상세증명서(이미 보관 중인 자료를 통하여 가족관계를 확인할 수 없는 경우만 해당합니다) ※ 「민원 처리에 관한 법률」에 따라 본인정보 제공 요구를 통하여 이 사무를 처리하기를 동의하는 경우 √ 표시를 해주시기 바랍니다.	

본인정보 제공 요구서

「민원 처리에 관한 법률」 제10조의2에 따라 공동이용을 위한 본인정보를 위와 같이 신청합니다.

신청인 성명 (서명 또는 인)
생년월일

법원행정처장 귀하

본인정보 제공 요구 동의서

본인은 이 건 업무처리와 관련하여 「민원 처리에 관한 법률」 제10조의2에 따른 본인정보 제공 요구를 통하여 민원처리기관의 담당자가 전자적으로 본인에 관한 행정정보를 확인하는 것에 동의합니다(정보요구 대상기관: 법원행정처).
※ 동의하지 않는 경우에는 신청인이 직접 해당 서류를 제출해야 합니다.

년 월 일

신청인 (서명 또는 인)

처리절차

이 신청서는 아래와 같이 처리됩니다.

신청서 작성	→	접수	→	검토	→	대부 여부 결정	→	대부계약
신청인		관할 보훈(지)청 제주특별자치도		관할 보훈(지)청 제주특별자치도		관할 보훈(지)청 제주특별자치도		관할 보훈(지)청 제주특별자치도 신청인

확인

담당	주무	과장	(지)청장

210mm×297mm[백상지(80g/㎡) 또는 중질지(80g/㎡)]

■ 국가유공자 등 예우 및 지원에 관한 법률 시행규칙 [별지 제44호서식] <개정 2023. 9. 5.>

대부금 지급 신청서

※ [ ]에는 해당되는 곳에 √ 표시를 하시기 바라며, 색상이 어두운 칸은 신고인이 작성하지 않습니다. (앞쪽)

접수번호	접수일	처리기간	30일

신청인	대상구분	보훈번호
	성명	생년월일(성별) ( )
	주소	전화번호
신청 종류	대부종류	대부금
	대부금 사용목적	본인부담금
	담보 [ ] 부동산 [ ] 보훈급여금 [ ] 신용 [ ] 기타	
부동산 담보내역	소재지(지목, 면적)	현재 시가
연대 보증인	성명	전화번호
	보증구분 [ ] 재산 [ ] 소득 [ ] 직업 [ ] 기타	보증내역 (직장명)

「국가유공자 등 예우 및 지원에 관한 법률」 제52조·제56조, 같은 법 시행령 제69조제3항 및 같은 법 시행규칙 제12조제1항에 따라 위와 같이 대부금 지급을 신청합니다.

년 월 일

신청인 (서명 또는 인)

지방보훈청장
보훈지청장 귀하
제주특별자치도지사

구분	서류	수수료
신청인 제출서류	1. 농토구입대부: 매매계약서 사본 1부 2. 주택구입대부: 매매계약서 사본 1부 3. 주택신축대부: 건축신고필증 사본 1부 4. 대지구입대부: 매매계약서 사본 1부 5. 주택개량대부: 대수선허가서 또는 건축신고필증 사본 1부 6. 주택임차대부: 임대차계약서 사본 1부 7. 사업대부: 사업계획서, 사업운영을 증명할 수 있는 서류(사업자등록증을 통하여 확인할 수 없는 경우로서 해당 서류를 제출할 수 있는 경우만 해당합니다) 및 담보물의 종류에 따라 국가보훈부장관이 정하는 구비서류 각 1부	수수료 없음
담당 공무원 확인사항	1. 농토구입대부: 토지등기사항증명서 및 지적도 2. 주택구입대부 또는 주택신축대부: 토지등기사항증명서, 건물등기사항증명서, 건축물대장(주택구입대부의 경우만 해당합니다), 건축허가서(주택신축대부의 경우만 해당합니다) 및 토지이용계획확인서(공동주택의 경우는 제외합니다) 3. 대지구입대부: 토지등기사항증명서 및 토지이용계획확인서 4. 주택개량대부: 건물등기사항증명서 또는 건축물대장 및 건축허가서 5. 주택임차대부: 건물등기사항증명서 6. 사업대부: 사업자등록증(사업자등록을 한 경우만 해당합니다)	

행정정보 공동이용 동의

본인은 이 업무처리와 관련하여 담당 공무원이 「전자정부법」 제36조제1항에 따른 행정정보의 공동이용을 통하여 위의 담당 공무원 확인사항 중 건축허가서, 토지이용계획확인서 또는 사업자등록증을 확인하는 것에 동의합니다.
* 해당 서류를 확인하는 것에 동의하지 않는 경우에는 직접 관련 서류를 제출해야 합니다.

신청인 (서명 또는 인)

210mm×297mm(백상지 80g/㎡ 또는 중질지 80g/㎡)

(뒤 쪽)

처 리 절 차

이 신청서는 아래와 같이 처리됩니다.

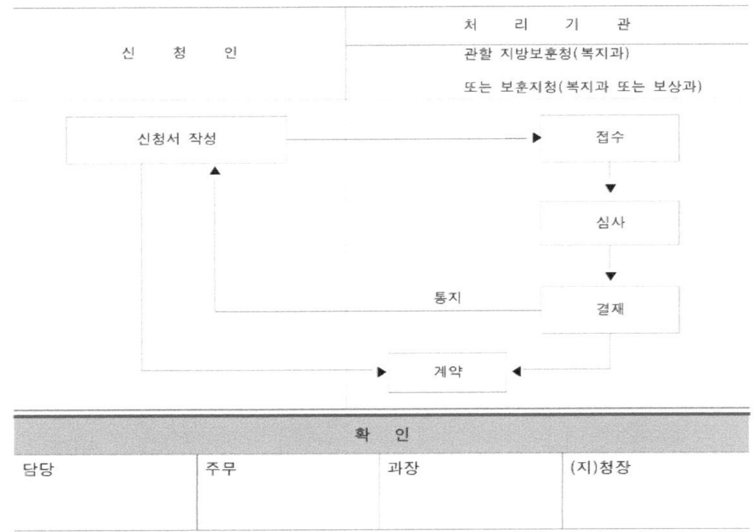

확 인

담당	주무	과장	(지)청장

■ 국가유공자 등 예우 및 지원에 관한 법률 시행규칙 [별지 제45호서식] <개정 2023. 6. 5.>

대부금 상환기간 연장 신청서

※ 색상이 어두운 칸은 신고인이 작성하지 않습니다. (앞쪽)

접수번호	접수일	처리기간	1일

채무자	대부번호			
	성명		생년월일(성별)	( )
	주소		전화번호	
연대 보증인 1	성명		생년월일(성별)	( )
	주소		전화번호	
연대 보증인 2	성명		생년월일(성별)	( )
	주소		전화번호	
대부내용	대부일		대부금액	원
	거치기간	부터 까지	상환기간	부터 까지
	상환원금	원	미상환원금	원
	체납원금	원	체납이자	원
연장신청	기간	부터	까지(일간)	
	※ 연장 기간은 총 3년 이내로 제한됩니다.			
	사유			

「국가유공자 등 예우 및 지원에 관한 법률」 제53조제2항, 같은 법 시행령 제71조제1항 및 같은 법 시행규칙 제13조에 따라 위와 같이 대부금 상환기간의 연장을 신청합니다.

년 월 일

신청인(채무자) (서명 또는 인)

국가보훈부장관 귀하

신청인 제출서류	연장 사유를 증명할 수 있는 서류 1부	수수료 없음

210mm×297mm(백상지 80g/㎡ 또는 중질지 80g/㎡)

(뒤 쪽)

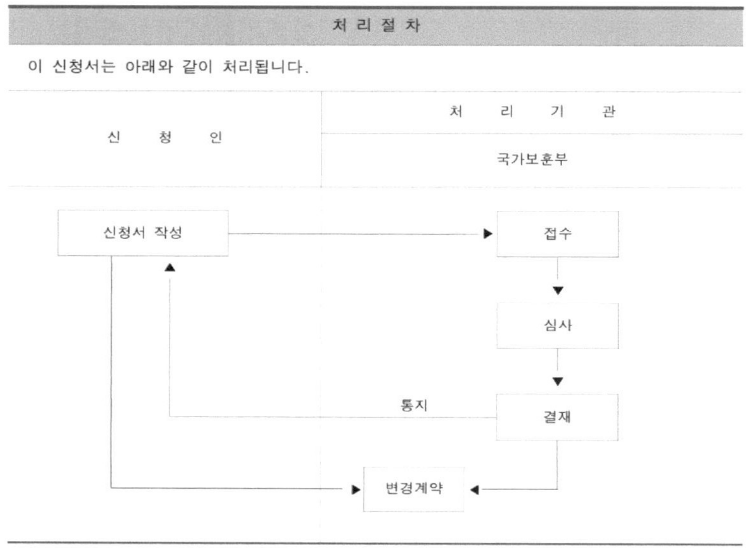

■ 국가유공자 등 예우 및 지원에 관한 법률 시행규칙 [별지 제46호서식] <개정 2012.6.29>

보조금 지급 신청서

(앞 쪽)

접수번호	접수일	처리기간	30일

신청인	대상구분	보훈번호
	성명	생년월일(성별) ( )
	주소	전화번호
보조금	사용목적	
	사용내용	
	사업 착수예정일	사업 완료예정일
소요경비	보조금신청금액	
	총 경비	
	자부담금	
	융자금	
	기타	

「국가유공자 등 예우 및 지원에 관한 법률」 제55조, 같은 법 시행령 제75조제2항 및 같은 법 시행규칙 제18조제29호에 따라 보조금 지급을 신청합니다.

년 월 일

신청인 (서명 또는 인)

지방보훈청장
보훈지청장 귀하

신청인 제출서류	1. 사업계획서 1부. 2. 피해상황 확인서(천재지변 등의 재해자에 한합니다) 1부.	수수료 없 음

210mm×297mm(백상지 80g/㎡ 또는 중질지 80g/㎡)

(뒤 쪽)

처 리 절 차	
이 신청서는 아래와 같이 처리됩니다.	
신 청 인	처 리 기 관
	관할 지방보훈청(복지과) 또는 보훈지청(복지과 또는 보상과)

신청서 작성 → 접수 → 심사 → 결재 → 통지 → 신청서 작성

확 인			
담당	주무	과장	(지)청장

■ 국가유공자 등 예우 및 지원에 관한 법률 시행규칙 [별지 제48호서식] <개정 2012.6.29>

담보재산 대체 신청서

(앞 쪽)

접수번호	접수일	처리기간 5일
채무자	대부번호	
	성명	생년월일(성별) ( )
	주소	전화번호
담보재산의 표 시		
대체재산의 표 시		
대체승인 신청사유		

「국가유공자 등 예우 및 지원에 관한 법률」 제56조, 같은 법 시행령 제78조제1항 및 같은 법 시행규칙 제14조제1항에 따라 위와 같이 담보재산 대체를 신청합니다.

년 월 일

신청인(채무자) (서명 또는 인)

지방보훈청장
보훈지청장 귀하

신청인 제출서류	없음	수수료
담당공무원 확인사항	1. 토지등기사항증명서 2. 건물등기사항증명서 및 건축물대장 3. 지적도(농토를 대체하는 경우에만 확인합니다) 4. 토지이용계획확인서(주택 및 대지를 대체하는 경우에 확인합니다)	없 음

행정정보 공동이용 동의서

본인은 이 업무처리와 관련하여 담당 공무원이 「전자정부법」 제36조제1항에 따른 행정정보의 공동이용을 통하여 위의 담당 공무원 확인사항을 확인하는 것에 동의합니다. *동의하지 않는 경우에는 직접 관련 서류를 제출하여야 합니다.

신청인 (서명 또는 인)

210mm×297mm(백상지 80g/㎡ 또는 중질지 80g/㎡)

(뒤 쪽)

처 리 절 차
이 신청서는 아래와 같이 처리됩니다.

신 청 인	처 리 기 관 관할 지방보훈청(복지과) 또는 보훈지청(복지과 또는 보상과)
신청서 작성 → 변경계약	접수 → 심사 → 결재 → 통지(신청인) / 변경계약

확 인			
담당	주무	과장	(지)청장

■ 국가유공자 등 예우 및 지원에 관한 법률 시행규칙 [별지 제49호서식] <개정 2012.6.29>

담보 대체 신청서

(앞 쪽)

접수번호	접수일	처리기간 5일	
채무자	대부번호		
	성명	성년월일(성별)	( )
	주소	전화번호	
담보재산의 표 시			
대체승인 신청사유			
연대보증인 추가내용	성명	주민등록번호	-
	담보종류		
	성명	주민등록번호	-
	담보종류		

「국가유공자 등 예우 및 지원에 관한 법률」 제56조제8항, 같은 법 시행령 제78조제1항 및 같은 법 시행규칙 제14조제1항에 따라 위와 같이 부동산 담보를 부동산 외의 담보로 대체하면서, 추가한 연대보증인은 년 월 일자 차용금증서에 따른 현재 또는 장래에 부담할 채무를 채무자와 연대하여 이행할 것을 확약하고 담보 대체를 신청합니다.

년 월 일

채 무 자 성명 (서명 또는 인)
주소

연대보증인 성명 (서명 또는 인)
주소

연대보증인 성명 (서명 또는 인)
주소

지방보훈청장
보훈지청장 귀하

신청인 제출서류	1. 담보제공증서 또는 군인연금담보제공증서 1통 2. 연대보증인 재산사항을 증명할 수 있는 서류(제1호의 서류를 제출하는 경우에는 첨부하지 않습니다) 1통	수수료 없 음

210mm×297mm(백상지 80g/㎡ 또는 중질지 80g/㎡)

(뒤 쪽)

처 리 절 차

이 신청서는 아래와 같이 처리됩니다.

신 청 인	처 리 기 관 관할 지방보훈청(복지과) 또는 보훈지청(복지과 또는 보상과)
신청서 작성	▶ 접수 ▼ 심사 ▼ 결재
▲ 통지	▶ 변경계약 ◀

확 인

담당	주무	과장	(지)청장

■ 국가유공자 등 예우 및 지원에 관한 법률 시행규칙 [별지 제50호서식] <개정 2023. 6. 5.>

채무인수승인 신청서

접수번호	접수일	처리기간 5일

채권자	나라		
채무자 (경락인)	성명	주민등록번호	-
	주소	전화번호	

위 당사자 간의 법원 제 호 부동산 임의경매 신청사건에서 같은 법원에서 실시한 년 월 일의 경매기일에 본인이 붙인 별지 목록기재 부동산을 대금 원에 낙찰 받았습니다. 이에 따라 그 매임대금 중 위 채권자 나라에 지급할 금 원은 「민사집행법」 제143조제1항과 「국가유공자 등 예우 및 지원에 관한 법률」 제60조 및 같은 법 시행령 제80조제1항에 따라 매입금액의 지급을 갈음하여 해당 채무를 인수하기 위하여 신청서를 제출하오니 승인하여 주시기 바랍니다.

년 월 일

신청인(경락인) (서명 또는 인)

채권자 나라
위 대표자 **국가보훈부장관** 귀하

신청인 제출서류	없 음	수수료 없 음

처 리 절 차

신청서 제출	→	심 사	→	변경계약
신청인		보훈(지)청		보훈(지)청

210mm×297mm(백상지 80g/㎡ 또는 중질지 80g/㎡)

■ 국가유공자 예우 및 지원에 관한 법률 시행규칙 [별지 제51호서식] <개정 2023. 6. 5.>

채무인수승인 통지서

채권자	나라		
채무자 (경락인)	성명	주민등록번호	-
	주소	전화번호	

위 당사자 간의 법원 제 호 부동산 임의경매 신청사건에서 같은 법원에서 실시한 년 월 일의 경매기일에 본인이 붙인 별지 목록기재 부동산을 대금 원에 낙찰 받았습니다. 이에 따라 그 매임대금(매입대금) 중 위 채권자 나라에 지급할 금 원은 「민사집행법」 제143조제1항과 「국가유공자 등 예우 및 지원에 관한 법률」 제60조 및 같은 법 시행령 제80조제2항에 따라 매입금액의 지급을 갈음하여 경락인이 해당 채무를 인수하고 위 채권자는 이를 승인 통지합니다.

년 월 일

채권자 나라

위 대표자 국가보훈부장관 직인

210mm×297mm(백상지 80g/㎡ 또는 중질지 80g/㎡)

■ 국가유공자 예우 및 지원에 관한 법률 시행규칙 [별지 제52호서식] <개정 20 2.6.29>

채무승계 신고서

접수번호	접수일	처리기간	즉시
피상속인	대부번호		
	성명	생년월일(성별)	( )
	주소	전화번호	
상속인	성명	주민등록번호	-
	주소	전화번호	
연대보증인1	성명	주민등록번호	-
	주소	전화번호	
연대보증인2	성명	주민등록번호	-
	주소	전화번호	
대부내용	대부일	대부금액	원
	거치기간 부터 까지	상환기간	부터 까지
	상환원금 원	미상환원금	원
	체납원금 원	체납이자	원
상속대부재산의 표시			

「국가유공자 등 예우 및 지원에 관한 법률」 제62조제2항, 같은 법 시행령 제83조 및 같은 법 시행규칙 제16조에 따라 채무의 승계를 신고합니다.

년 월 일

상 속 인 성명 (서명 또는 인)

연대보증인 성명 (서명 또는 인)

연대보증인 성명 (서명 또는 인)

지방보훈청장
보훈지청장 귀하

신고인 제출서류	1. 채무승인서 1통 2. 대표자 선임장 1통(채무를 승계한 사람이 2명 이상인 경우단 해당합니다)	수수료 없 음

210mm×297mm(백상지 80g/㎡ 또는 중질지 80g/㎡)

■ 국가유공자 등 예우 및 지원에 관한 법률 시행규칙 [별지 제53호서식] <개정 2025. 4. 18.>

요양지원 보조금 지급 신청서

※ 뒤쪽의 유의사항을 읽고 작성하여 주시기 바라며, [ ]에는 해당되는 곳에 √ 표시를 합니다.
※ 색상이 어두운 칸은 신청인이 작성하지 않습니다. (앞쪽)

접수번호	접수일	처리기간	30일

신청인	대상구분	보훈번호	
	국가유공자와의 관계	성명	생년월일
	주소 (전화번호: 휴대전화번호:)		
	금융기관명	신청인 명의의 계좌번호	

	신청인과의 관계	성명	연령	거주지	직업	연락처
가구원						

보호실태	[ ] 국민기초생활수급권자 [ ] 의료급여수급권자 [ ] 본인부담금감경대상자		
장기요양 급여 판정 내용	장기요양등급(국민건강보험공단의 판정 내용): 유효기간 : 년 월 일 ~ 년 월 일		
장기요양 급여내용	요양급여의 종류 [ ] 재가급여 [ ] 시설급여	요양기관명	요양기관 전화번호

「국가유공자 등 예우 및 지원에 관한 법률」 제63조의2, 같은 법 시행령 제84조의3 및 같은 법 시행규칙 제16조의2에 따라 요양지원 보조금 지급을 신청합니다.

년 월 일

신청인 (서명 또는 인)

지방보훈청장
보훈지청장 귀하
제주특별자치도지사

비고

가구원은 「주민등록법 시행령」 제6조제1항에 따른 세대별 주민등록표에 신청인과 함께 등재된 가족, 세대별 주민등록표에 함께 등재되지 않은 신청인의 배우자(사실상의 혼인관계에 있는 사람을 포함합니다), 30세 미만 미혼자녀 등을 의미하나, 그 중 현역군인, 실종선고 절차가 진행 중인 사람 등은 가구원에서 제외됩니다(보다 구체적인 내용은 「국가유공자 등 예우 및 지원에 관한 법률 시행령」 제25조의3을 참조하시기 바랍니다).

신청인 제출서류	1. 「노인장기요양보험법」 제17조제1항에 따른 장기요양인정서 사본 1부 2. 「노인장기요양보험법」 제17조제3항에 따른 개인별장기요양이용계획서 사본 1부 3. 신청인 명의 통장 사본 1부 4. 「의료급여법」 제8조에 따른 의료급여증 사본 1부 5. 본인 및 그 가구원에 대한 별지 제13호의3서식의 소득·재산 신고서 1부 6. 본인 및 그 가구원에 대한 별지 제13호의4서식의 금융정보 등 제공 동의서 1부	수수료 없음

210mm×297mm[백상지(80g/㎡) 또는 중질지(80g/㎡)]

(뒤쪽)

담당 공무원 확인사항	1. 주민등록표 등본·초본 2. 국민기초생활수급자증명서 3. 차상위본인부담경감증명서 4. 장애인증명서 5. 임야대장 6. 토지대장 7. 토지등기사항증명서 8. 개별공시지가확인서 9. 건축물대장 10. 건물등기사항증명서 11. 주택가격확인서 12. 선박원부 13. 자동차등록원부 14. 사업자등록증명 15. 임대사업자등록증 16. 휴업사실증명 17. 폐업사실증명	18. 소득금액증명 19. 납세사실증명 20. 납세증명서 21. 지방세세목별과세(납세)증명서 22. 공무원연금내역서 23. 산재보험급여지급확인원 24. 출입국에관한사실증명 25. 국내거소신고사실증명 26. 건강보험자격득실확인서 27. 입금계좌 확인정보(통장 사본) 28. 자동차등록증 29. 자활근로자확인서 30. 장애인연금(경증)장애수당장애아동수당수급자 확인서 31. 차상위계층확인서 32. 본인부담금감경대상자증명서
본인정보 제공 요구	[ ] 가족관계증명서에 대한 상세증명서(이미 보관 중인 자료를 통하여 가족관계를 확인할 수 없는 경우만 해당합니다) ※ 「민원 처리에 관한 법률」에 따라 본인정보 제공 요구를 통하여 이 사무를 처리하기를 동의하는 경우 √ 표시를 해주시기 바랍니다.	

본인정보 제공 요구서

「민원 처리에 관한 법률」 제10조의2에 따라 공동이용을 위한 본인정보를 위와 같이 신청합니다.

신청인 성명 생년월일 (서명 또는 인)

법원행정처장 귀하

행정정보 공동이용 및 본인정보 제공 요구 동의서

[ ] 1. 본인(신청인 및 그 가구원 각각을 의미합니다. 이하 같습니다)은 이 건 업무처리와 관련하여 담당 공무원이 「전자정부법」 제36조제1항에 따른 행정정보의 공동이용을 통하여 위의 담당 공무원 확인사항을 확인하는 것에 동의합니다.

[ ] 2. 본인은 이 건 업무처리와 관련하여 「민원 처리에 관한 법률」 제10조의2에 따른 본인정보 제공 요구를 통하여 민원처리기관의 담당자가 전자적으로 본인에 관한 행정정보를 확인하는 것에 동의합니다(정보요구 대상기관: 법원행정처).

※ 동의하지 않는 경우 신청인이 직접 해당 서류를 제출해야 합니다.

신청인 (서명 또는 인)
가구원 (서명 또는 인)
가구원 (서명 또는 인)
가구원 (서명 또는 인)
가구원 (서명 또는 인)

※ 14세 미만 아동인 경우 법정대리인의 동의가 필요합니다.

법정대리인 성 명 (서명 또는 인)

유의사항

1. 지방보훈청장, 보훈지청장 또는 제주특별자치도지사는 「국가유공자 등 예우 및 지원에 관한 법률」 제14조의3제4항 및 제63조의2제2항에 따라 보조금수급희망자와 그 가구원이 요양지원 보조금 지급 여부의 결정에 필요한 서류 또는 자료의 제출을 거부하거나 조사·질문을 거부·방해 또는 기피하는 경우에는 요양지원 보조금 지급 신청을 각하하거나 지급을 중지할 수 있으며, 가구원이 필요한 서류 또는 자료의 제출이나 보완을 하지 않는 경우 「민원 처리에 관한 법률 시행령」 제25조제1항에 따라 지급 신청을 반려할 수 있습니다.
2. 「국가유공자 등 예우 및 지원에 관한 법률 시행규칙」 제16조의2제3항에 따라 신청서를 받은 날부터 30일 이내에 요양지원 보조금 지급 여부에 관한 사항을 통지합니다. 다만, 소득·재산 등의 조사에 장기간이 걸리는 등 불가피한 경우에는 30일의 범위에서 그 기간을 연장할 수 있습니다.
3. 보조금수급희망자 및 그 가구원은 소득 및 재산사항을 성실히 신고해야 합니다.

처리절차

이 신청서는 아래와 같이 처리됩니다.

신청서 작성	→	접수	→	요건 심사	→	요양지원 보조금 지급 여부 결정	→	통지
신청인		관할 보훈(지)청 제주특별자치도		관할 보훈(지)청 제주특별자치도		관할 보훈(지)청 제주특별자치도		신청인

확인

담당	주무	과장	(지)청장

210mm×297mm[백상지(80g/㎡) 또는 중질지(80g/㎡)]

■ 국가유공자 등 예우 및 지원에 관한 법률 시행규칙 [별지 제53호의2서식] <개정 2025. 4. 18.>

주택 우선 공급 신청서

※ 뒤쪽의 유의사항을 읽고 작성하여 주시기 바라며, [ ]에는 해당되는 곳에 √ 표시를 합니다.
※ 색상이 어두운 칸은 신청인이 작성하지 않습니다.

(앞쪽)

접수번호	접수일시	처리기간 30일

신청인	대상구분		보훈번호	
	국가유공자와의 관계		성명	생년월일
	주소 (전화번호: 휴대전화번호:)			

가구원	신청인과의 관계	성명	연령	거주지	직업	연락처

아파트 신청	신청종류	[ ] 분양아파트 [ ] 임대아파트 [ ] 영구임대아파트	
	희망지역	면적	[ ] 전용 60㎡ 이하 [ ] 전용 60㎡ 초과

주거상황	거주실태	[ ] 자가 [ ] 전세 [ ] 월세 [ ] 기타
	무주택기간	년 월 (세대원 명)

「국가유공자 등 예우 및 지원에 관한 법률」 제68조제3항, 같은 법 시행령 제87조제2항 및 같은 법 시행규칙 제16조의3에 따라 위와 같이 주택 우선 공급을 신청합니다.

년 월 일

신청인 (서명 또는 인)

지방보훈청장
보훈지청장 귀하
제주특별자치도지사

비고

가구원은 「주민등록법 시행령」 제6조제1항에 따른 세대별 주민등록표에 신청인과 함께 등재된 가족, 세대별 주민등록표에 함께 등재되지 않은 신청인의 배우자(사실상의 혼인관계에 있는 사람을 포함합니다), 30세 미만 미혼자녀 등을 의미하나, 그 중 현역군인, 실종선고 절차가 진행 중인 사람 등은 가구원에서 제외됩니다(보다 구체적인 내용은 「국가유공자 등 예우 및 지원에 관한 법률 시행령」 제25조의3을 참조하시기 바랍니다).

210㎜×297㎜[백상지(80g/㎡) 또는 중질지(80g/㎡)]

(뒤쪽)

구분	내용	수수료
신청인 제출서류	1. 무주택증명서류(건물등기사항증명서, 건축물대장 등으로 주택 소유 여부를 확인할 수 없는 경우만 해당합니다) 1부 2. 본인 및 그 가구원에 대한 별지 제13호의3서식의 소득·재산 신고서 1부 3. 본인 및 그 가구원에 대한 별지 제13호의4서식의 금융정보 등 제공 동의서 1부	수수료 없음
담당 공무원 확인사항	1. 주민등록표 등본·초본 2. 국민기초생활수급자증명서 3. 차상위본인부담경감증명서 4. 장애인증명서 5. 임야대장 6. 토지대장 7. 토지등기사항증명서 8. 개별공시지가확인서 9. 건축물대장 10. 건물등기사항증명서 11. 주택가격확인서 12. 선박원부 13. 자동차등록원부 14. 사업자등록증명 15. 임대사업자등록증 16. 휴업사실증명 17. 폐업사실증명 18. 소득금액증명 19. 납세사실증명 20. 납세증명서 21. 지방세세목별과세(납세)증명서 22. 공무원연금내역서 23. 산재보험급여지급확인원 24. 출입국에관한사실증명 25. 국내거소신고사실증명 26. 건강보험자격득실확인서 27. 입금계좌 확인정보(통장 사본) 28. 자동차등록증 29. 자활근로자확인서 30. 장애인연금(경증)장애수당장애아동수당수급자 확인서 31. 차상위계층확인서	
본인정보 제공 요구	[ ] 가족관계증명서에 대한 상세증명서(이미 보관 중인 자료를 통하여 가족관계를 확인할 수 없는 경우만 해당합니다) ※ 「민원 처리에 관한 법률」에 따라 본인정보 제공 요구를 통하여 이 사무를 처리하기를 동의하는 경우 √ 표시를 해주시기 바랍니다.	

본인정보 제공 요구서

「민원 처리에 관한 법률」 제10조의2에 따라 공동이용을 위한 본인정보를 위와 같이 신청합니다.

신청인 성명 (서명 또는 인)
생년월일

법원행정처장 귀하

행정정보 공동이용 및 본인정보 제공 요구 동의서

[ ] 1. 본인(신청인 및 그 가구원 각각을 의미합니다. 이하 같습니다)은 이 건 업무처리와 관련하여 담당 공무원이 「전자정부법」 제36조제1항에 따른 행정정보의 공동이용을 통하여 위의 담당 공무원 확인사항을 확인하는 것에 동의합니다.
※ 동의하지 않는 경우 신청인이 직접 해당 서류를 제출해야 합니다.

[ ] 2. 본인은 이 건 업무처리와 관련하여 「민원 처리에 관한 법률」 제10조의2에 따른 본인정보 제공 요구를 통하여 민원처리기관의 담당자가 전자적으로 본인에 관한 행정정보를 확인하는 것에 동의합니다(정보요구 대상기관: 법원행정처).
※ 동의하지 않는 경우 신청인이 직접 해당 서류를 제출해야 합니다.

신청인 (서명 또는 인)
가구원 (서명 또는 인)
가구원 (서명 또는 인)
가구원 (서명 또는 인)
가구원 (서명 또는 인)

※ 14세 미만 아동인 경우 법정대리인의 동의가 필요합니다.

법정대리인 성 명 (서명 또는 인)

유의사항

1. 지방보훈청장, 보훈지청장 또는 제주특별자치도지사는 「국가유공자 등 예우 및 지원에 관한 법률」 제14조의3제4항 및 제68조제3항에 따라 주택공급 희망자와 그 가구원이 주택 우선 공급 대상자 선정 여부의 결정에 필요한 서류 또는 자료의 제출을 거부하거나 조사·질문을 거부·방해 또는 기피하는 경우에는 주택 우선 공급 신청을 각하하거나 지원을 중지할 수 있으며, 필요한 서류 또는 자료의 제출이나 보완을 하지 않는 경우 「민원 처리에 관한 법률 시행령」 제25조제1항에 따라 공급 신청을 반려할 수 있습니다.
2. 「국가유공자 등 예우 및 지원에 관한 법률 시행규칙」 제16조의3제3항에 따라 신청서를 받은 날부터 30일 이내에 주택 우선 공급 대상자 여부에 관한 사항을 통지합니다. 다만, 소득·재산 등의 조사에 장기간이 걸리는 등 불가피한 경우에는 30일의 범위에서 그 기간을 연장할 수 있습니다.
3. 주택공급 희망자 및 그 가구원은 소득 및 재산사항을 성실히 신고해야 합니다.

처리절차

이 신청서는 아래와 같이 처리됩니다.

신청서 작성	→	접수	→	요건 심사	→	주택 우선 공급 여부 결정	→	통지
신청인		관할 보훈(지)청 제주특별자치도		관할 보훈(지)청 제주특별자치도		관할 보훈(지)청 제주특별자치도		신청인

확인

담당	주무	과장	(지)청장

■ 국가유공자 등 예우 및 지원에 관한 법률 시행규칙 [별지 제54호서식] <개정 2016. 6. 29.>

사실규명 관련 조사 · 확인서

확인 대상자	성명	소속	
	군번	계급(직급)	주민등록번호 -
	주소		
	입대(임용)일	상이(사망)일	상이(사망)장소
사실규명 요구내용			
조사 및 확인 결과			

확인자 소속	직위	계급(직급)	성명 (서명 또는 인)

「국가유공자 등 예우 및 지원에 관한 법률」 제74조의9 및 같은 법 시행규칙 제16조의4에 따라 위의 사실을 확인하여 통보합니다.

년 월 일

○ ○ 기관의 장 직인

보훈심사위원회 위원장 귀하

첨부서류	사실규명 조사 · 확인 자료

210mm×297mm(백상지 80g/㎡ 또는 중질지 80g/㎡)

■ 국가유공자 등 예우 및 지원에 관한 법률 시행규칙 [별지 제54호의2서식] <개정 2023. 6. 16.>

이의 신청서

※ [ ]에는 해당되는 곳에 √ 표를 합니다.

접수번호	접수일	처리기간 7일 (심사기간 제외)
처분을 받은 사람	성명	주민등록번호 -
	주소 (전화번호 : , 휴대폰 :)	
처분내역	통보받은 날짜	통보받은 내용
이의신청 사유 및 내용	이의신청 사유 [ ]법령적용의 착오 [ ]중요한 증거자료 미검토 [ ]새로운 증거자료 발견	
	구체적 내용	

「국가유공자 등 예우 및 지원에 관한 법률」 제74조의18 및 같은 법 시행규칙 제16조의5에 따라 위와 같이 이의신청 합니다.

년 월 일

신청인 (서명 또는 인)

지방보훈청장
보훈지청장 귀하

신청인 제출서류	주장하는 사실을 입증할 수 있는 서류	수수료 없 음

처리절차

신청서 접수	→	보훈심사	→	재결정	→	결과 통보
보훈(지)청		보훈심사위원회		보훈(지)청		보훈(지)청

확 인

담당	주무	과장	(지)청장

210mm×297mm(백상지 80g/㎡ 또는 중질지 80g/㎡)

■ 국가유공자 등 예우 및 지원에 관한 법률 시행규칙 [별지 제55호서식] <신설 2023. 6. 16.>

환수금 분할납부 신청서

접수번호	접수일시	처리기간 즉시

신청인	대상구분	보훈번호	
	국가유공자와의 관계	성명	생년월일
	주소 (전화번호: 휴대전화번호:)		

분할 납부 신청 내용	① 총 환수금액	② 일시납부 금액	③ 분할납부 신청 금액	④ 분할납부 횟수	⑤ 월 납입일
	원	원	원	회	일

「국가유공자 등 예우 및 지원에 관한 법률 시행령」 제95조제5항 및 같은 법 시행규칙 제16조의6에 따라 환수금의 분할납부를 위와 같이 신청합니다.

년 월 일

신청인 (서명 또는 인)

지방보훈청장
보훈지청장 귀하
제주특별자치도지사

작성방법 및 유의사항

1. 작성방법

가. ① 총 환수금액란에는 현재 남아 있는 금액, ② 일시납부 금액란에는 현재 한꺼번에 납부할 수 있는 금액, ③ 분할납부 신청 금액란에는 분할납부 희망하는 금액을 적습니다.

- ① 총 환수금액 = ② 일시납부 금액 + ③ 분할납부 신청 금액

나. ④ 분할납부 횟수란에는 아래의 기준을 참고하여 희망하는 분할 횟수를 적습니다.

- ① 총 환수금액이 1천만원 미만인 경우: 20회 이내, 1천만원 이상 2천만원 미만인 경우: 40회 이내, 2천만원 이상인 경우: 60회 이내

2. 유의사항: 분할납부금을 연속하여 3회 이상 내지 않은 경우(일부를 내지 않은 경우를 포함합니다)에는 「국가유공자 등 예우 및 지원에 관한 법률 시행령」 제95조제7항 및 제102조제1항제52호에 따라 지방보훈청장 등이 분할납부 결정을 취소하고, 남은 환수금과 그 때까지 발생한 분할납부에 따른 이자 및 연체금을 한꺼번에 환수할 수 있습니다.

처리절차

이 신청서는 아래와 같이 처리됩니다.

신청서 작성	→	접수	→	분할납부 승인	→	통지
신청인		보훈(지)청 제주특별자치도		보훈(지)청 제주특별자치도		신청인

확인

담당	주무	과장	(지)청장

210mm×297mm[(백상지(80g/㎡) 또는 중질지(80g/㎡)]

■ 국가유공자 등 예우 및 지원에 관한 법률 시행규칙 [별지 제55호의2서식] <신설 2023. 6. 5.>

국가보훈등록증 발급·재발급 신청서

※ [ ]에는 해당되는 곳에 √표를 합니다.

접수번호	접수일시	발급확인	처리기간 즉시

신청인	대상 구분	보훈번호
	성명(한글)	생년월일
	주소	전화번호 휴대전화번호
신청 구분	[ ] 발급 [ ] 재발급	
재발급 신청 사유	[ ] 분실(분실일자:) [ ] 훼손(훼손일자:) [ ] 국가보훈등록증 기재사항 변경 또는 추가 [ ] 기타( )	

「국가유공자 등 예우 및 지원에 관한 법률 시행령」 제101조제1항·제2항 및 「국가유공자 등 예우 및 지원에 관한 법률 시행규칙」 제17조제2항·제3항에 따라 위와 같이 국가보훈등록증 발급·재발급을 신청합니다.

년 월 일

신청인 (서명 또는 인)

지방보훈청장
보훈지청장 귀하
제주특별자치도지사

신청인 제출서류	1. 신청인의 사진 1장(신청일부터 6개월 내에 모자를 벗은 상태에서 배경 없이 촬영된 상반신 컬러사진으로 규격은 가로 3.5센티미터, 세로 4.5센티미터로 합니다) 2. 국가보훈등록증(재발급인 경우만 해당하며, 잃어버린 경우는 제외합니다)	수수료 없음
유의사항	주민등록증, 운전면허증 또는 여권 등의 신분증을 지참하시기 바랍니다.	

처리절차

신청서 작성	→	신청서 접수	→	발급대상자 여부 확인	→	국가보훈등록증 발급
신청인		보훈(지)청 제주특별자치도		보훈(지)청 제주특별자치도		보훈(지)청 제주특별자치도

확인

담당	주무	과장	(지)청장

210mm×297mm[백상지(80g/㎡) 또는 중질지(80g/㎡)]

■ 국가유공자 등 예우 및 지원에 관한 법률 시행규칙 [별지 제55호의3서식] <신설 2023. 6. 5.>

국가보훈등록증 발급대장

접수 번호	관할 보훈 (지)청	신청 구분	신청인				발급일자		반납 여부
			성명	생년월일	대상 구분	보훈번호	실물 국가보훈 등록증	모바일 국가보훈 등록증	

297mm×210mm[백상지(80g/㎡) 또는 중질지(80g/㎡)]

■ 국가유공자 등 예우 및 지원에 관한 법률 시행규칙 [별지 제55호의4서식] <개정 2023. 6. 5.>

독립유공자(유족 또는 가족) 확인서

발급번호			
독립유공자	대상구분	보훈번호	훈격
	성명	생년월일	등록일자
선순위자	독립유공자와의 관계	성명	
확 인 대상자	독립유공자와의 관계	성명	주민등록번호
용도 및 제출처 (유의사항을 참고하여 작성)	용도	제출처	

위 확인대상자는 「독립유공자예우에 관한 법률」 제4조 및 제5조의 적용 대상자임을 확인합니다.

년 월 일

지방보훈청장
보훈지청장 직인
제주특별자치도지사

유의사항

※ 이 확인서는 「독립유공자 예우에 관한 법률」 제15조 또는 제16조에 따른 교육지원 또는 취업지원 용도로는 사용할 수 없습니다.
※ 용도 및 제출처란은 작성을 원하지 않는 경우 작성하지 않을 수 있습니다.

확인

우편번호	주소		전화번호	팩스번호
담당부서명	과장	주무	담당자	전자우편주소

210mm×297mm[백상지(80g/㎡) 또는 중질지(80g/㎡)]

국가유공자(유족 또는 가족) 확인서

발급번호			
국가유공자	대상구분	보훈번호	훈격 또는 상이등급
	성명	생년월일	등록일자
선순위자	국가유공자와의 관계	성명	
확 인 대상자	국가유공자와의 관계	성명	주민등록번호
용도 및 제출처 (유의사항을 참고하여 작성)	용도	제출처	

위 확인대상자는 「국가유공자 등 예우 및 지원에 관한 법률」 제4조 및 제5조의 적용 대상자임을 확인합니다.

년 월 일

지방보훈청장
보훈지청장 직인
제주특별자치도지사

유의사항

※ 이 확인서는 「국가유공자 등 예우 및 지원에 관한 법률」 제22조 또는 제29조에 따른 교육지원 또는 취업지원 용도로는 사용할 수 없습니다.

※ 용도 및 제출처란은 작성을 원하지 않는 경우 작성하지 않을 수 있습니다.

확인

우편번호	주소		전화번호	팩스번호
담당부서명	과장	주무	담당자	전자우편주소

210mm×297mm[백상지(80g/㎡) 또는 중질지(80g/㎡)]

국가유공자에 준하는 군경 등(유족 또는 가족) 확인서

발급번호			
국가유공자에 준하는 군경 등	대상구분	보훈번호	상이등급
	성명	생년월일	등록일자
선순위자	국가유공자에 준하는 군경 등과의 관계	성명	
확 인 대상자	국가유공자에 준하는 군경 등과의 관계	성명	주민등록번호
용도 및 제출처 (유의사항을 참고하여 작성)	용도	제출처	

위 확인대상자는 법률 제11041호로 개정되기 전의 「국가유공자 등 예우 및 지원에 관한 법률」 제73조의2에 따른 국가유공자에 준하는 군경 등, 그 유족 또는 가족임을 확인합니다.

년 월 일

지방보훈청장
보훈지청장 직인
제주특별자치도지사

유의사항

※ 이 확인서는 「국가유공자 등 예우 및 지원에 관한 법률」 제22조 또는 제29조에 따른 교육지원 또는 취업지원 용도로는 사용할 수 없습니다.

※ 용도 및 제출처란은 작성을 원하지 않는 경우 작성하지 않을 수 있습니다.

확인

우편번호	주소		전화번호	팩스번호
담당부서명	과장	주무	담당자	전자우편주소

210mm×297mm[백상지(80g/㎡) 또는 중질지(80g/㎡)]

■ 국가유공자 등 예우 및 지원에 관한 법률 시행규칙 [별지 제55호의7서식] <개정 2023. 6. 5.>

국가유공자(전공사상자) 확인서

발급번호			
선순위자	대상구분	보훈번호	성명
	주소		생년월일
국가유공자 (전공사상자)	성명	생년월일	전공사상일자
	소속(신분)	계급 군번	전공사상 구분 전몰 · 순직 상이자(급 호)
신청인 (병역의무자)	성명	주민등록번호	국가유공자와 관계 형 · 동생 · 아들
	주소		
용도	보충역 편입 ( ) 현역병 복무기간 단축 ( )		

위 국가유공자는 「국가유공자 등 예우 및 지원에 관한 법률」 제4조의 적용 대상자로서 「병역법」 제62조제1항제2호 및 같은 법 시행령 제130조제4항에 해당하는 전공사상자임을 확인합니다.

년 월 일

지방보훈청장
보 훈 지 청 장 직인

확인				
우	주소		전화번호	팩스번호
담당부서명	과장	주무	담당자	전자우편주소

210mm×297mm[백상지(80g/㎡) 또는 중질지(80g/㎡)]

■ 국가유공자 등 예우 및 지원에 관한 법률 시행규칙 [별지 제56호서식] <개정 2020. 6. 23.>

부정행위 신고서

접수번호	접수일	처리기간 20일 (사실조사 및 심사기간 제외)	
신고인	성명	주민등록번호 -	
	주소 (전화번호 : , 휴대폰 :)		
부정행위자 인적사항	성명	기타 인적사항	
	주소		
부정행위 신고내용 (구체적으로 적습니다)			

「국가유공자 등 예우 및 지원에 관한 법률」 제82조의7, 같은 법 시행령 제101조의2제1항 및 같은 법 시행규칙 제17조의2제1항에 따라 위와 같이 부정행위를 신고합니다.

년 월 일

신고인 (서명 또는 인)

지방보훈청장
보훈지청장 귀하

신고인 제출서류	부정행위를 증명할 수 있는 자료	수수료 없 음

처리절차

신고서 접수 (보훈(지)청) → 사실조사 (보훈(지)청) → 결과 통보 (보훈(지)청)

확 인			
담당	주무	과장	(지)청장

210mm×297mm(백상지 80g/㎡ 또는 중질지 80g/㎡)

■ 국가유공자 등 예우 및 지원에 관한 법률 시행규칙 [별지 제57호서식] <개정 2020. 6. 23.>

포상금 지급 신청서

접수번호	접수일	처리기간 30일

신청인	성명	주민등록번호 -
	주소 (전화번호 : , 휴대폰 :)	
계좌정보	관계	예금주
	은행명	계좌번호

「국가유공자 등 예우 및 지원에 관한 법률」 제82조의7, 같은 법 시행령 제101조의2제3항 및 같은 법 시행규칙 제17조의2제2항에 따라 위와 같이 포상금 지급을 신청합니다.

년 월 일

신청인 (서명 또는 인)

지방보훈청장
보훈지청장 귀하

신청인 제출서류	1. 계좌번호가 표시된 통장 사본 1부 2. 2명 이상인 경우 포상금 배분에 관한 합의서 1부(배분금액에 관한 합의가 성립된 경우만 해당합니다)	수수료 없 음

처리절차

신청서 접수	→	대상여부 확인	→	지급결정	→	계좌입금
보훈(지)청		보훈(지)청		보훈(지)청		보훈(지)청

확 인

담당	주무	과장	(지)청장

210mm×297mm(백상지 80g/㎡ 또는 중질지 80g/㎡)

law0066022025121600063KC_005700F_2023016.hwp15 오전 11:34 1쪽 중 1쪽

3단법령시리즈 125

국가유공자 등 예우 및 지원에 관한 법률

(약칭 : 국가유공자법)

법령·시행령·시행규칙 3단 수록

별표, 별지 서식 포함

2026년 1월 27일 인쇄 정가 40,000원
2026년 2월 7일 발행

편 저 KDS 편집부
디 자 인 송영미
발 행 인 조준형 http://www.koreadatasystem.co.kr
발 행 처 한국데이터시스템 E-mail : munbookcokr@naver.com
주 소 부산광역시 중구 해관로 41-1 (중앙동2가)
전화번호 (051) 253-0001 팩스 (051) 245-1187
등 록 제 2023-000006호

해광출판사에서는 여러분의 소중한 원고와 함께 할 기회를 기다리고 있습니다. 책으로 엮을 원고나 아이디어가 있으신 분들은 이메일 munbookcokr@naver.com로 책에 대한 간단한 개요와 원고 전체 또는 일부를 연락처와 함께 보내주십시오.

ISBN 979-11-24342-03-9

※ 법령 출처 : 법제처 국가법령정보센터
※ 본 도서는 〈공공데이터 제공 및 이용 활성화에 관한 법률〉을 근거로 출판되었습니다.

한국데이터시스템 3단법령시리즈

001. 근로기준법
002. 공동주택관리법
003. 중대재해 처벌 등에 관한 법률
004. 상가건물임대차보호법
005. 폐기물관리법
006. 위험물안전관리법
007. 화학물질관리법
008. 고압가스안전관리법
009. 주택임대차보호법
010. 화물자동차운수사업법
011. 대기환경보전법
012. 도로교통법
013. 화재의 예방 및 안전관리에 관한 법률
014. 주택법
015. 노동조합 및 노동관계조정법
016. 농지법
017. 도시 및 주거환경정비법
018. 공익사업을 위한 토지 등의 취득 및 보상에 관한 법률
019. 전기사업법
020. 건설기술 진흥법
021. 도시개발법
022. 산업입지 및 개발에 관한 법률
023. 시설물의 안전 및 유지관리에 관한 특별법
024. 재난 및 안전관리 기본법
025. 장사 등에 관한 법률
026. 식품위생법
027. 선박안전법
028. 의료법
029. 대부업 등의 등록 및 금융이용자 보호에 관한 법률
030. 물환경보전법
031. 개발제한구역의 지정 및 관리에 관한 특별조치법
032. 공유재산 및 물품 관리법
033. 수산업협동조합법
034. 형의 집행 및 수용자의 처우에 관한 법률
035. 해양환경관리법
036. 종합부동산세법
037. 환경영향평가법
038. 집합건물의 소유 및 관리에 관한 법률
039. 동물보호법
040. 자연재해대책법
041. 도시가스사업법
042. 수산업법
043. 채무자 회생 및 파산에 관한 법률
044. 실내공기질관리법
045. 자동차관리법
046. 산업재해보상보험법
047. 하수도법
048. 승강기 안전관리법
049. 부동산투자회사법
050. 노인복지법
051. 도시공원 및 녹지 등에 관한 법률
052. 국가를 당사자로 하는 계약에 관한 법률
053. 사회복지사업법
054. 산업안전보건법
055. 소방시설 설치 및 관리에 관한 법률
056. 민간임대주택에 관한 특별법
057. 장애인차별금지 및 권리구제 등에 관한 법률
058. 개인정보 보호법
059. 형사소송법
060. 외국인근로자의 고용 등에 관한 법률
061. 상법
062. 가사소송법
063. 건설산업기본법
064. 건축물관리법
065. 초·중등교육법
066. 해상교통안전법
067. 하천법
068. 국토의 계획 및 이용에 관한 법률
069. 하도급거래 공정화에 관한 법률
070. 장애인복지법
071. 사립학교법
072. 관광진흥법
073. 의료기기법
074. 공인중개사법
075. 가맹사업거래의 공정화에 관한 법률
076. 소방시설공사업법
077. 고등교육법
078. 산업기술의 유출방지 및 보호에 관한 법률
079. 양식산업발전법
080. 정신건강증진 및 정신질환자 복지서비스 지원에 관한 법률
081. 공공기관의 정보공개에 관한 법률
082. 선원법
083. 원자력안전법
084. 국민기초생활 보장법
085. 자원의 절약과 재활용촉진에 관한 법률
086. 지방공기업법
087. 민원 처리에 관한 법률
088. 빈집 및 소규모주택 정비에 관한 특례법
089. 지방자치단체를 당사자로 하는 계약에 관한 법률
090. 산림자원의 조성 및 관리에 관한 법률
091. 사료관리법
092. 주차장법
093. 아동복지법
094. 학원의 설립·운영 및 과외교습에 관한 법률
095. 약사법
096. 축산법
097. 소년법
098. 여객자동차운수사업법
099. 전자상거래 등에서의 소비자보호에 관한 법률
100. 지방자치법

한국데이터시스템 3단법령시리즈

101. 도로법
102. 독점규제 및 공정거래에 관한 법률
103. 항공보안법
104. 기후위기 대응을 위한 탄소중립 · 녹색성장 기본법
105. 저작권법
106. 자동차손해배상 보장법
107. 항만법
108. 건강기능식품에 관한 법률
109. 건설폐기물의 재활용촉진에 관한 법률
110. 재해구호법
111. 부가가치세법
112. 가축분뇨의 관리 및 이용에 관한 법률
113. 화장품법
114. 소방기본법
115. 공유수면 관리 및 매립에 관한 법률
116. 공증인법
117. 국가인권위원회법
118. 병역법
119. 국민체육진흥법
120. 새마을금고법
121. 의료사고 피해구제 및 의료분쟁 조정 등에 관한 법률
122. 전기공사업법
123. 정보통신망 이용촉진 및 정보보호 등에 관한 법률
124. 항공안전법
125. 국가유공자 등 예우 및 지원에 관한 법률

* 한국데이터시스템의 「3단법령시리즈」는 계속 발행 됩니다.
**각 도서의 개정판은 인쇄일을 기준으로 제작 되었습니다.